Matthäus Rieger

Des ehrwürdigen Vaters Abraham a Sancta Clara

Matthäus Rieger

Des ehrwürdigen Vaters Abraham a Sancta Clara

ISBN/EAN: 9783743487512

Hergestellt in Europa, USA, Kanada, Australien, Japan

Cover: Foto ©ninafisch / pixelio.de

Manufactured and distributed by brebook publishing software (www.brebook.com)

Matthäus Rieger

Des ehrwürdigen Vaters Abraham a Sancta Clara

Des ehrwürdigen Vaters
ABRAHAM a SANCTA CLARA,
weiland Augustinerbarfüßer und kaiserlichen Hofpredigers,

MERCURIALIS

oder

Wintergrün,

Das ist:
ergetzende und lehrreiche
Geschichte und Gedichte,

worinnen
zerschiedene sittlichen Lehrpuncten und sehr viele
biblischen Concepte enthalten;

nicht nur den
Pfarrherren, Predigern und geistlichen Ordenspersonen
sehr nützlich, sondern auch allen andern Gemüthern zu einem heilsamen
Unterrichte, christlich freudig zu leben und selig zu sterben,
sehr dienlich.

Mit drey und zwanzig Kupfern versehen.

Neue verbesserte Auflage.

Mit Erlaubniß der Obern.

Augsburg,
Verlegts Matthäus Rieger und Söhne, Buchhändler. 1766.

Approbatio Cenforis Moguntini.

Opus pofthumum Authoris intitulatum : *Mercurialis* oder Wintergrün, nihil vel orthodoxæ fidei, aut bonis moribus, fanæve Doctrinæ contrarium continet; fed varias, easque ferias (interjectis jocis) morales doctrinas infinuat. Proinde , ut ad promovendum virorum intentum in lucem properet publicam , dignum cenfeo.

Moguntiæ 29. Julii
1732.

JOANNES LEONARDUS WITTMANN,
SS. Theol. Doct. libr. Concenfor. Mog. Elect.
Semin. ad S. Bonifacium Regens.

Volumen hoc continens diverfas materias prædicabiles, & ad legendum utiles, poffe imprimi cenfeo. Dabam in Conventu Generali ad S. Sebaft. & Rochum. Viennæ 10. Martii 1733.

M. F. HUGOLINUS WANDERER,
Ord. Erem. S. P. Auguftini I. F. T. p.t. Decanus , mpr.

Imprimatur.

CHRISTOPHORUS RUCK,
Phyf. & Med. Doct. p. t. Univerfitatis Viennenfis
Rector.

)(2   Borre=

Vorrede.

Jch finde nöthig die Ursache kürzlich anzuzeigen, welche mich bewogen hat, diesem Werke den Titel eines Wintergrüns beyzulegen. Es hat nämlich dieses Gewächs unter andern auch diese Eigenschaft, daß dasselbe in seinem Wachsthume jederzeit die Höhe suchet, und sich meistens an den Felsen und Bäumen erhebt, auch seine liebliche Grüne in der unangenehmen Winterszeit, bey der härtesten Witterung, ja unter den weissen Schneeflocken und dem schärfesten Froste eben so wohl behält, als in den annehmlichsten Tagen des alles neubelebenden Frühlings und Sommers bey erquickendem Sonnenscheine. Dieses soll sich ein Mensch, der für sein ewiges Seelenheil ernstlich bekümmert ist, zu einem tauglichen Sinnbilde dienen lassen, wie er sich in Ansehung der Welt und des Himmels zu verhalten habe; und dahin geht auch

auch allein die Absicht dieses Werkes. Es soll näm=
lich ein seiner Seligkeit wegen besorgtes Herz, durch
den guten Gebrauch desselben, und den darinn be=
findlichen reichen und heilsamen Unterricht, dahin an=
geführet werden, daß es von allem irdischen und eiteln
Wesen dieser Welt, in welcher die Verführungen im=
mer größer und häufiger, folglich desto gefährlicher
werden, sich ganz los machen lasse, und dagegen zu
den Betrachtungen des Himmlischen sich erhebe, mit=
hin die Besorgung des Ewigen sein alleiniges und
Hauptgeschäfft seyn und bleiben möge; und in solcher
glückseligen Gemüthsbeschaffenheit soll es nicht nur
bey dem Genusse glückseliger und vergnüglicher Tage,
sondern auch unter allen Widerwärtigkeiten, Trübsa=
len und Kreuz, die es in diesem Leben treffen können,
beständig, und mit GOtt, dem einzigen wahren Gute,
unveränderlich vereiniget bleiben. Damit nun ein
solcher selige Zustand des Herzens in der Wahrheit ge=
gründet, sodann befördert und auf die Ewigkeit dauer=
haft gemacht werde; so ist allerdings erforderlich und
vonnöthen, daß ein wahrer frommer Christ, gleich
dem Wintergrüne, sich an den Felsen unsers Heils,
welcher ist JEsus Christus, und an dem Trost und

Nah=

Vorrede.

Nahrungbringenden Baume seines verehrenswürdig-
sten Kreuzes fest halte.   Zu dem Ende wird ihm wohl-
meynend und aufrichtig gerathen, daß er nach der guten Anweisung, die ihm in diesem Werke gegeben wird,
lerne, sein Herz in den eingemengten, obgleich nach
der einfältigen Redensart eingerichteten Versen vor
seinem Erlöser und GOtt auszuschütten und durch die
gegebenen Lehren von dem Leben und Tode JEsu, in
welchem wir leben und schweben, zur Nachfolge seiner
Tugenden sich dergestalt reizen zu lassen, daß er in
die Fußtapfen seines Erlösers eintrete, und darinnen
bis an sein über kurz oder lang erfolgendes Absterben
fortwandele.

GOtt bewahre eine jede Seele vor allem gefährlichen und schädlichen Misbrauche! und gebe, daß
ein jedes den hierinnen ertheilten Unterricht zu seinem
ewigen Seelenheile aufrichtig und heilsam anwenden
möge.   Geschieht dieses; so ist der Zweck des Ver-
fassers erreicht, welcher kein anderer ist, als die Ehre
GOttes und die Beförderung der Seligkeit seines
Nebenmenschen.

Das

Das erste Capitel.

Dieß einem wohl gefällt,
Wenn man ihn nur gut hält.

D̃a GOtt der Allmächtige nach seiner unergründlichen
Barmherzigkeit den Menschen aus lauter Nichts
zu seinem Ebenbilde erschaffen, solcher aber durch die
Sünde sich der göttlichen Anordnung entzogen, so war nichts

Wintergrün.   A   mehr

mehr übrig, welches, die verlohrne Gnade zu erlangen,
in ihm eine Hoffnung erweckete : *Gen.* 5. 3. *& 9. Sapient.* 2. *Eccles.* 17. sintemalen von keiner Creatur der göttlichen Gerechtigkeit könnte gnug gethan werden.   Als begegnete die Brunnquelle aller Güte und Gnade, solchem unserm
Verderben und bevorstehenden Uebel, mit einem wunderba-
ren und zugleich unerhörten Rath und That; daß nämlich
die zweyte Person aus den dreyen vereinigten Personen,
Christus JEsus, *per quem accipimus gratiam, Rom.* 1. *v.* 5.
den höchsten Himmelssaal solle verlassen, die menschliche Natur annehmen, in dem Namen unser, mit vielen Kreuz und
Plagen, ja mit seinem Tode selbsten der göttlichen Majestät
gnug zu thun, *qui dedit semetipsum pro peccatis nostris
ad Galat.* 4.   Indem, weil durch eines einigen Menschen
tödtliche Uebertretung das ganze menschliche Geschlecht in
den Tod gefallen, so war nothwendig, daß der eingebohrne Sohn GOttes sich mit der menschlichen Natur bekleide,
wie solches der königliche Prophet schon längst geweißaget:
*Ecce venio. In capite libri scriptum est de me, ut facerem
voluntatem tuam : Deus meus volui, & legem tuam in me-
dio cordis mei.* Sieh, ich komme.   Im Anfange des Buchs
ist von mir geschrieben, daß ich thue deinen Willen. Mein
GOtt ich habe wollen, und dein Gesetz ist mitten in meinem Herzen, *Psal.* 39. 8. *& 9.* Als wollte er sagen: in dem
Anfange des Buchs der Ewigkeit und aller zukünftigen Dinge deiner Vorsehung und Weisheit steht geschrieben, daß
ich menschliches Fleisch anziehen solle, so bin ich nun auch
bereit, in die Welt zu steigen, und für aller Menschen Sünde gnug zu thun, *Ezech.* 34. *Isaiæ.* 7. *Jerem.* 5. *Daniel.* 9.

Als jener Sunamiterinn einiger Sohn sein Leben mit
dem Tode verwechselte, verfügte sie sich geschwinde zu dem
großen Propheten Elisäus, fiel vor ihm nieder, weinte,
klagte und plagte den guten Alten, daß er seinen Diener mit
dem

dem Stabe vorher schickte, in Meynung, ihr so liebes Kind
wieder in das Leben zu erwecken.   Aber weilen solches vergebens, ist Eliſäus ſelbſten dahin verreiſet, ihm das Leben
wieder beyzubringen.   Derowegen neigte er ſich alſobald auf
den Körper des Verſtorbenen, poſuitque os ſuum ſuper os
ejus, & oculos ſuos ſuper oculos ejus, & manus ſuas ſuper
manus ejus: & incurvavit ſe ſuper eum, & calefacta eſt caro
pueri: Und legte ſeinen Mund auf jenes Mund, ſeine Augen auf jenes Augen, ſeine Hände auf jenes Hände, dadurch erhitzete er mit ſeinem Athem und ſeiner Wärme des
Leibes alle Glieder des in Tod verblichenen, und ſchenkete
ihm wiederum das Leben, 4. Reg. 4. v. 34.   Dieſe Sunamiterinn iſt das menſchliche Geſchlecht, ihr Sohn aber unſer
Vater der Adam mit uns allen, Geneſ. 3.   Denn nachdem
dieſer Adam und ſeine Nachkömmlinge durch die Uebertretung
des göttlichen Befehls geſtorben, hat das menſchliche Geſchlecht durch vielfältiges Gebeth von GOtt dem HErrn
ſo viel erworben, daß er ſich über ſolches erbarmet, viel ſeiner Diener, Patriarchen, Propheten und Könige, mit dem
Stabe der Wunderwerke geſchicket, aber alle umſonſt, ſintemalen durch ſie das verdorbene und geſtorbene menſchliche
Geſchlecht niemal konnte zu dem Leben gelangen, ſondern es
wurde erfordert, daß GOtt ſelbſten durch erbärmliches
Bitten und Flehen der Menſchen gleichſam auferwecket, herab auf die Erde kam.   Denn es rufet das menſchliche Geſchlecht immerdar: Domine inclina cœlos tuos & deſcende:
HErr neige deine Himmel, und fahre herab Pſ. 143. v. 5.
Und wiederum, Domine mitte, quem miſſurus es.   Ach mein
HErr, ſende, welchen du ſenden willſt, Exod. 4. v. 13.   So
bald er in dieſe Welt, darinnen der Todte lag, ſich verfüget, qui in forma Dei eſſet, non rapinam arbitratus eſt, eſſe
ſe æqualem Deo, ſemetipſum exinanivit, ſervi formam accipiens, in ſimilitudinem hominum factus, der in göttlicher Ge-

ſtalt

stalt war, hat für keinen Raub gehalten, GOtt gleich zu seyn, sondern hat sich selbst erniedriget, die Gestalt eines Knechtes an sich genommen, und ist andern Menschen gleich geworden, *Phil. c. 2. v. 7.* machte sich aus GOtt zu einem Menschen, aus einem Unsterblichen zu einem Sterblichen, und erweckte das menschliche Geschlecht in das Leben. Darum allbereit durch den Propheten ausgerufen wurde: Ecce virgo concipiet, & pariet filium, daß eine Jungfrau werde empfangen, und einen Sohn gebähren, *Isaiæ 7. v. 14.* nämlich das Wort des Vaters, Verbum caro factum est, welches ist Fleisch geworden, *Joan. 1.* Denn wir wären schon alle zu Grund gegangen, wenn nicht derjenige hätte wollen zu Grund gehen, welcher nicht zu Grund gehen kann. O große Liebe. O liebliche Süßigkeit! O süsse Barmherzigkeit! daß GOtt also die Welt geliebt in Dargebung für dieselbige seinen einigen Sohn, damit wir Kinder genennet würden des lebendigen GOttes. Vocabuntur filii Dei vivi, *Rom. c. 9. v. 26.* Denn zuvor, gleichwie Acker und Pflug, Wasser und Krug, Rettich und Ruben, Huren und Buben, Hüner und Hanen, bleiben Gespanen, also der Höllen wir waren Gesellen, die wir itzt die Erlösung haben durch sein Blut: in quo habemus redemptionem per sanguinem ejus, *ad Coloss. c. 1. v. 14.*

Als Samson sich in eine Philisterinn verliebet, seine Aeltern aber sich bearbeiteten ihn davon abwendig zu machen, und zu ihm sagten: Nunquid non est mulier in filiabus fratrum tuorum, & in omni populo tuo, quia vis accipere uxorem de Philisthiim, qui incircumcisi sunt? Ist denn kein Weib unter den Töchtern deiner Brüder und in allem Volke, weil du willst ein Weib nehmen bey den Philistern, welche unbeschnitten sind, *Judicum c. 14. v. 3.* hatte er keine andere Entschuldigung, als nur allein, quia placuit oculis meis, daß er dermaaßen in Liebe gegen sie entzündet sey, daß er

keine

keine andere lieben könnte, weil sie seinen Augen gefallen.
Gleiche Antwort giebt auch unser Samson Christus JEsus.
Denn, nachdem er bey sich beschlossen, das menschliche Geschlecht zu erlösen, verliebte er sich dergestalten in unsre phi-
listerische Natur, daß sich die weite, breite Welt sammt dem
mit güldenen Sternen besetzten Himmelszelt darüber verwunderte, indem sie sagten: Quid est homo quod memor es
ejus? aut filius hominis, quia visitas eum? Was ist der
Mensch, daß du seiner gedenkest? und des Menschen Sohn,
daß du ihn heimsuchest, *Ps. 8. v. 5.* Er aber in der Liebe
ganz entbrunnen, wußte sich nicht anders zu verantworten,
als daß er dermaaßen in die menschliche Natur verliebt sey,
daß er keine andere mit Liebe umfangen könne. Deliciæ
meæ, esse cum Filiis hominum. Denn seine Lust sey bey
den Menschenkindern, *Prov. 8. v. 31.* Ein Werk ohne Beyspiel! eine Demuth ohne Maaße! eine Gnade ohne Verdienst! Ach allergütigster GOtt! kann denn deine unendliche Liebe gestatten, daß dein eingebohrner Sohn anziehe
die Schwachheit der menschlichen Natur? oder sich der
Sterblichkeit durch seinen ihm vorbehaltenen Tod unterwerfe? War denn das Heil unsrer Seelen eines solchen Werths,
daß wir anders nicht konnten erlöset werden, als durch Ver-
gießung jenes werthesten rosinfarben Bluts, deines so lieben
Kindes? Ach liebreichester GOtt, uns aber armseligen Menschen! daß wir solchen liebenden GOtt nicht aus allen Kräften lieben? Indem doch seine Liebe anders nichts begehret,
als einen Gegenhall und Wiederschall, nämlichen, damit
wir seiner so übermäßigen Liebe mit einem kleinen Funken einer Gegenliebe begegnen, oder unser Gemüth ein wenig lassen fasten und rasten, von dem Gewimmel und Getümmel
anderer Geschäffte, auch unsre Gedanken in diesem Leben
freywillig erheben von dem Zeitlichen zu dem Ewigen; allein,
leider! animalis homo non percipit ea quæ sunt Spiritus Dei:

der

der thierische Mensch vernimmt nicht die Lehre und die Dinge so von dem Geiste GOttes sind, 1. *Corinth.* 2. *v.* 14.

Es pflegen zu Zeiten die Lehrmeister, ihrer studiren-den Jugend Lust zu machen, in einen geistlichen Stand ein-zutreten, sie an solche Plätze zu führen, wo die stumme Schwätzerinn die halbe Worte nachspricht; allda bilden sie ihren Lehrknaben ein, als ob ihr Schutzengel an solchem Or-te gleichsam aus einem Orakel rede, und die Frage beant-worte, was für eine Religion ihnen zu erwählen. Derohal-ben zu welchem Orden sie ihre Schüler geneigt ersehen, las-sen sie ihm denselbigen nennend rufen: als nämlich: Debeo-ne fieri Jesuita, Servita, Minorita, Barnabita, Carmelita? und dergleichen, da giebt der Echo einen Wiederschall und spricht, ita, Ja. Wenn wir unsere Seele wollen hinaus führen in eine holdselige Wüsteney, zu erfahren von einer wiederrufenden Stimme, wessen wir uns bearbeiten sollen, so zeiget uns der Prophet Jesaias *c.* 40. *v.* 3. eine solche, da er sagt: Vox clamantis in deserto, parate viam Domini. Die Stimme des Rufenden in der Wüste, bereitet den Weg des HErrn. Wie aber der Weg des HErrn zu bereiten, leh-ret uns der dritte darauf folgende Vers: Vox dicentis cla-ma, daß die Stimme des Rufenden solle seyn nichts anders, als nur das Wörtlein Clama; dieses Clama wird uns unter-richten durch unser Rufen bey der mundlosen Rednerinn, was uns zu thun, nämlich, daß wir uns sollen üben in dem Lie-ben. Denn wenn wir dem Echo zurufen Clama, giebt er auf die zween Vocalen Clama, einen annehmlichen Conso-nanten, Zustimmung und Wiederschall: Ama. Liebe, oder du sollst lieben. Liebe, willst du geliebet werden in dem Him-mel auf der Erden, denn ohne gleiche Liebe dein, kannst du nicht geliebet seyn. Niemals pflegt Unbestand JEsu Liebe einzuschieben, liebst du ihn recht, wird er dich ewig lieben. Da-rum

rum soll jederzeit in unsern Sinnen und Gemüthe nichts an=
ders erschallen auf die Worte des Propheten an obgenann=
tem Orte, da er sagt: Quid clamabo? als der Wiederhall,
amabo? Ich will lieben, und solches, ich will lieben, sollen
wir in dem Werke stets erzeigen: weilen nach dem Heil.
Gregorius die Prüfung der Liebe, ist die Erzeigung des
Werks, Probatio Dilectionis est exhibitio operis, *Hom.* 30.
in Evang.

Da jener Prophet von dem allerhöchsten GOtt in die
große sündenvolle Stadt Ninive abgeschicket wurde, aber
sich mit sicherer Flucht durch das unsichere Meer nach Thar=
sis verfügen wollte, erhob sich ein so großes Ungewitter auf
solchem gläsernem Grunde, daß alle, so im Schiffe waren,
in höchste Gefahr gerathen, und sich eines Schiffbruchs be=
forchten haben. Jonas aber sagte zu ihnen: tollite me, &
mittite in mare, & cessabit mare a vobis; nehmet mich, und
werfet mich hinaus in das Meer, so wird es von euch ab=
lassen, *Jon. c.* 1. *v.* 12. Die Verkostung des verbothenen
Apfels verursachte in dem Meere dieses Jammerthals ein so
starkes Ungewitter, daß die ganze Menschheit in Gefahr ei=
nes allgemeinen Schiffbruchs gerathen; so bald aber der
himmlische Jonas die zweyte Person von der höchsten Drey=
einigkeit die menschliche Natur angezogen, und in das Meer
unsrer Mühseligkeiten sich werfen lassen, hat das Meer von
uns abgelassen, und das Ungewitter sich gelegt.

Es erzählet der Heil. Augustinus *l.* 21. *de civitate Dei.*
von Asbestos, einem Steine in Arcadien, daß wenn er in
etwas entzündet werde von dem Feuer, solcher niemalen
mehr erlösche. Also sollen auch wir beschaffen seyn; daß
wenn wir etwas von dem Feuer der Liebe GOttes empfan=
gen, niemal mehr erlöschen. Wir haben uns nicht zu fürch=
ten, als ob wir verbrennen würden in solchem Liebesfeuer;
nein, sondern GOtt hat unsre Herzen mit der Eigenschaft
jenes

jenes indianischen Flachses begabet, welcher in dem Feuer
nur säuberer wird: also auch die menschliche Herzen, je meh=
rer sie entbrennen in dem Feuer der Liebe GOttes, werden
sie nur schöner, glänzender, reiner und gleicher ihrem Er=
schaffer.   Und dieses ist was GOtt dem Moses befohlen we=
gen der Arche, daß er sie inwendig und auswendig übergül=
den solle: Deaurabis eam auro mundissimo intus & foris,
Exod. 25. *v.* 11.   Die Liebe ist das Gold, mit welchem un=
ser Herz, als eine Arche, darinnen das göttliche und him=
lische Manna Christus JEsus verlanget zu ruhen, solle inn
und außerhalb überzogen werden.   Niemand kann mit der
göttlichen Süßigkeit bereichert werden, man habe denn ge=
gen den irdischen Lieblichkeiten ein Abscheuen, als gegen den
Tod selbsten.   Derjenige aber kann gar bald mit dem himm=
lischen Erbgute begnadiget werden, dessen Gedanken von dem
Weltgetümmel gerichtet sind in den Himmel.   Welcher hin=
gegen seine Zeit ohne geistlichen Nutzen verzehret, der irret
und führet den Namen bloß eines Christen, sintemal was
ein Lager ist ohne Zelt, was ein Seckel ohne Geld, was ein
Wald ohne Holz und Wild, was ein Rahmen ohne Bild,
was ein Weyher ohne Fisch, was ohn Speis ein deckter
Tisch, was ein Seiler ohne Seil, was ein Köcher ohne
Pfeil, was ein Wiesen ohne Gras, was ein Keller ohne
Faß, was ein Schuster ohne Schuh, was das Schlafen
ohne Ruh, was ein Kasten allzeit leer, was ein Soldat
ohne Wehr, was ein Garten ohne Blum, was ein Kriegs=
fürst ohne Ruhm, was ein Redner ohne Maul, was ein
Reiter ohne Gaul, was ein Kuchel ohne Haf, was ein
Schäfer ohne Schaf, auch nicht mehrer ist ein Christ, der all=
zeit ohne Tugend ist.   Ach uns unglückseligen, daß wir
nicht alle unsre Kräfte zu dem Lobe GOttes und Dankbar=
keit richten! damit wir lebeten nicht uns selbsten, sondern dem
allein, der aller Lebendigen Leben ist, *Joan. c.* 1. *v.* 14.
                                                                      Wel=

Welcher, auf daß er uns lebendig machete, verlangete die menschliche Blödigkeit an sich zu nehmen, und bey uns zu wohnen, darum auch so oft an der Herzenskammer anklopfet. Aber, ach kaum ein einiger ist zu finden, der ihm einen Zugang in sein Herz gestattet, also daß er sich bey seinem Erzkanzler beklaget, da er sagt: Die Füchse haben ihre Höhlen, und die Vögel der Luft ihre Nester, aber des Menschen Sohn hat nicht, da er sein Haupt hinlege, *Matth. c. 8. v. 20.* O große Undankbarkeit der Menschen.

Ein Weibsbild, welches annoch den Frauenorden nicht eingetreten, wohl aber den Jungfrauenstand verlassen, war nicht allein wegen ihres Namen Amanda, sondern auch wegen ihrer überschönen Gestalt zu lieben. Diese, damit sie das menschliche Geschlecht mehr und mehr gegen sich entzünden möchte, und mit dem zarten Bande Cupidinis desselbigen Augen verhüllen könnte: gieng daher also mit liebesblitzenden Augenstralen, daß nicht wenig in Liebe gegen sie verblendet wurden. Ihre Zähne, welche gleichsam waren eine Muschel voll der schönsten Perlen, die sich durch die Lippen hervor zeigten, erschienen so liebwürdig, daß viel durch die ungestüme Liebeswellen, die Amor verursachet, sich bemühet, hinzudringen, und diese auf das wenigste mit dem Munde zu verehren, sintemalen sie durch solche mehrer als Cleopatra mit ihrem Perlgetränke die Herzen der Menschen wußte in ihre Liebe zu bezaubern. *Majolus Colloq.* 19. *Gent dierum.* Ihre Wangen, so das Ansehen gewonnen, als ob sie wären ein von weiß und rothen Rosen schönst gezierter Lustgarten, haben nicht wenige angereizet, zu wünschen beglückseliget zu werden, solche auf das zarteste zu berühren, indem sie erfahren war den Ansehenden, wie Volumnia den Coriolanum, zu bezwingen, *Valer. Max. de pietate Coriol. V. c.* 4. oder als eine andere Delila ihren Samson *Judic.* 16. in jeden Willen zu bringen. Ihr Haupt war gezieret mit den goldstralenden

Wintergrün.   B   gekraus=

gekrauſten Haarlocken und vielfärbigen Maſchen allerhand
Band, in denen nicht nur etwelche verlangten ihre Freyheit
zu verlieren, und in ſolchen gefangen zu ſeyn, denn ſie hatte
die Kräfte und Vermögen, wie Judith Holofernem, *Judith.* 10.
in ihre Wohlgewogenheit zu verblenden. Und wollte GOtt!
daß nicht viele durch ſolche Verblendung geſtürzet wären worden in die ewige Finſterniß. Sintemalen die Liebe kömmt
mit einem Wagen aufgezogen, daran, wenn ſie keuſch und
ehrlich iſt, vier weiße Schwanen ziehen; ſtecket ſie aber voll
böſer unordentlicher Begierden, ſo ſind an ihren Wangen
viel mehrer vorzuſpannen kohlſchwarze Raben, die mit ihrem
verkehrten Geſchreye einen gewiſſen Tod und Untergang verkündigen. Und zwar nicht unbillig iſt dieſer unreinen Liebe
ein ſolcher leichter Zug von dergleichen Farben vorzuſpannen,
in Betrachtung ihrer Leichtſinnigkeit, die ſich auch wohl mit
einem Härlein fangen läßt, oder die von ihr Gefangene verhaft der Höllen zuſchicket. Unter andern war auch ſowol an
Sitten als Geblüte ein adelicher Jüngling mit Namen Venerandus, ſo ſich in dieſe Amandam verliebet, nicht zwar in
Ungebühr ihm ſolche zu verpflichten, ſondern allein dieſelbe
als eine Urſache ſo vieler verführten Jünglinge auf ein beſſe-
res Leben zu ziehen. Wartet ihr derowegen höflich auf, redet ihr freundlich zu; aber ſie hatte ihre Ohren mehrer
verſtopfet zu dieſer Ermahnung, als Ulyſſes zu dem Geſange
der Sirenen. Ungeachtet deſſen, war er ſeiner Hoffnung
annoch nicht beraubet, ſondern weilen ihm wohl bewußt,
daß ſie eine Liebhaberinn des Seytenſpiels, und dergleichen
Docken ohne das von dem Baß in den Alt gern verändern,
wollte er ſolches durch eine treffliche Muſic bey der Nacht
verſuchen, aber kaum als er zu nächſt des Hauſes angelanget, wurde ihm nicht allein der Eingang verſchloſſen, ſondern er ſo gar mit Koth und Steinen hinweg getrieben.

Jener

Jener göttliche Venerandus und Liebhaber unſrer Seelen, Chriſtus JEſus, wird nicht weniger von uns alſo ſpöttlich abgetrieben. Er läßt ſich anſagen durch die Prediger und Beichtväter: Er kömmt ſelbſten mit einer trefflichen Muſic ſeiner Einſprechungen und Anmahnungen, wie David ſagt: Quam dulcia faucibus meis eloquia tua, ſuper mel ori meo: Wie ſüß ſind deine Worte meiner Kehle, über Honig meinem Munde, Pſ. 118. v. 103. bey dunkler Nacht, da wir ſind in der Finſterniß der Sünden, willens uns in ſeine Liebe anzunehmen, und auf den wahren Weg der Seligkeit zu leiten. Aber leider! wir verſperren ihm die Thüre unſrer Herzen nicht allein, ſondern treiben ihn mit Koth und Steinen allerhand Laſter von uns, da wir in denſelbigen verharren. Daß uns Moſes nicht unbillig zuſchreyet: Wie vergilſt du es dem HErrn, du närriſches und unverſtändiges Volk, Deuteron. 32. v. 6.

Einer war von einem luſtigen Schwänkmacher mit dieſen Worten zu Gaſte geladen: Er ſolle morgen ſein Gaſt ſeyn, ſo er könnte, dieſer, ſo den Poſſen nicht vermerkte, verſprach zu kommen, wie er ſich denn auch eingeſtellt, jener aber ließ die Thüre verſchließen. Als nun der andere anklopfte, rief dieſer zum Fenſter hinab: Habe ich dir nicht geſagt, du ſollſt mein Gaſt ſeyn, wenn du kannſt: weil du aber nicht kannſt zur verſchloſſenen Thüre hinein kommen, magſt du weiter gehen.

Gleicherweiſe machen es wir Menſchen mit dem höchſten und gütigſten GOtt! wir laden ihn zu Zeiten, wenn uns eine Andacht kützelt, durch etliche Seufzer in unſre Herzen: aber da er kömmt, findet er die Thüre verſchloſſen durch die Sünde, den Riegel vorgeſtoßen durch die Laſter, daß er gezwungen wird ohne Beherbergung die Rückreiſe anzutreten. Denn wir ſind in ſolchen kläglichen Stand gerathen, daß wir von ihm abgewendet, uns den Laſtern ergeben,

geben, und in solchen erbärmlich einschlafen; da wir doch
keine Stunde, ja keinen Augenblick sicher sind vor der Sen-
se und dem Pfeile des Todes: sintemalen der Mensch nicht
weis sein Ende: sondern wie die Fische klein und groß gefangen werden mit dem Angel, und die Vögel jung und
alt bestricket werden mit Schleifen, also werden gefesselt die
Menschen, *Eccles.* 9. *v.* 12. Viel vermeynen zwar sich der
Creaturen zu gebrauchen in der Jugend, aber der Tod kömmt
auch in der Jugend. Es sterben der Jungen so viel als der
Alten: man trägt so viel Kalb-als Kühhäute auf den Markt.
Viel gedenken, sie seyn an dem glückseligsten, aber da kömmt
am hellen Mittage der finstre Tod, da sie es zum wenigsten
vermeynen, sondern von dem betrüglichen Meerfräulein dieser Welt bethöret, ein langfröliches Leben verhoffen. Ach
eben mit der Sichel, mit welcher der unbarmherzige Tod die
zeitige Aehren abschneidet, verschonet er auch der kaum aus-
geschloffenen Blümlein nicht. Der Tod nimmt weder Geld
noch Gabe, daß er bey einem vorüber trabe; Fürst, Kaiser, König, Jung und Alt, sind alle in des Todes Gewalt,
und dieses ist das erschrecklichste, weil der Tod gewiß, die
Zeit aber ungewiß. Derowegen unser Erlöser und Seligmacher öfters befohlen diese Ungewißheit zu beobachten,
aber warum dieses? darum, sagt der Heil. Augustinus:
Quia ultimus dies absconditus est, vult DEUS, ut omnes
bene impendantur. Dieweilen der letzte Tag verborgen ist,
als verlanget GOTT, daß alle wohl angewendet werden.
Ursache dessen ermahnet uns auch der Lehrer der Heyden
Paulus, abzulegen die Werke der Finsterniß, und anzuziehen die Waffen des Lichts, da er sagt: Abjiciamus ergo
opera tenebrarum & induamur arma lucis. Indem gleichwie
niemand kann zweenen Herren dienen, also kann auch niemand die Werke der Finsterniß, so sind die Sünden, und
zugleich das göttliche Licht empfangen, sondern muß solche
gänz-

gänzlich beurlauben, heraus reißen und verlaſſen, damit das
Licht keine Verhinderung ſpüre, ſeine Gnadenſtralen auszugießen, weil der allerreineſte GOtt an keinem andern Orte verlanget einzukehren, als in einem mit allerhand Tugenden gezierten Herzen.   Wenn wir alſo GOtt in uns
würdig empfangen wollen, als unſrer Seelen angenehm-
ſten Gaſt, ſo müſſen wir das Bettlein des Herzens mit der
verliebten Braut ganz lieblich zieren: Lectulus noſter flori-
dus; wie mit den Hiacinthen des Glaubens, mit der hoch-
ſteigenden Kaiserskrone der Hoffnung, mit den Roſen der brennenden Liebe, mit der Kreuzblume der Geduld, mit den Mayen-
blümlein der Reinigkeit, mit den Violen der Demuth, mit
der Sonnenwende des Gehorſams, mit dem Tag und Nacht
des ſteten Gebeths, mit dem Vergiß nicht mein der Gegenwart GOttes, mit dem je länger je lieber der Abtödtung, mit der
Amaranthen der Beſtändigkeit, und endlich mit dem Tau-
ſendſchön der anmuthigſten Tugenden.   Denn JEſus iſt
kein undankbarer Gaſt, ſondern bezahlet ſeine Zeche gar gut,
dieweilen, ſo bald er in dem hochzeitlichen Saale zu Kana
in Galiläen eingetreten, hat er die Waſſerkrüge in Weinfäſ-
ſer verwandelt; *Joan.* 2. Alsbald er in das Haus Zachäi
angelangt, iſt demſelbigen ein großes Heil wiederfahren,
Luc. 9. Als er zu des Matthäus Hauſe gekommen, ward derſelbige aus einem Publican und Wucherer ein Apoſtel und
Evangeliſt; *Matth.* 9. als er ſich in dem Caſtell zu Betha-
nia befunden, machte er den verſtorbenen Lazarus wieder
lebendig, alſo daß bey ihm recht wahr iſt: Nichts umſonſt.
       Wer einen angenehmen Gaſt in ſeinem Hauſe em-
pfangen will, und ihn eine Zeit zu beherbergen verhoffet,
der die Zimmer mit gutem Geruche anfüllet, daß es nicht
anderſt riechet als quaſi Lilia, quæ ſunt in tranſitu aquæ,
& quaſi thus redolens in diebus æſtatis, wie die Lilien an
dem Waſſer, und wie der Weihrauchbaum in dem Sommer:

mer: *Ecclef.* 50. *v.* 8. auch hält er ihn wohl, daß er gern bey ihm verbleibet. Die Lilien sind ein Kennzeichen der Jung= frauschaft, wie solches die Glossa lehret, *cap. 2. Cantic.* der Weihrauch aber wird von allen Vätern auf das Ge= beth ausgeleget, zu welchem Ursache giebt der hochfliegen= de Adler, da er das Rauchwerk der Engel das Gebeth der Heiligen nennet: Et ascendit fumus incensorum de oratio- nibus Sanctorum de manu Angeli &c. *Apoc.* 8. *v.* 4. Gleich= wie aber der Geruch des Weihrauchs zu dem kräftigsten und lieblichsten riechet, wenn er in das Feuer geworfen wird; also auch das Gebeth der Auserwählten, ist alsdann an dem allerinbrünstigsten und geruchvollesten, wenn es in dem Mörser der Verfolgung zerstoßen, oder in das Feuer allerhand Trübsalen und Widerwärtigkeiten gewor= fen wird.

Wie liebreich aber der Geruch dieses Weihrauchs sey, hat erfahren Valerius, ein Bräutigam der H. Jungfrau und Märtyrinn Cäcilia, mit seinem Bruder Tiburtius, da sie in dem kalten Wintermonat das Zimmer der bethen= den Jungfrau mit dem edelsten Geruche der Lilien und Rosen befunden angefüllet; also zwar, daß sie dardurch zu dem christlichen Glauben bekehret, und denselbigen mit ih= rem Blute bezeuget haben, *Brev. Rom. & Vita.* Solche Blumen sollten auch bezieren das Bett unsrer Herzen, und mit solchem Weihrauch sollte geräuchert werden auch dasselt= bige, wenn wir den Geliebten gebührend empfangen wollen. Und gleichwie ein Gärtner zur annehmlichen Frühlingszeit, da die Sonne durch den himmlischen Thierkreis näher uns herbey kömmt, die Bäume beschneidet, das Erdreich um= kehret, damit kein Unkraut in den Gärten gefunden werde: also muß der Mensch auch mit großem Fleiße seinen mit Un= kraut der Sünden verderbten Garten umgraben, die Bäu= me, nämlich die Sinne und unterste Kräfte beschneiden,

alles

alles Unkraut der Laster mit der Wurzel ausreuten, alle
Verhinderniß hinwegräumen, auf daß die Sonne der Gerechtigkeit ihren Gnadenglanz könne hinein schießen lassen,
und durch ihre Kraft mitwürken. Dann als wie in ein ver-
schlossenes Zimmer die Sonne ihren hellstralenden Schein
nicht kann hinein werfen, es sey denn, daß ihr alle Verhinderniß hinweg gethan werde; gleicherweise das göttliche
Licht Christus JEsus, von welchem der Psalmist singet:
In Lumine tuo videbimus Lumen, in deinem Lichte werden
wir das Licht sehen, *Psal.* 35. *v.* 10. wird seinen Gnadenschein in keines Menschen Herz hinein werfen,
das mit Sünden bedecket ist.

Das

Das zweyte Capitel.

Ist das Bett recht gut gemacht,
Giebt es eine sanfte Nacht.

Es erzählet Joannes Monteville, daß in Irrland Blu-
me gefunden werden, welche eine solche wunderbare
Frucht tragen, daß, wenn selbige zeitig in das dabey
liegende Wasser falle, entspringe aus selbiger ein lebendiger
Vogel, dessen zarten Federn und linden Pflaumen sich nur
die Vornehmste bedienen: diejenige Frucht aber, so auf die
Erde falle, verderbe, und werde ein Unflath daraus,
Münster de Scotia. cap. 14. Der Mensch ist ein solcher Baum,
welcher Frucht trägt der guten Werke und bösen Thaten.
Die Werke, so fallen auf die Erde der Eitelkeit, eigener
Ehre,

Ehre, oder vielleicht mit keiner aufrichtigen Meynung verrichtet werden, die verderben, und sind todte Werke. Welche aber fallen durch demüthige Uebergebung in das Wasser der
göttlichen Gnaden, und mit wahrer Liebe versinken in das
unerschöpfliche Meer der Verdiensten Christi JEsu, dieselbige werden lebendig, und auf solchen ruhet der allerhöchste
GOtt mit sondern Freuden. Derowegen wer gewinnen will
die Neigung seines GOttes, der muß zuförderst gewinnen
die Neigung zu der Tugend. Denn gleichwie es nicht wohl
steht, daß ein hochadelicher Herr unter einer aus Holz und
Leim gebauten Hütte bewirthet werde; also will es sich viel
weniger schicken, daß der allerreineste GOtt in einem von
Sünden und Lastern befleckten Herzensbette seine Ruhe erwähle.

Es meldet der Heil. Augustinus *Tract. IX. in Joan.*
Sit tibi domus Deus, esto domus Dei; Dir soll seyn GOtt
ein Haus; und du sollst seyn ein Haus GOttes. Bleib in
GOtt, und GOtt wird in dir ruhen. Was haben wir
in dem Himmel und auf Erden? Was können wir begehren
von GOtt ohne ihn? Ach! über gut ist uns, wenn wir uns
zu GOtt halten, und unsre Hoffnung setzen auf GOtt,
damit wir verkündigen alle seine Werke in der Pforte der
Tochter Sion. Wahrlich, plane bonum si ex omni parte
adhæseris, ist es gut, wenn wir uns vollkommen an GOtt
halten, *S. Bernh. Serm.* 71. *in Cantica.* Wer sich aber gänzlich an seinen GOtt und Heiland halten will, der muß sein
Fleisch gekreutziget haben sammt allen Lastern und bösen Begierden, qui autem sunt Christi, carnem suam crucifixerunt
cum vitiis & concupiscentiis, *ad Galat.* 5. *v.* 24. Derowegen ist vonnöthen, daß solcher suche zu verkosten und zu
trachten, nach dem was droben ist, und nicht nach dem was
auf Erden, wie der Apostel spricht: Quæ sursum sapite, non
quæ super terram, *Coloss.* 3. *v.* 2. Wohl ist in acht zu neh-

Wintergrün.   C   men,

men, daß uns die äußerliche Sachen nicht alles verwirren,
damit wir durch sie gar von GOtt verirren, sondern
wir müssen gegen ihn unsere Liebe also befestigen, auf daß die
zeitliche Weltgetümmel uns nicht vermögen den Himmel zu
rauben, auf daß wir in Wahrheit sagen können: Ego autem
in Domino gaudebo; & exultabo in Deo JEsu meo, *Habac.*
3. *v.* 18. Ich will mich in dem HErrn erfreuen, und in
meinem JEsu frölich seyn. Woraus denn erfolgen wird,
daß, wie gaudebit sponsus super sponsam, gaudebit super
te Deus tuus, *Isaiæ* 62. *v.* 3. sich ein Bräutigam wegen seiner Braut freuet, also wird sich auch GOtt über uns erfreuen.

Eine schwarze aber hofärtige Jungfrau lag an einer
Liebeswunde in einem neugewaschenen schneeweißen Bette
krank; und als ihre Gespielinn sie besuchte, fragte die Kran-
ke selbige, ob ihr Bett nicht schön gewaschen sey? diese antwortet ihr: Freylich wohl, und tauget für euch gar gut,
weil man euch in dessen Schnee sowohl ersieht, als eine Fliege in der Milch. Lisel merks. Wie oft reiben und waschen, schmutzen und butzen, zieren und schmieren, anstreichen und bleichen, schmünken und tünchen wir Menschen
den Leib als eine unsaubere Madenflasche, nur daß er zart
und weiß erscheine. Aber, wie liegt unsere Seele darinnen? Ach wenn man sie sehen könnte, würde sie viel schwärzer seyn, als eine Fliege in der Milch; Denigrata est super
carbones facies eorum, & non sunt cogniti in plateis, *Thren.*
4. *v.* 8. Weil ihr Angesicht schwärzer ist denn Kohlen, daß
man sie auf der Gasse nicht mehr kennet, und wie Amos *c.* 9.
v. 7. spricht: Nunquid non, ut filii Aethiopum, vos estis mihi? O ihr Kinder! seyd ihr mir nicht wie Mohrenkinder?
an denen GOtt großes Misfallen trägt. Denn GOtt ist
der allerreineste, eine solche Seele aber ganz befleckt; GOtt
ist der allerzärteste, eine solche Seele aber ganz rauh; GOtt
ist

ist der allergütigste; eine solche Seele aber ganz boshaftig;
GOtt ist der allervollkommenste, eine solche Seele aber ganz
mangelvoll; GOtt ist der allerliebreicheste, eine solche Seele aber ganz häßlich; GOtt ist der allerschöneste, eine solche Seele aber ganz und gar schändlich. Kann also eine
solche Seele nicht wohl liegen, noch GOtt in ihr gut ruhen,
wenn man ihm hart bette.

Das vornehmste ist, GOtt wohl zu empfangen, eine
rechte wahre Liebe. GOtt verlanget geliebt zu werden als
ein Bräutigam, darum soll die Braut keinem so wohl gewogen seyn, als ihm, welcher das ganze Herz und eine vollkommene Liebe begehrt, *S. Bernh. Serm.* 33. *in Cantic.* Darum sagt der Heil. Augustinus *Tract.* 8. *in Joan.* Liebe, so
wirst du geliebet werden: Bewohne, so wirst du bewohnet
werden: Denn es wohnen unter einander, das so beherberget, und das so beherbergt wird. Nicht allein aber bereiten wir ihm ein lindes Ruhebettlein, so wir ihn lieben, sondern auch, wenn wir den Nächsten lieben wegen seiner: So
oft bereiten wir das Bett unsers Herzens dem geliebtesten
Heiland, so oft wir wegen seiner dem Nächsten dienen in
wahrer Liebe. *Si diligamus invicem,* schreibt der Heil.
Joannes, *Epist.* 1. *c.* 4. *v.* 12. *Deus in nobis manet,* wenn
wir uns untereinander lieben, so bleibet GOtt in uns.
Charitas ejus in nobis perfecta est. Denn, seine Liebe ist
vollkommen in uns. Derowegen werthestes Herz! liebe denjenigen und den Nächsten in ihm, welcher in dir hat angefangen zu wohnen, damit er durch vollkommenere Bewoh-
nung dich vollkommen mache. Bereite dem HErrn in dir
eine süsse Ruhe der Liebe, und du wirst erfahren, daß er
in dir wohne mit aller Lieblichkeit.

In dem Stande der Ehe, verursacht oft das Bett
viel Wehe. Liegt man verschwiegen beysammen, ruhen und
schlafen, laßt die Dienstboten schaffen; was sie wollen und

nicht

nicht ſollen; ſo iſt mehr als kund, die Wirthſchaft geht zu
Grund. Liegt man nicht beyſammen, entſpringt ein Eifers-
flammen, und ein böſer Namen, ein Haſſen, Aufpaſſen,
ein Huren, ein Murren, ein Fluchen, ein Neiden, ein
Meiden, ein Scheiden: Daraus denn Weib und Mann erwerben, ihr ſelbſt eigenes Verderben, ohne daß zuvor öfters das Weib dem Manne mit ihren Nägeln in das Ge-
ſicht ſeltſame Buchſtaben geſchrieben, der Mann herentgegen auf ihrem Rücken mit einem ſtarken Prügel ungemeine
Fractur eingehauen: Obwohlen es bey ihnen nicht wahr iſt:
Virga tua & baculus tuus, ipſa me conſolata ſunt, Pſ. 22.
Deine Ruthe und Stecken haben mich getröſtet, oder wie in
den Offenbarungen: Ego, quos amo, arguo & caſtigo,
Apoc. 3. v. 19. welche ich liebe, die ſtrafe und züchtige ich,
ſondern bey ſchöneſten und helleſten Himmel ſchlagen hervor
durch ſolches Stockfiſchklopfen viel tauſend Hagel und Donner aus ihren Goſchen, und darauf folget ein Platzregen der
Zornthränen.

Die kleinere Sonnenblumen, begoſſen mit ihrem Er-
quickungsthaue bey Ankunft der großen Lichtfrauen der Sonne, werden durch ihre Stralen annehmlicher Weiſe eröffnet, alſo daß ſie ſich liebreich erfriſchen und holdſelig aus-
breiten. Durch ſolche Erfriſchung gezogen, folgen ſie den
ganzen Tag derſelben ohne andere Wendung nach, gleichſam zu danken; aber bey Abweichung der Sonne ſchließen
ſie ſich zu, und nehmen eine ſolche Geſtalt an ſich, als wenn
ſie gänzlich verwelket wären. Alſo iſt es mit uns Menſchen,
wir wenden und neigen uns von Liebe gezogen gegen GOtt,
ſo lang er uns mit ſeiner liebreichen Mildigkeit und milden
Barmherzigkeit beſtralet: Cant. 1. v. 3. aber ſo bald er von
uns entweichet zu den Stunden der durch die Sünden ver-
urſachten Abendzeit und Dunkelheit der innerlichen Finſterniß, hat unſere Seele keine Kraft noch Schönheit, bis und
noch

noch so lang nach vergossenen Zährenthaue einer schmerzvol-
len Bereuung und vollkommener Beicht die Sonne der Gerechtigkeit bey uns wiederum aufgeht, und uns mit ihren
Gnadenstralen und ihrem Liebesglanze bescheinet und erfrischet.

Plinius schreibet von der Natur der Winden, *Lib.
II. c.* 47. daß der Westwind, welcher vom Niedergange her-
wehet, die durch den Winter getödtete Pflanzen und Kräuter wiederum hervor bringe, mache sie wiederum kräftig,
und erwecke sie in das Leben. Dieses wirket der Heil. Geist
bey den sich zu GOtt bekehrenden Herzen: Sintemalen er
ist der wahre Westwind, welcher mit seinem lieblichen An-
blasen alle gute Werke, die durch den Frost der Sünden er-
kaltet sind, machet wiederum lebendig, und erwecket die in
Sünden verstorbene Seelen, wie der jungfräuliche Evange-
list bezeuget: Spiritus est, qui vivificat, *Joan.* 6. *v.* 64. der
Geist ists, der da lebendig machet. Wie denn auch Paulus vermeldet: Vivificabit & mortalia corpora vestra, propter inhabitantem Spiritum ejus in vobis, *Rom.* 8. *v.* 12. Der
wird eure sterbliche Leiber lebendig machen um deswillen,
daß sein Geist in euch wohnet.

In den Palmenbäumen soll sich befinden das männliche und weibliche Geschlecht. Dahero wenn man diejenige,
so zusammen gehörig von einander versetzet, verlieren sie ihre grüne Gestalt, und sehen nicht anders aus, als seyn sie
völlig verdorben; so bald man aber sie wieder verpaaret und
zusammen versetzet, erneuern sie ihr Alter, erfrischen sich,
schlagen aus, und schmücken sich mit ihrer grünen Beklei-
dung. Auf solche Weise eine jede Seele, welche abgesondert ist von ihrem holdseligsten Bräutigame, dessen Namen
ist JEsus, legt nicht minder ab alle ihre schöne Gestalt, daß
sie vor dem Angesichte des himmlischen Heeres nicht anders
erscheinet, als ob sie sey völlig verwelket, abgestanden, und,

C 3   wie

wie es denn auch ist, in dem Tode der Sünden gestorben.
Nun aber wenn sie durch die wahre Reue und reuvolle Buße
sich von dem Sündenruße empor schwinget, und sich wiederum näheret ihrem allergütigsten GOtt, wird sie bey wie-
derbrachter Gegenwart ihres Liebhabers so weit erfrischet,
daß sie nicht weniger in ihrer Schönheit vollkommen erkennet wird für ein Ebenbild ihres Erschaffers, als Nabuchodonosor für einen Menschen, da er seine Ochsengestalt ab-
gelegt durch die Buße, *Daniel.* 4. Ihm wurde zwar nur gebettet auf Laub und Gras, ist aber gut gelegen, da er verwegen zuvor, also seine Sünde gebüßet. Wohl ist gelegen
der Heil. Patriarch Jacob, da er ihm auf die Erde gebettet, und die Engel von dem Himmel über eine Leiter auf-
und absteigen gesehen, *Genes.* 28. *v.* 12. Wohl ist gelegen
jener ägyptische Jüngling Nicetas, da er in den lindesten
Pflaumen und Federn ihm selbst die Zunge abgebissen und
die Jungfrauschaft behalten, *S. Hier. in vita S. Pauli I.
Erem. c.* 3.

Wohl ist gelegen jener gleichsam verlohrne Sohn, welcher aus Befehl der Heil. Jungfrau Lydwina für seine so
viel begangene Sünden eine ganze Nacht in dem Bette ge-
wachet, allwo er von guten Gedanken getrieben, seine Laster bereuet, ein bessers Leben angefangen, und treffliche
Früchte der Buße bevor gebracht, *Surius Tom.* 7. *de.* 14.
April.

Wohl ist gelegen jener ganz der Welt ergebene Mensch,
von welchem *Benedictus Renatus* meldet: Gleichwie er des
Fastens und Wachens ungewohnet, als ließ er ihm in den
Lustbarkeiten und Schlafen nichts abgehen. Eine Nacht
aber hat ihn ergriffen, die ihm keine Ruhe gestattet, in
welcher Unruhe er durch Wehung des Geistes GOttes betrachtet die Worte Isaiä: *Quis poterit habitare de vobis
cum igne devorante? quis habitabit ex vobis cum ardoribus*
sem-

sempiternis, *Isaiæ* 33. *v.* 14. Wer wird von euch können wohnen, mit einem verzehrenden Feuer? Wer wird wohnen aus euch mit den ewigen Flammen? Darauf er den weltberühmten Cistercienserorden angenommen, in solchem gottselig gelebet, und auf solche Weise gestorben, *Lib. V. magni Speculi Ord. Cisterc.*

Wohl ist gelegen der Schächer auf dem Bette des Kreuzes, da er durch zuläßigen Diebstahl das Paradies geraubet. Wohl sind diese alle gelegen, und GOtt in ihnen, denn sie ihm und ihnen auch wohl gebettet.

Aber vielleicht möchte einer fragen, woher die Federn zu bekommen, also wohl zu betten? Der Heil. Augustinus in *Psalm.* 4. sagt: Die Gerechtigkeit des Menschen in diesem Leben ist das Fasten, Almosen und Gebeth. Willst du, daß dein Gebeth zu GOtt fliege, so mache dir zween Flügel, durch das Fasten und Almosen. Wie man aber Federn erlangen könne, meldet gar schön der H. Gregorius, *in c.* 39. *Job.* da er spricht: Was ist den Sperber gefüttert machen durch den Mittagwind, als daß ein jeder Mensch, berühret von dem Blasen und Winde des Heiligen Geistes und erwärmet, die Gewohnheiten der alten Beywohnungen hinwirft, und zieht an die Gestalt eines neuen Menschen? Die alten Federn aber verlieren ist nichts anders, als die geübte Untugenden meiden; gleichwie neue zu empfangen, ist vonnöthen zu üben neue Tugenden. Sind also die gute Werke die beste Pflaumen und Federn, worauf eine Seele wohl ruhet, und GOtt in ihr. Wer mit dergleichen Federn sein Herzensbett angefüllet hat, dem ist unnothwendig mit der verliebten Braut aufzuschreyen: Indica mihi, quem diligit anima mea, ubi pascas, ubi cubes in meridie, ne vagari incipiam post greges sodalium tuorum: *Cantic.* 1. *v.* 7. Sage mir an du, den meine Seele liebet, wo du weidest, wo du ruhest in dem Mittage, daß ich nicht hin und

her

gehen müsse nach den Heerden deiner Gesellen.   Ungeachtet
wie der Heil. Augustinus *L.* 1. *confeß. cap.* 1. schreibet: Daß
unser Herz ganz unruhig sey, bis es ruhe in GOtt.   Dem
geliebtesten Heiland ist genug unser Herz, derowegen soll
unserm Herzen auch genug seyn der liebreicheste JEsus.
Wie denn die verliebte Braut singet: Fasciculus Myrrhæ dilectus meus mihi, inter ubera mea commorabitur, *Cantic.* 1.
v. 13.   Mein Geliebter ist mir ein Büschel Myrrhen, er wird
zwischen meinen Brüsten bleiben.   Soll er aber zwischen den
Brüsten bleiben, und zwischen solchen wohl liegen, so ist
nothwendig, daß man ihm gut bette.   Ihm aber wird man
wohl betten, wenn man wird zu ihm treten.   Denn wie der
Heil. Jacobus sagt: Appropinquate Deo, appropinquabit vobis: *Jacob.* 4. *v.* 8. nahet euch zu GOtt, so nahet er sich zu
euch.   Wir aber nahen uns zu GOtt, wenn wir uns befleißen der Tugend, und hassen die Laster, darzu wirket
viel das Gebeth, sintemal das Gebeth eines Gerechten vermag viel: Multum valet deprecatio Justi assidua, *Ibid.c.* 5.
v. 16. und zwar also, daß es alle Kraft und Macht der Natur übertrifft.   Denn die Natur kann keinen Leib ohne Speise erhalten, solches aber hat das Gebeth 40. Tage und
Nächte gethan, *Exod.* 24. *v.* 18.   Die Engel bewegen den
Himmel, aber das Gebeth beweget den Erschaffer der Himmel selbsten; nicht zwar vermittelst einer leiblichen Bewegung, sondern vermittelst seiner Tugend und Kraft, weilen
es ihn treibt und beweget, daß er uns in unsern Nöthen
helfe, und sich gnädig und gütig erzeigen wolle.   Die Kraft
des Gebeths hat so gar die Stärke der Engel übertroffen,
die Himmel unbewegt gehalten, und die stets laufende Pferde der Fürsten der Planeten in die Ruhe geleget *Josuæ* 10.
Das Gebeth übertrifft das Vermögen aller Creaturen.
Denn was für eine Creatur hat jemalen aus selbst eigener
Kraft einen Todten in das Leben erwecket? aber das Ge-
                                                      beth

beth kann solches thun, wie bezeuget Elisäus, 4. *Regum. c. 4.*
welcher durch sein Gebeth einer Wittwen in den Tod verblichenen Sohn wieder das Leben erlangt, dem viel unzahl-
bare Heilige in Auferweckung der Todten nachgefolget. Keine einige Creatur ist zu erdenken, welche in den Erschaffer
verändert werden könne, aber durch das Gebeth geschieht
solches täglich, wenn in dem Amte der Heil. Meß die Substanz des Brods und Weins durch das Gebeth des Prie-
sters, und durch die Worte der Heil. Consecration wunder-
barlicher Weise in die Substanz des allerkostbarlichsten Leibes und Blutes Christi JEsu verwandelt wird. Denn obschon Christus, in so viel er ein Mensch, eine Creatur ist,
ist er dennoch, in so viel er GOtt ist, ein Erschaffer.

Das Gebeth dessen der sich demüthiget, dringet durch
die Wolken, *Ecclesiast. 35. v. 21.* Die Vögel erschwingen sich
zwar durch die Flügel in die Höhe, aber mit dem Schweife
richten sie ihren Flug, wenn auch sie von dem Schwingen
ihrer Flügel würden ablassen, würden sie den vorgenomme-
nen Ort nicht erreichen. Also auch das Gebeth, obwohlen
es sich durch Fasten und Almosen gegen den Himmel erhebt,
wenn es aber nicht von einer demüthigen Beständigkeit wird
begleitet, erlanget es wenig vor GOtt. Esther hatte zwo
Jungfrauen, als wie jetziger Zeit das hochadeliche Frauenzimmer einen Aufwarter und Page, bey sich, da sie zu dem
König in das Zimmer hineingieng, und ihn um etwas bitten
wollte; auf die eine leinte sie sich, und die andere trug ihr
den Schweif am Rocke nach: Assumsit duas famulas, & super unam quidem innitebatur, altera autem famularum seque-
batur Dominam, defluentia in humum indumenta sustentans,
Esth. 15. v. 6. & 7. Das Gebeth ist die Esther, durch welches wir einen Zutritt erlangen mit GOtt dem Könige des
Himmels und der Erde zu reden, auf daß es aber angenehm
empfangen werde, muß es zwo Kammerjungfrauen bey sich

Wintergrün.   D   haben,

haben, damit es sich auf eine leine, die andere aber muß ihr die Kleider nachtragen, als eine auf den Fuß folgende Dienerinn, und diese sind, die Demuth und Beständigkeit.

Als Xenophon einmals seinen Göttern opferte, und ihm unverhofft die Zeitung einlief, daß sein Sohn in einer Schlacht das Leben verlohren, unterließ er darum nicht zu opfern, sondern verblieb standhaft und vollendete das Opfer; *Valerius Lib. II. c.* 20. aber leider wir Christen lassen uns einen einigen Schnacken, einen einigen Flohbiß, Räuspern, und Geräusch in unserer Andacht und in unserm Gebeth verhindern: Aber nicht also durch das Blut JEsu Christi erkaufte Christen, nicht also, sondern gleichwie Abraham da er aus göttlichem Befehle etwelche Thiere opferte, die Vögel, so von der Luft herab geflogen, und das Opfer aufs fressen wollten, jederzeit und so lang davon abtrieb, bis es Abend wurde, und er darüber einschlief: *Gen.* 15. *v.* 11. 12. Also auch wir sollen in dem Gebethe verharren, bis wir bey erwünschter Abendröthe und bey dem Untergange aller Widerwärtigkeiten in den Schlaf der göttlichen Tröstungen und Gnaden einschlafen, auch in solchen süßiglich ruhen. Indem sich aber dessen ein jeder befleißet, will ich den holdseligsten und liebbarsten unter den Menschenkindern einladen in den Garten meines Herzens, sich allda nach Genügen zu erlustigen, und mit seinen Gnadenstralen zu bescheinen.

I.

Wer wird mir geben,
  JEsu mein Leben,
Dich, O mein Trost! zu sehen an:
  Dich zu empfangen,
  Ich trag Verlangen,
Auf rein verliebten Herzensplan.

Mein Herz sich neiget,
  Und sich erzeiget
Ganz offen dir, zu kehren ein:
  Es trägt Verlangen,
  Dich zu empfangen,
Und dich in sich zu schliessen ein.

II. Nicht

II.

Nicht zwar ob solltest
Wenn du nicht wolltest
Abschießen den verliebten Pfeil:
Es ist verwundet
Und stark verschrundet
Schon oft von dir, O du mein Heil!
Ja ganze Haufen
Von ihm verlaufen
Des sehr erhitzten Liebesschweiß:
Die Liebesflammen
Schmelzen zusammen
Auf eine ganz verborgne Weis.

III.

Ein End des Schmerzen
Du meines Herzen
Komm JEsu, allerliebster mein:
Es dir steht offen
Du nach Verhoffen
In solchem wollest kehren ein.
Ich auch vor allen,
Dir zu gefallen,
Es hab bereit zu einem Haus:
Drum komm gegangen,
Du mein Verlangen!
Und bleibe ach nicht länger aus.

IV.

In meinem Garten
Ich werd erwarten
Dich JEsu allerschönster mein:
Laß dir belieben,
Nicht aufzuschieben
Zu sehen was dir lieb mag seyn.
Es wird gefallen
Dir der Corallen
Rothlechte schöne Apfelbaum:

Allwo den kühlen
Zephyr zu fühlen
Wirst haben du genugsam Raum:

V.

Flora gewogen,
Den Gart bezogen,
Wird Blumen bringen allerhand:
Was sie wird haben
Von solchen Gaben
Im May und schönen Frühlings-
stand.
Damit zu zieren,
Und dich zu führen
In das verliebt Brautkämmerlein:
Wo du kannst schlafen,
Und auch anschaffen
Was dir da wird gefällig seyn.

VI.

Es ist mein Garten
Von solchen Arten
Fast einer kleinen Insel gleich:
Wo du kannst baden
Ohn allen Schaden
In dem gekräußelt Wasserteich.
Die kleine Wellen
Sich werden stellen,
Ob brächten sie dir nur Verdruß:
Du wirst doch sehen,
Daß sie nur gehen,
Zu geben dir den Freudenkuß.

VII.

Die Zephyr streichen,
Die Nordwind weichen,
Da ist die größte Lustbarkeit:

D 2   Man

Man kann verschwiegen
Der Lieb obliegen,
Auch aller Freud und Frölichkeit:
Du wirst vergessen,
Bey süssem Essen,
Der Myrrhen Gall und Bitterkeit.
Denn zu geniessen,
Ich ganz ein süssen
Tisch dir werd haben zubereit.

VIII.

Ich will erdenken.
Dir einzuschenken
Ein Trank von süsser Eigenschaft:
Drum komm gegangen,
Du mein Verlangen!
Verkost so süssen Liebessaft.
Die Lieb ihn schwitzet,
Von dir erhitzet,
O ganz entzünde Liebesflamm!
Aus dir ersprossen,
Aus dir ergossen,
Hält alle Freud in ihm zusamm.

IX.

Ich mich erfreuend,
Auch ganz nicht scheuend
Werd geben dir den Freudenkuß:
Wenn mich beglücken,
Wie auch erquicken
Sollt dein so süsser Gnadenfluß.
Du Himmelssonne,
Ach doch nur wohne
In dem verliebten Herzen mein:
Sonst wird das Lieben
In ein Betrüben
Ganz schmerzlich mir verändert seyn.

X.

Niemand wird können
Uns boshaft nennen,
Dem unsre Liebe ist bekannt:
Wenn wir in Ehren
Die Zeit verzehren,
In unverwendten Liebesstand.
Auch deinen Willen
Da zu erfüllen,
Ich werd befehlen, meine Laut
Dahin zu bringen,
Darbey zu singen,
Wie singet ein verliebte Braut.

XI.

Wenn dich wird sehen,
Im Garten gehen
Das da versammelt Federvieh.
Es dich wird loben,
In Luft erhoben,
Und mit ihr Stimmlein preisen dich.
Die Bronnenquellen
Mit ihrem hellen
Geräusch, bey stiller Abendzeit,
Vorüber reisen,
Dir Dank erweisen
Für deine Gegenwärtigkeit.

XII.

Die Blümlein ducken
In schönen Schmucken
Vor dir sich, O du Liebster mein!
Da du von fernen
Noch wie die Sternen
Nur zeigest deinen Gnadenschein.
Vor dir sich biegen,
Und wieder fliegen,

Von

Vom Wind berührt, bald über sich:
Vielmehr in Freuden
Sich werden weiden,
Wenn in der Näh sie sehen dich.

XIII.

Willst aber schlafen
Bey deinen Schafen,
So führ dieselb in Garten nein:
Laß gleichwohl weiden
Auf jenen Heiden
Die andre Hirtenknaben dein.
Bey mir kannst haben
Der Garten Gaben
Der Lilien und Rosenpracht:
Dieß, O mein Leben,
Kann dir nicht geben,
Was Flora auch am schönsten macht.

XIV.

Darum wollst scheiden
Von jenen Heiden,
Verfüg dich doch in meinen Gart:
Was willst du lassen
Mich schwach verlassen,
Den sonst die Lieb muß plagen hart.
Es sind verborgen
Noch mehrer Sorgen,
Für dich, mein Schatz! in meinem
Herz:
Als laß mir scheinen,
Und nicht verneinen
Den angenehmsten Freudenmärz.

XV.

Vielleicht willst haben
Daß dich durchgraben

Die Sorgen, Quaalen, Schmerz und
Pein:
Damit du besser
Auf deinen Rösser
Könnst ziehen in das Herz hinein.
Ey so laß günstig
Ein Pfeil inbrünstig
Schnell fliegen, daß es werd verletzt:
Dadurch getroffen,
Dir stehe offen,
Und wieder werd in Freud gesetzt.

XVI.

Dárum mein Leben,
Wollst dich ergeben,
Komm, komm mit deinem Gnaden-
stral:
Ich will begehren,
Dich zu verehren,
Und wünsch es noch viel tausendmal.
Damit ich nennen,
Und könn erkennen
Dich, als den allerliebsten mein:
Wenn nach Verlangen
Du liegst gefangen
Im allertiefsten Herzensschrein.

XVII.

Wenn du erfrischen
Dich wolltest zwischen
Den da gepflanzten Baumgeflecht:
Dich soll erquicken
Unter dem dicken
Gesträud das sanfte Zephyrgschlecht.
Da dich bedecken
Und auch bestecken

Dein treue Braut mit Aepfeln wird,
Cant. 8.
  Dir schlafend singen
  Ein Lied beybringen,
Wie sie es in dem Herzen führt.

XVIII.

Ist wenn zu morgen
Noch ist verborgen
Der helle weisse Silbertag.
  Die Lieb empfindend,
  Ich gleich entzündend
Empfinde neue Liebesplag:
  Ein Liebesschmerzen
  In meinem Herzen
Sich wie ein Flämmlein steckte an.
  Es bald durchrennte,
  Wie auch durchbrennte
Bis in den tiefsten Herzensplan.

XIX.

Ich unverweilend
In die Wind eilend,

Oft hab es wollen schicken fort:
  Doch ich befunden
  Zu jeden Stunden
Es wieder an dem ersten Ort.
  Darum gegangen
  Komm, mein Verlangen!
Lösch aus den starken Liebesbrand.
  Laß dir gefallen
  Mein Herz vor allen,
Sag Ja; und gib darauf die Hand.

XX.

Lösch aus mein Klagen,
Vertreib mein Plagen
Durch dein so süsse Liebeshand:
  Wollst mich ergetzen
  Mit Wiedersetzen
In einen wahren Freudenstand.
  Ach werd empfangen,
  Du mein Verlangen,
Ach bald nur in dem Herzenschrein.
  So wird das Klagen
  Und Herzensplagen
Gleich dann auch schon vertrieben seyn.

Daß die Kunst nachfolge der Natur, als wie ein Aff die Sitten, oder daß die Kunst sey ein Aff der Natur, ist ein gemeines; sintemalen die Kunst die Natur in vielen nachäffet. Denn gleichwie die Natur ordentlich und nach gewisser Weise fortschreitet von dem Unvollkommenen zu dem Vollkommenen, und das Hervorzubringende dem Hervorbringenden gleich zu machen nachtrachtet. Also greift die Kunst nichts unordentlich an, sondern wird durch gewisse Regeln begleitet, nichts ohne die natürliche Materien auszuwirken. Denn wie der englische Lehrer sagt: so wird das Werk der Kunst gegründet auf das Werk der Natur, und das Werk der Natur auf das Werk der Erschaffung, 1. p.
q. 45.

q. 45. a. 8. in corp. obwohlen das Werk der Natur nicht so vollkome, als das Werk der Erschaffung, noch das Werk der Kunst
so vollkome, als das Werk der Natur. Nichts destoweniger bearbeiten sich doch die Alchimisten ein wahres Gold trotz der Natur
hervorzu bringen, und zu Goldscheur in dem Elsaß einzukehren,
aber sie erfahren gar oft, daß sie zu Steckborn in dem Tur-
gow angelangt, indem sie in ihrer angefangenen Arbeit dur
und hart stecken bleiben, oder da sie doch etwas dem Scheine nach heraus bringen, wird es nur die Lützelsteiner Probe haben, und wenig nutz seyn, weilen es die Eigenschaften des wahren Goldes nicht haben kann.   Denn das wahre Gold widersteht dem Feuer, ist fruchtbar zu den Arzneyen,
und erquicket das Hirn.   Wie weiter dieser fünfte Kirchenlehrer meldet: Quædam formæ substantialis sunt, quas nul-
lo modo ars producere potest, quia propria activa & passiva
inveniri non possunt, sed in his non potest aliquid simile facere, sicut Alchymistæ faciunt aliquid simile auro, quantum ad
accidentia exteriora, sed tamen non faciunt verum aurum,
quia forma substantialis auri non est, per calorem ignis, sed
per calorem solis in loco determinato, ubi viget virtus mi-
neralis, *in 2. Sentent. d. 7. 98. a 1. ad istum. v.* Dessen Mutter gleichsam ist die Goldgrube, und die Sonne der Vater.
Das gemachte Gold aber trägt an diesem allen Mangel,
und wenn es oft zerschmolzen wird, geht es gar in den Rauch.
Ungeachtet wohl zu Zeiten durch Kunst und Hülfe der verworfenen Geister natürliche Wirkungen können hervor gebracht werden.

Die gute Werke sind leicht zu vergleichen mit dem
Golde.   Der Mensch ist wie ein Aff, und affet nach ande-
rer Sitten, zwar lieber die bösen als guten; dennoch zu
Zeiten ist er auch das gute nach zu thun geneigt: nicht zwar
aus Liebe GOttes oder der Tugend, sondern aus eigenen
Nutzen, menschlichen Ansehen und vielen andern Ursachen.

Aber

Aber nicht alles, was glänzet, ist Gold, noch ist man sol=
chem hold. Die Alchymisten, obwohlen sie nach dem äu=
ßerlichen Scheine ein Gold hervor bringen, so achtet doch
derjenige solches nicht hoch, der es recht erkennet, weilen
er seine Ungültigkeit und verborgene Geringheit leicht ver=
merket.

Der allerweiseste GOtt, ein Erforscher des innersten
des Herzens, achtet nicht viel solches geäfftes Tugendgold,
wenn es nicht in einem reinen Herzen, als eine Mutter, und
durch die Sonne der brennenden Liebe GOttes, als einem
Vater, gebohren worden. Denn solche Werke widerstehen
nicht dem Feuer der Prüfung, taugen nicht zur heilsamen
Arzney und Gesundheit der Seele, sondern gehen durch die
eigene Liebe und Eitelkeit in den Rauch, oder werden ge=
ringschätzig durch die gar zu unnütze Gemeinschaft schädli=
cher Dinge. Wie solches erfahren der Heil. Bernhardus,
cap. 66. *de intern. domestic.* da er ausschreyet: Ach daß doch
äußerlich nie ein Mensch bey mir wäre, damit ich innerlich
in dem Herzen mit GOtt reden könnte. Derowegen will
ich die Tröstungen und Gespräche der Menschen fliehen, auf
daß ich in meinem innersten Herzen GOtt empfangen und
zu einem Einwohner haben möchte. Denn als lang das
Gemüth vermischet ist in den Schaaren, kann es weder
GOtt allein abwarten, noch von der Gemeine abgesondert
seyn, *de piis desideriis S. Laur. Justin.* Derohalben, du See=
le, die du allein GOtt abzuwarten dir vorgenommen hast,
bleib allein, fliehe der Menschen Gesellschaft, vermeide die
unruhige Ansprache, damit du ihm dich allein behältst, so
du aus allen auserkohren. Derohalben sagt gar gut Blo=
sius ex Taulero: *Inst. Spirit. append.* 4ta. *c.* 4. *n.* 5. Von allem
demjenigen, dessen GOtt nicht eine wahre Ursache und Ver=
langen ist, sollet ihr euch entziehen: Den kleinesten Verlust
der nutzbarlichsten Zeit, wie das ärgste Gift, fliehen: Hin=
gegen

gegen aber euch befleißen der Einsamkeit, in deren man sich vereinigen kann mit dem allersüssesten GOtt. Auch wie der honigfliessende Lehrer Bernhardus *Serm. 3. in Ascension. Domini* sagt: Die Seele kann nicht beglückseliget werden mit den Heimsuchungen des HErrn, welche den Ausschweifungen ergeben ist. Impleri visitationibus Domini anima non potest, quæ distractionibus subjacet. Sonsten geschieht, daß man liebet, und weis nicht wen; und verwirft, nicht bedenkend was. Es wird einem gedünken sein Herz sey zweyfach verletzt, und in solchen Verletzungsschmerzen wird er nicht können erwägen, ob die Liebe ein Schmerzen oder der Schmerz eine Liebe sey. Das ganze menschliche Geschlecht kömmt von einem Menschen, also sollen wir auch alle uns kehren zu einem Menschen, der GOtt ist, Christum IEsum,

in quo vivimus, movemur & sumus, *Actor.* 17. *v.* 28.

In welchem wir leben, schweben
und sind.

Das dritte Capitel.

**Wer fragt von fern,
Der gibt nicht gern.**

Gleichwie der vornehmste unter den Propheten seufzend aufgeschrien und aufschreyend geseufzet: Rorate cœli desuper, & nubes pluant justum: Aperiatur terra & germinet Salvatorem, *Isaiæ* 45. *v.* 8. Ihr Himmel thauet von oben herab, und die Wolken regnen den Gerechten: die Erde thue sich auf und bringe den Heiland hervor: Also ist ein anderer in trostreichere Worte ausgebrochen, da er sagt: Exulta filia Sion: Jubila filia Jerusalem: Ecce Rex tuus veniet tibi justus & Salvator, *Zach.* 9. *v.* 9. *Matth.* 21. *v.* 5. *Joan.* 12. *v.* 15. Erfreue dich hoch du Tochter Sion,

frolo-

frolocke du Tochter Jerusalem: Siehe dein König wird zu dir kommen, gerecht und ein Heiland. Sintemalen der eingebohrne Sohn GOttes, qui cum in forma Dei esset, non rapinam arbitratus est, esse se æqualem Deo: Semetipsum exinanivit formam servi accipiens, in similitudinem hominum factus, & habitu inventus, ut homo, *ad Phil.* 2. *v.* 6. *& 7.* da er in göttlicher Gestalt war, hat für keinen Raub gehalten, GOtt gleich zu seyn, sondern hat sich selbst erniedriget, und ist andern Menschen gleich geworden, empfangen von einer Jungfrau, gebohren von einer unbefleckten Mutter, & habitavit in nobis, *Joan.* 1. *v.* 14. und hat unter uns gewohnet, die Sünder selig zu machen, quorum primus ego sum, 1. *Tim.* 1. *v.* 15. unter welchen ich der vornehmste bin. Denn wie der Heil. Augustinus *Sermo X. Domini*, sagt: Da Christus vorgenommen ein großes Gebäude der Hoheit in seiner Kirche aufzurichten, hat er zuforderist gedacht auf den Grund der Demuth, damit, wenn das Fundament er gegraben wird haben, er auch ein desto höhers Gebäude darauf setzete, da er das Fundament selbst grabend in das unterste herab gedrücket worden, also auch der Gipfel nach der Demuth aufgerichtet werde. Darum hat er den saphirblauen Himmelssaal verlassen, und ist nach abgelegter Krone und Scepter in das Jammerthal der Welt eingetreten, damit er als GOtt gemachter Mensch, und Mensch gemachter GOtt den Sünder aus dem Unflath der Laster zu den Gnaden aufnehmend erhöhete. Denn also spricht er bey dem Propheten: Quod perierat, requiram, & quod abjectum erat, reducam, quod confractum fuerat alligabo, & quod infirmum fuerat, consolidabo, *Ezech.* 34. *v.* 16. Was verlohren ist, das will ich suchen, was verworfen ist, das will ich wiederum herzu führen, was zerbrochen ist, das will ich verbinden, was schwach ist, das will ich bewahren. Non enim veni vocare justos, sed peccatores, *Marc.* 2. *v.* 17. Denn ich bin nicht

E 2

gekom-

gekommen die Gerechte zu beruffen, sondern die Sünder, non egent, qui sani sunt, medico, sed qui male habent, *Luc.* 5. *v.* 31. Weilen die Kranken und nicht die Gesunden des Arzten bedörfen.

Glückselig also eine Seele, deren von dem allerhöchsten GOtt ein solcher Arzt verordnet ist, welcher solle umgebracht werden, damit ihr mit dem kostbarlichsten Balsam seines allerheiligsten Blutes geholfen werde. Iste consolabitur nos ab operibus & laboribus manuum nostrarum in terra, cui maledixit Dominus, *Gen.* 5. *v.* 29. Dieser wird uns trösten in unsern Werken, und in der Mühe unserer Hände auf Erden, die der HErr verflucht hat. Denn wie eine solche Seele erkennet die Gefährlichkeit ihrer Krankheit, deren eine solche vortreffliche Arzney angewendet wird: Also hat sie sich auch zu vertrösten, die Krankheit sey nicht so gefährlich, daß sie nicht könnte geheilet werden, sintemal ein solcher vortrefflicher Arzt, welcher die ewige Weisheit selbsten ist, wird nicht umsonst dergleichen Mittel, die keine Wirkungen haben sollten, vorschreiben, in quo habemus redemtionem per sanguinem ejus: *ad Coloss.* 1. *v.* 14. In welchem wir die Erlösung haben durch sein Blut, und zwar mit solcher Liebe, daß welchen Himmel und Erde nicht fassen können, auch dessen Sitz der Himmel ist, *Pf.* 60. geduldet sich arm und bloß zwischen einem Ochsen und Esel auf Heu und Stroh, bey großem Frost mit Windlein eingewickelt in einer Krippe, *Luc.* 2. *v.* 16. Warum aber dieses? darum weilen die Jüden nicht milder waren noch barmherziger gegen ihm in seiner Jugend, als sie gewesen in seinem Alter. Christus JEsus hatte keinen Unterschleif, keine Herberg und keine Wohnung, quia non erat eis locus in diversorio, *ibid. v.* 7. Denn die Jüden wußten besser zu multipliciren als dividiren: Sie wußten besser zu conjungiren als separiren: Sie wußten das ihrige tapfer beysammen zu halten, und

waren

waren keine Zachäi, *Ibid. c.* 19. *v.* 8. welche den halben Theil
ihrer Güter den Armen mit- und austheileten, noch viel weniger folgten ihre Weiber nach der Heil. Martha, Christum zu beherbergen, *Luc.* 10. *v.* 38. Die Frau Benigna und
Schwester Charitas waren ihnen dazumal noch nicht bekannt; sintemalen zur selbigen Zeit sind die Klosterjung-
frauen eben so scheinbar gewesen, als leuchtend die Sonne
in der ägyptischen Finsterniß, *Exodi c.* 10. *v.* 22. unangesehen sie die Liebe und Gutwilligkeit von ihren Vorältern haben erlernen sollen, wenn sie hätten wollen. Allein, wenn
man den Hund auf das Jagen tragen muß, giebt es eine
schlechte Hetzung ab, wird wenig eingebracht, und die Küche arm versehen. Mit begierigen Hunden ist leicht etwas
einzuholen. Wer läuft, den darf man nicht ziehen: Wer
es freywillig giebt, von dem soll man es nicht fordern. Einen Geizigen hasset GOtt, und einen freudigen Geber liebet der Allerhöchste 2. *Corinth.* 9. *v.* 7. Wenn aber einer gegen den Armen hartnäckig ist, und Gebhardus genennet
wird, und nicht in die Fußtapfen tritt des Heil. Gebhardi,
welcher ein sonderlicher Liebhaber der Armen gewesen, dessen die jährliche Ausspendung des Brods in dem ruhmwür-
digsten GOtteshause Petershause des weltberühmten Ordens S. Benedicti zu Costanz an dem Bodensee genugsame Zeugniß, wird nicht viel Gutes von GOtt empfangen.
Wer hingegen den bedürftigen zu helfen von Freudenberg
ist, und Hilarius genennet wird, der hat sich ohne Furcht-
irrung zu versichern, daß er keinen Mangel an getreuen Freunden leiden werde, denn dergleichen Leute bey GOtt in großen Werthe. Denn er in Gestalt eines Bettlers öfters bey
ihnen eingekehret *in Legend. Vit. Sanct.* Wenn einer sich den
Armen erzeiget von Benevent, und gegen den Bedürftigen
Bonaventura genennet wird, welchem die Armen gar will-
komm sind, auch sein Säckel und Hände gegen sie eröffnet,

E 3 dem

dem wird der allergütigſte GOtt den freudenvollen Him=
melsſaal zu der ewigen Ruhe aufſchließen. Wenn einer ge=
gen den Fremden und Nothleidenden ſeyn wird Armoga=
ſtus, ich will ſagen, der Armen Gaſtgeb, der hat zu hof=
fen, daß ſeine Küche und Keller niemalen erſchöpfet
werden.

Macht euch Freunde von dem Reichthume der Unge=
rechtigkeit, ſpricht Chriſtus: Facite vobis amicos de Ma-
mona iniquitatis, *Luc.* 16. *v.* 9. Hieronymus *Comment. in c.* 6.
Matth. Lib. I. ſagt: das Wörtlein Mammon bedeute den
Reichthum. Dieſe Reichthümer werden Reichthümer der
Ungerechtigkeit genennet, weil ſie gemeiniglich durch unge=
rechte Mittel erobert werden, oder daß ſie den Menſchen zu
der Ungerechtigkeit, Geiz und Wollüſten bewegen. Wo=
fern aber ſolche Reichthümer in Almoſen verwendet wer=
den, ſo gereichen ſie dem Austheiler zu Nutzen, wie Da=
niel dem Nabuchodonoſor räth, meldend: Peccata tua elee-
moſynis redime, *Daniel.* 4. *v.* 24. deine Sünde mache los mit
Almoſen.

Als David ſein Teſtament machte, begehrte er von
Salomon, daß er die Söhne Berecellai des Galaditers
ihm befohlen ſeyn, und ſie allzeit an ſeiner königlichen Tafel
ſpeiſen laſſen ſollte, weilen ſie ihm in ſeinen Nöthen, als
er vor Abſalon die Flucht genommen, mit Speiſe und Trank
beygeſprungen. Filiis Berzellai Galaditis reddes gratiam,
eruntque comedentes in menſa tua: Occurrerunt enim mihi,
quando fugiebam a facie Abſolon fratris tui 3. *Reg.* 2. *v.* 7.
Chriſtus JEſus iſt auch anjetzo in der Perſon aller Armen
vertrieben, und der Beſitzung der zeitlichen Güter beraubet,
ihm ſollten wir, wie dieſer Galaditer entgegen gehen, und
ihm ſammt ſeinem Kriegsheer Speiſe und Trank mittheilen,
damit wir ewig an dem Tiſche JEſu des Sohns David uns
erquicken könnten.

Aber

Aber ungeachtet, daß Chriſtus *Matth.* 19. *v.* 29. ſelbſten verſpricht, ſolches in der Welt ohne die himmliſche Belohnung hundertfach zu erſtatten, giebt es wenig dergleichen
Gaſtgebe; ungeachtet, daß das Almoſen iſt ein güldener
Schlüſſel, mit welchem wir die Schatzkammer GOttes eröffnen, will keiner die Hand anlegen. Ungeacht, daß das
Almoſen iſt ein Aimer, durch welchen wir aus dem uner-
ſchöpflichen Meer der Barmherzigkeit GOttes können heraus ſchöpfen, will keiner in dieſem Gnadenmeer baden. Ungeachtet, daß das Almoſen iſt eine Ruthe Moſis, mit welcher wir den bleichzornigen GOtt als einen harten Felſen
erweichen können, und hervorſpringen machen ſeine Gnadenquellen auf die Dürre unſrer Seele, will keiner dieß Mittel erwählen *Exod.* 17. *v.* 6. Dieſer iſt zu arm, jenen drückt
der Kinderſchwarm; dieſer ſelbſt ſteckt in Noth, jener hat
im Haus kein Brod; dieſer iſt in groſſen Schulden, jener
muß ſich ſelbſt gedulden als ein anderer Schmalhanns. Aber
hingegen ob man ſchon zu dem Almoſengeben von Armſtatt
iſt, ſo iſt man doch den Ergetzlichkeiten von Leichenau.
Ob man ſchon gegen den Armen etwas mitzutheilen von
Mangelburg iſt, ſo iſt man doch die Hand einer geilen
Metzen und Fetzen zu erfüllen von Glücksſtatt. Ob man
ſchon den Bedürftigen ein Stücklein Brod zu vergünſtigen
von Bettelsgerſten iſt, ſo iſt man doch in das Wirthshaus zu gehen von Gebhauſen, und giebt man ſo viel aus,
daß Weib und Kinder leiden den größten Hunger zu Haus.
Ungeachtet die Weiber bey der Kunkel ſitzen, mäſten ihr
Maul mit Wein zuſpritzen. Alſo daß es öfters geſchieht:
Iſt der Mann voll, iſt das Weib toll: Iſt der Mann im
Wirthshaus, geht das Weib ins Schenkhaus: Trinkt der
Mann bey der Anten, ſpielt das Weib mit der Kanden,
ſchmauſt der Mann beym Pflug, ſitzt das Weit beym Krug,
geht der Mann zum rothen Kreuz, folgt das Weib auch al-

ler-

lerſeits: Iſt der Mann beym grünen Kranz, wacht das
Weib auf gleicher Schanz: Zehrt der Mann beym Stern,
iſt das Weib nicht fern, gleiche Schalen, gleiche Kern,
gleich und gleich geſellt ſich gern.

Jene Kundſchafter, ſo von Joſua ausgeſchicket worden Jericho auszuſpähen, verſchoneten ſie in Eroberung dieſer Stadt Rahabs Haus, weilen ſie ſelbige mit Flachsſten-
geln bedecket, und alſo vor dem Verderben errettet hatte,
operuit eos ſtipula lini, *Joſua 2. v. 6.* Dieſe Flachsſtengel
ſind die Ueberflüßigkeit unſrer Güter, dadurch wir ermahnet werden, daß diejenige, welche das Leben der Armen
von dem Verderben erhalten, die Gefahr von ihnen abwenden, und ſie mit Ueberflüßigkeit ihres Reichthums unterhal-
ten, und gern Almoſen geben, auserwählt und ſelig werden
ſollen, wenn das allgemeine Verderben Jericho, der ganzen
Welt ſeyn wird. Denn wie der Heil. Auguſtinus *Libro.*
50. *Homil.* 39. ſagt: Vor der Thüre der Hölle ſteht die
Barmherzigkeit, und läßt niemand in die Gefängniß legen,
nämlichen von denjenigen, ſo auch Barmherzigkeit erzeigt
haben. Allein dergleichen werden wenig gefunden, die ſolches wohl beherzigen, und wenn die doch eine Andacht an-
kömmt, durch ein Almoſen ihrer Seele wohl geſchehen zu
laſſen, ſo ſind ſie ſo freygebig, wie jener reiche Karg, welchen GOtt mit einem verſchwenderiſchen Sohne beglückſeli-
get, wie es denn öfters geſchieht, daß ein alter Servatius
einen jungen Bonifacium der Welt hinterläßt. Dieſer hörete einmal, wie ſein Streugütlein mit ſeinen Geſellen alles
Gutes beſtellen, für das Studiren, Trapuliren, für Leſen
und Schreiben, die Zeit vertreiben, mit Würfel und Karten, auf vielerley Arten, bald tanzen bald ſpringen, jetzt
jauchzen bald ſingen, bald geigen bald pfeifen, bald nach
dem Wein greifen, und waren vermeſſen, in Trinken und
Eſſen, Gebraten, Geſotten, Paſteten, Biſcoten; kroch der
Alte

Alte aus seinem Mausloche auch hervor, und sprach zu seinem Haushalter: Ey, weil mein Sohn so verschwenderisch ist, will ich mir auch was gutes wiederfahren lassen, darum nimm diesen Kreuzer, und hole mir einen Salat, ich will auch tapfer lassen drauf gehen. Wohl lustig daß GOtt erbarm! Eben also machen es auch viel, wenn sie andere sehen ihrer Seelen zu Nutzen ein Almosen geben, vermeynen sie auch den Himmel zu kaufen, suchen ein verworfenes Geld hervor, einen kupfern Häller oder Pfenning, und bilden ihnen ein, was sie gutes gewirket haben, aber, ach! mit einem so geringen erlanget ein Geiziger den Himmel nicht, denn sie solches mehrer den menschlichen Augen zu Gefallen geben, als zu ihrer Seelen ewigen Leben.

Als jene Taube wiederum in die Arche gekommen, hatte sie in ihrem Schnabel ein Zweiglein mit grünen Blättern von einem Oelbaume, *Gen.* 8. Bedeutend, daß, wenn wir in die Arche der himmlischen Glorie verlangen zu gelangen, wir in unserm Herz und Munde führen müssen das grüne Zweig der Barmherzigkeit. Und darum hat vielleicht Salomon 3. *Reg.* 6. *v.* 31. die Thüre des innern Tempels mit lauter Oelbaumholz bereiten lassen. Sintemalen der Oelbaum ist ein Zeichen der Barmherzigkeit, durch welche der Eingang dieser ölbäumenen Thüre uns erinnert, daß man durch die Barmherzigkeit in das himmlische Jerusalem gelangen werde. Welchem denn gar schön beystimmet der Heil. Hieronymus *Epistola ad Nepoti.* meldend: Ich erinnere mich nicht gelesen zu haben, daß einer, der die Werke der Liebe gerne geübet, gestorben wäre eines bösen Todes. Denn ein solcher hat viel Fürbitter: Und unmöglich ist es, daß das Gebeth vieler nicht erhöret werde. Wie Christus sagt: Bittet so wird euch gegeben; petite & dabitur vobis, *Luc.* 11. *v.* 9.

So lang jene arme Wittib ihr Oel in die leere Geschirre ausgegossen, ist solches je mehr und mehr wunder-
barlicher Weise gewachsen, da sie aber aufgehöret zu gießen,
hat es auch abgenommen zu wachsen; 4. Reg. 4. v. 56. also
auch so lang wir die leere Geschirre, die Armen, mit dem
Oele der Barmherzigkeit anfüllen, so nehmen unsere Güter
allzeit zu, und jemehr wir uns bearbeiten zu helfen den Armen, jemehr bereichern wir uns. Denn wie das Bronnen-
Wasser, je mehrer es geschöpfet wird, je mehrer und über-
flüßiger es hervorquillet, also sind die Reichthümer ein Bronnen, aus welchem je mehrer und mehrer durch das Almosen für die Armen gezogen wird, je mehrer sie zunehmen und
sich vermehren. Herentgegen wo kein Almosen ausfließet,
da pfleget auch kein Ueberfluß vorhanden zu seyn. Beydes
erweiset die Erfahrung.

Ein Spanier, welcher all sein Geld auf Kleider verwendet, gieng in solchen daher, als ein Herr einer ganzen
Herrschaft; Wenn es aber Zeit zu essen war, begnügte er
sich mit einem schwarzen Brod, und einem frischen Trunk
Wasser. Da ihm aber dieses von einem vorgestoßen wurde,
sagte er, es sey ihm mehrer an Reputation gelegen als an
guten Essen und Trinken; auch sey die Welt also beschaffen,
daß sie mehr die schöne Kleider als Witz und Verstand verehre. Wollte GOtt! es wären auch nicht unter den Deut-
schen dieses so spanischen Herzens, welche ihren Esel mit schönen Kleidern zu verdecken, und zu Markt zu bringen wüß-
ten! Aber auf unser Vorhaben zu kommen, melde ich nur,
daß unsere Herzen mehr die Reputation einer Reinigkeit der
Seele ihnen sollten angelegen seyn lassen, als nachzudenken
der weiß- und gelben Erde des Silbers und Goldes. Die
schönste Hochachtung unser ist, wenn die Seele gezieret wird
mit köstlichen Kleidern allerhand Tugenden, und der Leib

ganz

ganz gesparsam versorget im Essen und Trinken, damit er
sich dem Geist unterwerfe.

Abjicite Deos alienos, & mundamini: Surgite & ascen-
damus in Bethel, ut faciamus ibi altare Deo, *Gen.* 35. *v.* 2.
& 3. sprach Jacob zu den Seinigen, thut von euch die
fremden Götter, und reiniget euch.   Laßt uns auf seyn,
und gen Bethel ziehen, daß wir daselbst einen Altar machen dem HErrn.

Die überflüßige Reichthümer sind fremde Götter,
welche die Geizige mehr verehren, als den Erschaffer aller
Dingen, welcher ist ein einiger GOtt, und ist kein anderer, *Deut.* 6. *v.* 4. *Isaiæ* 45. *v.* 5.   Diese sollen wir hinwerfen
unter die Armen, damit wir bekehret von den Götzen zu dem
lebendigen und wahren GOtt, und gereiniget werden
von unsern Sünden, 2. *Thes.* 1. *v.* 9. 1. *Cor.* 3. *v.* 18.   Wir
sollen hinauf ziehen gen Bethel, zu besuchen die Bettler;
alldieweilen Bethel verdollmetschet wird ein Haus GOttes,
dieses aber sind die Bettler, quod estis vos; allda müssen
wir aufbauen einen Altar der Barmherzigkeit dem HErrn,
und aufopfern ein reines Opfer der besten Meynung in Mit-
theilung den Bedürftigen.   Was nützen die Reichthümer in
den Kisten und Kästen bey solchen Phantasien, da sie zur
Zeit der Beurlaubung dieser Welt nichts mit sich tragen,
als alleinig die guten Werke und bösen Thaten? Wenn die
Sumpf- und Teichwasser stille stehen, und niemal fließen,
so ziehen sie nur Koth und Schleim an sich, die fließende
aber sind lauter und reich an Fischen; gleicher Weise auch
die Reichthümer und Güter, wenn sie stets in Truhen verborgen liegen, und nicht vermittelst des Almosen ausfließen,
sind sie ganz nicht nutzlich und unfruchtbar.   Gleichwie auch
das Getreid in den Scheuren nicht wächst, sondern muß in
die Erde geworfen werden, damit es Frucht trage, also auch

F 2   das

das Geld bringt in dem Beutel kein Gewinn, bis es unter die Armen geworfen wird. Und dieses erfähret gar wohl eine geistliche Vorsteherinn auf dem Schwarzwald Ord. S. August. Can. Regul. welche ihren gekreuzigten Heiland durch solchen billigen Wucher also sehr und liebreich weis zu kützeln, daß das ganze himmlische Heer sich darüber erfreuet.

Große Herren, welche in ein anders Land zu verreisen gedenken, schicken ihre Reichthümer zuvor hin, denen sie nachfolgen. Also sollten wir auch voranschaffen unsere Reichthümer durch die Armen in den Himmel, allwo wir sie ewig können besitzen und genießen: Denn was wir GOtt zu Lieb den Armen schenken, wird erst unser eigen, nachdem wir es verschenket.

Joannes Ludovicus, Graf von Sulz, Landgraf in Klegau höchstseliger Gedächtniß, war also mild gegen den Armen, daß er nicht allein seinen Unterthanen viel nachgesehen, sondern auch fremden und armen Klöstern reichlich aufgeholfen, Kirchen und Altäre gezieret, ja so gar von neuen aufgerichtet, wie denn jene marianische Loretencapell zu Jestetten seine Mildigkeit jedem vorstellet, dadurch er aber bey GOtt so viel erhalten, daß er auf der Welt gepriesen, und in dem Himmel für einen rechtmäßigen Besitzer seiner Güter, die er durch seine Freygebigkeit dahin voran geschickt, zweifels ohne erkennet wird. Denn selig sind die Barmherzigen, und anderswo, misericordiam volo, ich verlange und will die Barmherzigkeit *Matth.* 5. & 9. *v.* 13.

Joannes, Graf von Montfort, hatte solche freygebige Hände gegen den Armen, daß er keinem in dem Namen seines heiligen Patronen was Begehrendem mit einem Abschlag begegnet, auch jederzeit einen besondern Seckel bey sich getragen, den Bedürftigen was mitzutheilen, darum er in seinem Leben nicht unbillig geliebet, und nach seinem Tode beweinet worden.

Eine

Eine annoch in dem Leben hochfürstliche Person hat dieses in Gewohnheit, daß, so oft sie eingeladen wird zu einem Cartenspiel an den Samstägen oder Mariä Vigilium, nicht aber solches wohl abschlagen kann, alles dasjenige so sie gewonnen, unter die Armen läßt austheilen. Darum sie zu zweymalen gewinnet, als ein Geld vor die Armen, und ihr selbsten einen Schatz in dem Himmel. Dieses ist was Jacob gesagt, als er seinen Bruder Esau zu versöhnen gedachte: *Mitto legationem ad Dominum meum, ut inveniam gratiam in conspectu tuo, Gen. 32. v. 5.* Denn eine solche Absendung in den Himmel zu dem gerechten Richter, ist eine wahre Ursache, damit auch derjenige, so solche abgeschicket, bey seiner Ankunft Gnade finde, und einen gnädigen HErrn erlange.

Aber vielleicht wirfst du ein, du seyst arm am Gut und reich am Blut, auch deine Kinder thun hausen zu Mühlhausen, deren Maul nur jederzeit mahlen will Brod, und du selbsten steckest in Noth. So höre an den Heil. Petrus Damiani: *Tomo I. L. I. Epist.* 15. *ad Alexand. Pontif.* welcher von einem armen Taglöhner erzählet, der mit Darreichung eines geringen Almosen, das doch sein ganzer Reichthum war, zu sondern Mitteln gelanget. Welches denn der fromme Tobias schon längsten vorgemerkt, da er seinem Sohn unter andern befohlen: *Ex substantia tua fac Eleemosynam, & noli avertere faciem ab ullo paupere: Ita enim fiet, ut nec à te avertatur facies Domini &c. Tob.* 4. *v.* 7. Von deinem Gut gieb Almosen, und kehre dein Angesicht von keinem Armen, so wird GOtt sein Angesicht auch nicht von dir wenden.

Vielleicht führest du einen Rechtshandel, oder verlangest eine Beförderung zu einem höhern Amte, gehet derohalben viel darauf, und kannst also nicht so oft den Armen geben? Ey so beherzige was dem Heil. Gregorius dem

F 3   großen

großen widerfahren: Denn, weil er den Armen nach Ver=
mögen mitgetheilet, ist er zu einem Statthalter Christi er=
wählet worden, und hat die höchste Ehre erlanget, *In vita*
l. 2. n. 23.

    Einer armen Frauen hingegen, die dem Almosen er=
geben, mußte der Richter das Recht aus göttlicher Anord=
nung wider seinen Willen zusprechen, *Luc.* 6. *v.* 38. Gebt
also, so wird euch auch gegeben: Denn mit der Maaße da
ihr mit messet, wird euch auch gemessen. Je mehrer man
giebt, je reicher man wird. Verlangest du aber gar zu sehr
bereichert und erhöhet zu werden, so können dich die Armen
zu dem Grafen, Fürsten und herzoglichen Stand erheben.
Wenn du lau wirst in deinem Geize, und nicht, wie die
Heyden selber, das Gold für deinen Götzen hältst, *Ps.* 113.
v. 4. sondern freygebiger dich erzeigest gegen den Armen; so
bist du ein Herzog von Sachsen=Lauenburg. Wenn du
beyspringst dem Bedürftigen und Hausarmen, mit mildrei=
cher Freygebigkeit, daß sie in ihrer Wirthschaft nicht so
großen Mangel leiden; so bist du ein Herzog von Wirtem=
berg, denn dieses die beste Wirthschaft, wo man sich von
den Schulden der Sünden erledigt. Dieß aber thut das
Almosen, *Eleemosina ab omni peccato liberat, Tob.* 4. *v.* 11.
Sitzest du in einem Amte, und kannst den Nothleidenden
nachsehen mit Anlagen oder Steuer, wie jener Haushal=
ter beym Heil. Matthäus: *Misertus autem Dominus servi*
illius, dimisit eum, & debitum dimisit ei, Matth. 18. *v.* 27.
und thust es; so bist du ein Herzog in Steuermark.
Wirst du dich bearbeiten, um zusehen zu lassen, was den
Hülflosen abgehet in den Armenhäusern und Spitälern,
oder aber als ein scharffsichtiger Luchs, durch Nachforschung
siehest die Bedürftigkeit der verschlossenen Klöstern, *Elee-*
mosina tua sit in abscondito, Ibid. c. 6. *v.* 4 und springest ihnen
bey; so bist du ein Herzog von Luxenburg.   Wirst du
                                                       groß=

großmüthig, und theilest dein überflüssiges, unnothwen=
diges, nicht bedürftiges Gut unter die Armen, Hochbedürf=
tige, Nichtshabende aus; so bist du ein Großherzog von
Florenz: Merces tua magna nimis: *Gen.* 15. *v.* 1. Denn in jener
Welt ist GOtt dein sehr großer Lohn, in dieser aber wird dein
Gut nur mehrer blühen und wachsen. Bist du aber zu de=
müthig, und verlangest nicht so große Ehren: Derowegen
bist du zu frieden mit einem Fürsten= oder Grafenstand; so
strecke deine Hand aus gegen den Verlassenen, alsdann bist
du ein Fürst von Dietrichstein: weilen du durch Aufschließung
deines Säckels, und Darbietung deines Geldes, dir selbst
den Himmel als ein wahrer Dietrich eröffnest. Eleemosy=
na facit invenire misericordiam & vitam æternam, *Tob.* 12.
v. 9. sintemal das Almosen uns erlanget das ewige Leben.
Sey barmherzig gegen deinen nichts habenden, blinden,
krummen, für die Christenheit hart beschädigten Soldaten;
so bist du ein Fürst von Lichtenstein, indem deine Freyge=
bigkeit und Neigung zu den Armen, in dem Himmel mehr
leuchten werden, als die vergülten Sternen bey finsterer
Nacht: Eleemosynas illius enarrabit omnis Ecclesia Sanctorum, *Eccles.* 31. *v.* 11. Seine Almosen wird die ganze Ge=
meine der Heiligen preisen. Sey mildreich gegen denen zer=
rissenen, zerlumpten, übelbekleideten Wittwen und Wey=
sen; so bist du ein Marggraf von Baaden. Date Eleemosynam & ecce omnia munda sunt vobis, *Luc.* 11. *v.* 41. Gebt
Almosen von dem übrigen, so ist euch alles rein. Denn wie
das Wasser auslöschet das Feuer, also das Almosen die
Sünde. Und ist dieses das trefflichste Bad, worinnen die
Sünden abgewaschen werden. Ignem ardentem extinguit
aqua & Eleemosina resistit peccatis: Spanne ein wenig ein
den Bogen deiner verschwenderischen unnützen Ausgaben
und Spielen, und schieße abher entgegen solche Unnothwen=
digkeit auf die Armen, als nach der Scheiben, wornach
du

du mit solchem von GOtt dir gegebenen Gut zielen sollest;
so bist du ein Graf von Zeil. Verlangest du endlich zu seyn
ein Graf von Heiligenberg, Werthenberg oder Palm,
so gib den Armen mit freygebigem Gemüthe, si multum tibi
fuerit, abundanter tribue; si exiguum tibi fuerit, etiam exiguum libenter impertiri stude, *Tob.* 4. *v.* 9. Damit du heilig
lebest, GOtt seyst werth, und den Palmzweig der ewigen
Seligkeit erlangest. Denn wie der weise Mann sagt: Wer
der Barmherzigkeit und Gerechtigkeit nachjaget, der findet
das Leben, Gerechtigkeit und Ehre: Qui sequitur Justitiam
& misericordiam, invenit Justitiam, vitam & gloriam, *Prov.*
21. *v.* 21.

Quod uni ex minimis meis fratribus fecistis, mihi fecistis, *Matth.* 25. *v.* 40. Was ihr gethan habt einem aus meinen geringsten Brüdern, das habt ihr mir gethan, spricht
der gütigste Heiland. Sein Apostel aber zu den Hebräern
schreibt also: Beneficentiæ autem & communionis nolite ob-
livisci: talibus enim hostiis promeretur DEUS, *ad Hebr.* 13.
v. 16. Der Wohlthat und des Mittheilens vergesset nicht, denn
mit solchen Opfern verdienet man GOtt. Darum gar
schön und billig sagt der Heil. Chrysostomus, *Homil.* 27. *in
Genes.* Benefacere homini est beneficium magnum apud
DEUM deponere. Einem Menschen Gutes thun, ist eine
große Wohlthat bey GOtt ablegen. Wie aber kann man
vermerken, daß, Gutes thun dem Menschen, GOtt so angenehm sey? Weilen man dadurch verdient zu seyn ein Kind
des allerhöchsten GOttes. Denn also unterweiset uns die
ewige Wahrheit selbsten. Diligite inimicos vestros, benefa-
cite his, qui oderunt vos &c. ut sitis filii patris vestri, qui
in cœlis est, *Matth.* 5. *v.* 44. Liebet euere Feinde, thut Gutes denen, die euch hassen, und bittet für die so euch verfolgen und beleidigen, auf daß ihr Kinder seyd eures Vaters, der in dem Himmel ist. Wessentwegen der Heil. Gre-

gorius

gorius Nyſſenus die Freygebigkeit folgender Weiſe mit einem Lobſchalle zieret, indem er meldet: Beneficentia eſt omnium virtutum laudatarum præſtantiſſima , hæc eſt felicitatis comes, hæc aſſidet DEO, & magna eſt cum ipſo neceſſitudine conjuncta, *Oratione de paup. amand.* Als wollte er ſagen: Die Freygebigkeit iſt eine ſolche Tugend deren Vortrefflichkeit alle andere Tugenden an Lob überſteiget, ſie iſt eine Gefährtinn der ſüſſeſten Glückſeligkeit, und GOtt, alſo zu reden, dergeſtalt angebohren, daß er, als das höchſte Gut ohne ſie gleichſam kein gütiger GOtt iſt oder ſeyn könnte. Damit wir aber Kinder werden unſers Vaters, der im Himmel iſt, ſo iſt nothwendig, daß wir ſeinem eingebohrnen Sohn nachfolgen in der Barmherzigkeit und Milde, übertragend die Beſchwerlichkeiten unſers Nächſten, und in ſeiner Noth eine eröffnete Hand habend gegen ihm. Darum ſagt gar ſchön der Heil. Bernhardus: Credis in Chriſtum, fac Chriſti opera, & vivat fides tua, *Serm.* 24. *in Cant.* Glaubſt du in Chriſtum, ſo verrichte auch ſeine Werke, damit dein Glaube lebe.

Ich bin geſeſſen unter dem Schatten, deſſen ich begehre, und ſeine Frucht iſt meiner Kehlen ſüß, ſpricht die verliebte Braut *Cant.* 2. Durch den Schatten verſteht allhie der Claravalliſche Lehrer den Glauben in Chriſtum, aber dieſer Schatten muß ſeyn unter dem grünen Baum der Liebe, auf daß er eine liebbare Erquickung verurſache. Denn wie der Apoſtel *ad Gal.* 5. *v.* 6. meldet: Kein Glaube iſt fruchtbar, als der in Liebe wirket. Damit aber unſer Glaube fruchtbar erſcheine, muß er ſchwanger ſeyn mit den Werken der Liebe, den Schatten Chriſti muß er alleinig verlangen, welcher uns beſchützen kann von der Hitze der Laſter, und uns erfüllet mit Luſt und Freude der Tugend. Darum ſagt der Prophet: In umbra tua vivemus, *Thren.* 4. *v.* 20. in deinem Schatten leben wir. Ja wahrlich leben wir un-

ter deſſen Schatten, wenn unſer Glaube begleitet wird mit
guten Werken, weil ſonſten ohne die Werke der Glaube
todt iſt *Jacob.* 2. Der gute Wille muß vorher gehen dem guten Werke, wie voran gehet die Blühe eines Baums der
Frucht. Aber gleichwie nothwendig iſt, daß die Blühen
zeitig werden zu der Frucht, alſo iſt auch billig, daß der gute Wille ausbreche in die guten Werke. Wenn aber das
Vermögen ermangelt bey dir zu dem Werke, ſo bringe zu
dem wenigſten hervor die Blumen des guten Willens. Derohalben nennet der Heil. Auguſtinus *in Pſal.* 36. *ad v.* 21. die
Liebe auch einen guten Willen. GOtt verlanget von keinem
mehr, als was er ihm inwendig hat verliehen. Der gute
Wille iſt ein Schatz der Armen, in welchem Schatz iſt die
ſüſſeſte Ruhe und wahrhafteſte Sicherheit. Hältſt du einen
guten Willen zu GOtt, und deinem Nächſten, ſo ſitzeſt du
unter dem Baum der Liebe, und dem Schatten JEſü, deſſen Frucht ſüß wird ſeyn deiner Kehle, *Cant.* 2. Wer ver-
ſucht hat die Frucht wahrer Liebe, der hat auch ſchon verſuchet wie ſüß der HErr ſey, *Pſ.* 33. *v.* 9. Weſſentwegen
vigilate, ſtate in fide, viriliter agite & confortamini, 1. *Cor.*
16. *v.* 13. Wachet, ſtehet im Glauben, handelt männlich
und ſeyd ſtark, all euer Ding geſchehe in der Liebe. Denn
ohne die Liebe iſt GOtt keine Tugend angenehm. Die Liebe und der gute Wille muß ein jedes Werk begleiten, ſoll
es GOtt gefallen. Es iſt zwar nicht zu verwerfen, die Tugend kömmt vielen hart vor, aber eben darum ſagt der Heil.
Gregorius *Homil.* 37. *in. Evang.* kann man nicht zu großer Belohnung gelangen ohne große Mühe und Arbeit.
Auf große Mühe gehöret ein guter Trunk, ſolchen Trunk
aber wird GOtt uns geben nach dieſem Leben, wenn er uns
wird zieren und führen in ſeinen Weinkeller, zu laben
mit ſeinen Gaben und Gnaden in alle
Ewigkeit. *Cant.* 2.

Das

Das vierte Capitel.

Wie nichtig iſt die ſchönſte Blume
In ihrem Glanz und gröſten Ruhme.

Da die Kinder Iſrael in dem babyloniſchen Elende ſich
befanden, waren ſie in gröſter Traurigkeit, das ſie
genugſam zu erkennen gaben, weil ſie ſprachen: An
den Waſſern Babylon ſaßen wir und weineten, da wir an
Syon gedachten, unſere Harpfen haben wir an die Weiden
gehenkt, da hießen uns die ſingen, welche uns gefangen
hielten: Lieber ſinget uns ein Liedlein von Syon. Allein
die arme Gefangenen gaben zur Antwort: Quomodo canta-
bimus canticum Domini in terra aliena, *Pſ.* 136. *v.* 1. Wie
könnten oder ſollten wir des HErrn Lied ſingen in fremden

Lan-

Landen? Es spricht der Heil. Augustinus *in Pf.* 143. *v.* 9.
Qui non habent charitatem cantare non possunt. Welche
nicht lieben, können sich nicht im singen üben, dem es wohl
geht, mag leicht singen.   Cantabo Domino, qui bona tribuit
mihi: *Pf.* 12. *v.* 6.   Aber wenn das Blätlein sich wendet,
und der Wohlstand sich endet, da heißt es gleich mit dem
sonst gedultigen Job: Pereat dies, in qua natus sum, & nox,
in qua dictum est: conceptus est homo: *Job.* 3. *v.* 3.   Der
Tag sey verlohren, in welchem ich gebohren bin, die
Nacht, da man sprach: Es ist ein Mensch empfangen, und
verdrießet uns mit Rebecca gleich länger zu leben.   Tædet
me vitæ meæ, *Gen.* 27. *v.* 46. wenn uns die Widerwärtigkeiten anstoßen, die Liebe in Trübsalen erstirbt bey uns gar
leicht, daß wir wohl mit Paulo rufen dörften: Quis me li-
berabit de corpore mortis hujus, *ad Rom.* 7. *v.* 24. Wer wird
mich erlösen von dem Körper dieses Todes.   Es ist zwar
nicht ohne, nichts ist zu erdenken, so dieses Leben belustiget,
weilen solches nichts anders ist, als lauter Mühseligkeit. Der
Pfau, wenn er seine Füße anschauet, so läßt er das ausgespannte Rad seines Schweifes gleich fallen.   Wenn wir be-
trachteten unser armseliges Leben, hätten wir keine Ursache
uns zu übernehmen.   Denn

> Wie ein Vogel durch sein Fliegen,
>   Wie ein Pfeil in der Eil
> Kann des Menschen Aug betriegen:
>   Also schnell des Menschen Hab,
>   Und sein Schritt zu seinem Grab
> Ist nicht weit von seiner Wiegen.

Dies nostri quasi umbra super terram, & nulla est mora, 1.
Paral. 29 *v.* 15.   Sintemalen es eine elende Beschaffenheit
mit uns sterblichen Menschen hat, deren Tage sind wie ein
Schatten auf der Erde, und ohne Verzug vergehen: und
dennoch sind ihrer viel, die gleichsam als Taglöhner für andere

dere Leute arbeiten, selbst aber für sich nichts haben, und ohne anderer Personen Barmherzigkeit nicht bestehen können. Sie sind stündlich in Aengsten, stündlich mit Furcht umringet, und so wenig sicher, als diejenige, die an einem gefährlichen Orte eines hohen Felsen stehen. Es verkehret sich alles in einem Augenblicke, ein Ungemach treibt und schlägt das andere, auch nimmt gar oft ein lustiger Anfang ein trauriges Ende. Pulvis es, & in pulverem reverteris, *Gen* 3. *v.* 19. ein kleiner Wind verwehet geschwind einen ganzen Haufen Aschen.

Damades oder Democles, wie ihn Sidonius Apollinaris nennet, als ihm der Tyrann Dionysius ein bloßes an einer kleinen Seyte geheftes Schwert über sein Haupt aufhängen lassen, hat er von der ganzen ihm zubereiten königlichen Tafel und Mahlzeit nichts verkosten wollen, auch nicht die geringste Freude bey der allerlieblichsten Musik empfunden. Dergleichen Schwerter hangen gar viel über uns, niemalen sind wir sicher vor unterschiedlichen Zufällen und Begebenheiten; alles vergeht wie ein Schatten, und unser Leben läuft dahin wie ein Wasser: Omnes morimur, & quasi aquæ dilabimur in terram, quæ non revertuntur, 2. *Reg.* 14. *v.* 14. Ja gleichwie nachgestellet wird dem Könige unter den Kegeln, der Eule unter den Vögeln, den Tauben unter den Raben, dem Belzwerk unter den Schaben, dem Esel unter dem Treiber, der Schönheit unter den Weibern, dem Käße unter den Ratzen, dem Korn unter den Spatzen: Also stoßen uns viel tausend Widerwärtigkeiten an, ehe wir diese Welt recht ansehen. Alle Weisheit, Stärke und Schönheit hat bey uns ein Ende, ehe sie recht angefangen. Darum nicht unbillig ein jeder Mensch den ersten Glanz des weltlichen Lichts mit Thränen begrüßet, mit kläglichen Weinen sein zukünftiges Elend beweinet, und seine Stimme zu einem Klagliede brauchet, zu bedauren seine Geburt, durch welche

er

er gelangt in einen Stand der billig zu beweinen; indem weil der Mensch nichts anders ist, als ein Haus der Sorgen, ein Sitz der Trübsalen, eine Einkehr der Krankheiten: als ist das widerwärtige Glück keiner Wählung noch Umsehens benöthiget, wohin solches seinen Gang hinleiten solle, ein Unterkommen zu finden. Unsere ihm wohlbewußte Ungemach und Schwachheiten machen die Berathschlagung nicht allein unverzüglich, sondern wenden es auch gänzlich ab, als ein umsonsten und müßiges Sinnen.

Paucitatem dierum meorum nuntia mihi: *Pf.* 101. *v.* 24. Die Wenigkeit meiner Tage zeige mir an, spricht der Heil. David. So lange wir hier auf dieser Welt sind, seyn wir irdisch, und als lang wir hier verbleiben, sind wir arme Pilger, und Reisende auf dem Erdboden, deren Tage voller Schmerzen und Betrübniß. Cuncti dies ejus doloribus & ærumnis pleni sunt, nec per noctem mente quiescit. Wir bringen nichts mit uns auf die Welt, und von dannen werden wir auch nichts mit uns nehmen, denn wie Job klagt und sagt: Nudus egreſſus ſum de utero matris meæ, & nudus revertar illuc, *Job.* 1. *v.* 21. Ich bin nackend von meiner Mutter Leibe gekommen, und nackend werde ich wieder dahin fahren. Welches uns der weise Mann noch besser zu betrachten vorstellet, da er schreibet: Alle Dinge sind verschwunden wie ein Schatten, und wie ein Laufer, der vorüber läuft, und wie ein Schiff, das die Wellen durchschneidet, so es vorbey, sieht man nicht, wo es gegangen ist. Eben also sind auch wir, so bald wir gebohren werden, hören wir auf zu seyn, und hinterlassen kein Zeichen einiger Tugend, und kommen also um in unsrer Bosheit und Verderben, *Sapient.* 5. *v.* 10. & 13. Unser gegenwärtiges Leben ist gleich der kürzesten Nacht: Unsere Tage sind wenig und mühsam, werden nach kurzem geendiget, und sind, als seyn sie nicht, *Pf.* 101. *v.* 4. Die Gedächtniß des Menschen verschwin-

schwindet wie der Rauch, und verbleibt allein der Gerechte in wahrer Gedächtniß gefaßt, welcher nicht stirbt in Ewigkeit, vereinigt mit GOtt. Welcher mit Vernunft begabter
Mensch wird denn zu wohnen verlangen an einem solchen
Orte, so mit allerhand Mühseligkeiten angefüllet? Welcher
Verstand wird seine Ruhe suchen bey der Unruhe, sein Ver-
gnügen bey der größesten Sorge, seinen Wachsthum bey
dem täglichen Abnehmen, und seine Glückseligkeit in der
Beherbergung der steten Veränderung, sintemalen alle Freude in einem Augenblicke vergeht. Non habemus hic manen-
tem Civitatem, *ad Hebr.* 13. *v.* 14. weilen wir hier keine bleibende Statt haben. Es verdrießet uns zwar oft zu leben,
indem wir auf allen Seiten mit Mühseligkeiten umringet und belagert werden; aber das böse Gewissen fürchtet
zu sterben, weilen es hat vor alle böse Werke Rechnung zu
thun. Venient in cogitatione peccatorum suorum timidi, &
traducent illos ex adverso iniquitates eorum, *Sapient.* 4. *v.*
20. Vielen ist zwar dieses Leben zu lang, aber solche ein-
gebildete Länge verursachet nur die Mühseligkeit und Elend:
Weilen einem mit Widerwärtigkeiten schwangern Herzen die
Zeit jederzeit zu lang ist, indem es die so kurze Zeit nicht
verkürzen kann.

    Zu Sagunthe soll ein Knab, so bald er auf die Welt
gebohren, wieder in den mütterlichen Leibe gekrochen seyn.
Dieses muß bald genug verkostet haben die Verdrießlichkei-
ten der Welt, so dieselbige häufig überschwemmet. Nichts
destoweniger hat der eingebohrne Sohn GOttes sich also in
unsere Natur verliebet, daß er sich nicht geschehet, solche
anzunehmen, und in solcher gebohren zu werden, auch alle
unsere angebohrne Mühseligkeiten, die Sünde ausgenommen, zu tragen und auszustehen, *ad Phil.* 2. Aber ach mein
JEsu! soll denn unser Heil in dem Frühlinge deiner ersten
Tagen dir so großes Ungemach verursachen? daß du gleich,

da

da deine Lefzen kaum versüßet waren von der Milch der jung-
fräulichen Brüste, für mich verkosten sollst so bitters Aloe?
Ja wo die Braut ist, da will der Bräutigam auch seyn,
und wo der Bräutigam ist, dahin soll sich die Braut auch
neigen.   Sie muß seyn wie ein Heliotropium oder Sonne
Apollinis.   Diese Blume, welche des Angesichtes ihres
Apollinis nicht wissen kann, wendet und wiederwendet sich
allezeit nach dem Laufe, wie die Sonne geht, und über ihren höchsten Weg an dem Himmel steiget.   Wenn die Seele sich dessen bemühet, kann sie gedenken, es sey ein solches
gutes Zeichen, wie man der anbrechenden Sonne versichert
ist, wenn der helle Morgenstern, neben den Purpurfarben
Stralen der Morgenröthe sich an dem Kreise des Himmels
sehen läßt; unangesehen auch oft den güldenen Morgenglanz
eine trübe Wolke bedecket.   Ein jedes Ding geht darum auf,
daß es wiederum zu Ende laufen und verderben soll.   Der
Himmel selbsten sammt seinen Sternen, wie richtig ihre Bewegung auch ist, haben ihren Auf- und Niedergang.   Eine Blume, die zu frühe ihren Knopf aufthut, kann nichts
anders erwarten als zu verwelken, und mit Abnehmung des
Tags auch zu Endung ihrer Schönheit kommen, und gesetzt,
daß wir was mit so großen Sorgen erlanget, so kömmt der
Tod, der uns lachend nach der Seite ansieht, und durch
alle unsere Freude ein Loch machet, und endiget sie mit großer Noth, Schmerzen und Spott.   *Homo* natus de mulie-
re, brevi vivens tempore, repletur multis miseriis, qui qua-
li flos egreditur & conteritur, *Job. 14. v. 1. 2.*   Der Mensch
gebohren von einem Weibe, lebet nur eine kurze Zeit, und
wird mit vielen Mühseligkeiten angefüllet und überhäufet.
Er geht zwar wohl zu Zeiten durch veränderlichen Glückes-
lauf schön auf, wie eine Blume, in Reichthum, Ehre und
Ruhm, aber geschwind, ein kleiner Wind der Widerwärtigkeiten wehet sie um, und macht behend der Freude ein
                                                        End.

Eud.   Adam hat zwar gelebet 930. Jahre, Seth 902.
Enos 905. Cainan 910. Malaleel 895. Jared 962. Henoch.
365. Mathusalem 969. Lamech. 777. Noe 950. Thare 205.
Abraham 175. Isaac 180. Jacob 147. Was aber für Freu=
de, für Ergeßlichkeit, für Süße und Trost haben sie in ih=
rem Leben empfangen.   Adam war aus dem allerlustbarlich=
sten Orte der ganzen Welt, dem Paradiese, gestoßen. Seth
mußte die Strafe seiner ungehorsamen Mutter tragen helfen.
Enos wurde gezwungen, dem Fluch seines Großvaters
unterworfen zu seyn.   Cainan hatte allerhand Mühseligkei=
ten auszustehen.   Malaleel und Jared haben mehrers
Sauers als Süßes gekostet.   Noe mußte die allergefährlich=
ste Wasserflut ausstehen.   Abraham gleich als ein Lands=
verwiesener wurde genöthiget sein Vaterland zu verlassen.
Isaac sollte auf dem Scheiterhaufen geschlachtet werden,
und Jacob mußte um ein Weibsbild 14. Jahre in Schweiß
und Arbeit sich abmatten: Aller dieser Leben war mit Mü=
he umgeben, alle ihre Tage, so lang sie uns auch vorkom=
men, waren wenig und böse, parvi & mali, *Gen.* 47. *v.* 9.
Ihr Lebenslauf, gleich dem unsrigen, war wie eine Uhr,
in welcher ein Ungemach und Elend das andere treibet, was
gestalten ein Nädlein das andere in solchem Kunstwerke;
auch dabey so behend und gebrechlich, daß es durch die ge=
ringste Berührung gar leicht schadhaft und verderblich werden
kann.   Diesem nun sey, wie ihm wolle, so will das Fleisch
gewordene Wort solches mit uns erdulden, gebohren in dem
Stalle: Ne penitus pereat, qui abjectus est, 2. *Reg.* 14. *v.*
14. auf daß wir wiederum zu Gnaden der göttlichen Maje=
stät gelangen.

    Ach könnte ich wünschen und meinen Wunsch erfüllen
in dem Werke, so wollte ich begehren, wie ich denn verlan=
ge, daß mein Leib wäre worden zu jenem Stalle, damit
mein Herz gewesen die Krippe; oder daß mir an statt der

Wintergrün.   H   un=

unvernünftigen Thiere vergünstiget wäre worden zu seyn an
deiner Seite, damit ich durch die flammenden Seufzer,
welche deine brennende Liebe in mir anzünden sollen, dich
ganz zitternden vor Kälte und Frost erwärmen oder sonst verehren möchte. Wie trostreich, herzlabend und erquickend
würde es mir seyn, wenn ich hätte können beystimmen jenem
lieblich klingenden Gesang, welches die himmlische Geister
bey deiner Geburt und Ankunft auf dieser Welt gesungen:
Gloria in altissimis DEO! *Lucæ* 2. *v.* 14. Weilen aber solches nicht seyn kann, so will ich doch als ein von Sünden
wilde Steinlerche mich zu ihnen verfügen, und dein Lob
nach Vermögen anstimmen, damit sie aus Anregung meiner Begierde ihrer hohen Würdigkeit erinnernd in ihrer
hellstralenden Klarheit destomehrer angefrischet werden, mit
aller Aufmerksamkeit auszubreiten dein Lob: Gleichwie eine
lieblich singende Nachtigall angereizet wird von dem einsa-
men Spatzen, eine angenehme Melodey zu schlagen, und
die schattenreiche Wälder, samt den mit Blumen und Gras
gezierten Feldern, mit ihrer Stimme anzufüllen. Darum

I.

Ach schönstes Kind! aus Davids-
stamm,
Du meiner Seelen Bräutigam,
Mein Trost, mein Heil, mein Le-
ben:
Wie soll ich dankbar loben dich,
Weil du im Elend suchest mich,
Aus solchem zu erheben.
Ezech. 34. v. 16.

II.

Damit ich, der nur Staub und Erd,
Gen. 3. v 19.
In dich, mein Gott verwandelt werd,

Hast dir mich auserkohren:
Daß, was verlohren durch die
Sünd,
In dir ich solches wieder find,
Mit dir ich solches wieder fund.

III.

Du wolltest seyn, O höchster Gott!
In dieser Welt in höchster Noth,
Dadurch mich zu bereichen:
Luc. 9. v. 5. 8.
Genommen hast all Kreuz von mir,
Und solches aufgeladen dir,
Der wahren Lieb zum Zeichen.
Isa. 53. v. 4. Matth. 8. v. 17.

Komm

IV.

Komm denn du schöner Freudenplatz,
Und auserwählter Herzensschatz,
Mein Trost in allen Leiden:
Komm, und laß mich dein Kripplein
seyn,
Komm, ach! und lege bey mir ein
Dich und all deine Freuden.

V.

Ach komm, du süsser Gnadenfluß,
Damit ich dir könn einen Kuß
Aus wahrer Liebe schenken:
Und mit dem Kuß auch geben hin
Mein Herz, Gedächtniß, Muth
und Sinn
Zum besten Angedenken.
Hebr. 10. v. 22.

VI.

Da wollt ich in so süssem Stand
Verehren dein liebreiche Hand,
Und selbe gnug besehen:
Mir sollten meine Augen beyd
Für gar zu großer Herzensfreud
In Zährenbach zugehen.

VII.

Und in so heißen Zährenbach,
Würd haben ich gewünschte Sach,
Dich, JEsu mein, zu baden:
Viel tausend Küß die sollten dann
Dich wieder trocknen, daß etwann
Nicht leidest einen Schaden.

VIII.

Mein Herz das Badbeck müßte seyn,
Wenn es beliebt dir JEsu mein
In solches dich zu legen:

Damit es sich, O liebster Schatz!
Und angenehmster Freudenplatz
Mit dir könnt gnug ergetzen.

IX.

Wie oft wollt ich dich an mein Brust
Mit meines Herzens größter Lust,
Ach schönster JEsu! drücken:
Damit mein Seel und Herzens-
schrein
Du mit so vielen Gnadenschein
Hingegen würdest schmücken.

X.

Wie oft wollt ich bey stiller Nacht,
Halten bey dir genaue Wacht,
Damit dir nichts möcht gschehen:
Gewißlich Salomon nicht hätt
Die sechzig Helden bey sein Bett,
So wachen da zu stehen.
Cant. 3. v. 7.

XI.

Ich wollt ein rechter Argus seyn,
Dich, O mein schönstes JEsulein!
Ganz sorgsam zu verwahren.
Daß nicht ein unverhofftes Leid,
Dir, O du meiner Seelen Freud!
Vielleicht könnt wiederfahren.

XII.

Denn ich müßt ja recht närrisch seyn,
Wenn ich das Allerliebste mein,
Nicht wachtbar wollt verwahren?
Ach, du viel tausendmal bist mir
Lieber, als einem Jubelier
All seine Schätz und Waaren.

Weil

XIII.

Weil du bist der unschätzbar Schatz,
Der liegt in meines Herzensplatz,
Mir angenehm verborgen:
Sollt ich dann nicht bey stiller Nacht,
Ein jeder es nur recht betracht,
Genugsam für ihn sorgen.
Prov. 21. v. 20. Eccl. 30. v. 23.

XIV.

Wolte doch auch für sein Gewinn
Der irdisch Engel von Aquin
Sonst anders nichts begehren:
Als nur das liebste JEsulein,
Damit er könnte würdig seyn
Es gnugsam zu verehren.
in Cap. 8. Cant.

XV.

Wer einen Schatz geoffenbart,
Und sorgsam solchen nicht verwahrt,
Der will ihn nicht genießen:
Weil er vor so goldreichen Kast,
Sich ganz thörichter Weise laßt
Ein kleine Müh verdrießen.

XVI.

Nicht also ich auf offnen Platz
Wollt jedem zeigen meinen Schatz,
Sondern will unverdrossen:
Behalten ihn im Herzen mein,
Darinnen ewig soll er seyn
Verwahret und verschlossen.

XVII.

Komm denn, mein JEsu! komm
    herbey,
Und ach! erfahre meine Treu,
Die gegen dir ich trage:
Ach daß ich dich, O schönstes Kind;
Nach Wunsch nicht in dem Herzě sind,
Allein nur dieses klage.

XVIII.

Wie wollt ich nicht so Freudenvoll
Wie ein Verliebter lieben soll,
Dich mit der Lieb umfangen:
Denn nur allein zu lieben dich,
Und völlig tir ergeben mich,
Darinn steht mein Verlangen.

XIX.

Ja ich bin schon der Freud so voll,
Daß, was ich dir nur schenken soll,
Schier nicht weis zu ergründen:
Ach Herzenskind, nimm immer hin,
Mein Herz, Gedächtniß, Muth
    und Sinn,
Mit Lieb mehr anzuzünden.

XX.

Weil du zum Himmel bist die Pfort,
Des Vaters Rath und ewig Wort,
Die Wahrheit und das Leben:
    Joan. 14 v. 6.
Erfüllen kannst du jedem Theil,
Was mir ermangelt an dem Heil,
Wollst nur das Jawort geben.

Billig sollte seyn unser Gemüth jederzeit vertiefet in den süssesten JEsum, und unsere Gedanken verstecket in seiner gegen uns getragenen unergründlichen Liebe. Aber leider!

der; wir wollen nur allein gleich mit dem Heil. Petrus auf
dem Berg Thabor die Freuden genießen, und der überschönen Klarheit, *Matth.* 17. ehe und zuvor wir anfangen die
Lieblichkeit der Menschheit Christi zu verkosten; anders verlangte der englische Lehrer *in cap.* 8. *Cantic.* Denn er wollte
lieber bey der Krippe seyn als auf jenem Berge, da er aufschreyet: Du, welcher jetzund bist in dem Schooße des Vaters, wer wird geben, daß du Mensch und theilhaftig unserer Natur mein Bruder genennet werdest, auf daß ich
dich durch öffentliches Gesicht anschaue, den ich jetzt ganz
und gar durch den Glauben begehre, welcher für mich gebohren.

Wie wir aber in GOtt sollen gebohren werden, erzählet der hocherleuchte Eccardus: *Concione Nativit. Domini.*
Daß solches geschehe durch eine wahre Reue über alle Sünde, durch unabläßliche feuerflammende Begierden, demüthige Uebergabe seiner selbsten, stete Gegenwart GOttes,
und durch liebtriefende Vereinigung mit ihm. Der Geist
solle trachten allein dahin, damit er die einige himmlische
Schönheit ansehen möge. Der Verstand sich verwundern
über des Erschaffers aller Dingen Wunderwerke. Der Wille einig und allein damit umgehen, wie er GOtt ehren, lieben und dienen könne: Das Gedächtniß sich verweilen, und
stets aufhalten in der Mildigkeit seiner Gaben und Gnaden:
Den Augen gebühret nichts anders anzusehen, als das vor-
trefflichste und wunderbarlichste Werk des mit güldenen
Sternen besetzten Firmament und ganzen Erdkreises, damit
das Gemüth von dannen sich, des Werkmeisters und Schöp-
fers allerwürdigstes Lob durch die ganze Welt zu erkundi-
gen, ausgieße, die Knie muß man biegen und auf sie niederfallen, den allergütigsten GOtt anzurufen, wie auch die
Hände zusammenschließen, die göttliche Barmherzigkeit über
die Sünde zu erlangen: der Mund und die Lefzen sollen sich

H 3   nie-

niemal eröffnen, als den Auserwähltesten aus vielen
Tausenden zu preisen, und sein Lob auszubreiten: *Cantic. 5.
v. 10.* Das Herz aber muß sich gebrauchen, GOtt vollkommen mit getreuer und in dem Glauben wohlgegründeter
Liebe über alle Dinge werth und achtbar zu schätzen, damit
der ganze Leib über alle Dinge sich ihm unterwerfe, auch
alle Ehre und demüthigste Dienste erweise.

　　Darum wertheste Herzen, gehet doch in euch selber,
verlasset den Weg, auf welchem ihr nicht anders als wie das
wilde Vieh zu der höllischen Schlachtbank geführet werdet.
Weichet aus der schlüpferigen Gähe der Allerunglückselig-
sten, die ihr nur einen und zwar unsichern Augenblick des
fliehenden Lebens, von der Verdammniß seyd, erbarmet
euch doch euer selbsten und eurer eigenen Seelen, welche der
getreue Hirt durch Distel und Dorn, durch seinen blutigen
Schweiß, so treuherziglich geführet hat, selig zu machen.
Bereuet eure Laster, damit ihr durch wahre Buße wieder
gebohren werdet demjenigen, der für euch GOtt gebohren ist worden Mensch, rc.

Das

Das fünfte Capitel.

Was wohl geflutzt,
Ift wohl gepuꞩt.

Der Tag beginnt oft schön anzubrechen, und die Mor=
genröthe die kleinere Gestirne mit ihrem Glanze zu be=
decken, also daß die Sonne sich hervor machet, allen
Sachen ihre natürliche Schönheit und Farben wieder zu ge=
ben; aber unverhofft durch eine fremde Widerwärtigkeit stei=
get über sich aus dem Meere gegen diesen Stralen ein klei=
nes Gewölke, welches nach seiner Art den ganzen Himmel
überziehet, als mit einem traurigen schwarz gewässerten Vor=
hange, und geringe Freude verursachet. Diejenige, so auf
dem

dem Meere sind, können nicht vermerken, ob es schon zu frühe ruhig ist, wie es auf den Abend seyn werde: also sollen
auch die, so auf der Welt leben, ihnen in währender blühender Glückseligkeit keine Vergnügung versprechen, oder,
als ob nicht etwas Uebels darzwischen könnte einlaufen, Gedanken machen.   Die Welt ist ein gefährliches Meer, so
daß diejenige, welche die rechte Zeit nicht zu treffen, und
zu allen Fällen fertig sind, auch deren Wissenschaft haben,
an tausend Klippen fahren, und ihr Schiff zu Grund stürzen.   Von dieser Gefahr ist kein Mensch sicher, und die
Erfahrung selbsten kann oftermals keinem zu ihrer Vermeidung eine Sicherheit verkünden. Kein Ding ist allhier in ste-
ter Ruhe, die Winde selbsten verkehren sich nicht so oft als
der Menschen Thun und Wollen.   Die Blumen, welche am
geschwindesten blühen, fallen am ehesten ab, und je langsamer sie aus ihrem Knopfe hervor kommen, je länger bleiben sie stehen, wiewohl sie beyde verwelken müssen: wenn
die Sonne ihre Stralen in dem Aufgange zeiget, so giebt
sie schon zu erkennen, daß sie auf den Untergang zulaufe,
und die Zeit mit sich führe.   Wie denn auch unser Leben
zwischen Schmerzen und Unglück, von denen es zu allen
Seiten angesprenget wird, verschwindet und abnimmt. Wir
vermeynen oft entfernet zu seyn von aller Gefahr, aber wir
sind in dem größten Elende und tödtlich verwundet; also
zwar, daß der eingebohrne Sohn GOttes muß beschnitten
werden, damit durch seine Beschneidung unsere Wunden
Heilung empfangen.   Denn Ecce Agnus DEI: qui tollit
peccata mundi, *Joan.* 1. *v.* 29.   Siehe das Lamm GOttes,
welches die Sünde der Welt hinweg nimmt, durch welches
GOtt alle unsere Sünde wird ins Meer versenken, *Mich.*
7. *v.* 19. weilen Sanguis JEsu Christi, filii ejus, emundat
nos ab omni peccato, das Blut JEsu Christi seines Sohnes uns von allen Sünden reiniget, 1. *Joan.* 1. *v.* 7. *ad*
Hebr.

Hebr. 9. *v.* 14. 1. *Petr.* 1. *v.* 19. *Apoc.* 1. *v.* 5. Wie gefährlich und tödtlich müssen denn solche Wunden seyn; welche zu heilen das göttliche Kind zu verwunden ist. Betrachte, O wertheste Gemüth! und in Betrachtung deffen beschneide zugleich deine unbändige Sinnen, beschneide deine Augen in reiner Behaltung, und mit diesen dich nicht vergaffe, damit, welche sich hier gemäßiget in den irdischen Gestalten können sich ergetzen mit der unaussprechlichen Freude und Schönheit der ewigen Glorie.

Beschneide deine immerdar als ein offenes Thor aufgesperrte Ohren, auf daß du mit denselbigen, so du sie verschloffen gehalten den ungebührlichen Ersuchungen und Liebkosungen der Menschen, anhörest die Lieblichkeit des Gesangs der englischen Geister. Beschneide deinen von Breitenfeld unweit dem Mutenthal herrührenden Mund und immergehenden wasserstelzigen Schweife deiner Zunge, damit dieselbe, welcher du ehrbedürftige Worte und ungestalte Reden versaget, könne beystimmen den süßlieblichklingenden Lobgesängern des himmlischen Jerusalems, quia oportet circumcidi, *Act.* 15. *v.* 5.

Beschneide deine Füße und Arme, damit solche deine Füße, mit welchen du gelaufen den Weg der Gebothen GOttes *Pf.* 118. *v.* 32. dich hintragen an jenes Ort, allwo du deine Arme, die du hier leer gehalten vom unbilligen Umfangen, mögest einfüllen mit dem holdseligsten Bräutigam deiner Seele.

Beschneide deinen gar zu frechen Kleiderpracht und Bloßheit deines Leibs, damit, wenn ein keusches Aug gegen dir einen Gegenwurf läßt abgehen, die zwo Kugeln seiner Sterne nicht genöthiget werden anzusehen gleichsam ein in so offener Fleischbank entdecktes Saufleisch, welches den Ansehenden viel unreiner machet, als da ein Jude unrein wird in Verkostung eines Schweins, *Levit.* 11. *v.* 7.

Wintergrün.　　　　　J　　　　　Be-

Beſchneide deinen allzu großen Uebermuth und Hoffart, damit die leichtfertige Federn dieſes Laſters dich nicht zu hoch erheben, und du deinen Ochſenkopf, der ohne das mit Strohhirn angefüllet, nicht anbrenneſt: oder mit des Icarus zerſchmolzenen Flügeln nicht herunter fällſt in das Meer der größten Mühſeligkeit und ewigen Verderben. Derohalben circumcidimini Domino, *Jerem.* 4. *v.* 4. werdet dem HErrn beſchnitten, und verlaſſet ſolchen gefährlichen Felſen der Hoffart.

Beſchneide deine gar zu brennende Neigung gegen den Creaturen, und gar zu viel erkaltete Liebe gegen deren Erſchaffer; auch habe mehrer Obſicht auf die Tugend, gegen deren übervortreffliche Schönheit alle andere Anreizungen keine andere Gewalt haben ſollen, auf daß du nicht falleſt in die Garn jenes Seelenräubers, welcher den ganzen Tag herum gehet, ſuchend, wen er als ein brüllender Löwe verſchlucke, oder in ſein Netz bringe, 1. *Pet.* 5. *v.* 8. ſondern daß man wohl verſichert bleibe in der unüberwindlichen Feſtung des Herzens JEſu, in quo & circumciſi eſtis, *ad Coloſſ.* 7. *v.* 11. in welchem wir beſchnitten ſind und verordnet zu dem ewigen Leben.

Diejenige verwickeln ſich leicht in des leidigen Satans Stricke, welche geringe Dinge verſäumen, und kleine Gebrechen nicht wollen vermeiden; denn ihr gottſeliger Eifer vergeht nach und nach, und ſchieben auf die Bekehrung von Tag zu Tag, bis ſie anfangen das Rabengeſchrey zu üben, und nichts mehr hoffen zu erwerben, als das ewige Verderben. Aber nicht alſo wertheſtes Herz, nicht alſo; denn als die Iſraeliter aus der ägyptiſchen Gefangenſchaft ausgezogen, und ſich der Pharaoniſchen Dienſtbarkeit befreyet, wurde ſolches mit ſo groſſer Geſchwindigkeit verrichtet, daß ſie kaum ſo viel Zeit genoßen, das Brod halb auszubacken. Denn das Volk trug den rohen Teig, ehe er verſauert war,

zu

zu ihrer Speise gebunden in den Kleidern auf ihren Achseln, *Exod.* 12.

Wie David vernommen, daß die Stadt Sieeleg von
den Amalekitern erobert, und alle Einwohner gefänglich
hinweg geführet worden, weinete er sehr, und eilete ihnen
geschwind nach, nahm ihnen allen Raub ab, und löschete
die Brunst in der Stadt, 1. *Reg.* 23. Da jene Sunamiterinn vermerket, daß ihr liebes Spielvögelein, ein einiger
Sohn, in dem Tode verblichen, verließ sie ihr Hauswesen,
damit sie den Propheten Elisäum ereilen, und von ihm ihrem Söhnlein das Leben wieder erlangen möchte, ungeachtet auch ihr Ehewirth sie ermahnete, nicht so sehr zu eilen,
weil kein Neumond oder ein Sabbath, achtet sie solches
nicht, sondern sattelt die Eselinn und sprach zum Knaben:
Treibe fort und säume dich nicht mit deinem Reiten, und
thu wie ich dir sage, 4. *Reg.* 4. Also auch, O Sünder und
Sünderinn! Wenn deine Seele durch die Sünde in der höllischen Dienstbarkeit gefangen gelegen, du nun aber bereit
bist deroselben Bande von dir zu werfen, muß solches also
schnell und geschwind geschehen, daß du auch bey Verachtung leiblicher Sachen zu dem rothen Meere der Heil. Sacramente, welche von dem rothen purpurfarben Blute und
Leiden JEsu ihre Wirkung und Kraft haben, dich hinfügest,
in die Wüste der Buße fliehest, allda dich in Sicherheit auf-
zuhalten. Wenn die Sünden in der Stadt deines Herzens
das Feuer der Begierlichkeit angezündet, die Gnaden geraubet, und die Verdienste der Tugenden gefänglich hinweg
geführet haben: ach! so weine in der Beicht, verfolge geschwind deine Feinde nämlich die Laster, schlage sie in die
Flucht, und hole wieder ein den dir abgenommenen Raub
der Gnaden. Wenn deine Seele in der Sünde todt, und
gestorben ist, so eile zu Elisäus dem Priester, diesen so erbärmlichen Todesfall anzuzeigen. Wenn aber das Fleisch,

die

die Welt oder der Teufel sollten begehren, dich zu verhindern, und deine Beicht länger aufzuschieben: Ey so gib starkmüthig zur Antwort: Vadam, 4. *Reg.* 4. *v.* 23. ich will gehen. Befiehl allen bösen Begierden und Neigungen fortzuweichen, auch dir einige Verhinderung zu der Buße nicht beyzubringen. Erkenne geschwind mit dem Heil. David deine Schuld, peccavi & malum coram te feci, *Pf.* 50. *v.* 6. mit demüthigem reuvollen Herzen sprechend: Ich habe gesündiget und Böses vor dir gethan. Oder mit dem verlohrnen Sohne. Pater peccavi in cœlum & coram te, *Lucæ* 15. *v.* 18. & 21. Ich habe gesündiget in dem Himmel und vor dir, o gütigster Vater! damit auch GOtt in gleicher Eile, als jener Vater zu den Dienern bey Ankunft seines Sohnes rief, bringt bald her das beste Kleid, cito proferte stolam primam, wieder die verlohrne Gnade, welche du bey deiner wahren Zurückkehrung von den Lastern zu hoffen hast, allergnädiglichst mittheile. Derowegen, werthestes Gemüth, auf daß du scheinest voll der himmlischen Tugendwaaren, zu verdienen und zu vermehren den Verdienst der Unsterblichkeit, so werde gegründet in unverfälschter Frömmigkeit, durch die Demuth tief eingewurzelt, damit dich die Winde der ungebührlichen Begierden nicht wie ein schwaches Rohr bewegen, oder als einen großen Baum, von dem Ehrgeize aufgeblasen, ausreißen, 3. *Reg.* 14. *v.* 15. *Luc.* 7. *v.* 24. Weilen man sich leicht der eiteln Ehren übernimmt, und aus lieblich wehender Luft des menschlichen Lobs aufgeblasen wird. Halt verschlossen deinen Willen mit dem göttlichen, auf daß solches Band nicht zertrennet, und das Schloß durch den eigenen Willen und Nutzen zersprenget werden möge, ad *Hebr.* 12. *v.* 13. Deine Sinne verschließe in die heilwirkenden Wunden deines gekreuzigten JEsu, damit sie gleich als eine von dem Stoßvogel verfolgte Turteltaube in sichern Steinritzen vor dem höllischen Seelenfalk befreyet seyn:

seyn: Deine Gedächtniß vertiefe in der Holdseligkeit deiner
Seelen hochadelichen Liebhabers, auf daß du jederzeit, gedenkest, mit was für Armen der Gegenliebe du ihn wieder
lieben und umfangen könntest, mit herzlicher Neigung gegen ihm. Also gleichwie ein Stein aus natürlicher Eigenschaft stets abwärts geneigt, und die Erde suchet, und zwar
daß diese Eigenschaft dem Steine ohne Verderbung und Ab-
schaffung seines Wesens nicht kann entzogen werden, und
sollte er schon viele Jahre gewaltsamer Weise in der Luft auf-
gehalten seyn, verbleibet diese Neigung abwärts zu fallen
dennoch in ihm. Auch gleichwie das Zünglein in einem rich-
tigen Compaß, da es einmal die Kraft des eisenziehenden
Magnetsteins an sich genommen, läßt es nicht mehr ab, an-
gearteter Weise dem Nordsterne sich nachzuwenden, und
nach dessen Aufgang gleichsam aus unruhiger Liebe zitternd
sich zu kehren; also soll auch eine gottliebende Seele sich jederzeit neigen, und verlangen nach GOtt, daß obschon vor-
und zufallende Sachen gewaltsam ihn zu was anders ziehen sollten, er dennoch gegen GOtt geneigt und gesinnt
verbleibe, weil keiner seiner Liebe kann theilhaftig werden
ohne sondere Sorge.

Als der König Demetrius Athen erobert, hat der Weltweise Lachares sein Angesicht mit Dinte besudelt, ein Bau-
renkleid angelegt, und ist unerkannt durch die kleineste
Stadtpforte entflohen. Als ihm aber die tarentinische Reiter stark nachgesetzet, und er solche zu betrügen gedachte, ist
er auf ein Pferd gesessen, und hat auf der Straßen hin und
wieder Geld gestreuet, indem nun die Nachsetzende solches
aufgesammelt, ist er indessen nach Böotien entrunnen.
Wenn wir Menschen die himmlischen Güter erlangen wollen, so müssen wir alle Eitelkeit, Freude und Wollust der
Welt von uns werfen. Denn wie der Heil. Chrysostomus
in Epist. 1. ad Tim. homil. 11. sagt: Wer gedenket derjenigen

J 3 Sachen

Sachen zu genieſſen, ſo in der Welt ſind, der ſuche den Himmel, und wer die Gegenwärtige wünſchet zu haben, der verachte ſelbige mit höchſtem Fleiß.   Sintemalen auf dieſer
Welt der größte Gewinn iſt, verlieren daß man gewinne,
verlieren daß man behalte.

Theophraſtus meldet *Lib. 2. c. 4.* von Urſachen der
Pflanzen, daß der Oelbaum, wenn ihm die alte untaugliche Aeſte abgehauen und beſchnitten werden, wegen, ſeines ange-
bohrnen überflüſſigen Saftes neue Schößlinge und Zweige her-
vorſproſſen, und alſo auch fruchtbarer und ſchöner zu ſehen ſey;
auf gleiche Weiſe müſſen wir auch das untaugliche und un-
fruchtbare an uns, nämlich die Laſter beſchneiden, wenn wir
reichere Früchte der Tugenden erlangen wollen.   Von welchen Beſchneidungswunden der gütigſte GOtt uns ſchon heilen wird: A vulneribus tuis ſanabo te, *Jerem.* 30. *v.* 17.

Ein Vögelein, wenn es ſich nur mit einem Flügel in
die Höhe erſchwingen wollte, würde es ſich nicht weit in die
Luft von der Erde erheben.   Wenn der Menſch durch das
zarte Wolkenhaus gegen dem göttlichen Thron ſich will begeben, muß er nicht geringe Mühe anwenden, ſondern ſich
zweyer ſtarken Tugendflügel bedienen, als das Böſe meiden
und das Gute üben, *Eccleſ. c.* 4. *v.* 23. 2. *Petr.* 1. *v.* 10.   In
demjenigen Laſter aber oder Untugenden müſſen wir uns zu
dem mehreſten ſtuzen und abtödten, welche uns in mehrere
Fehler zu ſtürzen pflegen.   Damit wenn das oberſte Haupt
überwunden, die Glieder auch in unſerer Gewalt ſeyn.
Wenn die Brunnquelle ausgetrocknet iſt, wird der Bach aufhören zu laufen, wenn der Schlangen der Kopf zertreten
iſt, iſt es um ſie geſchehen; Gleichwie auch der Arzt an demjenigen, welcher mit vielen Krankheiten behaftet iſt, vorderſt
die gefährlichſte Krankheiten muß heilen, alſo muß derjenige, der ſich unterſteht ſeine Fehler zu verbeſſern, und die Tugend zu erlangen, ſich erſtlich erforſchen, was er für eine ſitt-
liche

liche Natur habe, und welches Laster ihm größerm Schaden verursache. Obwohlen diejenige Untugenden, welche
kleinere Ungelegenheiten beybringen, auch auf das fleißigste
zu stutzen seyn: Qui spernit modica, paulatim decidet, Eccles.
19. v. 1. Denn wie Sturm und große Ungewitter von geringen Dünsten, die aus der Erde in die Luft steigen, herkommen, also erheben sich oft von schlechten Sachen große
Verletzungen des Gewissens und zwar, daß man nimmermehr vermeynt, daß sie so einen bösen Ausgang gewinnen
sollten. Darum wer verlanget die Sünde zu meiden, muß
auch vermeiden alles dasjenige, so zu den Lastern anreizet:
Qui amat periculum, peribit in illo, Eccles. 3. v. 27. Der allerhöchste GOtt befahl den Kindern Israel, welche unter
dem König Pharao gefangen waren, daß sie allesammt ihrem ganzen Hausgesinde, Viehe und allen Gütern aus
Aegypten ziehen sollten, Exod. 10. Als Loth mit seinem
ganzen Hauswesen aus Sodoma hinweg gieng, hinterließ
er nichts darinnenen, Ursachen dessen er wiederum hätte dahin sich begeben müssen, Gen. 19. Ach ihr, o wertheste
Herzen! seyd die Kinder Israel, welche in des höllischen
Königs Pharaonis Gefängniß eingeschränket werden: Aber
GOtt befiehlt euch aus den Sünden auszugehen, und keine einige Gelegenheit derselben zu hinterlassen, sondern ihr
mehr als tausend Loth schwere Sünder sollet ausgehen, von
euren untugenden und Lastern, den göttlichen Einsprechungen glauben, und zu dem Berge der sichern Buße fliehen.
Dergestalten doch, daß ihr die Flucht nehmet mit eurem
ganzen Hausgesinde, mit allen Veranlassungen und Gewohnheiten, damit euch alle Gelegenheit zu der Wiederkehre benommen werde, 1. Reg. 15. Sintemal gleichwie GOtt dem
Könige Saul Befehl gab den Amalec sammt seinem ganzen
Kriegsheere zu vertilgen, und so gar deren Thiere nicht zu
verschonen.

Gleicher-

Gleichergestalt müssen wir auch die Sünden ausreutten, und so gar die geringste Ursachen zu derselben bis auf den Grund zerstören. Derohalben war ihre Gestreng die Frau Sara nicht zufrieden, daß Ismael ausgejagt und vertrieben wurde, sondern es mußte auch die Mutter das Valete nehmen. Ejice ancillam hanc & filium ejus, *Gen.* 21. *v.* 20. *ad Gal.* 4. *v.* 10. solchergestalten sollen wir nicht allein, das Kind und die Sünde, sondern auch die Mutter, Anlaß und Ursache, als eine Gebährerinn derselben, hinaustreiben und verjagen. Darum werfet von euch alle Uebertretungen, mit denen ihr übertreten habt, und machet euch ein neues Herz und einen neuen Geist: Odite malum & diligite bonum, *Ezech.* 18. *v.* 30. hasset das Böse und liebet das Gute. Lavamini, mundi estote, auferte malum, & quiescite agere perverse, *Amos* 5. *v.* 15. *Isa.* 1. seyd rein, laßt ab Böses zu thun, und lernet Gutes zu wirken, denn niemand erwählet ein neues Leben, es sey ihm denn das alte verleidet, *S. August. Hom.* 27. Derowegen um GOttes willen, wirket beständige Buße zur Seligkeit. 2. Cor. 7. v. 10.

Das

Das sechste Capitel.

Es wird oft nicht gespürt
Wenn man etwas verliert.

Julius Cäsar schreibet von dem Könige Aracam, daß er
ihm eine Gemahlinn zu erwählen, zwölf Jungfrauen
von gleichen Jahren aussuchen lassen, alle baden, und
einer jeden ein weisses Kleid anzuziehen befohlen; nach diesem mußten sie in einem eingeheitzten Zimmer stehen, und in
solchem Kleide schwitzen, deren Kleid darnach wohl roch,
diejenige wurde zur Königinn erkläret. Christus JEsus hat
ihm eine jede christliche Seele ausgesucht, solche in dem
Bade der Taufe gewaschen, und durch dieselbige ihr ein
weisses Kleid der Unschuld angezogen, auch solcher in ei-

Wintergrün.　　　　　　　K　　　　　　　　nem

nem heißen Zimmer der Buße zu stehen, Befehl gegeben.
Diejenige, deren Kleid durch die Pönitenz einen guten Geruch der Reinigkeit und Liebe bekommen, die wird für eine Braut
angenommen, und ihm ewig vermählet seyn: welche aber
einen Gestank der Sünden und Laster von sich geben, die sollen als ein stinkendes Aas in die höllische Schindergrube geworfen werden.   Wer verlanget ein solches wohlriechen-
des Kleid zu bekommen, der befleißige sich mit dem Heil.
Paulus ein guter Geruch zu seyn, 2. *Cor.* 2. *v.* 15.   Er thue
was er soll, und was er thun soll, das thue er gut und
wohl, so wird er gewinnen und nicht verlieren, oder doch
das Verlieren gleich spüren, damit er es verbessern möge.
Da er ihm obzuliegen vermerket, mit allen Kräften nach einer vollkommenen Tugend zu trachten, und diesen Fleiß ohne
Unterlaß zu vermehren, weil es nicht soviel an dem gelegen,
daß er etwas thue, als daß er es wohl und vollkommentlich thue.   Jene Ehre ist nur eitel, welche nicht auf eine aus-
gemachte Tugend folget und in ihr gegründet ist.

Zwey Weiber, so in einem Dorfe neben einander woh-
neten, trugen lange Zeit gegeneinander große Feindschaft,
also wenn eine das Haus auskehrete, warf sie der andern
den Mist in ihren Garten, und jene dieser zurück.   Endlichen gedachte die eine, wie sie der andern eine Schalkheit erweisen könnte, nimmt derowegen kleine Steinlein, thut sie
in einen Zuber mit heißer Aschen, und schüttete sie der andern in den Garten.   Dieselbe kömmt alsobald gelaufen,
wollte die Steine aufklauben, und wieder zurück werfen,
verbrannte aber die Finger dermaaßen, daß sie es wohl
unterwegen ließ.

In dem Menschen wohnen beysammen der Geist und
das Fleisch, welche jederzeit Feindschaft gegeneinander tragen,
keines will dem andern nachgeben oder sich unterwerfen.
                                          Damit

Damit aber der Geist das Fleisch von solcher Feindschaft,
abhalten, seinen heimischen Feind, den Leib, mit einem gott=
seligen Gegenhasse wehrlos machen, und dessen Muthwil=
len brechen möge: Solle er ihm die Aschen und Steine in
den Garten des Gemüths werfen, die Asche nämlichen sei=
ner selbst eigenen Erkenntniß, weil der Mensch nichts an=
ders ist als Staub und Asche, und wieder in solche ver=
kehret muß werden *Genes.* 3. *v.* 19. Denn auch die Steine
der Sünde und Laster, durch welche er das höchste Gut
also schwerlich und vielfältig beleidiget hat. Täglich aber
sollte solches geschehen durch Erforschung des Gewissens
und Erkenntniß der Sünden. Denn wie Seneca *Epist.* 2. 3.
sagt: Der Anfang des Heils ist die Erkenntniß der Sün=
den. Welcher nicht erkennet daß er gesündiget, der verlan=
get sich nicht zu bessern. Zu dem ermahnet uns gar schön
der Heil. Basilius sprechend: Was du täglich für Werke
verübest, so führe dieselbige auf den Abend zu Gemüth, und
erwäge solche gegen demjenigen, so du den vorigen Tag ver=
richtet. Welchem beystimmet der Heil. Ephrem *Serm. com-*
mon. ad Monach. Serm. ascet. Tom. 3. da er schreibet: Alle Ta=
ge und Abend und in der Frühe beherzige fleißig, auf was
für eine Weise sey bestellet deine Handelschaft, ehe und zu=
vor du dich zu Ruhe begiebest, gehe in die Cammer deines
Herzens, und erforsche solches mit Fleiß. Darum die
neu eingetretenen in den heiligen Predigerorden gar wohl
erinnert werden, neben Erforschung des Gewissens vor
dem Schlafe, auch vor dem Mittagtische solches durchzusu=
chen. Denn es geschieht schier gar oft, daß wir viel meh=
rer ab= als zunehmen, und viel verlieren, ehe wir es ver=
spüren, indem wir durch Nachläßigkeit in den Sünden ver=
alten, dadurch denn der geistreiche Geschmack himmlischer
Dingen verderbet, und die Hitze des Geistes lau gemacht
wird.

Ein

Ein altes Weib, so sich lange Zeit in keinem christallenen Wahrsager betrachtet, welches bey den Weibern seltsam, gieng einmal über einen Platz, auf dem viel Spiegel feil waren, in welchem sie sich besah, und als sie wahrgenommen; daß sie so veraltet und verstaltet, sprach sie über ihre Häßlichkeit ungeduldig: Es ist eine Schande, daß man heutiges Tages so unnütze Spiegel machet, vor diesem, da ich noch jung war, machte man weit schönere, mußten also diesem zahnklaffenden Mütterlein die Spiegel eine Ursache seyn ihrer Ungestalt,

Oft geht es also mit uns Menschen, wenn wir in den Spiegel unsers Gewissens durch öftere Erforschung hinein sehen, so haben wir allezeit eine gute Gestalt, denn ungeacht wir zu Zeiten durch die Sünde bemakelt werden, so waschen wir solche gleich wieder ab durch eine reuvolle Beicht. Wenn wir aber durch Nachläßigkeit solches Abwaschen versäumen, auch nur nach langer Zeit in das Gewissen hinein sehen, haben wir eine häßliche Gestalt, und sehen uns selbsten nicht mehr gleich. Besonders da wir nicht erkennen wollen, daß uns die Schuld nur selbsten beyzumessen. Wer sein Gewissen recht durchsuchet, wird nichts verlieren, ohn verspüren, kann auch leicht erkennen, was ihm verhinderlich sey. Denn das Gewissen ist jener Diener Jobs, welcher sagte: Evasi solus ego, ut nuntiarem tibi, *Job. 1. v.* 15. Ich bin alleinig überblieben, daß ich dir es anzeige. Dadurch er angespornet wird, nicht wie ein Schwein aufzuklauben, was auf der Erde liegt, sondern seine Gedanken mehr erschwingen zu dem Himmlischen, quæ sursum sunt sapite, 2. *Petr.* 2. v. 22. ad Coloss. 3. v. 1. Wir sollen heften die Augen auf die Erde, und das Gemüth an den Himmel, weilen es gar ungereimt zu seyn erachtet, von dergleichen weltlichen Dingen einen Trost erbetteln wollen, welchen uns der Himmel überflüßig in unser Herz herab regnet, und mit

gött=

göttlichen Stralen unserm Gemüthe eine viel höhere und
weitere Schaubühne eröffnet. Si cor nostrum non reprehen-
derit nos, fiduciam habemus ad DEUM, 1. Joh. 3. v. 21.
So uns unser Herz nicht strafet, da haben wir ein Vertrauen zu GOtt. Die Himmelveste ist ein schöner Gegen-
stand unsern Augen durch welchen wir angereizet werden nach
dem Ewigen mit sorgsamen Fleiße zu trachten, und solchem
nachzujagen auch des Zeitlichen zu vergessen: Qui utuntur
hoc mundo, tanquam non utantur, præterit enim figura hujus mundi, 2. Cor. 7. v. 31. Was kann lieblicher seyn als
das blaugestirnte Firmament, dessen tausend Sternen klei-
nester Glanz in solcher Betrachtung unsere Herzen mehr entzündet, GOtt zu lieben? Ihr hellglänzender Schein rufet
uns mit stillschweigender Stimme, unsern Erschaffer zu verehren. Darum recht christliche Herzen haben darinnen ihre
größte Lust, wenn sie können ihre Augen des Leibes mit
den Augen des Gemüths gnug in solchen erquicken und ersät-
tigen. Jene in dem Wittwenstande hochadeliche Matron
hat solches gar wohl zu erkennen gegeben, da sie mir vor
kurzem also zugeschrieben: Nun macht mich der Winter
ganz melancholisch, sintemalen er mit seinem grauen Ueber-
zuge das glänzende Firmament bedecket, in dessen An-
schauung ich bey holdseliger Sommerszeit meine größte Erquickung habe. Wenn ich mich nicht in meiner Höhle auf-
halte, bis zu bewußter Zeit, und mit der See (deren Behausung nicht weit davon entlegen) meine Zäher, mit der
Luft aber meine Seufzer vermische, so bin ich nicht getrost,
und wollte GOtt! ich könnte damit abwaschen und hinweg
blasen die Schuld aller verlohrnen Zeit, die ich den Creaturen zu Lieb so manche Stunde habe angewendet; ach
ich weis nicht, wie ich solle meinem himmlischen Daph-
nis solche gnug abbitten! Ich erfahre erst, wie glückselig ein Herz, so frey von allen Creaturen, allein sich

au

an GOtt haltend, und von Herzen zu seinem Erlöser
sagend:

Nimms Herz zum Pfand von meiner Hand,
  Weis bessers nichts zu finden,
Daß mich mit dir, und dich mit mir,
  O JEsu! mög verbinden:
Möcht wissen nur was dir gefallt,
  Möcht nur dein Gunst erhalten,
Wollt dir zu lieb wohl tausend Gstalt
  Mein Herz in Stück zerspalten.

Siehe mein werthestes Gemüth! was für Trost, was für
Erquickung und Trostesanreizungen man empfindet von dem
Himmel, und himmlischen Jerusalem, quæ sursum est Jerusalem, *ad Galat.* 4. *v.* 26. durch Verachtung des Irdischen;
so lang man vom Irdischen sich nicht entziehet, so lang ge-
sellet man sich nicht zu dem Himmlischen. Wer aber seinen
Trost nicht bey der Erde suchet, dem wird GOtt eine beständ-
dige Ergetzlichkeit seyn.

Vielleicht verwunderst du dich, daß dein Gemüth die
Süßigkeit des Himmels nicht in etwas verkostet? ach erforsche dein Herz. Denn vielleicht bist du von dem Bronnen wahrer Süßigkeit zu dem trüben Wasser der Eitelkeit
gewichen. Weil wie der Heil. Augustinus sagt: Hoc es,
quod diligis, terram diligis, terra eris, DEUM diligis, DEUS
eris. Das bist du, was du liebest: Liebest du die Erde?
so wirst du Erden seyn, wenn du aber liebest GOtt, so
wirst du seyn auch GOtt. Weil du ein Geist seyn wirst
mit ihm, qui adhæret Domino, unus Spiritus erit, 1. *Cor.*
6. *v.* 17. Derohalben eine getreue Braut und Gespons Christi, da sie ihren Bräutigam nur alleinig liebet, setzet sie ihre Neigung in keinen andern, sondern befleisset sich, daß sie
nur allein ihm gefalle: Cogitat, quæ sunt Domini, quomodo placeat DEO, *Ibid. c.* 7. *v.* 37. Sie gedenket nur was
ihres Gespons ist, und wie sie gefalle dem allerhöchsten
GOtt.

GOtt. Nullius injuria est, cui DEUS omnipotens præfertur, *S. Ambros. Epist.* 30. Niemand geschiehet Unrecht, wo der allmächtige GOtt vorgezogen wird.

Viel verschlucken die härtesten Bissen auf der Welt, damit sie ihr Leben um etwas erhalten mögen. Andere lassen ihren Schenkel und Arm ablösen, das übrige zu behalten, und sind zufrieden, auch nur in der Hälfte ihres Leibes zu leben. Die von dem Steine gepeiniget werden, lassen sich mit großer Plag und Gefahr aufschneiden, in Hoffnung davon zukommen. Wenn ein Schiff auf dem Meere zerbricht, so schwimmet ein jeder, nicht zwar das Leben zu erhalten, denn solches wegen des entlegenen Ufers unmöglich, sondern allein den grausamen Tod in etwas zu vermeiden, und der Natur, die sich nicht gerne trennen läßt, ein geringes Genügen zu thun. Warum sollen wir uns nicht mehr bemühen, die böse Begierden zu beschneiden den vornehmsten Theil unserer, nonne anima plus est, *Matth.* 6. v. 25. nämlich die Seele zu behalten, und dem ewigen Tode zu entgehen? Allein gleichwie die Athenienser niemal von dem Frieden, oder von Mitteln das verwirrte gemeine Wesen zu recht, zu bringen redeten, sie hatten denn zuvor einen Trauermantel und schwarze Kleider angezogen; Also gedenken auch viele auf dieser Welt nicht ehender an ihre Versöhnung mit dem allergütigsten GOtt, welchen sie höchstens erzürnet haben, noch an die Ablegung ihrer unordentlichen Begierden, als bis die Noth sie mit einem traurigen Kleide eines Leibes bedecket. Ungeachtet ein jeder wohl zu beobachten jenen erschrecklichen Sentenz, Stulte; hac nocte animam repetunt a te, *Lucæ* 12. v. 20. Du Narr! diese Nacht wird man deine Seele von dir fordern.

Die Welt wird gar wohl dem Meere verglichen. Nun aber die Schiffleute auf dem Meere sehen nicht nur dem Sturm und Braußen zu, wenn es auf sie zustürmet, son-

dern

dern haben die Augen gegen den Himmel und Sternen gewendet, als von welchen sie den glücklichen Lauf ihres Schiffes erwarten müssen.   In dem Ungewitter dieses Lebens,
indem der Leib auf dem Meere des Schreckens und Gefährlichkeit wallet, soll das Herz die Augen seiner Gedanken von
aller Widerwärtigkeit hinweg und über sich zu höhern Sachen, von dannen es rechte Ruhe zu hoffen hat, empor streben: State super vias, & videte, spricht der Prophet, quæ
sit via bona, & ambulate in ea, & invenietis refrigerium ani-
mabus vestris, Jerem. 6. v. 16. stellet euch auf die Strassen,
und sehet, welches der gute Weg sey, darauf sollt ihr wandeln, so werdet ihr euren Seelen Ruhe finden.

     Das Getreid verlieret seine Spreuer durch das
Schwingen: also auch rechte Christen verlieren durch geringe Anstöße alle ihre Eitelkeit und Laster, reinigen sich desto
mehr, je mehr sie gerüttelt und geschüttelt werden: Homo
justus tentatur tribulatione, Ecclef. 27. v. 6.   In das Korn,
wenn man es nicht rühret und umschlägt, kommen die Würme: Wenn man ein Kleid nicht anlegt, fressen und zerna-
gen das die Schaben: Wenn man das Holz nicht anstrei-
chet, so wird es wurmstichig: Das Eisen, so man nicht
brauchet, wird rostig, und ein alt gebackenes Brod wird
schimmlicht: Eben eine solche Gestalt und Beschaffenheit
hat es mit uns Menschen, denn nichts macht uns verdros-
sen, nachläßig und saumselig, als wenn wir eine Zeitlang
nicht angefochten werden.   Darum sagt der Heil. Jacobus
cap. 1. v. 2. Omne gaudium existimate, cum in tentationes
varias incideritis.   Wir sollen es für lauter Freude halten,
wenn wir in mancherley Versuchung fallen, und gesetzt das
Stutzen thu oft einen trutzen, so ist das beste Mittel, daß
wir es also machen, wie derjenige, welcher einen Brand aus
dem Feuer nimmt, sich wohl vorsieht, daß er ihn nicht auf
der Seite, wo er glimmet, angreife, sondern wo er annoch)

nicht hingereichet hat.   Denn wir müssen die Streiche, so
uns treffen, nicht an dem Theile, so uns schmerzen und beleidigen kann, sondern auf selbigem Orte betrachten, wo er
uns fruchtbaren Nutzen bringet, und GOttes Ehre befördert.   Es muß ein tugendloses Gemüth seyn, welches seine
Vergnügung der göttlichen vorzieht, und mehr nachdenket
der Erfüllung seiner Begierden, als der Erhöhung des Namens seines Erschaffers: Besonders weilen die Zergänglichkeit der irdischen Glückseligkeit von Eigenschaften gleich ist
denjenigen Nachtfeuern, welche dem Wandersmanne nur
darum vorleuchten, auf daß er geführet werde in Morast,
Sümpfe und Graben, wie in dem andern Buch Esdrä zu
lesen, vanitate seducti sumus, *cap. 1. v. 17.* durch die Eitelkeit sind wir verführet worden, und ist bey ihr der gemeine-
ste Weg, daß sie die Genießung derselben kurz abbricht, damit man aus der Endung den Werth der gehabten Lustbarkeit schätzen und erkennen möge.

Es hinterließ vor etwelchen Jahren ein Reicher zween
Söhne, welche nach seinem Tode die Verlassenschaft mit
gleichen Theilen ererbten, aber mit ungleichen Nutzen an-
wendeten.   Denn der ältere war ein unverdrossener Mann,
der seiner Haushaltung fleißig und wachsam vorstund, dannenhero alles nach seinem Wunsche ausschlug, und bald mit
mehrer Reichthum überschüttet wurde.   Der jüngere aber
war ein Faullenzer und Schlenzer, der guten Bißlein, aber
keiner Arbeit gewohnet, er ließ seine Haushaltungssorge
seinem Gesinde über, verstattete ihnen zu thun was sie be-
liebte, und nicht betrübte: Er und sein Weib schliefen fein
aus, waren wenig zu Hause.   Spazierten und führten ein
Leben, als wäre es ihnen zum Heirathgut geben, ließen
gute Vögelein schalten und walten.   Indessen sein Geld und
Hab nahm täglich ab, wurde schier schab ab, bis zum Bet-
telstab: Omnis piger semper in egestate, *Prov. 21. v. 5.*   Er

Wintergrün.   L   spür-

spürte zwar, daß er verlierte, und spürte nicht wie er verlierte, da er nun sah, daß seinen Wagen jemehr und mehr
die Krebse zögen, sich aber über seines Bruders Fortgang
verwunderte, bittet er selbigen, er wolle ihm doch aus brü-
derlicher Liebe die Kunst auch sagen, mit welcher er zu solchen guten Wohlstand gelanget: Diligentibus DEUM omnia cooperantur in bonum, *Rom.* 8. *v.* 28. Der ältere Bruder vermerkte gar wohl, wo der faule Hund vergraben lag.
Qui sectatur otium, replebitur egestate, *Prov.* 28. *v.* 19. Ver-
sprach ihm derowegen ein heimliches Kunststück zu geben,
solches alle Morgen, Mittag und Abend in die Keller, Stäl-
le, Scheuren, Heu- und Kornböden zu tragen. Was geschieht? der ältere Bruder vernähet ein wenig Moos in ein
Tüchlein, und giebt es ihm mit verstellter Ernsthaftigkeit.
Der jüngere glaubt es schlecht dahin, und trägt es täglich
dreymal herum. Da befand er dann in dem Keller, wie
man mit Wein und Bier, in der Scheuer mit Heu und
Stroh, in der Fruchtkammer mit dem Korn verschwenderisch
umgegangen wäre; über welches er großes Misfallen getragen, selbst zu seinen Sachen gesehen, und von Tag zu Tag
reicher worden. Also ist es mit uns Menschen. Denn wir
sind gar zu saumselig in unsrer innerlichen Tugendwirthschaft,
und bemühen uns wenig zu beobachten, wie es stehe um unser Gewissen, und derowegen ohne Verspüren viel verlieren.
Aber wenn wir uns bearbeiteten Sorge zu tragen, in Erforschung der Beschaffenheit unsrer Herzenskammer, wie nämlich der Wein der göttlichen Gnaden, und die Frucht der
Einsprechungen des heiligen Geistes und Wortes GOttes
so liederlich verschwendet werden, würden wir darob ein un-
gemeines Misfallen tragen, und uns unsere Seligkeit mehrer angelegen seyn lassen.

Daß man nicht verliere ohne Verspüren, frommet und
nutzet nicht wenig die Verehrung des allerheiligsten Namens
un-

unsers Erlösers, welcher ihm in der Beschneidung gegeben
worden, JEsus *Luc.* 2. *v.* 21. der gleich einem hellstralenden
Sonnenglanz, nicht allein von dem Herzen alle Bitterkeit
vertreibt, sondern vermehrt auch alle Glückseligkeit in eine
unaussprechliche süsse höchste Vergnügung und immerwäh-
rende Geniessung. Denn GOtt hat seinem Eingebohrnen
gegeben einen Namen, so ist über alle Namen, *Phil.* 2. Sintemalen kein anderer Namen ist unter den Himmeln den Menschen gegeben, in welchem wir selig werden, *Act.* 4. Weilen dieser Name ist wie ausgegossenes Oel, das aufzufas-
sen jedem erlaubt. Derohalben schöpfet auf alle diejenigen,
welche ihr wünschet euere Sache wohl zu verrichten, denn
in ihm ist alle Gnade des Wegs, und der Wahrheit, alle
Hoffnung des Lebens und der Tugend, *Eccl.* 24. JEsus
ist der Namen, mit welchem wir das Jahr anfangen, und
hiermit erinnert werden, das ganze Jahr hindurch, alles
was wir verrichten, in dem Namen JEsu zu thun. Einem
König in der Regierung, einem Feldherrn in der Anführung;
einem Soldaten in der Schlacht, dieser Nam das Siegen
macht. Einem Kaufmann in dem Gewerb, einem Kind in
erlangtem Erbe; einem Studenten in der Lehr, einem Schiffmann auf dem Meer; einem Handwerker in der Arbeit,
bringt er die reichste Beut. Auf diesen Namen wenn wacker,
der Bauer sich steift im Acker; die älternlose Kinder, die
lastervolle Sünder; Armen in der Noth, die Sterbende in
dem Tod; aus allen kann keinen was betrüben, wenn sie
nur lieben, verehren und ehren, diesen heilbringenden Namen, welcher mit seiner Flammen verzehret zusammen den
bösen Samen, und bringet die allerkostbarlichste Frucht,
der Lieblichkeit alle irdische Lustbarkeit unvergleichlich übertrifft. Ja wie der Heil. Bernhardinus *Tomo* 2. *ver.* 4.
sagt: Ob einer schon das allerlasterhafteste Leben führet,
so oft er mit zerknirschtem Herzen und wahrer Reue diesen

L 2						heil-

heilwirkenden Namen anrufet, wird er glückselig abscheiden
zu der himmlischen Glorie. Was für Lieblichkeit wird denn
derjenige an sich haben, dessen Namen mit solcher Kraft begabet? Wer keine Andacht sparet, dieses leicht erfahret,
da er durch den Glauben wohnet in unsern Herzen, *Ephes.*
3 *v.* 17. Derohalben sagt der Heil. Bernhardus: Paradi-
sum habemus meliorem, & longe delectabiliorem, quam primi Parentes habuerunt: & Paradisus noster Christus Dominus est, *Serm.* 1. *de Nativ. Domin.* Unsere erste Aeltern haben zwar ein lustvolles Paradies genossen, aber das unsri-
ge übertrifft solches an Lustbarkeit weit, und dieses ist Christus, ein Mittler GOttes und der Menschen, der Mensch
Christus JEsus 1. *Tim.* 2. welchen ich mir aus allen erkoh-
ren und auserwählet: Dilectus meus mihi *Cantic.* 2. *v.* 16.
Er ist mein Geliebtester, ihn werde ich nimmermehr verlassen, weilen er ist das allerangenehmste aus allen Sachen, so das Herz eines Menschen erquicken kann. Sintemalen

I.

Kann auch was erdenket werden,
So dem Menschen lieber sey,
Als ein recht verliebte Treu?
Man wird haben groß Beschwerden,
Wenn man mich bereden wollt,
Daß ich anders glauben sollt.

II.

Ein verliebte Treu kann machen,
Daß sich ein betrübtes Herz
Oft erfrischt im größten Schmerz:
Oft man es wird sehen lachen,
Gegen seinem Freund verliebt,
Da es weinte sonst betrübt.

III.

Solches oft die Lieb erquicket
Durch erhitzte Liebesflamm,
Die abschießt der Bräutigam:
Wenn er seine Süße schicket,
Wie ein frischen Götterwein,
Ins verliebte Herz hinein.

IV.

Doch zu Zeiten auch verwunden
Pflegt der süße Liebestyrann,
Und das Herz greift schmerzlich an:
Das schon haben viel empfunden,
Wie er auf die Herzen dringt,
Und schier um das Leben bringt.

lieblich

V.

Lieblich zwar kann es verwunden,
Liebreich auch die Pfeil schießt ab:
Jener klein verschleyrte Knab:
Bis er endlich überwunden
Sein in ihm verliebte Braut,
Die sich herzlich ihm vertraut.

VI.

Freudenvoll ist auch zu schätzen
Die erwünschte Frühlingszeit,
Mit all ihrer Lieblichkeit:
Wenn man sich kann wohl ergetzen
Bey goldgelber Abendröth,
Mit der Lauten oder Flöth.

VII.

Wenn die Erd auf ihrem Rücken
Trägt so viel der Blümlein zart,
Die ersprossen mancher Art:
Wenn sie sich so trostreich schmücken,
Schöner mans nicht sehen kunt,
Als im schön geblümten Grund.

VIII.

Doch auch oft wird bald vollendet
Solche schöne Erdgeprang
Durch entzündten Phöbuszwang:
Ofters zwar verdrießlich endet
In dem Gart ein schlechter Frost,
Den so schönen Augentrost.

IX.

Jeder auch gar hoch will preisen
Wie so schön die Mahlerey,
Und liebreich die Music sey:
Keiner darf mir es beweisen,

Ohne daß ich es gesteh,
Und ihr oft zu gfallen geh.

X.

Doch sie mich gar nicht ergetzet,
Noch vertreibt des Herzens Leid,
Weder bringt der Seelen Freud,
Sie mich nur in Schmerzen setzet,
Und dem Herz bringt ein Verdruß,
Dann dem Aug ein Zährenguß.

XI.

Weil nichts kann gefunden werden
In dem Kreis der runden Welt,
Und dem blaugestirnten Zelt,
So hinnimmt all mein Beschwerden,
Ohne einem, und allein
Den von Herzen ich vermeyn.

XII.

Dieser hat mich eingenommen,
Ihn ich lieb, in ihn vertieft.
Dessen Mund von Myrrhen trieft.
Er alleinig nun mag kommen
In den tiefsten Herzensschrein,
Weil er ist der Liebste mein.
Eccles. 24. v. 20.

XIII.

Vor den Augen mir umgehet
Seine Bildniß und Gesicht,
Wenn ich ihn schon sehe nicht:
Ja wenn weit er von mir stehet,
Gegen ihm mein Herz entzündt,
Mehrer in der Liebe brennt.

XIV.

Seine Augen gleich den Tauben,
So an Wasserbächen seynd,
Der mit Milch gewaschner Gmeind;
Ja wenn er mir wird erlauben,
Sagt ich, daß aus Helfenbein
Sey sein Bauch, und Edelgstein.
    Cantic. 5.

XV.

Seine Hand aus Gold gedrehet,
Ueberaus sein Kehl ist süß,
Wie zwey Säulen seine Füß:
Und die Wangen schön besäet,
Wie die Ländlein zu Dront,
Die das best Gewürz gewohnt.

XVI.

JEsus, JEsus ist sein Namen,
JEsus, JEsus ist mein Schatz,
Wo allein mein Herz findt Platz:
Wir schon längsten uns zusammen
Haben durch der Liebe Band
Fest gesetzt in Freudenstand.

XVII.

Er will meinem Herzen geben
Für erlittne Traurigkeit:
Freudenöl und Frölichkeit,

XVIII.

Also, daß bey ihm mein Leben
Findet ein recht süsse Freud
Ohn Aufhören, ohne Leid.

XVIII.

Er, mein Trost in allem Leiden
Labet mich mit seinem Blut,
Und erfrischet Herz und Muth;
Er ein Paradies der Freuden,
Seel und Leib erfreuen sich
In ihm ja ganz inniglich.

XIX.

Nach ihm trag ich stets Verlangen,
Daß ich ihm gefällig sey,
Und mit wahrer Liebestreu
Könn ganz herziglich umfangen:
Denn sein süsses bey mir seyn:
Ist mein Lust und Freud allein.

XX.

Nichts soll mich von ihm mehr scheiden,
Er soll seyn der Liebste mein,
Wie ich hoff die sein zu seyn
Doch soll er in meinem Leiden,
Und in aller Leidenspein
Mir ein süsser JEsus seyn.

Daß man ohne verspüren nicht möge verlieren, sind nothwendig drey Zubereitungen, nämlich die Tapferkeit, die Strenge und die Sanftmuth; welche diejenige Waffen sind, mit denen die Seele auf allen Seiten muß bewaffnet seyn, die Laster zu Boden zu werfen, und die Tugenden zu pflanzen. Durch die Tapferkeit wird die Seele von der Schlafsucht
und

und Hinläßigkeit aufgemuntert zu vollkommener Verrichtung der guten Werke.   Wer wachsam ist auf der Wirthschaft seiner Seele, wird nicht leicht verlieren.   Durch die Strenge erhält sie eine Widersagung allen Bewegnissen der Begierlichkeit, und hingegen eine Liebe zu Bußwerken auch eigener Verachtung, *Gerard. Zurph. de ascens. Spir. c.* 10. Wer sich selbst veracht, mehrer nach dem Himmel tracht.   Durch die Sanftmuth wird die Seele in ihrem Leiden und Beschwerden frölich gemacht, daß sie es mit gutem Gemüth überträgt.   Wer die Geduld in allen seinen Leiden hat, der wird nicht wenig gewinnen, und diese drey Tugenden sind ein dreyfacher Strick, so schwerlich zerbricht.   Wer sich dieser drey Tugenden befleisset, bey dem wird kein Laster zu erfinden seyn, welches er nicht könne verlieren, noch eine Tugend zu erdenken, welche er mit rechtem Fleiß nicht gewinnen möge.

Das

Das siebente Capitel.

Wer wünschet das Beuten,
Der fliehe im Streiten.

Wer schläfet gut, nichts Böses thut. Eine angenehme Sache ist es um den Schlaf! durch ihn werden die Glieder erquicket, die Kräfte gestärket, das Gemüth besänftiget, die unruhige Gedanken auf die Seite gelegt, und die vielfältige Sorgen vergessen, *Dulce est somnus operanti. Ecclef.* 5. *v.* 11. Ja ohne den Schlaf kann der Mensch nicht lang seine Gesundheit erhalten, darum etwelche vermeynten, daß des Menschen größte Freude und höchstes Gut bestünde in dem Schlafen. Denn wenn der Mensch schläft, sagten sie, so bekümmert er sich nirgends um. Er

empfin=

empfindet keine Schmerzen des Leibs, keine Anfechtung des
Geiſtes, keine Unruhe der Geſchäffte, und keine Verwirrung
des Gemüths. Dennoch will der heilige Lehrer der Heyden nicht, daß wir ſchlafen, ſondern vielmehr wachen ſollen,
da er ſpricht: Es iſt jetzt die Zeit, in welcher wir von dem
Schlafe aufſtehen ſollen, und anlegen die Waffen des Lichts,
Roman. 13. weilen unſer Leben nichts anders iſt als eine ge-
fährliche Reiſe und Wanderſchaft, wo keine Zeit zum ſchlafen, ſondern ſich wohl vorzuſehen wegen allerhand Gefähr-
lichkeiten, damit man in dem Schlafe nicht überfallen, und
wie ein anderer Holofernes umgebracht werde, *Judith.* 13.
Ach durch den Tod JEſu erkaufte Seelen! Wenn ihr be-
herzigtet und zu Gemüth führetet, wie viel böſes der Schlaf
verurſachet, würdet ihr ſolchem nicht ſo ſehr ergeben ſeyn.
Als Noe ſchlief, war er ſeiner Schaam entblößet, und von
ſeinem eigenen Sohn verſpottet, *Gen.* 9. *v.* 21. Als Loth
im ſüſſen Schlaf ruhete, ward das Laſter der Blutſchande
mit ſeinen Töchtern begangen, *c.* 19. *v.* 33. & 35. Als die
Aegyptier wohl bezecht eingeſchlafen, wurden alle ihre Erſt-
gebohrne umgebracht, *Exod.* 12. *v.* 29. Da Samſon in dem
Schooße einer ungetreuen Delilá eingeſchlafen, iſt er von
den Philiſtern gefangen und umgebracht worden, *Judic.* 16.
v. 21. 30. Isboſeth legte ſich aus lauter Hitze in das Bett,
und verlohr in dem Schlaf das Leben, 2 *Reg.* 4. *v.* 7. Tobias
des jüngern Vater wurde in der Ruhe des Geſichts beraubet,
Tob. 2. *v.* 11. So gar bey dem Schlafe des liebreicheſten JEſu
auf dem unſichern Meer, wollte das Schiff zu Grund gehen, *Matth.* 8. *v.* 24. und als die Menſchen dem Schlafe ergeben waren, kam der Feind, und ſäete ſein Unkraut unter
den guten Samen, *ib.* 13. *v.* 25. Iſt alſo hoch nothwendig,
daß wir ſtets bewaffnet wider unſere Feinde, die Sünde,
wie Hannibal wider den Scipio, zu Feld liegen, und allen
Schlaf aus den Augen treiben. Denn wenn der Menſch

Wintergrün. M unter-

unterliegt, und seine Feinde, die Laster, die Oberhand
nehmen, ach so verdirbt die Seele! Sintemalen wenn die
Sünden den Menschen unter ihre Gewalt bringen, so fället er ohne Zweifel letztens in das unaussprechliche Elend und
in ewige Verdammniß, wenn er nicht durch die Flucht entfliehet, ihre so schwere Dienstbarkeit abwerfend höchstens
hasset und verfluchet. Fliehen wir nicht solche Dienstbarkeit, so fliehet von uns der liebreichste GOtt. *Joan. 8. v.*
34. *Rom. 6. v. 15. 2. Petr. 2. v. 19.* Indem gleichwie es unmöglich ist, daß GOtt und die Sünde des Menschen Herz
zugleich besitzen, also ist es so wenig möglich, daß der Mensch,
mit Sünden behaftet, GOttes zugleich geniesset, darum
fliehet der Bräutigam, wenn der Mensch durch die Laster
mehrer sich neiget zu den Creaturen, als der Creaturen
Urheber; indem solches Herz mit seiner Liebe einem andern
anhängt, und den Geliebten auf die Seite setzet. Und ist
gar nicht vonnöthen, daß wir mit der verliebten Braut ruffen: Fuge dilecte mi, *Cant. 8. v. 14.* denn es geschieht nur
gar zu frühe.

　　Es fliehet der Bräutigam, wenn des Menschen Auf-
merken mehrer dahin zielet, daß er annehmlicher angesehen werde in den sterblichen Augen, als in dem Himmel,
daß sich mehrer in ihn verliebe sein Geschlecht, als der liebreicheste GOtt. Derohalben die Sünde, wenn sie bey unsrer Seelen einkehret, muß sie gehalten werden, als ein Gast,
der geschwind wieder abreiset, und nicht als ein Einwohner, *S. Chrysost. Hom. XII. in Ep. 1. Corinth.*

　　Es fliehet der Bräutigam, wenn man sich verwickelt
in den Stricken des Zorns, Neid, Rachgierigkeit, und allerhand seelenmörderischen Lastern. Ja wir vertreiben ihn
gar oft, aber leider mit unserm großen Schaden, und ungeacht, daß wir empfinden die Strafe unserer Bosheit,
　　　　　　　　　　　　　　　　　　　　　　　nichts-

nichtsdestoweniger verändern wir die Gewohnheit nicht zu sündigen, O homo Dei hæc fuge, 1. *Tim*. 6. *v*. 11. Allein solche Gewohnheit sollen wir fliehen. Unser Leben seufzet in den Schmerzen, aber dennoch wollen wir nicht betreten den Weg der Tugend. Wenn der bleichzornige Richter ausstrecket seine Hand zuzuschlagen, so versprechen wir güldene Berge. Wenn er aber die Geißel zurück zieht, so hat Versprechen kein Halten. Wenn er straft, so bitten wir um Gnade; Wenn wir zu Gnaden aufgenommen, so erfordern wir ihn mit unsern Sünden wieder zu der Strafe. Wenn er sich uns will nahen, so vertreiben wir ihn durch die Laster in die Flucht. Wenn er sich erzeiget als das höchste Gut, so kehren wir uns durch die Eitelkeit und eitele Wollüste in das höchste Verderben und unendliches Uebel. Denn die Wollüste, denen wir so begierig nachjagen, sind die verführerische Syrenen, deren Süßigkeit uns zu ihren Diensten und von dem Wege der Tugend zu dem Verderben führen. Sie umfangen uns, damit sie uns nachmalen erdrücken und erwürgen. Darum sollen wir Achtung geben, damit wir durch die Nachläßigkeit nichts versäumen, sondern auch in bester Ruhe mit der verliebten Braut sagen können: Ego dormio, & cor meum vigilat, *Cant*. 5. *v*. 2. *in Pf*. 62. *v*. 2. Ich schlafe, aber mein Herz wachet. Denn wie der Heil. Augustinus sagt: Darum hat GOtt den Schlaf dem Leibe geschenket, auf daß sie die wachende Seele ertragen und behalten. Dieses aber ist wohl zu verhüten, damit die Seele nicht einschlafe, weil der Schlaf der Seelen ganz schädlich ist. Ein guter Schlaf ist der Schlaf des Leibes, durch welchen wiederbrächt wird die Gesundheit des Leibs: Der böse Schlaf aber der Seelen ist, des Allerhöchsten vergessen.

Der Meerkrebs pflegt von dem Fleisch der Perleschnecken mit sonderer Lust zu essen. Weilen sie aber in ihrer

Scha-

Schalen dermaßen verschlossen sind, daß er sie nicht eröffnen
kan, als wartet sie, bis sie bey warmer Tagzeit ihre Häus:
lein aufthun, und sich durch die Sonne, welche ihre Perle
nähret, und größer machet, bescheinen lassen, alsdann wäl:
zet er unvermerkt etwann einen Stein in den Mund der
Schalen, damit sie nicht wiederum zufallen kann, kreucht
also sicher hinein, und isset nach Belieben.

  Wenn der Mensch der Nachläßigkeit sich ergiebt, und
sein Gemüth bey Scheinung der irdischen Glückseligkeiten
den Wollüsten aufmachet, so werfen hernach die höllische
Geister allerhand unziemliche Gedanken hinein. Die Ge:
danken bringen ihn zu ungebührlichen Begierden, die Be:
gierden zu unzüchtigen Thaten und Sünden, welche sobald
in ihn nicht gekommen sind, daß sie ihn nicht alsobald auf:
fressen und hinrichten durch den ewigen Tod. Denn: No-
vissima ejus ducunt ad mortem, spricht der weise Mann.
Prov. 16. v. 23.

  Die großgüldene Lichtfrau der Welt kann nicht ver:
finstert werden, nach Meynung der Philosophen, weilen
sie achzigmal größer ist als die Erde; gleichwie auch die
Sterne an dem Firmament keine Verfinsterung leiden, wei:
len sie zu weit von der Erde entfernet, und derselben Schat:
ten sie nicht erreichet: Aber die Sünde verfinstert uns die
Sonne der Gerechtigkeit, Christum JEsum, und verdunkelt
uns die hellglänzende Himmelkerzen aller Heiligen und Aus:
erwählten GOttes.

  O jämmerliches Elend! sich wegen einer schnell vor:
beyfliehenden Freude der ewigen Seligkeit muthwilliger
Weise berauben. Betrachte, durch das theure Blut Chri:
sti JEsu erkaufte Seele, was es sey, von dem unaussprech:
lichen schönen Angesichte GOttes sich absondern, sich ent:
fernen von der Gemeinschaft aller Heiligen, und hingegen
                 sich

ſich ſo leichtfertig hinſtürzen in die hölliſche Geſellſchaft der
Teufel! in das brennende Bett und unſterbliche Flammen,
in die unaufhörliche Peinen und Marter? O Schmerz! O
unendliche Trübſal! Was iſt der Schmerz, der von keinem
Ende weis? Was das ewige Verderben, was jenes Feuer
ſo allzeit brennet, und nimmer erlöſchet, was jener Tod,
bitterer als alle Tod? Stets ſterben und nimmer können
ſterben! Stets brennen und nimmer können verbrennen?
Kein Tod iſt erſchrecklicher als wo der Tod niemalen ſtirbt.
Dennoch hat den größten Theil der Adamskinder dieſer Fehler eingenommen, daß ſie Chriſtum, den Brunnen wahrer
Glückſeligkeit hinſetzen, und Ciſternen graben, die kein Waſſer behalten: ſintemalen ſie in jenen Sachen ihre Glückſeligkeit ſuchen, wo ſie nicht zu finden, *S. Auguſt. l. 6. de Civitate Dei v. 12.* Am armſeligſten iſt es, daß wir unſer erfolgendes Unglück nicht ſehen, das Gift, ſo unter den Wein
gemiſchet iſt worden, iſt angenehm, trunken zu machen wegen ſeiner vermeynten Lieblichkeit, die man in dem Trinken
empfindet. Derohalben hat man ſich wohl vorzuſehen, daß
man nicht zugleich mit dem Weine den Tod hinein ſchlucke.
Durch Arzney kann man zwar der Unſinnigkeit abhelfen,
aber die Wollüſte, ſo wütender ſeyn, als das Wüten ſelber,
verderben die Gemüther der Menſchen, zu einer höchſtge-
fährlichen und unheilſamen Krankheit.

Wie iſt aber ſolcher Gefahr zu entgehen und der Krankheit abzuhelfen? In Nieder-Ungarn, unweit Stuhl-Weiſ-
ſenburg iſt ein Ort, das wird genennet Enderen. Wer
dahin fliehet, der kann leicht von dieſem giftigen Unheil erlöſet werden. Ich will ſagen, wer ſein Leben ändert und
beſſert, ſich von den Wollüſten der Welt abziehet, und der
Tugend ſich befleißet, der hat ſich vor dieſer mehr als peſti-
lenziſchen Sucht nichts zu befürchten: *Ezechiel. 33. v. 11.*
Oder aber ein ſolcher verfüge ſich zu der dreyfachen Durch-

laufung des Rheins in den Boden = See ohne Vermischung
desselbigen, darinnen sich zu waschen, so ist er befreyet: als
nämlich in den drey Theilen der Buße.　　Denn diese drey
Theile machen, daß der Mensch sich mit dem Seewasser der
Eitelkeiten nicht verunreiniget, noch daß er die grüne Farbe der Hoffnung zu der Seligkeit verlieret: sondern gleichwie
die Oelbäume in das Meer geworfen zu Steine werden, also auch die Seelen wie zarte Pflanzen in die Buße, durch
das Blut und Verdienst Christi JEsu roth gefärbet, ein-
geworfen, in die Steine und Felsen der Stärke und Standhaftigkeit verkehret werden.

　　Nach Aussage der Naturkündiger hintertreibet des
Magnets Wirkung der Diamant in das Eisen, wenn er in
der Mitte zwischen einem und dem andern gehalten wird.
Wer einige Lust und Neigung in sich empfindet zu der
Sünde der setze zwischen einem und dem andern Christum
JEsum, so wird er erfahren, daß er nicht den geringsten
Gedanken spüre in seinem Herzen, der seiner Schuldigkeit
entgegen laufe. Denn es kann schwerlich seyn, daß einer
sein Herz abtheile, als lang einer denjenigen vor Augen hat,
dem er die ganze Besitzung desselbigen zuständig zu seyn erachtet. Und wahrlich darum hat uns der allerhöchste GOtt
nicht erschaffen, daß wir diesen Eitelkeiten der Welt als unserm letzten Ziele nachjagen. Nicht darum hat der eingebohrne Sohn GOttes aus seinem Vaterlande die Flucht genommen, und sich in das Elend begeben, daß wir begehren
sollen in dem höchsten Elende zu verbleiben. Nicht darum
hat uns der heilige Geist sein mehr als Seraphisches Feuer
der göttlichen Liebe eingegossen, daß wir solches hinlegen an
ein unverdientes Ort, wo es nicht brenne; sondern sollen
uns von den Creaturen abwenden, weilen auf der ganzen
Welt kein Geschöpf, welches einem zu einem bessern Leben
nicht könne verhinderlich seyn. Was in der Liebe GOttes
nicht

nicht befestiget wird, kann nicht lang bestehen, indem allda die Grundfeste abgeht. Derowegen der Heil. Bernhardus *Serm. 2. Quadr.* sagt: Merke wohl auf, was du liebest, was du fürchtest, was dich erfreue, was dich betrübe. Denn aus diesen vier Neigungen wirket das Herz alles. Wie denn jenes zu verstehen ist: Convertimini ad me ex toto corde vestro: *Joel. 2. v. 12.* Bekehret euch zu mir von ganzem euren Herzen. Deine Liebe soll sich dahin wenden, damit du nichts liebest, als nur allein ihn oder gewißlich wegen ihn. Deine Furcht soll sich nach ihm kehren, weilen alle Furcht verkehret ist, durch welche du etwas fürchtest außer ihm, oder aus Bewegung gegen Ihm. Also solle auch deine Freude und Traurigkeit gleicher Weise nach ihm zielen, und sich neigen: Welches wird geschehen, wenn du dich wegen nichts als wegen seiner wirst betrüben und erfreuen.

Wir lachen über den Esopischen Hund, welcher, als er mit einem Stücke Fleisch ein Wasser durchgeschwommen, und den Schatten des Fleisches in dem Wasser ersehen, hat er nach demselbigen geschnappet, und das seinige verlohren.

Ach wertheste Herzen! ach! ach! sehet, daß ihr als mit Vernunft begabte Menschen nicht nach dem Schatten der ewigen Güter in dem fließenden Wasser dieser zerrinnenden Welt gar zu begierig seyd, und die ewige Glückseligkeit verlieret, sondern wenn ihr euch durch die Gnade GOttes vornehmet, das Leben zu verändern, so müßt ihr alle Winkel eurer Seelen mit höchstem Fleiß durchsuchen, ob ihr vielleicht etwas in solcher übersehet, welches ihr mit unordentlicher Belustigung besessen oder annoch besitzet. Ersehet ihr etwas, so müsset ihr solches austilgen, so oft es vonnöthen; könnt ihr es nicht vertreiben, so fliehet es, denn die Flucht in den Sünden ist Sieg. Darum jener zu einer

Jung-

Jungfrau gesagt, deren ein Buhler wollte das Kränz-
lein erheben: Geh hinweg, so bleibest du fromm.

Solches hat gar wohl in acht genommen jener am
Geblüte, Reichthum und Tugenden adelicher Jüngling,
hernach Würzburg- und Bambergischer Bischof Joannes.
In dessen Angesicht die Gestalt und Zucht ganz liebreich mit
einander spieleten und zwar also, daß jeder und jede seine
Augen mit dem Gemüthe in dessen Schöne und Keuschheit
erquicken möchte. Diese so jungfräuliche Zierde wollte der
begierige Tugendräuber mit dieser sondern List gewinnen.
Etliche aus dem vornehmen Frauenzimmer aus ungeziemli-
cher Liebe gegen ihm gewogen, unter dem Scheine einer Ehre, laden ihn zu Gast. Godofridus, dem die freundlichste
Höflichkeit angebohren, erscheint, doch nicht allein, sondern
begleitet von seinem Hofmeister. Nach höflichem Empfange geht man zu Tische, von dem Tische zum Spiele, von dem
Spiele zu einem Trunke, allwo der Hofmeister durch die
kandelbergische gläserne Kugel an dem Kopfe so hart getroffen worden, daß er nun ganz unkräftig zu stehen und gehen
sich befand, welches denn das erste Absehen gewesen, daß
derjenige zu verbleiben gezwungen wurde, so der erste seyn
sollte dem Lustspiele ein Ende zu machen. Bey stiller Nacht
da Godofridus auch gezwungen wurde allda die unruhigste
Ruhe zu nehmen und derohalben, weil er nichts Böses in
Argwohn gezogen, hat er sich in ein ihm gebührendes Bett
führen lassen, aber diese unkeusche Frauen schlichen in die
Kammer und bemüheten sich sowohl durch Gebärden als
Worte den keuschesten Jüngling zu der Unkeuschheit einzu-
laden. Da erwachte er bald, mehr erschreckend, als vor
einem höllischen Gespenst, springt aus dem Bette, schlägt
sich durch, und entfliehet in das nächste Haus, allwo er
GOtt für den erlangten Sieg und gegebene Stärke die übrige

ge Zeit der Nacht Dank gesagt; und also durch die Flucht siegreiche Ehre eingeholet, *Hieron. Drexelius in Niceta.*

Allein es geschieht oft, daß wir es machen wie jener Bauer und arge Lauer, welcher da er seinen Nachbarn die Weinstöcke beschneiden gesehen, solche samt der Wurzel ausgehauen. Ein anderer, als er in einem Wirthshause eingekehret, der Kellerjung aber nicht alles recht verrichtet, hat der Wirth aus Ungeduld einen Teller zum Fenster hinaus geworfen. Der Gast geschwind ergreift das Tischtuch zusammen, sammt allem was auf dem Tische, und schicket es dem Teller nach. Als nun der Wirth fragte, was solches bedeute? antwortet der Fremde: Er habe vermeynt, sie werden auf der Gassen essen. Also machen wir es auch oft; sehen wir einen ein Laster begehen, oder uns dazu einladen, fliehen wir solches nicht nur allein nicht, sondern nehmen die Füße gleichsam auf die Achsel und laufen in solches hinein bis über die Ohren.

Wider sich selbsten streiten, ist ein schwerer Krieg, aber sich selbsten und die Laster fliehen, ist nicht leichter, denn der Schatten folget auf dem Fuße. Als Philippus der Macedonier mit den Athenienſern Krieg führete und ein Befehlshaber ihn fragte, wie stark der Feind doch seyn möchte? sagte er zu ihm: Ein tapferer Soldat soll nicht nachforschen, wie stark der Feind sey, sondern wo er anzutreffen? denn das eine ist ein Zeichen der Flucht, und das andere eine Begierde zu fechten. Der heldenmüthige Bias, als er mit dem Yphicrate, Könige zu Athen, kriegete, und er unversehener Weise unter die Feinde gerieth, auch bereits schon überwunden war, fragten ihn seine Leute, was man thun solle? antwortete er ihnen: Saget den Lebendigen, daß ich sterbe im Kämpfen und Streiten, ich aber will den Todten verkündigen, wie ihr andere seyd davon geflohen, *Ant. Que. in*

Epist. Nicht wenige haben auch viel lieber frey sterben, als gefangen leben wollen, und haben es für eine größere Ehre gehalten durch die Schärfe der Säbel das Leben zu verlieren, als solches durch die Flucht zu erhalten. Es ist nicht ohne, ruhmwürdiger ist es ehrlich sterben, als schändlich fliehen, weil man durch solchen Tod lebet in der Gedächtniß nach dem Tode. Aber wer stirbt in der Sünde, das recht Verderben findet: erwirbt gar einen schlechten Namen, verlieret ehe Leib und Seele zusammen, ewig in die höllische Flammen; ist also hier viel nützlicher die Flucht, auch sicherer. Darum rufet der Prophet: Fugite, salvate animas vestras, *Jerem.* 48. *v.* 6. Fliehet und erhaltet euere Seele. Gleichwie auch der Apostel zurufet: Fugite ab Idolorum cultura, I. *Cor.* 10. *v.* 14. enthaltet euch von der Verehrung der Götzen, fliehet alle Sünde und Laster, & fugiet mors, *Apoc.* 9. *v.* 6. so fliehet auch der Tod. Denn wer fliehet im Streiten, erhaltet das Beuten. Wer fliehet die Sünden, das Siegen wird finden.

D. 15

Das achte Capitel.

Wer ewig will im Himmel seyn,
Steig lebend in die Höll hinein.

Wenn ich einem einen Ort würde ernennen, allwo er ewig
müßte verschlossen bleiben, wäre meinem Rath übel
zu folgen.   Daß Orestes den Nymphen bis in den
Abgrund der Hölle nachgefolget; Aeneas seinen Vater da-
selbsten gesuchet; der vortreffliche Lautenschlager Orpheus
seine Mutter von daraus abgeholet; der Hercules die Pforten der Hölle zerrissen; und daß der Riese Aethna den Höllenhund Cerberum angebunden; sind Gedichte der alten Poeten. Denn wenn der Mensch einmal die höllische Gruften eingetreten, so muß er immer und ewig in selbiger verharren, weil

in der Hölle keine Erlösung.   Nichtsdestoweniger will der
königliche Harpfenschlager, daß wir hinfliehen in den Abgrund des tiefesten Accharon und zu den grausamsten Peinen der Hölle, sintemalen kein besseres Mittel ist von Sünden abzulassen, als die stets Gedächtniß der Hölle, *Psalm*
45. *v.* 16.   Ein sehr nützliches Werk ist es, wenn man annoch bey Leben in die Hölle fliehet, damit man nicht nach
dem Tode dahin gerathe, indem jetzt betrachtet werden die
große Pein und Schmerzen, so die Verdammte allda ausstehen und leiden wegen ihrer begangenen Sünde und
Laster.

      Wer von Freyburg im Breißgau verlanget nacher
Heiligenberg zu verreisen, der muß seinen Weg durch die
zwey Städtlein Engen oder Ach nehmen.   Der begehrt auf
den heiligen und himmlischen Berg Sion, allwo alle Heilige und Auserwählte GOttes in unaussprechlicher Freude
ewig ruhen, zu gelangen, den führet Engen oder Ach gar
leicht dahin.   Wenn er nämlich mit seinem Gemüth und
Gedanken das enge höllische Loch betrachtet, da so viel verdammten Seelen, wie das Kraut in einem Zuber zusammen
gedrucket werden.   Wo man wegen der unerhörten Schmerzen nichts anders höret, als das erbärmlichste Ach in alle
Ewigkeit.   Darum werthestes Gemüth, das du zuvor ganz
frey und ohne Scheu dich in Sünden umgewälzet, in allen
Lastern herumgesetzet und gleichsam deine Seele Preis gemachet, beherzige, wie in solchem Orte die Hoffärtige ge-
niedriget, die Faule und Träge gespornet, die Saufer und
Fresser gehungeriget, und mit dem feuerstinkenden Schwe-
fel getränket, die Fleischliche verzehret, und die zornige gedemüthiget werden; so wird dir dieses Enge-Ach-volle
Thal auf den Berg der ewigen und höchsten Glückseligkeit
helfen.

Ein

Ein Spürhund, da er nichts riechet von einem Wilde,
kann an einem kleinen Stricke leicht geführet und ohne Mühe
gehalten werden, aber da er auf die Spuhr kömmt, reisset
er aus und setzet solchem nach. Also ist es mit uns Menschen, so lang wir den Verdienst der Tugenden oder die
Strafe der Laster nicht riechen, so sind wir langsam zu dem
Guten, und lassen uns durch einen kleinen Strick der Eitelkeit aufhalten, allein das Gute zu riechen, ist unsre Nase
sehr oft versteckt. Warum aber? Pelagius erzählet, daß
ein junger Geistlicher zu dem gottseligen Abt Achillam kom-
mend, diese Klage vorgebracht habe: Mein lieber Vater,
was solle ich thun, denn so ich in der Zelle alleinig sitze,
stößet mich die Trägheit und Verdruß über die Maaßen an,
was habe ich, solchem zu widerstehen, vonnöthen? dem der
Alte geantwortet: Dieses entspringet dahero, weil du die
Peinen, so wir fürchten, noch nie gesehen. Wenn du durch
Gemüthsführung dieselbe verkostet hättest, würde dir aller
Verdruß leicht verschwinden, ungeachtet du auch stehen sollest bis an den Hals unter den lebendigen Würmern, so
viel vermag mit den Gedanken lebendig zu fliehen in die
Hölle.

Derowegen betrachte, andächtige Seele, so viel verflos-
sener Tage, worinnen du den Eitelkeiten nachgehänget, und
die fliehende Zeit von dem Guten fliehend unnützlich verzehret. Die Flucht der Zeit ist unendlich, wie denn solches diejenige zu dem besten erkennen mögen, die ihre Augen auf das
Vergangene wenden, sie betrüget die, welche nur auf das
Gegenwärtige Achtung haben. Es ist nur ein Punct, den
wir leben, und so wenig dieses ist, kann man es dem einfältigen Wesen nach für ein weitschweifendes Wesen aus-
deuten. Die Kindheit, die Mannheit und das Alter sind
der Raum, in dem unser Leben eingetheilet wird, was wir
nicht fliehen in der Kindheit, das hängt uns an in der Mannheit,

N 3

heit, und verbleibt in dem Alter. Das allerschändlichste aber
ist, daß etliche gefunden werden, welche vor den Tugenden
fliehen und den mehresten Theil der fliehenden Zeit mit unnützen Sachen zubringen.   Man bemühet sich um Gesellschaft, damit die Zeit möge durchgejagt werden, die Zeit
nämlich, so uns zur Nachstrebung, Brauch und Anwendung
der Zeit ist gegeben, die edelste, theureste und wertheste Zeit.
Jedermann verlanget frölich zu seyn: Dieser begehret zu wohnen zu Gespashausen. Jener zu Poppenstein; ein anderer zu
Spielberg. Jene erwählet ihre Behausung zu Scherzingen,
und diese zu Freudenthal, damit man jedesmal sey guter
Dinge. Tägliche Spiele, Gastereyen und Gesellschaften geschehen, damit man die Zeit verkürzen möge, niemand aber
gedenket, wie solche Ergetzlichkeiten werden gestrafet. Das
Exempel von dem reichen Prasser *Luc.* 16. ist genug bekannt;
darum sagt der Heil. Petrus: Sobrii estote & vigilate, 1.
Petr. 6. seyd nüchtern und wachet; denn die Trunkenen werden GOttes Reich nicht besitzen, 1. *Cor.* 5. v. 10. Welchem
allen gar schön beystimmet der Heil. Kirchenlehrer Augustinus, da er sagt: Durch Trunkenheit wird die Seele verlohren, der Mensch zu GOttes Feind, und schuldig zum
jüngsten Gericht, *Sermone* 231. *de Tempore.* Und nicht allein,
neben solcher ewigen Strafe ziehet der Ueberfluß des Weins
allerley Ungemach, Schmerzen, und Krankheiten nach sich.
Wie es der weise Eubulus dem unwahrhaften Cosbi,
der ihn mit seinen Gesellen auf folgende Weise eingeladen,
gnugsam zu verstehen gegeben.

1.

Cosbi. Ey durstige Brüder, euch setzet zusammen,
        Vernichtet, verachtet die höllische Flammen:
        Was Teufel und Hölle uns jetzund ansicht,
        Es ist nur ein Pfaffen- und Mönchen-Gedicht.

2. Sauf-

2.

Saufen und Fressen sammt allem gut Leben
Hat mir mein Vater zum Heirathgut geben:
Und neben ein Mägdlein viel Baßen eingräumt.
Vom Teufel und Höll hat den Pfaffen geträumt.

3.

Zu lustigen Zeiten laßt uns nicht von Pfaffen,
Vor Narren gehalten, und werden zu Affen:
Viel anders gesinnet war Machiavell,
Ihm träumte gar wenig von Himmel und Höll.

4.

Als lang nur ein Pfenning im Sacke will bleiben,
laßt uns mit Saufen die Stunden vertreiben,
Verlieren den Himmel, hat es doch keine Noth,
Kein Freud ist zu hoffen nach unserem Tod.

5.

Eubulus.   Ach mein Bruder schlecht getroffen!
Was hast du, wenn gnug gesoffen;
Und ein Zeit barfuß geloffen,
Als ein schlechten Tod zu hoffen?
Merk es wohl, Fortunä Schimmel
Dich von diesem Weltgetümmel,
Bringet wahrlich nicht in Himmel,
Sondern zu der Höll Gwimmel.

6.

Cosbi.   Nicht also mein Bruder, nicht also andächtig,
Sonst wirst du mir sicher in Freundschaft verdächtig,
Hier setze dich nieder da hast du ein Wurst,
Nimm dieses Glas, setz an, und lösche den Durst.

7.

Eubulus.   Wer wird wohl doch löschen können
Starken Durst und heisses Brennen

Und

Und dadurch der Höll zurennen,
Wenn der Pfeil fliehet von der Sennen.
Mach nun mehrer keine Possen,
Clotho kömmt mit seinen Rossen
In die Höll ganz unverdrossen,
Stürzend ewig dich verschlossen.

8.

Cosbi. Besser ist reiten, als müssen hinlaufen,
Wenn ich muß reiten, so laß mich jetzt saufen,
Wenn ich gnug gesoffen, zur Venus stehe auf,
Zur Höllen wer laufen will jeder nur lauf.

9.

Eubulus. GOtt mit sich nicht läßet scherzen,
Er erkennet alle Herzen,
Die auf kleinen Freudenmärzen
Hier erlöschen wie ein Kerzen.
Aber dort im größten Schmerzen,
Brennen solche geile Herzen,
Weil ein End des Freudenmärzen,
Und ist worden Ernst aus Scherzen.

10.

Cosbi. Mit deinem Geschwätz meinen Kopf nicht verwirren,
Weil niemand vom Himmel kann ewig verirren,
Denn selig zu werden GOtt alle verlangt,
Darum er gestorben und an dem Kreuz hangt.

11.

Eubulus. Also die der Welt ergeben,
Und ohn Witz und Ordnung leben,
Reden zwar auf solche Weis:
Aber du der von der Jugend,
Bist erzogen zu der Tugend,
Und zu GOttes Ehr und Preis.

Meh-

Mehrer wollst an GOtt gedenken,
Auch in sein Schooß dich verschenken,
Und vom Herzen zu ihm wend:
Wenn du anders willst verhoffen,
Daß dir sey der Himmel offen,
Wenn dieß Leben hat ein End.

12.

Cosbi. Mein Jugend anjetzo zum besten thut blühen,
   Was sollt ich denn Saufen und Fressen viel fliehen?
   Mit krank seyn und sterben hat es noch kein Noth,
   Mich kennt nicht und siehet der grimmige Tod.

13.

Eubulus. Ach so sicher dich nicht achte,
   Sondern mehrer doch betrachte,
   Deine Blöd= und Nichtigkeit.
   Wie oft hat in viel Gefahren,
   Dich gestürzt durch wenig Jahren,
   Deine tolle Trunkenheit.

14.

Cosbi. Was redest in Gefahren, wo bin ich gewesen,
   Eh in mir ware die Vollheit verwesen?
   Ich thate thournieren ja wie ein todt Schaf;
   Wenn ich gnug getrunken, so leg mich zum Schlaf.

15.

Eubulus. Willst du dieses mir nicht glauben,
   Ey so wollst mir doch erlauben,
   Dir zu sagen, was für Spott,
   Elend, Kummer, Angst und Noth,
   Komme von zu vielen Trank:
   So wirst du es selbst erkennen,
   Welches sey ein Gfahr zu nennen,
   Wenn im Hirn nicht selbst bist krank.

16.

Cosbi. Indeſſen ich dieſe Weinkandel ergreife,
Hingegen du ſage, ſing, geige und pfeife,
All's was dir einfället, und luſtig beliebt,
Doch, aber ich bitte; nichts, was mich betrübt.

17.

Eubulus. Alles ſoll freudig und luſtig hergehen,
So lang ich bey dir werd können beſtehen;
Gefällt aber nicht alles dein witzigen Hirn,
So rumpfe die Naſen, und falte die Stirn.

18.

Wo ohne Maaß öfters man hatte getrunken,
Iſt man in viel Laſter und Unglück geſunken:
Wer ſollte denn haben daran nicht ein Graus,
Weil kommen aus ihme viel Sünden heraus.

19.

Wer ſich im Schmauſen zu harren befrechet,
Und täglich bey Baccho und Cerere zechet,
Der leeret zum öftern nach ſchmutzigen Schmaus,
All Küſten und Käſten fein ſauber ganz aus.

20.

Wird däumiſch, unkräftig, ganz ſchwitmiſch ohn Sinnen,
Daß man ihn viehiſch muß führen von hinnen,
Stelzet und wälzet im Koth, wie ein Schwein,
Muß jedem ein Flegel und Grobian ſeyn.

21.

Hauen und Stechen, Schläg, Ringen und Raufen,
Kommet all Unglück vom unmäßigen Saufen,
Angſt, Schmerzen, Wehklagen, Erlahmung und Gries,
Bös Augen und Zipperl an Händen und Füß.

22. Kopf-

22.

Kopffchmerzen, kurz Athem, durch lang Züg man krieget,
So gehet es weil man dem Trinken oblieget,
Podagrammifch, contractifch macht häufiger Wein,
Verurfacht auch Schlag, Sand, Grimmen, und Stein,

23.

Bey folchem Schaden und fchmerzlichen Plagen,
Muß man zerriffene Kleider auch tragen,
Oft fchreibt man mit Kohlen ein folchem an Wand,
Und bleibet der Wirthinn der Mantel zum Pfand.

24.

Verachtet, verfpottet, ihm niemand mehr trauet,
Und weil er nichts zahlet, ihn niemand anfchauet,
Verlieret Vertrauen, Witz, Sinn und Vernunft,
Ihm bleibet zu eigen der Narren ihr Zunft.

Und wahrlich keine größere Narrheit kann nicht feyn, als
zur Erwerbung fo vieler Schmerzen und Plagen verfchwen-
den den unfchätzbarlichften Schatz der unwiederbringlichen
Zeit. Allein weil wir nicht wiffen, was die Zeit ift, fo achten
wir fie nicht hoch. Denn wie der Heil. Auguftinus fagt:
Quid eft tempus? fi nemo quærat a me, fcio: fi quærenti
explicâre velim, nefcio, 11. *Confef. c.* 14. Was ift die Zeit?
wenn folches niemand verlanget, von mir zu wiffen, fo ift
es mir bewußt: aber wenn ich es den Fragenden wollte be-
antworten, weis ich es nicht: Sintemalen, obwohlen die
Zeit uns durch eine dunkele Erkenntniß bekannt ift, weilen
wir ftets in folcher handeln und wandeln, kann fie doch
kaum vermerket werden wegen ihres fteten Fließen und ge-
ringften feyn. Derowegen hat Eufebius gar wohl jene Pla-
tonifche Rede gelobet, durch welche er fagte: Duo effe, quorum alterum femper eft, & nunquam fit, fcilicet Deus; al-

terum

terum nunquam eſt, ſed ſumper fit, ſcilicet tempus, *Lib.* 11.
de præparat. Evangel. cap. 8.　Es ſind zwey, deren eines allezeit iſt, und niemal wird, nämlichen GOtt; das andere
aber iſt niemalen, und wird allezeit, nämlichen die Zeit.
Weilen das Weſen und Seyn keiner Sache zugehöret, als
nur die gegenwärtig.　Derohalben weilen nichts eigentlich
gegenwärtig iſt von dem Weſen der Zeit, als wird von ihr
geſagt: daß ſie niemalen ſey, und ungeachtet, daß ſie niemalen iſt, ſo verfolget uns in ſelbiger doch der Tod, das
Leben läuft dahin, auch an ſtatt daß wir erlernen ſollten,
den Laſtern oder dem Tode zu entfliehen, und die Tugend oder
das Leben nicht entgehen zu laſſen, ſuchen wir, wie wir die
Zeit verſcherzen, und ihrer los kommen mögen.　*Pluviarum
guttæ parvæ ſunt, ſed flumina implent, & arbores cum ra-
dicibus tollunt, S. Auguſt. Serm.* 244. *de Tempore.*　Die Regentropfen ſind zwar klein, aber ſie vermehren ſich in große
Flüſſe, und führen mit ſich die Bäume ſammt der Wurzel:
Alſo auch die Zeit, wie klein ſie auch ſcheinet, die wir verſäumen, ſo verlieren wir darinnen ſehr viel gute Werke,
und häufen die Laſter.　Wir ſollten beherzigen, daß die
Glückſeligkeit des Lebens nicht an der Länge der Jahre,
ſondern an ihrem rechten Gebrauche liege: *cum metu & tre-
more ſalutem noſtram operemur, Philipp.* 3. *v.* 12. mit Furcht
und Schrecken ſollen wir unſer Heil wirken, und ſuchend
hoffen.　*Qui enim ſperat & non timet, negligens eſt, qui
autem timet & non ſperat, depreſſus eſt, & deſcendit in
profundum quaſi lapis, S. Auguſt. Serm.* 15. *ad Fratres in Ere-
mo.*　Denn wer hoffet, und nicht fürchtet, der iſt nachläßig, wer aber nur fürchtet und nicht hoffet, der wird unterdrücket, und fället wie ein Stein in die Tiefe.　Einer
der lang gelebt hat, hat oftermalen am wenigſten gelebt,
denn man nur allein lebet diejenige Zeit, welche wohl angelegt, und auf ihre Erlernung gewendet wird.　Wer alle-

zeit

zeit gedenfet, daß er fterblich ift, und die Hölle betrachtet,
und hat ein durftiges auch hoffendes Herz zu dem himmli=
schen und ewigen Scherz, welcher ift GOtt felbften: Neque
enim aliud fperandum eft ab ipfo Deo, quam ipfemet Deus,
S. Thom. 2.2.q. 17. artic. 2. Weilen nicht etwas minder von
GOtt zu hoffen ift, als er felbften.

Die Lastträger, fo oft fie etwas zu tragen gerufen
werden, betrachten folches zuvor gar wohl, und verfuchen,
ob fie Kräfte genug haben, folches zu ertragen: Und wir
armfelige Menfchen, die wir uns den Sünden ergeben, be=
trachten nicht, daß wir für eine augenblickliche Wolluft
und Bucken uns drücken unter den Bürden der ewigwähren=
den Peinen. Denn wenn wir keine Buße wirfen, fallen wir
in die Hand des HErrn, und nicht in die Hand der Men=
fchen, *Ecclef. 2. v. 22.* deren Strafe nur zeitlich, aber die
Strafe GOttes ewig. Welche ewige Strafe kein anders
Ende hat, als die Ewigkeit GOttes, die ohne alles Ende
ift, *Jefa. c. 33.* Welcher unter euch wird denn bey der
ewigen Glut bleiben mögen? Weffen Schultern werden al=
fo wie Kiefelfteine hart feyn, die folche Schwere in fo lange
Zeit ertragen können? Welche Zeit fich fo weit hinausftre=
cket, daß, wenn einer aus den Verdammten nur alle tau=
fend Jahre einen einigen Tropfen der Zäher, fo die Erde
doch gleich verfchlucket, vergießen würde, würden dennoch
folche Thränen viel ehender alles, fo außer dem Himmel ift,
anfüllen, als folche Zeit zu Ende laufen, und in Erwägung
deffen, wenn alle die Peinen der Hölle nichts anders wä=
ren, als gleichfam nur ein Nadelftupfer, fo follten fie ge=
nug feyn, den Menfchen zu dem Beffern zu bewegen, wegen
der Ewigkeit, da der gerechte GOtt feine Augen zum Bö=
fen auf fie richtet und nicht zum Guten, *Ludov. Granat. in
Duce Peccat.* Ponam oculos meos fuper eos in malum & non
in bonum, *Amos 9. v. 4. & Jeremiæ 44. v. 11.* Derowegen

laſſet uns jetzunder in die Hölle fliehen, durch Betrachtung, damit wir nicht hinein ſteigen zu der ewigen Verdammniß. Laſſet uns hinein fliehen bey Zeiten, weilen wir noch können zurück kehren, damit man uns nicht hernach hinein ziehe, ewig darinnen zu bleiben. Denn der HErr iſt ein Rächen-der über ſeine Feinde, und erzürnet über ſeine Widerſacher, wer wird derowegen vor dem Angeſicht ſeiner Ungnade beſte-hen können? *Nahum.* 1. *v.* 6. Sein Zorn iſt ausgegoſſen wie Feuer, und die Felſen zerflieſſen vor ihm; ſolchem Zorn aber zu entgehen, ſchlägt vor einen guten Rath der Prophet Mi-chäas, da er ſagt: Indicabo tibi o homo, quid ſit bonum, & quid Dominus requirat a te; utique facere Judicium & dili-gere miſericordiam & ſollicitum ambulare cum Deo tuo, *Mich.* 6. *v.* 8. Ich will dir anzeigen, o Menſch was gut iſt, und was der HErr von dir erfordere: nämlich thun was recht iſt, und die Barmherzigkeit lieben und in Sorgen mit deinem GOtt wandeln.

Ariſtippus der Weltweiſe wurde gefraget, woher er ſey? da gab er zu Antwort, zeigend mit dem Finger auf die geſtirnte Himmelsaue, ſagend: Dieſes iſt mein Vater-land, dieſes iſt mein Erbtheil, dieſes nehme ich in Acht, und nicht was auf der Erde. Eine chriſtliche Lehre von ei-nem Heyden, beſonders da der Apoſtel ſpricht: Wir haben hier keine bleibende Statt, ſondern ſuchen eine zukünftige, *Hebr.* 14. Derowegen laßt uns den Vorſatz, erneuern, un-ſerm holdſeligſten Bräutigam zu dienen, da wir zu erlan-gen ſicherlich unſer Vaterland die Hölle fliehen. Ich aber indeſſen will ſeine Flucht in Aegypten, ſo ihm unſere Sün-den und Laſter verurſachen, mit kläglichſter Stimme be-hauren.

I.

Halt in mein JEsu deine Flucht,
Halt in dein eilend Weichen;
Hast denn bey mir nur dieß gesucht,
Geschwind vorbey zu streichen?
    Ach nicht so schnell,
    Dein Flucht anstell,
Dein Lieb laß auf mich schießen,
Und länger ihr genießen.

II.

Wo willst du hin, laß rathen dir,
Wollst meiner doch verschonen:
Kann denn dein Lieb nicht anderst mir,
Die meinige belohnen?
    Ach bleib allhier,
    Weich nicht von mir,
Was willst du von mir fliehen,
In fremdes Land zu ziehen?

III.

Ey laß dir doch nicht fallen schwer
Länger bey mir zu bleiben,
Die Lieb in mir zuvor vermehr,
Was mag dich von mir treiben?
    Ja nicht mein Sünd,
    Ach schönstes Kind,
Wie ich nun kann erachten,
Willst mich dein Braut verachten,

IV.

Nimmst du die Flucht, zeuch mich
    nach dir, *Cantic. 1. v. 3.*
Laß mich so hart nicht sterben;
Denn sieh, wie krank lieg ich auf mir,
Ohn dich muß ich verderben:
    O du mein Licht,
    Ach flieh noch nicht,

Wollst deine Flucht einstellen,
Bis dir mich kann gesellen.

V.

Dir ist bekannt, daß ohn dich ich,
Kein Stündlein könne leben;
Warum willst du so schnell denn dich,
Von mir hinweg begeben?
    O du mein Heil!
    Ein kleins verweil,
Du wirst mich nicht verlassen,
Noch ein Haß auf mich fassen.

VI.

Denn ich bin krank aus lauter Lieb,
    Cantic. 2. v. 5.
Aus lauter Lieb ich leide;
Darum mein Schatz die Reis auf-
    schieb,
Die Flucht annoch vermeide:
    Es wird die Zeit
    Nach Glegenheit,
Nur gar zu früh herkommen,
Da du die Reis genommen.

VII.

Du bist zu klein, kannst noch nicht
    gehn,
Wohin willst dich denn wagen?
Bleib länger hier, bey mir zu stehn,
Darnach will ich dich tragen,
    An jedes Ort,
    Wohin bald fort,
Wie du mich jetzt berichtet,
Hättest den Gang gerichtet.

Denn

VIII.

Denn deine Füß ſind noch zu ſchwach,
Ein weiten Weg zu gehen;
Weil du kaum kannſt auf einem
    flach,
Und ebnen Boden ſtehen:
    Wie willſt du dann
    Jetzt treten an,
Den Weg nach fremden Straſſen,
Und dich der Flucht anmaßen?

IX.

Du möchteſt leicht an einem Stein,
Dein zarte Füß verletzen;
Dich tragen will im Herzen mein,
Da kannſt du dich ergetzen:
    Nimm mich mit dir,
    Ach folge mir,
Wollſt dir zu viel nicht trauen,
Ein fremdes Land zu ſchauen.

X.

Wär Samſon in ſeim Vaterland
Noch längre Zeit verblieben;
Hätt er in ſo betrübten Stand
Die Handmühl nie getrieben:
    Sein Augen beyd,
    Mit größtem Leid,
Sammt ſeinem jungen Leben,
Hat müſſen er hergeben.

XI.

Vielleicht iſt dir noch nie bekannt,
Was Iſrael gelitten;
Da es in ein ganz fremdes Land
Gezogen in Aegypten:
    Ein ſchwere Laſt
    Dem fremden Gaſt

Bald wurde aufgetragen,
Und du willſt dich hinwagen?
Exodi. 1. v. 11.

XII.

Haſt nie gehört, was auch da'ſchon,
Die drey gefangne Knaben,
Aus Iſrael, zu Babylon,
Für Schmach gelitten haben?
    Ganz ungeheur
    Sie in das Feur,
Und ſtark entzündten Flammen
Geworfen ſind zuſammen. *Daniel. 3.*

XIII.

Kein fremder Gaſt iſt angenehm,
Noch hat viel Ehr empfangen;
Inſonderheit wenn man nach dem
Getragen kein Verlangen:
    Denn ſo gar auch
    Der ſchlechte Rauch,
Wenn in die Wind ſich ſchwinget,
Der Wind mit ihme ringet.

XIV.

Er nur ein kleins ſteigt über ſich,
Ja kaum ſich was erhebet;
Bald Eurus, dieſer Wüterich,
Ihm grauſam widerſtrebet:
    Ihn gleich verjagt,
    In die Flucht ſchlagt,
Und alſo überwindet,
Daß er vor ihm verſchwindet.

XV.

Neptunus auch in ſeinem Schooß
Nichts fremdes will ertragen;
Wenn ihn die Wind berühren bloß,

Kann

Kann er die Wellen schlagen:
    Alsbald er saust
    Und grausam braust,
Sein Gast nicht wohl gewogen,
Aus fremden Land gezogen.

XVI.

Nicht minder auch ein kleine Spinn,
Wenn sie ein Muck gefunden,
In ihrem Gweb geflissen hin
Sie hat geschwind umwunden:
    Sie die verstrickt,
    Daß sie erstickt,
Muß bald ihr Leben lassen,
In Luft gebauten Gassen.

XVII.

Bey einem Wolf kein Ruh noch Schlaf
Ein Lamm hat, noch empfindet;
Noch ein Verliebter, wie ein Schaf,
Ohn seinen Schatz Schlaf findet:
    Du bist ein Lamm,
    Ein Bräutigam,
Enthalt dich von den Thieren,
Willst du kein Schaden führen.

XVIII.

Drum liebster Schatz verbleib allhier,
Dich in kein Gfahr begebe;

Wenn gfährlich was begegnet dir,
In gleicher Gfahr ich schwebe:
    Denn ich in dir,
    Leb für und für,
Wo du bist, ich desgleichen
Kein Tritt will von dir weichen.

XIX.

Weil stets ich lieg in deinem Herz,
Verliebter Weis verborgen;
Wenn du empfindest einen Schmerz,
Und hast viel Kreuz und Sorgen:
    Sie dann auch mir,
    Glaub es bey dir,
Durchdringen bis zum Herzen,
Und bringen große Schmerzen.

XX.

Da du nun weist, daß ohn dich ich
Kein Ständlein könne leben;
Darum so schnell du nicht wollst dich
Von mir hinweg begeben.
    Du kannst mein Licht
    Mich annoch nicht,
Aus einem Zorn verlassen,
Noch ein Haß auf mich fassen.

Damit aber ein Mensch in solcher Verlassenheit oder Trübsal nicht gleich von Hasenburg sey, da er in dem Wohlstande vermeynet, er sey ein gebohrner von Löwenthal: oder da er in Freuden geglaubet, er sey von Vestenburg, in einer Widerwärtigkeit aber gleich wollte von Laufenberg seyn, und mehr entfliehen von der Vorsichtigkeit des Allerhöchsten, als einer von Rechberg oder Hirschfeld; so muß er wissen,

Wintergrün.　　　　　P　　　　　daß

daß solches geschicht zu seinem Nutzen, denn er trägt einen
Gewinn davon, so wohl von seinem Zugang, als von seinem Abgang. Er kömmt zum Trost, weichet aber zur Behutsamkeit, damit nicht die Größe des Trostes den Menschen erhebe. Er kömmt, daß er ihm seine Gnade schenke,
er weichet aber, damit er nicht aus stetem Beywohnen verachtet und gering geschätzet werde: Er entziehet sich nur äußerlich, innerlich aber bleibet er beständig und stehet hinter
der Wand, siehet durch das Fenster, und schauet durch das
Gegitter, *Cantic. 2. v. 9.* Denn zu dem öftern ist GOtt allda mit seiner Gnade, wo er zu dem wenigsten vermerket
wird; und ist oft dem Menschen viel nützlicher die Bitterkeit
und Ungeschmack des Herzens, als die ausgegossene Völle
der Süßigkeit. Weilen in der Verlassenheit und Dürrheit
der Mensch erkennet augenscheinlicher, daß er nichts aus
ihm selber vermag, wie er auch zu Zeiten denselbigen nicht
erhöret, weil es nichts zu seinem Nutzen. Wie gar schön
der H. Kirchenlehrer Augustinus schreibet: Non exaudit ad
voluntatem, ut exaudiat ad salutem, pete ab ipso salutem,
& salus tua ipse erit, *Lud. Blo. Inst. Spir. c. 7.* Damit erhöret uns GOtt nicht nach unserm Willen, auf daß wir erhöret werden zu unserm Heile, begehre von ihm dein Heil,
und solches wird er dir selbsten seyn, *in Psalm 85 v. 5.* Keiner muß auch ihm diesen irrenden Gedanken machen, als
wenn solche Verlassenheit ihm nicht gut oder ein großes
Uebel sey zu seinem Verderben. Nein, sondern er soll gedenken an jenes: Mein Sohn, du hast Gutes empfangen
in deinem Leben, und Lazarus desgleichen Uebels; nun
aber wird er getröstet, und du gepeiniget, *Luc. 16. v. 25.*
Wer soll denn nicht ein kleines die Abwesenheit GOttes,
also zu reden, in etwas mit Geduld übertragen, damit er
seiner in Ewigkeit geniesse? Wer soll nicht ein kleines Uebel
in der Welt wollen erleiden, auf daß er ewig lebe in Freuden?

den? Wer soll nicht vorziehen die Uebel in dieser Welt dem
Guten, weilen weder diese wahre Güter sind, noch jene
wahre Uebel. Indem wie der Heil. Bernhardus *Tract. de
Contemt. mundi.* sagt: Daß kein Uebel in dieser Welt dem
Menschen schädlich, als allein das Uebel der Sünde: Non
sunt mala in hoc mundo homini nociva, nisi peccata. Andere Uebel sind gleichsam eine güldene Münze, mit welcher
man die allervortrefflichste Güter einkaufen kann.

Es ist zwar nicht ohne, daß solches eine der größesten
Strafen und Peinen ist, wenn GOtt den Menschen verläßt, auch die Hand seiner väterlichen Vorsichtigkeit von
ihm zieht. Denn gleichwie einem Weibe nichts schmerz-
hafters ist, als wenn sie von ihrem Manne verachtet und
verlassen wird, also kann auch nichts schwerers einer armen
Seele begegnen, als wenn sie von GOtt nicht geachtet
wird. Denn was ist die Seele ohne GOtt? Wahrlich
nichts anders als ein Garten ohne Gärtner, ein Schiff ohne Schiffherrn, ein Kriegsheer ohne Führer, ein Leib,
also zu reden, ohne Seele.

Nichtsdestoweniger muß der Mensch nicht bestürzt werden, noch in eine Verzweiflung gerathen, sintemalen GOtt
ist zu Zeiten wie ein vorsichtiger Vater, welcher, wenn
seine Kinder unvorsichtiger Weise über den Wein gekommen, und sich angetrunken, ihnen läßt Wasser einschen-
ken, bis daß sie lernen sich des Weins mäßiger zu gebrauchen. Also thut auch GOtt seinen auserwählten Kindern,
indem er solche zu Zeiten läßt von dem süßen Weine seiner
liebreichen Gegenwart und Gnade trinken, so viel ihnen beliebet, wenn er aber sieht, daß sie solche Gnaden misbrau-
chen, und ihnen ein Unheil daraus entstehen will, so entziehet er sich und den liebreichen Wein seines Trostes eine
Zeitlang, und stellet ihnen vor einen ganz bittern Kelch des
Kreuzes und Wasser des Elends, damit sie sich wieder

P 2　　　　　　　　　　ernüch-

ernüchtern, und beſſer lernen die göttliche Gnade zu gebrauchen, bis er ſie wird führen in ſeinen Weinkeller, allwo ſie ſich werden ergetzen können, in Anſchauen des göttlichen Angeſichts im höchſten Ueberfluß zu ewigen Zeiten.
Wenn nämlich man wird fliehen die Laſter, und lebendig
ſteigen in die Hölle, durch deren Betrachtung man wird
angereizet und angetrieben werden zu den Tugenden,
welcher Lohn ſind die ewige Freude und
Luſtbarkeit.

Das

Das neunte Capitel.

Wer streitet,
Der beutet.

Es ermahnet uns der weise Mann, daß, nachdem der
Mensch nunmehro die Eitelkeiten der Welt sammt ihrer Belustigung auf die Seite gesetzet, und sich bemühet, den Weg der Gebothen GOttes zu wandeln, seine
Seele bereiten solle, zu denen Versuchungen, da er also
spricht: Fili, accedens ad servitutem Dei, sta in Justitia &
timore, & præpara animam tuam ad tentationem: Ecclef. 2. v.
1. Mein Sohn, willst du den GOttesdienst antreten, so
stehe in Gerechtigkeit und Furcht, und bereite deine Seele

zu

zu der Anfechtung. Nicht ungleich redet der Heil. Paulus: 1. *Tim.* 3. *v.* 12. Omnes, qui pie vivere volunt in Christo JEsu, persecutionem patientur. Alle die gottselig leben wollen in Christo JEsu, werden Verfolgung leiden. Derowegen uns Christus selbsten hat solches wollen zu erkennen geben, da er von dem Teufel sich hat versuchen lassen *Matth.* 4. anzuzeigen, weilen unser Leben nichts anders als ein Streit, wir uns bereiten sollen *Job.* 7. wie sich bereitet ein tapferer Soldat zu einem harten Treffen.

Der heldenmüthige Judas Maccabäus gab denjenigen, welche ihn, da er gleich mit dem Feinde schlagen wollte, zur Flucht ermahneten, diese Antwort: Absit istam rem facere, ut fugiamus ab eis, & si appropinquavit tempus nostrum, moriamur in virtute, propter fratres nostros, & non inferamus crimen gloriæ nostræ, 1. *Macch.* 9. *v.* 10. Das woll GOtt nimmermehr, daß wir unserm Namen diese Schande anthun, sondern wir wollen allhier ehrlich sterben, und unsern Glauben und Brüder vertheidigen, und nicht mit Schanden bey Leben bleiben. Ein wohlgesinntes Herz.

Der griechische König Ogiges, als er den Cicaonern eine Schlacht liefern wollte, aber ihm gesagt wurde, daß der Feind gar zu stark wäre; sprach er: Derjenige, der über viel gedenket zu herrschen, der muß auch mit vielen streiten. Viel Versuchungen sind, wider welche ein anfangender Mensch zu streiten hat, ich aber will allhier nur alleinig drey, von welchen kürzlich der hocherleuchte Mann Taulerus *Concio Domin.* 1. *Quadr.* meldet, anziehen.

Die erste ist eine unordentliche Traurigkeit, durch welche zu Zeiten die Gemüthsgeister also hart bestritten und unterdrücket werden, daß er, der Mensch, keine Neigung empfindet, etwas Gutes zu verrichten, und kann doch nicht wissen,

wiſſen, was ihm ermangelt, unangeſehen er auch die innerſte Herzenskammer durchſuchet, ſolches zu finden. Dieſem rathet der weiſe Mann, ſprechend: Fili conferva tempus, & devita a malo, *Ecclef.* 4. 23. Mein Kind beobachte die Zeit, und weiche von dem Böſen. Dieſe Traurigkeit oder vielmehr Trägheit hat zu dem öftern ihren Urſprung aus Unbeſtändigkeit des Gemüths. Denn gleichwie ein ruderloſes Schiff ohne Leitung des Schiffmanns auf einer See von Ungeſtümigkeit der Wellen her und hin getrieben wird, alſo auch der Menſch, wenn er das Schifflein ſeines Gemüths ohne Ruder und Leitung der Beſtändigkeit in die Wellen, der nach ägyptiſchen Knoblauch riechenden Gedanken hinaus ſetzet, von verzagter unordentlicher Traurigkeit angefochten und verſuchet wird, machet auch den Menſchen oftmalen dasjenige verlaſſen, ſo er wohl angefangen. Woraus folget Bosheit, Kleinmüthigkeit, Zerſchlagenheit und Verzweiflung, *S. Gregor. l.* 31. *mora. cap.* 21. Unangeſehen die unüberwindlichſte Standhaftigkeit und beſtändige Stärke keinem Menſchen mehr vonöthen, als jenem, der den Sieg in Beſtreitung der Laſter erhalten will. In allen unſern Werken müſſen wir nach der Beſtändigkeit zielen. Jener Frauen wurde ſo wohl befohlen, daß ſie in dem Ausgehen aus Sodoma nach Segor nicht zurück ſehen ſollte, als ihrem Manne, dem Loth. Weil ſie aber unbeſtändig und ohne Standhaftigkeit war, iſt erfolget, daß ſie in eine Salzſäule iſt verkehret worden, *Genef.* 19. Ein unbeſtändiges und von guten Gedanken leeres Herz iſt ein Neſt des Teufels. Dieſe ſind viehiſche Menſchen, die keinen Geiſt haben. Hi funt animales, fpiritum non habentes, *Judæ* v. 15. Darum ſagt Chriſtus der HErr: Wer auf dem Felde iſt, der wende nicht wieder zurück, und gedenke auf das Weib Loths, *Lucæ.* 17. Indem alſo das Weib durch ihr Zurückſehen in eine Salzſäule verwandelt worden, iſt ſie

dar-

dardurch uns zu einem Beyspiel worden, von dem wir das
Salz nehmen, und unsere Nachläßigkeit vermittelst der Tu=
gend verbessern.			Gewißlich wenn sonsten nichts anders
wäre, so den Menschen solcher Versuchung zu widerstehen
antreiben sollte, würde dieses genug seyn, daß er sich ge=
wöhnete, den Teufel zu überwinden, damit er nicht in der
letzten Stunde überwunden werde von ihm.		Homo nascitur
ad laborem, *Job.* 5. *v.* 7.		Der Mensch wird gebohren zu der
Arbeit, und solche Arbeit müssen wir bey Zeiten wider ihn
anwenden.		Denn wenn einer gesund sich nicht trauet einen
andern stärkern anzugreifen, wie wird er krank und in Zü=
gen liegend dem Teufel obsiegen? weilen ein jeder wird em=
pfangen nach seiner Arbeit: Unusquisque propriam merce=
dem accipiet, secundum suum laborem, 1. *Cor.* 3. *v.* 8. *&*
Ps. 61. *v.* 13. *Rom.* 2. *v.* 6. *Galat.* 6. *v.* 5.		Wie einer streitet
also auch beutet.		Ach, wertheste Herzen! streitet bey Zei=
ten wider ihn, und machet es wie Andreas Lampugnanus
ein Mayländischer Edelmann, welcher, nachdem er sich ent=
schlossen, den Herzog daselbst, Mariam Galeacium, zu ent=
leiben, er ihm desselben Abbildung mahlen lassen, damit er
nachmalen den Herzog selbsten, indem er sich täglich an des=
sen Abbildung geübet, desto herzhafter anfallen, und gewalt=
thätiger Weise hinrichten möchte.		Täglich haben wir den
leidigen Teufel vor uns, der uns ohne Unterlaß mit Ver=
suchungen bestreitet; In solchen Versuchungen sollen wir
uns denn befleissen ihn zu überwinden, damit wir ihm in dem
letzten Streit nicht unterliegen.		Weilen niemand ihm obge=
legen, er habe ihn denn zuvor wohl in acht genommen.
Vermerke jetzunder seine Arglistigkeit, auf daß du mit Frö=
lichkeit seinen Fallstricken entgehen könnest: Resistite diabolo
& fugiet a vobis, *Jac.* 4. *v.* 7.		Wer dem Anfange nicht
widerstehet, der hat ein gefährliches Ende zu gewar=
ten.		Denn der Teufel sorget und worget, holet
und

und trollet sonsten in die ewige Verdammniß solchen Menschen.

Die andere Versuchung ist eine unordentliche Angst des Gemüths, mit welcher der Mensch durch den Teufel in eine Kleinmüthigkeit gestürzet wird, in Betrachtung seiner so viel nicht allein natürlichen, sondern auch sündlichen Gebrechen, daß er also ganz betrübt und geängstiget wird, der Teufel denn solches vermerkend, kömmt als ein brüllender Löwe, 1. *Petr.* 5. sprenget ihn an mit unterschiedlichen Gedanken und ungebührlichen Sachen, daß der arme Mensch vermeynet, bey allen solchen Anfechtungen gesündiget zu haben. Ja solche angefochtene Menschen bilden ihnen ein, ein jeglicher Gedanken, der in ihre Herzen einschleichet, sey eine Sünde, dadurch sie ihnen große Beschwerden verursachen. Unangesehen doch keine Sünde begangen wird, es sey denn, daß einer mit freyen und wohlbedachtem Muth, Willen und völliger Erkenntniß von GOtt sich abwende und zu der Bosheit kehre. Wie der Heil. Augustinus *Lib. de vera relig. c.* 14. spricht: Die Sünde ist ein wissentlich willkührlich Uebel, daß nicht kann Sünde seyn, was nicht mit Willen geschieht. Dahero solle keiner eine Kleinmüthigkeit empfinden wegen des Streits, welcher mit den von dem Teufel eingeblasenen Versuchungen zu begehen ist. Denn als lang man nicht mit freyen Willen sich mit ihnen besprachet, und an ihnen keinen Gefallen trägt, hat man sich nicht zu befürchten einiger Sünde, sondern vielmehr sich zu erfreuen eines sehr großen Nutzen: Sicut igne probatur argentum & aurum: sic homines justos tentatio tribulationis, *Prov.* 17. *v.* 3. *Ecclef.* 27. *v.* 6. Wie das Feuer probieret das Gold, also auch die Anfechtung die Menschen, sintemalen er durch solche wird gereiniget und unterwiesen, also daß ein anderer Paulus aus ihm werden kann. Wie er selbsten sagt: Id enim, quod est in præsenti momentaneum

& leve tribulationis noſtræ, ſupra modum in ſublimitate æ-
ternum gloriæ pondus operatur in nobis, 2. *Cor.* 4. *v.* 17.
Unſere Trübſal iſt leicht und zeitlich, wirket aber eine ewige Herrlichkeit. Iſt einem etwas Ungebührliches eingefal-
len, der laß es wiederum ausfallen, wende ſein Herz zu
GOtt, ſehe die böſe Eingebungen nicht an, ſondern kehre ſein
Gemüth von ihnen ab, und die Gedanken. Jener Heilige
verglichte die Verſuchung mit einem Waſſerfluſſe, *S. Cyrill.
Epiſ. Jeroſ. Ctaech.* 5. *myſtag.* 9. Wenn wir verſuchet werden, da ſchwimmen wir, wenn wir aber in die Verſuchung
einwilligen, da gehen wir zu Grund.

Sollte es aber ſeyn, daß man gar zu ſtark angefochten würde, der bethe: Führe uns nicht in Verſuchung;
folge nach dem Hirſchen. Denn der Hirſch, wenn er ver-
merkt, daß die Hunde mit ihrer Schnelligkeit ihm vorkommen, und an ihm wollen hangen bleiben, ſo ſchleppet er ſie
in dem Laufen mit ſich zu einem Baume, daran ſtreifet er
ſich, und entblöſet ſich ihrer, daß er alſo ſicher ſeinen Lauf
fortſetzen kann. Gleicher Weiſe ſoll ein Menſch, wenn ihm
die Hunde der Verſuchungen zu nahe kommen, und ſich ihrer nicht befreyen könne, zu dem Baum des heiligen Kreuzes laufen, da er ihnen gewiß den Kopf zerſtoßen, überwinden und in ſeinem Herzen Friede erlangen wird. *Fide-
lis* DEUS, qui non patietur vos tentari, ſupra id quod po-
teſtis, 1. *Cor.* 10. *v.* 13. GOtt iſt getreu, der wird niemand laſſen verſuchen über ſein Vermögen. Wer ſeine Zuflucht zu
GOtt hat, dem kann nichts Uebels ſchaden: ſintemalen

> Es iſt ſo böſes nichts, es iſt zu etwas gut,
> Das Kreuz plaget den Leib, und beſſert doch den Muth,
> Der böſen Welt Betrug, der blinden todtes Dräuen,
> Der falſchen Spötter Haß, der Neider giftigs Schreyen,
> Der Höllen Grauſamkeit, ja all des Satans Liſt,
> Iſt lauter nichts zu achten, wo GOtt zugegen iſt.

Pyti-

Phtirion ein Abt und Jünger des Heil. Antonii, pflegte zu
sagen: Wer den Teufel zu verjagen begehrt, der vertreibe zu
vor seine böse Neigungen, und das andere wird leicht geschehen.

Die dritte Versuchung ist ein so gar starkes Mistrauen gegen sich selbsten. Solches Mistrauen entspringt
aus einer Unbeständigkeit, des angefangenen verbesserten
Lebens, indem der Mensch sich oft fürchtet in Sachen, wo
keine Furcht. Dieses Mistrauen stürzet die Seele in allerley Uebel und Elend, denn es ist eine Schwachheit der Seele: Indem so lang die Seele mit solchem behaftet, ist sie niemalen im guten Stande, befindet sich allezeit gefährlicher zu unterliegen, indem sie untauglich wird zu
streiten. Es ist eine Schwere der Seele, durch welche sie
verhindert wird auf dem Wege des Himmels fortzugehen,
richtet zu Grund alle himmlische Gedanken, verderbet alle
heiligen und reinen Anmuthungen, und beredet den Menschen zu vielen Werken unkräftig, die er doch mit gar geringer Mühe und Fleiß verrichten könnte. Darum sagt der
Heil. Augustinus *Lib. de Nat. & Grat.* 43. Thu was du
kannst, und was du nicht zu thun vermagst, bitte GOtt
um Beystand, und er wird dir helfen. Es kann derjenige,
welcher sich von der Furcht der Beschwerden einnehmen läßt,
niemalen einigen Fortgang in den Tugenden gewinnen, sintemalen es vonnöthen ist, daß man leide. Solche Mis-
trauige aber vergleichet Christus den Rohren, welche sich
biegen, und zu jedem Winde hin und her wenden, *Matth.*
11. Dahero der Heil. Paulus den Galatern diesen Ver-
weis giebt: Sic stulti estis, ut cum spiritu cœperitis, nunc
carne consummemini, *Galat.* 3. Seyd ihr so gar närrisch,
daß ihr, nachdem ihr in dem Geiste angefangen, jetzt in dem
Fleische wandeln und vollenden wollet: Und dieses ist eine
augenscheinliche Versuchung, von einem wohl angefangenen
guten Werke ablassen, weilen der Anfang nicht gekrönet

Q 2   wird,

wird, sondern der verharret bis ans Ende, wird selig wer-
den.		Denn ohne solche starkmüthige Beständigkeit, und
ohne solche beständige Stärke, verdienet der Mensch keine
Ehre, und die Tugend keine Krone, gleichwie ohne sie der
Streitende nicht siegreich ist, und der Siegreiche den Palm-
zweig nicht erhält.		Derowegen spricht der königliche Pro-
phet David: Seyd getrost und lasset euer Herz fest machen: Viri-
liter agite & confortetur cor vestrum, *Ps.* 30. *v.* 25.		Denn
man oftermal vielmehr vermag, als man vermeynet. Mannlich gestritten, ist halb gesieget. Viriliter agite & confortamini;
nolite timere, *Deut.* 6. *v.* 31. Wohl gewagt, unverzagt und ohne Furcht gestritten, ohne Schuld, mit Geduld, kleine Mü-
he gelitten.		Die Hoffnung betriegt allhie keinen. Also ver-
hielten sich die heilige drey Frauen, bey dem Grabe Chri-
sti, *Marc.* 16.		Weil unangesehen sie vorbetrachtet, mit was
großer Mühe der Stein von der Thüre des Grabes abzu-
wälzen, so giengen sie gleichwohl mit gutem Vertrauen fort,
erfüllend die Ermahnung des Psalmisten: Handelt mann-
lich, und euer Herz werde gestärkt.		Die Mistrauige aber
sind unfleißig und kleinmüthig, weil sie in die Ansehung der
Beschwerniß, welche sie das himmlische Jerusalem zu erobern
ausstehen müssen, schlechtes Vertrauen haben: Propter fri-
gus piger arare noluit, *Prov.* 20. *v.* 4.		Darum sie von dem
Guten abstehen, und unterlassen der ewigen Seligkeit mit
Ernst nachzusetzen; auch also ganz verdrüßig zu dem Guten,
da sie dem Anfang keinen Widerstand thun, nehmen sie mehr
und mehr ab: Qui spernit modica, paulatim decidet, *Eccles.*
19. *v.* 1. bis sie endlich gar in eine Kleinmüthigkeit und Mis-
trauen gegen GOtt gestürzet werden.		Solche aber haben
nichts anders zu gewarten, als den brennenden Zorn und die
Strafe GOttes, wie der Apostel sagt: Venit ira DEI in
filios diffidentiæ, *Eph.* 5. *v.* 6.

Gleich-

Gleichwie aber der höllische Feind mit dreyen Versuchungen den Menschen beängstiget, als läßt auch GOtt aus dreyerley Ursachen zu, daß der Mensch versucht werde, und zwar zu seinem Nutzen. Das erste Ziel, Ende und die Ursache ist, damit dessen Treue geprüfet werde. Weilen demjenigen, der bis zu dem Tod treu verbleiben wird, die Krone des Lebens versprochen ist, *Matth.* 10. *v.* 12. Derowegen gar schön der Heil. Augustinus *in Ps.* 69. *v.* 4. sagt: Welcher nicht versuchet wird, der wird nicht probieret, und wer nicht probieret wird, der nimmt in den Tugenden nicht zu, sintemalen die Tugenden werden mit Streiten und Ueberwinden erlanget, und gehäufet. Von den Tugenden wächset der Nutzen einer Seele. Ja es ist kein Verdienst als aus dem Siege wider das versuchende Laster. Denn darum wird die Tugend geübet, damit das Laster überwunden werde. Mit Ueberwindung des Lasters erhellet die Tugend und triumphiret. Dem Ueberwinder bleibet, die Belohnung und Krone, weilen niemand gekrönet wird, als der überwindet, niemand aber überwindet, als der streitet; niemand aber kann streiten, als der einen Feind und Versuchung hat, obwohlen es unter Freunden oft auch der ärgste Streit ist, *S. August. in Psal.* 6. *ad. v.* 3.

Die andere Ursache solcher zugeschickten Versuchung ist, damit der Mensch gebracht, geübt und erhalten werde in der Demuth, weilen es nothwendig ist zu unserm Heile, wie da gesagt wird: Necesse fuit, ut tentatio probaret te, *Tobiæ.* 1. *v.* 13. Denn unser Leben kann auf dieser Pilgerfahrt ohne Versuchung nicht seyn, indem unser Fortgang durch die Versuchung sich verstärket, und niemand kömmt zu seiner rechten Erkenntniß ohne Versuchung. Aus dieser Erkenntniß seiner selbst steiget der Mensch hinab in die Demuth, welche Demuth ihm GOtt versöhnet, erwirbt die göttliche Gnade, und bereitet ihm einen Sitz im Himmel. Darum

Q 3

rum

rum der Heil. Gregorius *Lib.* 31. *moral. c.* 35. schreibet, daß
durch die Demuth die Menschen wieder hingehen, woher
die höllische Geister durch die Hofart gefallen. Ohne die
Demuth ist keine wahre Buße, keine Versöhnung mit GOtt,
keine Hoffnung der Verzeihung, und keine Vertröstung
des ewigen Lebens. Die Demuth allein führet GOtt zu
uns und uns zu GOtt. Den Demüthigen ist allezeit ein
freyer Zutritt zu GOtt. Die Liebe hat zwar den eingebohrnen Sohn GOttes gezogen auf diese Welt, uns zu erlösen,
Joan. 3. *v.* 16 aber in den Leib der überenglischen Jungfrauen, damit er Mensch wurde, hat ihn gezogen die Demuth Mariä. Darum gar wohl der honigfliessende Lehrer
Homil. 1. *super miss.* beobachtet, daß zwar die jungfräuliche
Mutter GOtt gefallen habe wegen ihrer Jungfrauschaft,
aber empfangen habe wegen ihrer Demuth. Also auch ein
reines Herz ist GOtt angenehm, aber ein demüthiges empfängt in sich den Allerhöchsten, und in Kraft dessen Gnade durch die Demuth, derohalben der Heil. Pabst Leo *Epist.*
ad Dioscorid. billig die Disciplin christlicher Weisheit in frey-
williger Demuth zu bestehen meldet. Denn die Demuth ist
eine Grundveste, aus welcher aufsteiget unser Nutzen und
Fortgang, damit aber die Seele in der Demuth nicht ab-
nehme, stärket und erhält sie die übende und aufmunternde
Versuchung und Trübsal.

Das dritte Ziel und Ende, damit durch die Demüthigung, so entstehet aus der Versuchung, auch andere Mängel in uns verbessert, unterdrückt und vertilget werden.
Denn also wird gesegnet der Mann, der den HErrn fürchtet, und glückselig ist der Mann, der die Versuchung überträgt, weilen, da er wird geprüfet seyn, hat er zu hoffen
die Krone des Lebens, welche GOtt denen ihn Liebenden
versprochen, *Jac.* 1. *v.* 11. Auf unerfahrne und unversuch-
te Leute setzet niemand viel. Mein aber, wer nicht versucht
ist,

ist, was weis er, oder was hat er erfahren? Qui tentatus non est, qualia scit, *Ecclef.* 34. *v.* 11. die Versuchung zeigt, was der Mensch vermag. Derowegen gar schön der Heil. Augustinus *Sermon.* 72. *de tempore.* sagt: Der Mensch erkennet sich nicht, wenn er es nicht in der Versuchung lernet. Die Versuchung ist vonnöthen, auf daß wir einen guten Kampf streiten, den Lauf vollenden, Treue und Glauben behalten. Wenn wir solches thun, so wird uns aufbehalten die Krone der Gerechtigkeit, welche uns geben wird der HErr an jenem Tage ein gerechter Richter, 1. *Tim.* 4. *v.* 8. Welcher ist ein vortrefflicher Arzt, dessen Arzney sind die Trübsalen! durch welche er den Menschen zu einem bessern Leben leitet: Vulnerat & medetur, *Job.* 5. *v.* 18. Er verwundet und heilet: Er heilet, wie der Heil. Gregorius *Lib.* 26. *moral. c.* 15. sagt, und vertreibet das Gift der Sünden mit dem Eisen der Widerwärtigkeit und Versuchung. Und wie der Apostel meldet: Flagellat omnem filium quem recipit, *ad Hebr.* 12. *v.* 6. Er geißelt einen jeden Sohn, so er aufnimmt. Damit, wenn er in etwas wird gelitten haben und geprüfet seyn, ihn würdig mache zu der himmlischen Glorie und auserwählten Freude.

Das

Das zehente Capitel.

Auf GOtt vertraut,
Ist wohl gebaut.

Trogus Pompejus schreibet an vielen Orten, daß die herrlichste Siege, welche die Römer erhalten, nicht seyn herkommen von wegen der Gewalt und Vielheit ihres Volks, sondern daß sie jederzeit mit guten Obersten und Befehlshabern versehen gewesen. Denn wir in täglicher Erfahrung befinden, daß die glückliche Zufälle nicht so sehr beygemessen werden den gemeinen Soldaten, welche gestritten, als dem Befehlshaber, der sie geführet.

Wider den Teufel zu streiten ist uns auch vonnöthen ein vortrefflicher Hauptmann und guter Hirt, welcher uns ver‑

verfechte wider alle Versuchungen desselbigen, nämlich derjenige, von welchem wir den Namen haben Christen genennet zu werden, JEsus Christus, welcher ist ein Beschützer aller deren so in ihn hoffen. Protector omnium sperantium in se, *Pf.* 17. *v.* 31. Denn wenn wir bey seinen siegreichen Kreuzfahnen uns einstellen, und unter seinem über uns ausgespannten Arme streiten und fechten werden, haben wir nicht weniger den Sieg zu hoffen, als wenn wir die Victorie schon erhalten hätten. Qui sperat in Domino, beatus est, *Prov.* 16. *v.* 20. Ja wir haben uns zu versichern, daß uns nicht weniger mislinge zu räumen das Feld, als der tapfere Alcibiades solches erhalten, denn als dieser berühmte Kriegsfürst hörete, daß sein Volk im Lager schrie: Lärmen, Lärmen, wir sind schon in der Hand des Feindes; fieng er an und rief: Nicht, nicht meine Brüder, seyd beherzt und fürchtet euch nicht, denn wir sind nicht in ihre, sondern sie in unsere Hände gefallen. Wer seine Zuflucht zu JEsu hat, qui salvat sperantes in se, *Dan.* 13. *v.* 60. der fället durch die Versuchung nicht in die Hände der Teufel, sondern sie in die seinigen, wenn er anders will, est scutum omnium sperantium in se, 2. *Reg.* 22. *v.* 31. Denn GOtt ist getreu, und wird nicht gestatten, daß einer versucht werde über sein Vermögen, sondern wird neben der Versuchung ein gutes Auskommen machen, daß ers kann ertragen, 1. *Cor.* 10. *v.* 13. Darum sagt der weise Mann, glaube und vertraue auf GOtt, so wird er dir aushelfen, *Ecclef.* 2. *v.* 6. Wer unter der Hand des Allerhöchsten und unter dem Schirm des Allmächtigen GOttes vom Himmel bleibet, der spricht zu dem HErrn: Meine Zuversicht und Erhalter bist du mein GOtt, auf den ich werde hoffen. Denn er wird mich erretten vom Stricke der Jäger, *Pfal.* 90. *v.* 2. 3. unter der Hand des Allerhöchsten wohnet, welcher seine ganze Hoffnung auf GOtt setzet, der kann denn auch mit

Wintergrün.   R   dem

dem Apostel sprechen: GOtt sey Dank, der uns den Sieg
gegeben hat, durch unsern HErrn JEsum Christum, 2.
Cor. 13. *v.* 57. in welchem wir alles vermögen, der uns stärket, *Phil.* 4. *v.* 13. Die Gerechten müssen zwar viel leiden,
aber der HErr hilft ihnen aus allen. Er erlöset die Seelen
seiner Knechte, und alle die auf ihn hoffen, werden nicht
sündigen, *Ps.* 33. *v.* 21. 23. Er thut den Willen deren, die
ihn fürchten, und erhöret ihr Bitten, und hilft ihnen. Er
behütet alle, die ihn lieben, und wird vertilgen alle Gottlosen, *Psal.* 1. 44. Der HErr ist gut denen, so auf ihn
hoffen, und der Seelen, die ihn suchet, *Thren. c.* 3. *v.* 25.
Darum ermahnet einen jeden der Heil. Augustinus, *in Ps.*
34. *v.* 4. da er sagt: Suche jenen, welcher niemalen abwe-
send seyn kann, suche ihn mit Anrufung, Begierde und Liebe, so wird er dir allezeit seine Hülfe mildiglich mittheilen,
in *spem vitæ æternæ, ad Tit.* 1. *v.* 2. Denn er machet selig,
die auf ihn und ihn hoffen. *Salvos facit sperantes in se, Ps.*
16. *v.* 7.

Barsidas, welcher wider die Thracier Krieg führete,
nahm seinem Feinde eine Vestung mit Gewalt ein, beschütz-
te sie auch dermaaßen, wie es einem tapfern Soldaten gebühret. Da er aber von seinem Widerpart gefragt wurde,
warum er solchen Ort ganz auf das äußerste vertheidigte?
gab er zur Antwort: Man soll wissen, daß mir diese Vestung ist anvertrauet worden, nicht darum, daß sie mich,
sondern daß ich sie beschirmen solle. Wenn zu diesen Zeiten
unser Deutschland so ehrenherzige Soldaten getragen hätte, würden nicht so viel Plätze in fremde Gewalt gerissen
seyn. Uns ist auch anvertrauet eine Vestung, nämlichen
die Seele, welche mit dem Walle des Leibes umgeben, von
uns wider den höllischen Feind solle beschirmet werden. Al-
daß wir wie christliche Soldaten ehender das Leben, als
sie verlieren müssen. Besonders da Christus unser Erlöser,

als

als der vornehmfte und erfahrnefte Kriegsheld, mit fonde-
rer Neigung feiner Liebe uns beyfpringet. Er trägt Mitleiden gegen uns, denn er ift unfer Bruder und unfer Fleifch.
Er ift unfer Helfer in aller Noth, und ein treuer Befchü-
tzer in aller Gefahr. Seinen Leib, welchen er dargegeben
den Schlagenden, *verberaverunt me*, hat er gemachet zu
unferer Zuflucht und Befchützung, wie er felbften von derjenigen, fo ihre Sicherheit bey ihm genommen, vermeldet:
Meine Taube ift in den Löchern des Felfen und Steinritzen, *Cant. 2. v. 14.* Wo find die Löcher? In dem verwundten Leibe Chrifti JEfu. Welches gar fchön bekräftiget
mit feiner honigflieffenden Feder Bernhardus, da er fchreibt:
Die Löcher des Felfen find die Wunden Chrifti. *Petra autem erat Chriftus, 1: Cor. 10. v. 4.* Denn der Felfen ift
Chriftus: In diefem hat der Spatz gefunden ein Haus,
und die Turteltaube ihr Neft, da fie ihre Junge hingelegt. In
folchem ift die Taube wohl verfichert, und kann den herum
fliegenden Sperber unerfchrocken anfehen. Denn je ficherer
ift fie allda, je ftärker und mächtiger er ift fie zu vertheidigen. Darum werthestes Herz! in aller deiner Noth bereite
dich zu nehmen deine Zuflucht in diefen Löchern, in diefen
Felfen und Wunden JEfu! fo wirft du befchützet und ficher
feyn, fintemalen bey dem HErrn ift Barmherzigkeit und
fehr viele Erlöfung, *Pfal. 129. v. 7.* Auf diefen Felfen wirft du
erhöhet und befeftiget werden, zu einem Herrn von Hohenfelß.

Kaifer Auguftus pflegte zu fagen: Wenn ein Krieg
glücklich follte abgehen, daß es eine Nothdurft fey, den
Göttern zuvor folchen zu befehlen, und durch die Befehlshaber zu verrichten. Zu folchen ermahnet uns der Heil.
Petrus, wider den Teufel, da er fagt: *Humiliamini fub po-
tenti manu DEI, ut vos exaltet in tempore vifitationis: Omnem follicitudinem veftram projicientes in eum, quoniam ipfi
cura eft de vobis, 1. Petr. 5. v. 6. 7.* Demüthiget euch unter
die

die gewaltige Hand GOttes, damit er euch erhöhe auf den
Tag der Heimsuchung; alle eure Sorgen werfet auf ihn,
denn er sorget für euch.   Weilen ein solches angefochtenes
Gemüth den Anker seiner Hoffnung solle werfen mit größter
Zuversicht in die unermeßliche Barmherzigkeit GOttes, der
von ihm selbsten sagt: In me omnis spes vitæ, *Ecclef.* 24. v.
25.   In mir ist alle Hoffnung des Lebens.   Gleichwie diejenige, so auf dem hohen Meer sind in Gefahr, ihren Anker tief in den Abgrund hineinfallen lassen.   Denn seine unergründliche Barmherzigkeit wird keinen verlassen, sondern
jedem beystehen, sintemalen er selbsten spricht: Wenn ich zu
dem Gottlosen sage, du sollest des Todes sterben, er aber
bekehret sich von seiner Sünde, und thut Recht und Gerechtigkeit, all seine Sünde die er begangen, sollen ihm nicht
zugerechnet werden, er hat Recht und Gerechtigkeit gethan,
darum soll er des Lebens leben, *Ezech.* 33. v. 14.   Welche
Worte uns billig antreiben sollen, all unser Vertrauen auf
GOtt zu setzen, in spe fructus percipiendi, 1. *Cor.* 9. v. 10.
in Hoffnung zu erlangen alles was wir verlangen.   Denn er
wird seyn uns wider alle Versuchungen ein diamantener
Schild, und in Ueberlast der Sünden unser Erlöser, welcher
keinem seine unerschöpfliche Gnadenkammer versperret. Wenn
wir mit steifem Vertrauen gegen ihm unser Herz empor erschwingen; Spes non confundit, *ad Rom.* 5. v. 5. denn die
Hoffnung läßt nicht zu Schanden werden.   GOtt verläßt
niemalen die Menschen, welche auf ihn hoffen, sondern vielmehr stärket, und verkehret er ihre Versuchung und Widerwärtigkeiten in Freude.   Weilen ob schon GOtt zu Zeiten
bewilliget, daß die Seinige versucht und betrübet werden;
so geschieht es doch keiner andern Ursache halber, als zu ihrer Vollkommenheit, und Wohlfahrt der Seele.   Darum
spricht der heilige Augustinus *in Epist. S. Pauli ad Hebr.* sehr
wohl, da er sagt: Derjenige, welcher die Feilen hat ver-
ord-

ordnet auf das Eisen, und das Feuer auf das Gold, auch
den Schlegel auf das Korn: Eben derjenige hat den Menschen die Trübsal und Anfechtung zugeordnet. Die Feilen
nimmt dem Eisen den Rost, das Feuer dem Gold den Schaum,
der Kornhammer dem Korn das Stroh, also machet die
Versuchung und Widerwärtigkeit den Menschen fromm und
heilig, wenn sie mit wahrer Geduld und unbeweglicher Hoffnung gegen GOtt übertragen wird. Wie denn der Apostel
Hebr. 12. *v.* 7. uns ermahnet zu laufen durch die Geduld zu
dem Kampfe, der uns vorgelegt ist, und aufzusehen auf
den Angeber des Glaubens JEsum, all unser Hoffnung setzend in ihm, damit wir gestärket werden: In igne probatur
aurum & argentum, homines vero receptibiles in camino
humiliationis, *Ecclef.* 2. *v.* 7. Unterwirf dich demüthig der
göttlichen Züchtigung, welche ganz väterlich ist, und du
wirst gewiß erfahren, daß sie sehr liebreich. Wenn du wahrhaftig liebest, und in Wahrheit hoffest, wirst du dich selbsten zu der Geduld anmahnen und aufmuntern, sprechend
mit jenem: Deo subjecta esto anima mea; quoniam ab ipso
patientia mea, *Pfal.* 61. *v.* 6. Unterwirf dich meine Seele
deinem GOtt, alldieweilen meine Geduld ist von ihm. In
ihm ist meine Hoffnung. Deum nemo vidit unquam, *Joan.*
1. *v.* 18. Niemand hat GOtt gesehen, was wir aber nicht
sehen, das hoffen wir, und erwarten es mit Geduld, *Rom.*
8. *v.* 25. Das Gold glänzet in dem Ofen eines Goldschmids
nicht aber nach dem Feuer und Arbeit scheint es, *S. Auguft.*
in *Pfal.* 61. *ad verf.* 6. Die Welt ist der Ofen, der Gerechte
das Gold, die Trübsal das Feuer, und GOtt der Gold-
schmied. Von ihm kömmt der Schmerz, aber zugleich auch
die Ruhe, von ihm kömmt die Trübsal, aber auch zugleich
die Säuberung. Darum ist es gut GOtt anhangen und
auf ihn alle Hoffnung setzen, *Pfal.* 72. weilen er den Menschen aus aller Trübsal erlöset, und ihm so viel Kraft und

Stär-

Stärke verleihet, daß er es alles in ihm vermag. Wie der
Apostel sagt: Omnia possum in eo, qui me confortat, *Philipp.*
4. *v.* 13.	Derowegen schreibt der honigfliessende Lehrer:
Serm. 85. *in Cant.* Deus in se sperantes quasi omnipotentes
facit, daß GOtt die in ihn hoffende gleichsam allmächtig mache. Wie so aber dieses? Cum ipso sum in tribulatione,
Psal. 90. *v.* 15. 1. *Petr.* 5.	Sintemalen GOtt mit solchen,
der sie gerufen hat in Christo JEsu zu seiner ewigen Glorie,
Freude und Glückseligkeit.

Schwarz schön ist auch nicht schändlich. Wie die verliebte Braut ausschreyet: Nigra sum, sed formosa, *Cantic.*
1. *v.* 5.	Ich bin schwarz, aber gar schön. Woher ist die
Braut schwarz? von außen her, durch die äußerliche Demuth und Trübsal, schön aber durch die innerliche Kraft und
Tugend der Demuth und Geduld.	Derohalben spricht
Paulus: Ich will mich gern rühmen meiner Schwachheit,
damit in mir wohne die Kraft Christi, 2. *Cor.* 12. *v.* 9. Welchem gar liebreich beystimmet die claravallische Sonne, da
er *in Cant. Serm.* 25. schreibt: Optanda infirmitas, quæ Chri-
sti virtute compensatur.	Es ist zu wünschen eine solche
Schwachheit, die durch die Kraft Christi ersetzet wird. Eine
angenehme Schmach ist das Kreuz demjenigen, welcher dem
Gekreuzigten undankbar nicht ist.	Es ist eine Schwärze,
aber zugleich eine Gestalt und Gleichheit des HErrn. Qui
consolatur nos in omni tribulatione nostra, 1. *Cor.* 1. *v.* 4.
Welcher uns tröstet in all unsrer Betrübniß, und zwar also,
daß, wenn wir mit ihm werden gelitten haben, auch mit
ihm glorwürdig seyn, *ad Rom.* 8.

Unweit da der Rhein sich mit dem obern Bodensee vermählet, ist eine Stuben, in welcher 24. Oefen zu finden,
und wie sehr solche in dem Winter eingeheizet werden, kann
doch kein Mensch bey so kalter Zeit sich in Mitten solcher
Stuben

Stuben erwärmen: Non eſt operimentum , *Job.* 24. *v.* 7.
Wie ſehr hingegen der Ungariſche Ofen vielen warm gemachet, wiſſen diejenige gar wohl, welche ſchier ihr Leben dafür ausgeſchwitzet haben. Nichts ohne Mühe, und dennoch wo das Vertrauen auf GOtt nicht iſt, iſt die Mühe
wenig fruchtbar. Abſit ut Chriſtiánus in ſe ipſo vel conſi-
dat vel glorietur, & non in Domino, cujus tanta eſt erga omnes homines bonitas, ut eorum velit eſſe merita, quæ ſunt
ipſius dona, *Concil. Trident. Seſſ.* 6. *cap.* 16.   Weſſentwegen
ſoll niemand ſein Vertrauen gegen GOtt fallen laſſen, deſſen Güte ſo groß iſt, daß er verlangt zu ſeyn unſere Ver-
dienſte, welche doch ſind ganz unverdiente Gnaden und
Schenkungen von ihm ſelber.

Der Perſianiſche König Cyrus, ſeinen Kriegsleuten
ein Herz zu machen, wider ihre Feinde tapfer zu ſtreiten, hat
ſie auf ſolche Weiſe angefriſchet: Er führte ſie in einen ſehr
großen und dicken Wald, und befahl ihnen, daß ſie alle
Bäume niederhauen, und den Wald der Erde gleich machen ſollten: Lætetur de labore ſuo, *Ecclef.* 5. *v.* 18.   Welches auch mit ſonderer Mühe und Arbeit geſchehen. Den
nächſten Tag darauf läßt er ſie auf das herrlichſte ſpeiſen,
nach ſolchen reitet Cyrus durch das ganze Lager und ſprach:
Ihr meine lieben Brüder, welcher Tag hat euch beſſer gefallen, der geſtrige oder der heutige? ſie antworteten, um
ſo viel iſt der heutige beſſer, als um ſo viel der geſtrige ſchlech-
ter geweſen: Recte judicaſti, *Luc.* 7. *v.* 43.   Darauf Cyrus
ihnen ſagte: Gleichwie ihr durch die den geſtrigen Tag ausgeſtandene Mühe und Arbeit das heutige herrliche Mahl
verdienet habt, eben alſo könnet ihr für glückſelig geſchätzet
werden keineswegs, wofern ihr nicht zuvor die Meder, eure
Feinde, überwunden.

Dieſe Hiſtorie geiſtlicher Weiſe zu verſtehen, ſage ich:
Labora ſicut bonus miles, 2. *Tim.* 2. *v.* 5.   Wofern wir den
Sieg

Sieg wider den Teufel unsern Feind erhalten wollen, und
die Ruhe der ewigen Freude und Luſtbarkeit beſitzen; ſo
müſſen wir die Verſuchung oder Anfechtung mit Geduld
und Standhaftigkeit übertragen, hoffend auf GOtt, bonum
eſt confidere in Domino, *Pſal.* 1. 17. *v.* 8. auf GOtt getraut,
iſt wohl gebaut.   Der Allerhöchſte läßt zu Zeiten ſolche Verſuchungen zu, damit wir ſehen, wie gütig und bereit er ſey,
uns zu helfen, wenn wir anderſt zur Zeit der Noth ihn anruffen, bitten, und uns ſeiner Hülfe vertröſten, nach An-
mahnung jenes: Confide in Deo, *Ecclef.* 11. *v.* 32.   Vertraue auf GOtt: darum ſpricht der Prophet: Ich habe geruffen zu dem HErrn in meiner Noth, und er hat mich erhöret, *Pſal.* 119. *v.* 9.

Alles was Floßfedern und Schuppen hat, ſpricht
GOtt, *Levit.* 11. *v.* 9. in Waſſern, im Meer und in Bä-
chen, ſollt ihr eſſen, alles aber was nicht Floßfedern und
Schuppen hat, ſoll euch unrein ſeyn.   Welches der Heil.
Gregorius *Libro. V. moral. cap.* 6. folgender Weiſe geiſtlich
ausleget, da er meldet: Schuppen bedeuten männliche und
ernſtliche Sitten, und einen guten äuſſerlichen Wandel mitten unter den Weltkindern; die Floßfedern aber erhabne
geiſtliche Gedanken.   Wie nun die Fiſche mit Floßfedern zu
Zeiten Sprünge über die Waſſer thun; alſo erheben ſich die
wahre Chriſten in den Waſſern allerhand Trübſalen dieſer
Welt, durch himmliſche Betrachtung und Hoffnung zu
GOtt in die Höhe, und durch ein ſtrenges und gleichſam
ſchuppiges Leben ſind ſie gewaffnet wider alle unordentliche
Begierden.   Die allergröſſeſte Fiſche in dem Meer werden
von kleinen Fiſchen weißer Farbe und langen Köpfen geleitet, und von einem Ort zu dem andern begleitet, alſo auch
kleine Verſuchungen eröffnen den Weg größerer Mühſelig-
keiten.   Auch gleichwie ein kleiner Fiſch einer Spanne lang
iſt ſolcher Stärke und Kraft, daß er ein großes Schiff,

wenn

Wenn er nicht bey Zeiten abgetrieben wird, in vollem Laufe aufhalten und stellen kann. Also auch eine kleine Versuchung, deren nicht bey Zeiten widerstanden wird, stellet und hält auf den Lauf oder Fortgang eines vollkommenen Lebens. In solcher Begebenheit aber sollen wir all unser Vertrauen in Christum den Gekreuzigten mit dem Heil. Augustino setzen, da er sagt: Inspice vulnera pendentis, sanguinem morientis, pretium redimentis, cicatrices resurgentis, *Libro de Virgin.* Sieh an die Wunden des Hängenden, das Blut des Sterbenden, den Werth des Erlösenden, und die Wundenmaalen des Auferstehenden. Er hat ein geneigtes Haupt zu dem Küßen, ein eröffnetes Herz zum Lieben, ausgestreckte Arme zum Umfangen, und den ganzen Leib zum Erlösen, ihn anschaue, ihm vertraue, es wird schon alles gut werden, non est confusio confidentibus, *Dan.* 3. *v.* 40. Er hält niemand seine Gnadenkammer verschlossen. Dieses betrachte auch werthestes Herz und laß gleichwohl andere suchen, quæ sua sunt; *ad Philip.* 2. *v.* 21. was sie wollen und ihnen beliebet; du aber wirf dich vollkommentlich in die liebreicheste Arme der göttlichen Vorsichtigkeit mit gänzlichem Vertrauen. Alles andere Hoffen ist umsonst, welches nicht gegründet ist auf JEsum, wie der gottselige Thomas a Kempis *Lib.* 3. *de Imit. Christi c.* 5. *n.* 3. sagt: Quia totum infirmum & instabile invenio, quidquid extra te conspicio. Alles ist umsonst, Freude, Liebe und Gunst, wo JEsus nicht zugegen ist. Wenn die Hoffnung anderstwohin zielet als auf GOtt, wird man mit Hoffen leicht zu Spott. Darum will ich ihm all mein Anliegen heimstellen, und vor das vergangene sammt dem Propheten ihm mit dankbaren Gemüth zuruffen: Benedictus es Domine, quoniam tu adjuvisti me & consolatus es me, *Psal.* 85. *v. ult.* Sey gebenedeyet o HErr, alldieweilen du mir geholfen hast und mich getröstet. Vor das zukünftige aber will ich mit ganzer Zuver-

Wintergrün.   S   ver-

verficht mich in seine gnadenreiche Arme werfen, auch beyneben meine Unkräfte in allen Begebungen ihm in aller Demuth kläglichst vortragen.

I.

Weil nichts anders ist mein Leben,
Als ein stets Gemüthgefecht;
Wo arglistig mich umgeben,
Des Plutonis Kriegesknecht:
Die des Streits gar wohl erfahren,
Kommen in verstellten Schaaren:
Darum ich allzeit verlier,
Und niemal victorisier.

II.

Wie verdrießlich ist das Kriegen,
Hab von ihm auch nichts gewußt;
Meine Pfeil ließ ich nur fliegen,
Durch ganz keuschen Liebeslust:
Ich in Lieb mich nur geübet,
Und mein liebsten stets geliebet,
Unbekannt das Fechten mir:
Darum ich allzeit verlier.

III.

Ich des Streits gar unerfahren,
Weis mich nicht zu schicken drein;
Zu begegnen seinen Schaaren,
Kann ich mich nicht lassen ein:
Ich der Kriegskunst nicht gewohnt,
Mars mich allzeit noch verschont:
Darum stets ich nur verlier,
Und niemal victorisier.

IV.

Zu der Linken, zu der Rechten,
Weis ich kaum zu kehren mich;

Nie gelernt hab ich zu fechten,
Noch im Feld zu stellen sich:
Ich hab oft mich schon verstecket,
Wann ich Pulver kaum geschmecket:
Ja ich selbst nicht traue mir,
Darum stets ich nur verlier.

V.

Ein Musquet wie sie zu laden,
Ist mir noch gar unbekannt;
Muß verlassen oft mit Schaden,
Den mir vorgenommnen Stand:
Weil auch niemand mich berichtet,
Wie ich muß seyn eingerichtet:
Darum stets ich nur verlier,
Und niemal victorisier.

VI.

Weis auch nicht wie zu formiren,
Ein Quadrat, Keil oder Scheer,
Noch den Säbel recht zu führen,
Weder werfen Pfeil und Speer:
Kann auch mich nicht männlich stellen,
Meinen Feind geschwind zu fällen:
Darum ich nur stets verlier,
Und niemal victorisier.

VII.

Wenn er mir den Streit ansaget,
Zu erscheinen auf dem Feld;
Und zugleich das Lager schlaget,
Nächstens bey des Herzenszelt:
Wenn ich sehe ihn gerüstet,
Bin ich zaghaft und entrüstet:

Drum

Drum ich nie victorisier,
Sondern allzeit nur verlier.

VIII.

Wenn ich mich schon will bequemen,
Zu ein rechter Gegenwehr;
Auch schon will die Schlacht anneh-
men,
Von sein wohl gestellten Heer:
Eh ich mich mit ihm kann schlagen,
Er mich gleich zurück will jagen:
Niemal ich victorisier,
Sondern allzeit nur verlier.

IX.

Wenn die Trommel wird gerühret,
Und das Feldgeschrey gehört;
Wenn er meine Schwachheit spüret,
Mein Gemüth wird ganz verstört:
Ja vor Furcht mein Leben schwindet,
Und des Streits Verlust verkündet:
Darum allzeit ich verlier,
Und niemal victorisier.

X.

Wenn denn die Schallmey erschallet,
Den Mann zu erfrischen an;
Oder jene Stimm erhallet,
Schlagt an auf den halben Mann:
Ich verlange schon zu fliehen:
Und dem Streit mich zu entziehen:
Darum allzeit ich verlier,
Und niemal victorisier.

XI.

Bald da nur wird Feur gegeben,
Und der Streit recht gehet an;
Ich in großer Furcht will schweben,

Und schon nicht mehr fechten kann:
Wenn die Stück ich höre knallen,
Mir das Herz schon ist entfallen:
Darum allzeit ich verlier,
Und niemal victorisier.

XII.

Wenn ich wäre Alexander,
Jener stets beglückte Held;
Oder könnte, wie ein ander
Hector, den Feind aus dem Feld
Ohne große Gfahr verjagen,
Und mich recht an ihme wagen:
Dieses wär zu wünschen mir,
Sonsten ich nur stets verlier.

XIII.

Auch so gar die schwache Weiber,
Ganz beherzt und unverzagt,
Haben ihre zarte Leiber
In die harte Kämpf gewagt:
Oft Bellona ist mit Morden,
Ihrer Feinde Meister worden:
Aber ich nur stets verlier,
Und niemal victorisier.

XIV.

Pentasiläa desgleichen
Sehr glückselig war im Streit;
Ist sie durch mannhafte Streiche
Ein Triumph hat ihr bereit:
Die Streithämmer sie erfunden,
Und dadurch oft überwunden:
Aber ich nur stets verlier,
Und niemal victorisier.

XV.

Wenn ein Feind nur wär obhanden,
Gwißlich dieß nur wäre gut;

S 2   Deren

Deren aber viel entstanden,
Also fällt mir Herz und Muth:
Welche alles listserfinder,
Und allzeit seyn Ueberwinder:
Darum stets ich nur verlier,
Niemal ich victorisier.

XVI.

Wär auch wohl noch zu ertragen,
Wenn es gieng um Leib und Gut;
Wollte mich auch nicht beklagen,
Um den mir entflohnen Muth:
Weilen aber solche Treffen,
Selbst die Seele mit betreffen:
Billig klag, weil ich verlier,
Und niemal victorisier.

XVII.

Diese schlimme Höllenfechter,
Treiben noch Gespött mit mir;
Ihnen bin ich zum Gelächter,
Weil ich stets den Sieg verlier:
Aber solche böse Gsellen
Zu verjagen in die Höllen,
Ist ein Hülf vonnöthen mir,
Daß ich auch victorisier.

XVIII.

Wer wird meiner sich erbarmen,
Wenn du nicht o großer GOtt!
Einst wirst helfen mir ganz armen,
Aus den Stricken aller Noth:
Ach! o großer GOtt mich Schlechten
Wollst mit deiner Stärk verfechten:
Sonst ich gwiß den Sieg verlier,
Und niemal victorisier.

XIX.

Ohne dich bin ich erlegen,
Ohne dich ich nichts vermag;
Wenn du führest nicht den Degen,
Leid ich stets ein Niederlag:
Ohne dich werd ich gefangen,
Von der falschverstellten Schlangen:
Hilf, damit ich nicht verlier,
Sondern auch victorisier.

XX.

Wollst die alte Schlang zertreten,
Treiben ihr Versuchung ab;
Auch von ihrem Pfeil mich retten,
Und mich mit dein Gnaden lab:
Daß, wenn ich mit ihr will schlagen,
In die Flucht ich sie könn jagen:
Endlich auch victorisier,
Und nicht allzeit nur verlier.

Wer aber den Versuchungen und Stricken des Teufels entgehen will, der muß kein Jonas von Nassau seyn, dessen Gedanken jederzeit nach Weingarten stehen, allwo er durch Erhandlung des Octobersafts sein Geschlecht erhöhet, und sich einen Herren von Kupferberg schreibet, denn wer durch den Wein nässer ist als der Prophet Jonas im Wallfisch, Jonæ. 2. ist schon gefangen in des Teufelsstrick.   Noch viel weni=

weniger muß er seyn von Stuben= oder Rosenfeld, indem
er gedenket in einer von Venere eingeheizten Stuben sich zu
gebrauchen der Rosen aller Ergetzlichkeit, denn wer die Ge=
fahr liebet, geht in ihr zu Grund; sondern muß aus Liebe
gegen GOtt alle Sünden, so viel ihm möglich, vermeiden,
und hergegen zu Besserung und Genugthuung seines Lebens
allezeit betrachten das bittere Leiden unsers HErrn JEsu
Christi, auch die ungestüme Begierden je mehr und mehr
unterdrücken, so viel es die Natur ertragen kann. Denn
wie der Heil. Jacobus *cap.* 4. sagt: Widerstehet dem Teu=
fel, und er wird von euch fliehen. Solches aber zu vollzie=
hen, solle man sich in Werken üben, welche zur Tugend ge=
hören, auf daß der höllische Seelenhund niemalen solchen
Menschen antreffe müßig, sondern vielmehr erfüllend mit
allerhand tugendvollen Gedanken, keinen Platz gestatte den
ungebührlichen Einsprechungen. Wer sich also verhält, der
hat sich vor dem Teufel nicht zu besorgen. Denn, gleich=
wie an der Hunde Hinken, an der Huren Winken, an der
Weiber Weinen, an der Gelehrten Meynen, an der Kra=
mer Schwören, Niemand sich soll kehren: Also soll auch
niemand achten die Versuchungen, der auf obbemeldte Wei=
se gewaffnet ist, und gesetzt, er wollte durch die Versuchung
einen Streit ankünden, wird er doch kein Siegen finden, un=
geachtet er auch sollte ein Schwert führen, so groß wie De=
genfeld, unweit Kreuzlingen, so wird er den Degen und
das Feld verlieren; ein kleines Kreuz mit Geduld und De=
muth übertragen, machet ihn zu schanden, sintemalen er an=
gebunden und nichts vermag, *Apocal.* 20. Er brüllet zwar
wie ein Löw, 1. *Petr.* 5. *v.* 8. und ohne Treue und Scheue
sperret er seinen Rachen weiter auf, als ein Waldesel in dem
Laufe, kann aber keinen verschlingen; Er zischet zwar wie eine
Schlange, und machet angst und bang, vermag aber nicht
vergiften. Er bellet zwar wie ein Kettenhund, zu errichten

S 3 viel

viel zu Grund, vermag aber nicht zu beißen.   Er ruft zwar
durch sein Jägerhüft, und bläßt dadurch sein Sündengift,
vermag aber keinen zu zwingen.   Er kömmt aus der Hölle
als ein falscher Geselle, gesellt er sich zum Menschen,
stellet ihm gefährlich nach, kann keinen doch verführen,
denn obwohlen er aus Irrland, da er durch seinen Hoch-
muth das Engelland verirret, gleichwohl niemand verführet ohne sondere Zulassung GOttes, und des Menschen selbst
eigener Nachläßigkeit.   Derowegen ihm nur dapfer zu widerstehen, und in keine Versuchung einzuwilligen.   Man
muß seyn als wie ein Felß, stossen daran die Winde, so geschieht es zu mehrer Versicherung.   Schlagen darwider die
Wellen, so wird er davon nur säuberer.   Der Regen netzt
das Kleid, aber das Herz nicht.   Wer recht thut, acht
es nicht, was Satan ihm einspricht: Gefochten oder verdorben, gelitten oder gestorben.   Haltet es vor lauter Freude, wenn ihr in mancherley Versuchung fallet, Jacob. 1.
die Ballen treibt das Schlagen, den Menschen erhöhet das
Plagen, sey also ein Ball, laß dich von den Anfechtungen
geschlagen werden bis in die Höhe des Himmels, sey mit
dem Heil. Paulo mit Trost erfüllet, und voll der Freuden
in aller deiner Trübsal, so wirst du nach Ueberwindung
der Versuchung und des kurzen Leidens ewig
leben in Freuden.

Das

Das eilfte Capitel.

In Hungersnoth,
Das best ist Brod.

Zur Zeit da die glückselige Sünderinn Magdalena bey der Mahlzeit eines Pharisäers Christo JEsu seine heilige Füße gewaschen, erhob sich in dem verrätherischen Gemüthe Judä, ein irriger Gedanke gegen die JEsu erzeigte Liebe, wie angenehm aber solches Werk dem liebreichesten Heilande gefallen, beweiset er solches selbsten in dem Werke *Luc.* 17. *Marc.* 14. Denn er machete ein großes Abendmal *Joh.* 13. *& Luc.* 14. nämlich der Geniessung des Osterlamms und Einsetzung des hochheiligen Sacraments des Altars,

nach)

nach deſſen Verrichtung er aufgeſtanden, ſeine Kleider ab-
gelegt ſich mit einem Schurztuche umgürtet, und den Jüngern die Füße gewaſchen. Wenn wir dieſes alles wohl erwägen, finden wir unterſchiedliche Tugenden, ſo hierinnen
Chriſtus geübet, und uns zu üben überlaſſen, beſonders jene zwo Schweſtern, die Liebe und Demuth, welche ſind ein
Grund aller guten Werke.

Die Liebe betreffend, ſo iſt ſie eine Tugend, welche
uns mit GOtt vereiniget, und durch welche wir ihn lieben
wegen ſeiner ſelbſt, und den Nächſten wegen ihm. Dieſe
Tugend iſt uns gar hoch anbefohlen. Denn alſo Chriſtus
demjenigen Lehrer des Geſetzes, welcher ihn verſuchend gefragt: Welches iſt das größte Geboth im Geſetz? geantwortet: Du ſollt den HErrn deinen GOtt lieben, von
ganzem deinem Herzen, von ganzer deiner Seele, und von
ganzen deinem Gemüthe; dieſes iſt das größte und vornehm-
ſte Geboth; das andere aber iſt dem gleich: Du ſollt deinen
Nächſten lieben, als dich ſelbſt, in dieſen beyden Gebothen
hängt das ganze Geſetz und die Propheten, *Matth. 22.*
Welches Geboth der Liebe Chriſtus nicht allein gelehret,
ſondern auch in dem Werke bey dem letzten geheimnißvollen
Abendmahl dem Verräther Judä und ſeinen auserwählten
Jüngern erzeiget, damit er zugleich erfüllete, was er bey
ſeinem Erzkanzler Matthäo befohlen: Liebet eure Feinde,
thut guts denen, die euch haſſen, und bittet für die, welche
euch verfolgen und beleidigen, auf daß ihr Kinder ſeyd eures Vaters, der im Himmel iſt, *c. 5. v. 44.* Welcher aber
nicht liebet, der bleibet im Tode, *1. Joh. 3. v. 14.*

Bey den Weltmenſchen geſchicht es zu dem öftern,
daß, wenn zwey Liebende von einander ſcheiden, eines dem
andern ſeine Abbildung zu einem ſteten Angedenken verehre;
damit durch ſolche Abbildung die Gegenwart des Abweſen-
den

den nicht in ein Vergeſſen komme, noch die angeflammte
Liebe erlöſche.

Viel ein gröſeres Kennzeichen ſeiner Liebe hat uns
Chriſtus, da die Zeit ſeines bittern Leidens vorhanden,
hinterlaſſen. Indem er nicht nur ſeine Abbildung uns zu
guter Letzt verehret, ſondern ſeine ſelbſt eigene Weſenheit
des allerzärteſten Fronleichnams, ſein Leib und Blut in dem
allerheiligſten Sacrament des Altars, damit wir ihn jederzeit vor Augen haben, welches uns niemalen kommen ſoll
aus dem Sinne. Und dieſes iſt jenes groſe Abendmahl und
Panquet, zu welchem viel berufen, *Lucæ.* 14.

Das erſte Panquet ſo in dieſem Jammerthal iſt geſchehen, war dasjenige, welches der böſe Feind Adam und
Evâ hatte zubereitet, denn dieſes geſchah in dem Garten:
Geneſ. 3. Aus ſolchem aber iſt erfolget die Ungehorſamkeit
gegen GOtt, der Betrug Evâ, die Verführung Adams,
und das Verderben des ganzen menſchlichen Geſchlechts:
alſo daß Adam und Eva die Frucht verkoſtet, und uns allen den Tod angemoſtet, ein ſaurer Biß.

Rebecca hatte dem Iſaac eine Mahlzeit gehalten,
durch welches Eſau um ſein Erbtheil kommen, Jacob aber
die Erſtgeburth einnahm; alſo daß Iſaac den Segen gab,
dem er nicht vermeynte, und Eſau verlohr Mühe und Arbeit bey der Jagd, *Geneſ.* 27.

Abſolon hatte allen ſeinen Brüdern ein Gaſtmahl zugerichtet, durch welches ſein Bruder Ammon erſchlagen,
ſeine Schweſter Thamar geſchändet, David ihr Vater betrübet, und das ganze Land geärgert worden, 2. *Reg.* 13.

Job hatte ſieben Söhne und drey Töchter, ſolche ver-
richteten einen guten Schmaus in ihres älteſten Bruders
Haus, aber es ſchlug übel aus, alſo daß alle zehen Ge-

Wintergrün.　　　　T　　　　　ſchwi-

schwiſtrige ihr Leben verlohren, ehe ſie von dem Tiſche aufgeſtanden, *Job.* 1. Wohl luſtig das GOtt erbarm.

König Balthaſar hielt allen ſeinen Ehe= und Kebs=weibern ein treffliches Panquet, weilen aber die güldene und ſilberne Geſchirre, mit denen er bedienet wurde, aus dem Tempel zu Jeruſalem geraubet worden, als iſt erfolget, daß ſowohl der König als ſeine Weiber noch dieſelbige Nacht alle ſind umkommen, *Daniel.* 5.

Aſſuerus hielt ein ſtattliches Gaſtmahl, aber ſolches hat verurſachet, daß die Königinn Vaſthi iſt entſetzet, viel Edle in der Stadt Suſis erwürget, und Aman gehenket worden. Solches Gaſtmahl daurete an der Zahl hundert und achtzig Tage, *Eſther.* 1. Dieſe zumal ſind alle große Gaſtmale, aber ein weit größeres hat gehalten der ſeligſte JEſus, denn es war groß, weilen es von dem großen GOtt iſt mit großer Liebe vorgeſtellet, indem er ſolches hervor gebracht mit groſſem Wunderwerke, durch welches er gemacht hat ein Gedächtniß all ſeiner wunderbarlichen Werke, in welchen begriffen alle Schätze Himmels und der Erde. Iſt alſo nichts mehr übrig, als daß wir mit großer Sorge, Glauben, Hoffnung und Liebe uns dazu fügen, denn es nicht genug nur allein es ohne Tugend genieſſen, ſondern man muß es durch die innerliche Empfahung mehrer verkoſten, als durch die äußerliche Genieſſung. Solches innerliche Verkoſten aber wirken die drey obgemeldete Tugenden neben der großen Sorge.

Die Sorge belangend, ſtehet dieſelbige in dem Fleiße und Erforſchung des Gewiſſens und Reinigung der Seelen. Solche Reinigung aber erfordert eine wahre Beicht, oder vollkommene Reue. Aber die vollkommene Reue iſt ein Schutz, welcher ſeinen Urſprung hat aus dem, weilen ihm, dem Menſchen, aus rechter Liebe und Treue gegen ſeinen

GOtt,

GOtt, in dem Herzen leid ist, daß er seinen gütigsten und barmherzigsten Vater als GOtt erzürnet und beleidiget hat, mit Vorsatz sich zu bessern, *Concil. Trid. Seff.* 14. *c* 1. Und wenn schon weder Himmel noch Hölle, ihm dennoch leid ist, daß er jemalen wider seinen Erschaffer, als das höchste Gut gesündiget hat, *S. Thomas* 3. *p. q.* 85. *a.* 1. 2. 3. Es sind zwar viel, die sich ohne Unterlaß Sünder nennen, und haben doch Lust zu sündigen. Dieses ist eine Bekentniß aber keine Besserung. Die Seel wird angeklagt, aber nicht geheiliget, *S. August. Serm.* 7. *de temp.* Eine wahre Reue erfordert einen nicht geringen Haß der begangenen Sünden, einen steifen Vorsatz sich von Lastern zu hüten, und zwar aus Liebe gegen GOtt von ganzem Herzen. Ein solches Herzenleid allein durchbrennet wie Feuer alle innerliche Unthat, und so viel sie Uebels findet, alles abwischet, ja ganz austilget, *S. Chryf. l.* 2. *de compunct. cordis.* Wie solches der Prophet schon längsten vorgesagt: Cum averterit se impius ab impietate sua, ipse animam suam vivificabit, *Ezech.* 18. Wenn sich der Gottlose von seiner Gottlosigkeit abwendet, wird er seine Seele lebendig machen. Solche Reue ist GOtt ein angenehmes Opfer, ein zerknirschtes Herz verachtet er nicht, *Psal.* 50. Darum nennet sie der Heil. Ephrem, *Lib. de die Judicii c.* 5. ein Heil der Seelen, eine Erleuchtung des Gemüths, und Erwerbung der Vergebung aller Laster.

So nun denn die wahre Reue in dem Herzen gefasset ist, also folget die Beicht, welche ist eine Erkenntniß, durch die jede verborgene Krankheit der Seele angezeigt wird, mit Hoffnung der Nachlassung und Verzeihung: nämlichen wenn der Mensch alles bekennet, dessen er schuldig ist; auch nichts wissendlich oder williglich verschweiget, und die auferlegte Buße in dem Stande der Gnaden verrichtend, seine Schuld mit dem offenen Sünder bekennet, *Luc.* 18.

dieses ist viel ein wärmerer Brustfleck der in Liebe gegen
GOtt erkalteten Seele, wenn man durch wahre Reue vermischet, mit entzündeten Liebsfeuer gegen seinen Erschaffer
auf die Brust schlägt, als wenn der Leib verhüllet würde in
einer ganzen Ballen Baumwolle.　　Darum sagt der Heil.
Bernhardus, *Serm.* 16. *in Cant.* fein kurz: Beichte alles,
was dein Gewissen nagt, demüthig, rein vollkommen und
aufrichtig; obwohlen GOtt keinen Menschen auf den Stuhl
setzet und aufwartet, läßt er seine Ungnade gar leicht über
die Knie abbrechen, wenn man vor ihm auf die Knie nieder-
fället und um Verzeihung bittet; wie das große Kirchenlicht
Augustinus *Homil.* 12. *ep.* 50. sagt: Unser GOtt, als der
gnädig und barmherzig ist, will, daß wir unsere Sünde hier
in der Zeit beichten, damit wir inskünftig um deren willen
nicht zu Schanden werden.　　Denn die Buße ist die Schlin-
ge Davids, welche mit den dreyen Steinen der Reue,
Beicht und Gnugthuung bewaffnet ist, und die Sünde völlig tödtet, 1. *Reg.* 17. Sie ist die Leiter Jacob, *Gen.* 28.
auf der die christglaubigen Seelen wie die Engel gen Himmel steigen.　　Sie ist der Jordan, welcher den Naaman von
dem Aussatz reiniget, 4. *Reg.* 5. Sie ist jener Teich, welcher allerhand Gepreste und Krankheiten heilet, *Joh.* 5. Sie
ist jener ungeheure große Wallfisch, *Jonæ.* 2. der in dem
Meer dieses Jammerthals herumschwimmet, und den armseligen Jonas an dem Ufer frisch und gesund hinaus wirft.
Endlich ist sie der Stab Moysis, *Exod.* 7. *v.* 12. der die
Schlangen der Aegyptier verschlinget, nämlichen unsere Laster und Sünden.　　Darum hat Christus befohlen, allen
Völkern die Buße zu predigen zur Vergebung der Sünden,
Luc. 24. *v.* 47. weilen er alle selig zu werden verlanget, wenn
wir uns nur zu ihm bekehren, und ihn suchen von ganzem
Herzen, wie Moyses spricht: Cum quæsieris Dominum Deum
tuum, invenies eum, si tamen toto corde quæsieris & to-

ta tribulatione aniinæ tuæ, *Deut.* 4. *v.* 29. *& 30. v.* 10. Wenn
du den HErrn suchen wirst, so wirst du ihn finden, wenn
doch du ihn suchest von ganzem Herzen, und in ganzer Betrübniß deiner Seele. Wie GOtt selbsten solches durch seinen Propheten bezeuget: Quæritis me, & invenietis, cum
quæsieritis me in toto corde vestro, *Jerem.* 29. *v.* 13. Ihr
werdet mich suchen und finden, wenn ihr mich von ganzem
euren Herzen suchet. Bekehret euch zu mir von ganzem eurem Herzen, mit Fasten, Weinen und Klagen, *Joel.* 2. *v.* 12.
und durch Malachiam er uns seine Gnad ansagen läßt: Re-
vertimini ad me, & revertar ad vos, *Malach.* 3. *v.* 7. Kehret
wieder zu mir, so will ich mich wieder zu euch kehren. Der
Anfang aber unserer Bekehrung ist, wenn wir fürchten denjenigen, welcher Seele und Leib kann zum höllischen Feuer
verdammen, *Matth.* 10. *v.* 8. und ihn auch zugleich lieben.
Timor Dei initium dilectionis ejus, *Eccles.* 25. *v.* 16. Die
Furcht des HErrn ist seiner Liebe Anfang. Darum der
Heil. Augustinus *Tract.* 9. *in Ep. Joh.* sagt: Die Furcht treibet dich, aber fürchte dich nicht, die Liebe wird folgen, welche heilet, was die Furcht verwundet hat. Furcht ist die
Arzney, Liebe ist die Gesundheit. Wie dieses David gar
gut erfahren, da er spricht: Dixi, confitebor adversum me
injustitiam meam Domino, & tu remisisti impietatem peccati
mei, *Ps.* 31. *v.* 6. Ich habe gesagt, dem HErrn will ich
wider mich meine Ungerechtigket bekennen, und du hast die
Gottlosigkeit meiner Sünden vergeben. Zu Vergebung
aber der Sünden nutzen vortrefflich die drey göttliche Tugenden, welche darum göttlich genennet werden, weil sie
ihr erstes Absehen auf GOtt gerichtet haben, und ihre Vortrefflichkeit in dem besteht, daß sie zuförderst auf GOtt zielen, nicht zwar als Theil der Buße, sondern als eine
Grundveste der christlichen Religion, so allen verständiges
Alters nothwendig ist.

T 3　　　Den

Den Glauben betreffend, so ist er eine Grundfeste deren Dingen, die man hoffet, und ein sicherer Beweis, deren, die nicht gesehen werden, *Hebr.* 11. Muß also der Glaube und seine Gewißheit gegründet seyn auf die Zeugniß GOttes, der weder betrogen werden, noch betriegen kann: Ja auch nicht offenbaren etwas, als das wahrhaftigste. Denn wenn GOtt etwas falsches offenbarete, so müßte solches aus Unwissenheit oder aber aus einer Bosheit geschehen. Keines aber kann seyn, indem seine unendliche Weisheit und unaussprechliche Gütigkeit solches nicht zulassen. Derowegen solle uns gnug seyn, zu erlangen den Verdienst dieser göttlichen Tugend, daß GOtt gesprochen: Hoc est corpus meum, *Matth.* 26. *Marc.* 14. *Lucæ* 22. 1. *Cor.* 11. das ist mein Leib, ohne daß wir verlangen den Ursprung, Ursache und Erklärung, wie und auf was für Weise es geschehe. Denn wie der Heil. Gregorius *Homilia* 26. sagt: Daß der Glaube kein Verdienst habe, wo die menschliche Vernunft eine solche Erfahrniß hat, daß sie es mit den Händen greift, sondern selig sind die nicht gesehen, und dennoch geglaubet haben, *Joan.* 20. *v.* 29. Müssen also wahrhaftig glauben, daß Christus JEsus mit Gott- und Menschheit in diesem hochheiligen Abendmahl, so er zu einem Sacrament eingesetzt, zugegen sey mit Leibe und Seele, Fleisch und Blut, wie seine jungfräuliche Mutter ihn auf ihren Armen getragen, auch wie er in dem Himmel gegenwärtig ist, in vollkommener Klarheit und Glorie. Ganz in einer ganzen Hostien, und ganz in einem jeden Theil derselben. Gleichwie ein ganzes Haus in einem ganzen Spiegel gesehen wird: Wenn aber solcher Spiegel sollte zerbrochen werden, ist dennoch das ganze Haus in einem jeden Theil desselben zu sehen. Wie nicht weniger die Sonne in einem Geschirre voll Wassers sich vollkommen erzeiget: Wenn aber mehr solcher Geschirre in die Sonne gestellet werden, so
wird

wird nichts deſtoweniger in einem jeden Geſchirre dieſelbige
Sonne völlig geſehen, als in einem nur allein: Alſo die
Sonne der Gerechtigkeit Chriſtus JEſus in einer jedē conſecrir-
ten Hoſtien vollkommen zu empfangen iſt, und in vielen eben-
derjenige, der er iſt in einer, und was er iſt in einer, das
iſt er auch in der andern, und ſolches nennet der Heil. Auguſtinus: Sacramentum corporis & ſanguinis Chriſti, *Lib.*
III. de Trin. c. 4. Ein Sacrament des Leibs und Bluts
Chriſti.

Welche glaubige Seele bey ſich unveränderlich glaubet, daß, und wie in dieſem hochheiligen Sacramente gegenwärtig ſey Chriſtus, Menſch und GOtt, welcher mit ſeiner göttlichen Gegenwart ihr geben und mittheilen will alles, was ſie von ihm bittet, das zu ihrem Nutzen, wird ſie
gar oft mit tröſtlicher Zuverſicht und mit innerlicher Ruhe
des Herzens überſchüttet werden. Denn ſolcher lebendige
Glaube wirket dem Menſchen, daß ihm ſeine Sünden leichter verziehen werden, von den Mackeln der Laſter gereiniget, und ſein Herz bereitet wird durch den Glauben Chriſto
zu einem Ruhebettlein. Wenn er nun dieſes mit wahrem
Gemüth glaubet, daß der Bronnen aller Gnaden, unter
den Geſtalten des Brods und Weins verborgen, ſo dürſtet
er nach ihm, als wie ein Hirſch nach einer friſchen Bron-
nenquelle, *Pſalm. 41. v. 1.* und ſtellet all ſeine Hoffnung auf
ihn. Denn wie der Heil. Kirchenlehrer Auguſtinus *in Pſal.*
62. v. 2. ſchreibet: Ipſum deſiderium ſitis eſt animæ: Daß das
Verlangen der Seelen ſey der Durſt deſſelbigen.

Die Hoffnung aber iſt die andere göttliche Tugend,
die den Willen des Menſchen hinbringt und gewohnt machet, auf oder in GOtt zu hoffen, als auf ſein eigenthüm-
liches und höchſtes Gut, daſſelbige vermittelſt der Gnade
und der guten Werke zu erlangen. Der menſchliche Wille
aber

aber richtet sich auf GOtt durch zweyerley Weise der Liebe: nämlichen durch die Liebe der Freundschaft, wenn der
Mensch GOtt liebet allein um GOttes willen, indem der
Glaube den allerhöchsten GOtt, als das vollkommenste
Gut, vorstellet.   Und denn auch durch die Liebe der Begierlichkeit, wenn der menschliche Wille sich nach GOtt erhebet und richtet, in Ansehung, daß er ihm gut ist, dessen
er zu geniessen verlanget: Diese Liebe gehöret zu der Hoffnung.   Denn er der Mensch im Heil. Sacrament hoffet zu
empfangen GOtt als das leibliche Pfand, dadurch die
Seele erlöset wird von allen Banden ihrer Sünden.   Er
hoffet ihn als ein verzehrendes Feuer, so durch seine Gegenwart verzehret alle Distel und Dorn der Seele, welche sind
die Untugenden und Laster.   Er hoffet ihn als eine wahre
Angelica-Wurz, wider alle Anfechtungen: als ein wahres
Engelbrod, wider die Schwachheit der Seele; tränket,
stärket, vereiniget sich mit ihr, *Deut.* 4. *v.* 24.   Denn er darum sich uns gegeben in der Gestalt der Speise, und hat selbe an sich genommen, auf daß er durch sich selbsten den
Menschen geistlicher Weise erquickete, und von allen Lastern
reinigte.   Sanguis Christi emundabit conscientiam nostram
ab operibus mortuis, *ad Hebr.* 9. *v.* 14.   Ja wie der Heil.
Damascenus *Lib. IV. c.* 4. sagt mit andern, so bringet die
Communion dem Menschen auch die liebliche Gesundheit, da er ausdrücklich spricht: Die Heil. Communion gereichet Leib und Seele zu Nutz und Schutz.   Denn der innerliche Zunder der Sünde, oder der gloschende Unmuth
der hitzigen Begierlichkeiten durch Geniessung solcher heilwirkenden Arzney stark gelöschet, und gedämmet wird.
Woraus folget, daß der Mensch in dessen Empfahung auch
dem Leibe nach eben daher ein besseres Temperament und
Leibesbeschaffenheit empfindet, ja auch wohl die Gesundheit selber erlanget.   Darum spricht der Heil. Bonaventura

tura, *in Compendio Theol. veritat. l. 6. c. 15.* Es sey eine Arzney den Kranken, ein Weg den Reisenden, und eine Stärke den Schwachen: Und der Heil. *Cyprianus Serm. de Cœna Dom.* nennet es: Medicamentum simul & holocaustum ad
sanandas infirmitates.

Zwo Ursachen sind, welche den Menschen zu den leiblichen Speisen treiben und anreizen: Das erste und vornehmste ist die Wollust, welche der Mensch in solchen empfindet. Ursache dessen sind viel beschaffen wie die Epicurer,
die sich insgesammt haben in die Kirche verfüget, und ihre
Götter gebethen, daß sie ihnen wollten lange Kranichhälse
bescheren, damit die Speisen länger in dem Hals verblieben
und sie darob mehrer Freude empfiengen. Denn sie vermeynten, daß nicht allein des Menschen, sondern auch der
Schlund etwelcher Thiere viel zu kurz seyn.

Die Wollust in dem Essen ist nicht allein ein gefährliches Uebel in dem Gewissen, und schädlich für den Leib,
sondern ist auch ein fressender Wurm in dem Beutel. Ein
Lust ist es, wenn er mit Hunger isset, aber eine Unlust ist
es, wenn man so oft nach Beutelburg fahren muß. Denn
obschon ein gutes Bißlein lieblich zu dem Magen hinab geht,
so will doch das Geld, ob es schon den Seckel verläßt,
hart von dem Herzen weichen. Uneracht es bey vielen geschieht, weil sie auf einmal mehrer zu verzehren sich erkühnen, als sie einen ganzen Monat verdienen, daß sie gezwungen werden ihre Kleinodien und Silbergeschirr zu den
Juden zu schicken, Hebräisch zu lernen: Unangesehen bey
solcher Beutelausleerung der Leib angefüllet wird mit Krankheit, und die Seele bemakelt mit Laster.

Cleopatra hielt ihrem lieben Antonio eine Mahlzeit,
bey welcher zwey Kleinod, so 250000. Kronen werth waren,
aufgesetzt und verzehret wurden, *Majolus Colloq. 19. gent. dierum.*

Wintergrün. U

rum. aber in dem hochheiligen Abendmahl werden aufgesetzt die zwey köstlichste und unschätzbarlichste Kleinod, die Gott-heit und Menschheit Christi.

Der römische Bürgermeister Antonius Geta, hielt ein Panquet nach den Buchstaben des Alphabeths von Fisch und Fleisch: also daß er befahl, eben so viel Speisen anzu-richten, als so viel Buchstaben in dem Alphabet sind, auch bey einem jeden Buchstaben alle Speisen vom Fleische und Fischen, die zu bekommen waren, und von solchen Buchsta-ben anfiengen. Dieses A B C zu lernen, würden die freßi-ge Zechbrüder viel begieriger seyn, als die in die Schulge-hende Jugend, zu buchstabieren.

Garzonius in dem Titel von Fressern schreibet, daß einer so schleckerisch gewesen, was besonders und viel zu es-sen, daß er so gar sein Weib im Bette gefressen. Wenn jetziger Zeit dergleichen schleckerische Schlecker sich befänden, würden die Weibsbilder behutsamer seyn, Beyschläferin-nen abzugeben. Obwohlen bey unzüchtigen und geilen Zu-sammenkünften des Schleckens und Beckens kein Ende ist.

Wer von Kandel, einem Flusse in dem Berner Gebieth nach Zug in Schweitzerland verreiset, der nimmt seinen Weg über Unterseyen, einer Stadt desselbigen Landes. Wer von der Kandel nach starken Zügen begehret, der kömmt gar oft unter die Säue, und wird ärger als ein Schwein. Denn ein solches Thier, so wild oder heimisch es auch ist, so ist es und bleibet ein Thier! allein der Mensch weis öfter-mal nicht, ob er ein Weiblein oder Männlein ist, und öf-ters mehr sich in dem Unflat der Sünden umwälzet, als ein Schwein in dem Koth, darum ihm auch nicht unbillig nüch-tern seltsame Bären angebunden werden.

Die

Die andere Ursache, welche den Menschen antreibt zu der leiblichen Speise, ist die Bedürftigkeit der Natur, damit er nicht sterbe. Die Natur aber ist dermaßen mäßig, daß sie sich nicht allein mit der Nothdurft läßt beschlagen, sondern auch der Ueberflüßigkeit nicht achtet. Wer sich einen Menschen erkennet, der soll seine Freyheit nicht verpfänden, weilen es seine Sinnlichkeit begehret, sondern weil es die Billigkeit räth. Denn der Mensch lebet nicht von wegen des Essens, sondern er isset von wegen des Lebens. Obwohlen viel mehr Leute ersaufen in dem Weinglase, und ersticken in den Freßhäfen, als daß sie eines natürlichen Todes sterben.

Wenn nun der Mensch die Wollust und Bedürftigkeit in den leiblichen Speisen suchet, so wird er selbige vielmehr finden in diesem hochheiligen Sacramente des Altars: Die Wollust belangend, so wird sie in der ganzen Heil. Schrift nicht süsser gelesen, ohne dem Himmelbrod, als in dem Honig; welchem oft diese Seelenspeise verglichen wird. Denn als Samson das Honig in dem Rachen des Löwen gefunden, schrie er auf: De comedente exivit cibus, & de forti egressa est dulcedo, *Judicum.* 14. v. 14. v. 18. Von dem Essenden ist Speise ausgegangen, und von dem Starken die Süßigkeit. Und kurz darauf folget: Quid dulcius melle? Was ist süsser denn Honig. Diese Figur kann gar wohl als ein Schatten und Vorbild dieses Sacraments gehalten werden, sintemalen solches auch aus dem Munde des wahren Löwen, von dem Geschlechte Juda, Christi JEsu, in dem letzten Abendmahl ausgegangen ist, als er gesprochen: Hoc est Corpus meum, 1. *Cor.* 11. Das ist mein Leib. Solche Süßigkeit aber kann keiner würdig aussprechen, in welchem die geistliche Süssigkeit durch Untugenden überzogen wird. Denn wie der Heil. Cyprianus *Serm. in Cœna Dom.* sagt: Daß dieses Brod übertreffe den Geschmack aller

U 3   ler

ler fleischlichen Speisen und die Wolluft aller Süßigkeit.
Der aber solche Süßigkeit nicht empfindet, dem ist die Schuld
nur selbsten beyzumessen, weil er solches nicht gebührender
Weise genieffet.   Weilen er etwas bitters in dem Munde
hat, dem ist Zucker und Honig auch unangenehm: Also kann
keinem diese Speise süß seyn, der in seinem Herzen den gal-
lenbittern Zorn, Neid und Haß, Füllerey und Fraß, samt
andern Lastern herum trägt.   Denn wo man an dem Sonn-
tage vom Fressen und Saufen mehr brennet als die Mittag-
sonne: Wo man an dem Montage völler ist, als der Voll-
mond: Wo man an dem Dienstage dem Baccho und Ve-
neri mehr dienet, als der fleißigste Dienstboth: Wo man
an den Mittwochen lieget mitten in allerhand Sünd und
Untugenden: Wo man an dem Donnerstage viel mehr don-
nert mit Fluchen und Schelten , als in dem mit Donner
und Blitz angefüllten Zeughause Jupiters: Wo man an dem
Freytage, da unser Erlöser und Seligmacher für uns an dem
Stammen des Heil. Kreuzes gestorben, sich frey und ohne
Scheu stürzend in die erschreckliche Laster, das vergossene
Blut JEsu mit Füssen tritt: Wo man an dem Samstage
zusammen kömmt, und zusammt dem Spielen und Luderleben abwartet: Wo jeder Tag ein Faßnachttag, wo jederzeit
der Tisch bereit: Jede Stunde ist voll der Mund: Wo es
unaufhörlich pflegt zu heißen, richt an die Speisen, lauf,
trag auf, dieß und das, Kandel und Glas, schenk ein,
Bier und Wein, ut, re, mi, fa, sol, alles ganz voll:
Dem wird wenig von diesem göttlichen Mahl der Süßigkeit
zu theil werden.   Denn wer auf solche Weise vor GOtt
die Suppen verschüttet, der hat kein besseres Tractament
zu gewarten.   Kraut vor die Narren: aber was für ein
Kraut? Ach wenn das Tausendgüldenkraut der mehr als
guldenen und göttlichen Gnaden so oft verscherzt ist worden,
als gehöret kein anders für sie als Eisen- und Besenkraut,

                                                    das

das Schwert und die Ruthe der göttlichen Strafen: Körb-
le- und Teufelskraut, da ihnen nach so vielem Löffelkraut durch
gerechtes Urtheil GOttes zu den himmlischen Freuden wird
ein Korb gegeben, und werden hingeschickt zu dem Teufel,
ewig geplagt zu werden.   Noch vielweniger muß einer ein
Burger seyn zu Fleckenstein, da die Seele gar zu stark von
Lastern beflecket ist: oder ein Einwohner zu Schwarzenfels,
da er härter als ein Fels in den Sünden verhärtet, und also schwarz gefunden wird, daß man ihn an statt einer Koh-
le gebrauchen könnte; sondern er muß seyn von Weißenburg,
nämlich ganz rein und weiß an der Seele, denn der allerhöchste GOtt bey keinem solchen schwarzen kohlenbrenne-
rischen Herzen oder fleckelkrammerischen Herzen einkehren
will.

.   Die Bedürftigkeit der Natur treibt den Menschen
darnach auch zu dieser Speise, damit seine Seele nicht sterbe: Denn, wie der Heil. Cyprianus Alexandr. *Lib. 3. in
Joann. c.* 37. meldet, machet sie lebendig den Leib, und bringt
ihn zu der Unzerstörlichkeit durch die Genießung, weil sie
ist nicht eines andern Leib, sondern das Leben selbsten Christi,
und behält die Kraft des Worts, das ist Fleisch geworden,
voll desselben Gewalt, durch welche alle Ding leben und sind.
Denn gleichwie das leibliche Brod das Herz des Menschen
stärket, und der Wein dasselbige erfreuet, also das Fleisch
und Blut Christi, unter diesen Gestalten erquicket die Seele; derohalben wird es genennet das Heil unsrer Seelen.

Wer aber zu diesem hochheiligen Sacrament nützlich
hinzutreten will, der wende allen Fleiß an, solches zu empfangen mit Reinigkeit des Leibs und der Seele, mit inbrünstiger Andacht und Betrachtung der Liebe, Leben und
Tod Christi JEsu: mit einem bereiten Willen zu den Tugenden, mit demüthiger Unterwerfung seines eigenen Wil-

lens

lens in das Wohlgefallen GOttes, das Herz rein behaltend von allen sündlichen Begierden, angefüllet aber mit allerhand Tugenden und Uebungen der Liebe, und zwar ohne Maaß, auch ohne Gefährten. Denn die Ursache, warum die Seele GOtt lieben soll, ist GOtt selber, die Manier und Weise aber, wie sie GOtt lieben soll, ist ohne Maaß; Sintemal GOtt ist ein unendliches Gut, also daß seine Güte nicht kann ermessen oder ergründet werden: darum gebühret es einer vernünftigen Seele, GOtt zu lieben ohne Maaß.

Ja sagt etwann einer: Ich glaube es, daß GOtt ein unendliches Gut, aber eben darum: weil es unendlich und unermeßlich, wie soll oder kann eine Seele, welche endlich und ermeßlich, solches unendlich und unermeßliche Gut ohne Maaß und unendlicher Weise lieben?

Ich ergreife solchen Einwurf, und gebe zur Antwort: Wenn zu finden wäre eine unendliche Tiefe, welche sollte angefüllet werden, dazu wäre vonnöthen eine unendliche Sache. Nun hat GOtt unsere Seelen dergestalt erschaffen, daß sie ihrer Begierde halber gleichsam einen unendlichen Abgrund haben, welcher anderst nicht kann erfüllet werden, als mit einem solchen Gut, welches unendlich ist. Derohalben je mehrer eine Seele GOtt begehret, je mehr kann sie ein Verlangen nach ihm tragen, und je mehr sie ihn liebet, je mehr kann sie ihn mit Liebe umfangen. Darum sagt der Heil. Paulus: Ich bitte, daß eure Liebe jemehr und mehr reich werde: Hoc oro, ut charitas vestra magis abundet. *ad Philip.* 1. *v.* 9.

Sie soll ihn denn auch lieben ohne Gefährten, also daß sie keine Creatur in den Grad der Liebe kommen lasse, in welchem Grad sie ihren Bräutigam liebet, sondern muß alle Creaturen nicht anderst als nur um GOtt, zu GOtt und in GOtt lieben, also zwar, daß sie alles in GOtt,

und

und GOtt zuförderst in allem liebe. Denn wie kann ein
Bräutigam ihm einbilden, daß seine Braut ihn vollkommen liebe, wenn er verspüren muß, daß sie ihre Liebe mehrer gegen andern ausgieße, als gegen ihm, und ihre Freude mehrer suche in andern Sachen, als bey ihm: Weil aber
JEsus verlanget das Liebste zu seyn seiner Braut, so will
er nicht haben, daß sie ihre Liebe einem andern mittheile,
sondern will ihr alles seyn in allem. Darum sie mehrer anzureizen zu einer wahren Gegenliebe, gibt er sich ihr zu einer Speise. Damit weilen die Speise zur Erhaltung des
Lebens das allernothwendigste, wenn sie davon würde essen,
bleibe in ihm und er in ihr, *Joan. 6.* Denn sicut, si quis
ceram igne liquefactam aliæ ceræ similiter liquefactæ ita mi-
scuerit, ut unum quid ex utrisque factum videatur: sic com-
municatione Corporis & Sanguinis Christi ipse in nobis est,
& nos in ipso, *S. Cyrill. Alex. L. 10. in Joan. c. 13.* Gleichwie zwey Stücke Wachs durch das Feuer ganz weich also
können untereinander gewirket werden, daß nur ein einiges
zu seyn erscheinet, also durch Nießung des Leibes und Bluts
Christi ist er in uns, und wir in ihm.

Eine jede Liebe hat ihre Kraft und Wirkung, und
kann die Liebe in dem Herzen eines Liebenden nicht müssig
seyn, sondern ist nothwendig, daß sie wohin führe, und
leite. Zu erkennen aber, was es für eine Liebe sey, ist zu
beobachten, wohin sie leite. Denn wie der Heil. Augustinus *in Psal. 1. v. 21.* spricht: Non enim monemus, ut nihil
ametis: sed monemus, ne mundum ametis; ut eum, qui fe-
cit mundum, libere ametis. Wir begehren von Niemand,
daß nichts geliebet werde, sondern wir verlangen, daß man
der Welt nicht so sehr ergeben seyn solle, damit derjenige,
welcher die Welt gemacht hat, desto freyer geliebet werde.
Denn eine Seele verstricket in der irdischen Liebe, ist gleichsam bestrichen mit Vogelleim, derohalben sie sich nicht kann
in

in die Höhe schwingen: Hingegen aber, so sie entblöset
von allen schändlichen Neigungen der Welt, wird sie, als
mit ausgebreiteten Federn und Luft schlagenden freyen Flügeln
der zwey Gebothen, göttlicher und des Nächsten Liebe,
sich in die Winde erheben.   Sintemal wie soll sie nicht in
die Höhe steigen mit Fliegen, wenn sie sich erhöhet mit Lieben: Wie es der Braut in den hohen Liedern ergangen, erhellet aus ihren eigenen Worten: Quia amore langueo,
Cantic. 7. da sie sagt, sie seye aller schwach aus lauter Liebe.
Warum aber ist sie schwach vor Liebe? Die 70. Dolmetscher
lesen vor jene Worte Amore langueo, Charitate vulnerata
sum, weilen sie von der Liebe verwundet ist.   GOtt verwundet seine verliebte Braut mit dem Pfeile seiner Liebe,
wenn er sie antreibet zu dem Lieben, damit er wieder von
ihr mit einer Gegenliebeswunde zerschrundet werde. Wie
er sich denn einer solchen Wunde sonderbar rühmet: Vul-
nerasti cor meum.   Du hast verwundet mein Herz.   Mit
was aber, oder in wem? In uno oculorum tuorum, *Cantic.*
4. *v.* 9. in einem deiner Augen, nämlich in jenem Auge, mit
welchem sie ihre ganze Neigung und Meynung ihrer Liebe
hingerichtet: Diejenige Seele, welche ihre vollkommene Liebe in GOtt setzt, schießet GOtt mit einem Pfeile, und also durchschoßen machet sie ihn ihr zu eigen. GOtt die Liebe
wird bestricket, durch die Liebe und zwar gern; denn er verwundet zuvor, damit er zerschrundet werde. Er fordert aus
die Seele zu der Liebe, er liebet, auf daß er geliebet werde: er will geliebet seyn, damit er hinwiederum lieben könne, und mit seiner Liebe verwunden, weil er verlanget,
daß die Seele gestürzet werde in eine heilige und liebliche
Schwachheit, in welcher Schwachheit ihr keine Liebe be-
liebe, oder Trost sie tröste, als nur der seine allein.   Welches denn gar schön bekräftiget der Heil. Gregorius, *Homil.*
XV. in Ezechiel. sprechend: Mens talis nullam praesentis se-
culi

culi recipit consolationem, sed ad illam, quam diligit, me-
dullitus adspirat vilis sit ipsi ipsa salus corporis sui, quia trans-
fixa est vulnere amoris. Ein solches Gemüth behält ihm
kein Ding dieser Welt bevor, sondern seufzet inbrünstig zu
demjenigen, so es liebet: Ja das einige Heil seines Leibs
wird ihm verächtlich, weil es verwundet ist mit der Wunde der Liebe. Niemand aber solle ihm einbilden, daß,
wenn er von der Liebe verwundet, presshaft sey: Nein,
sondern wer die Liebe hat, der hat alles, und ohne die Liebe nichts. Durch die Liebe laufet man in den Himmel zu
GOtt, wie der Heil. Augustinus *in Psal.* 35. *ad v.* 6. sagt:
Pedes tui charitas tua est. Deine Füße sind die Liebe. Befleisse dich zu haben zween Füße, und sey nicht hinkend.
Welches sind aber die zween Füße? Die zwey Gebothe der
Liebe GOttes und des Nächsten, mit diesen Füßen eile,
und laufe zu GOtt, so wird dich bestralen die Sonne der
Gerechtigkeit mit ihren Gnadenstralen, und wird ausdrü-
ckend vertilgen alle Mackel deines Herzens, damit, wenn
der HErr die Seinigen wird rufen, du unter denjenigen
gezählet werdest, zu denen er spricht: Kommet ihr Gebene-
deyte meines Vaters *Matth.* 25. *v.* 34. Wohin? Præparasti
in conspectu meo mensam, *Psal.* 77. *v.* 5. singet David, nämlich zu demjenigen Tische, welcher zugerichtet, allda zu genießen das Brod des Lebens, welcher, der es isset, lebet
in Ewigkeit, *Joan.* 6. *v.* 48. & 59. Darum alle ihr, die ihr
hungrig seyd: eilet zu dieser übergebenedeyten Speise, damit ihr lebet. Denn wie soll einer können sterben, dessen
Speise das Leben ist, *S. Ambros. in Psalm.* 118. *Serm.* 18. Jeder bewirbt sich um Mittel zu erhalten das leibliche Leben,
warum nicht auch das ewige? Alles suchet seine Nahrung.
Denn solches bringt die Natur mit sich, daß nicht nur allein
die Menschen sich bemühen die Speise zu erlangen, weil
es die Nothdürftigkeit erfordert, sondern auch die un-

Wintergrün.   X   ver-

vernünftigen Thiere, weil sie ohne solche nicht leben kön=
nen.

I.

Denn beschauen,
Will all Auen,
Wie das Woll= und Federvieh,
In den Wäldern,
In den Feldern,
Mit der Speis erquicke sich:
Kaum zu frühe,
Ohne Mühe,
Bringt die Sonne ihren Schein;
Kann man sehen,
All Thier gehen,
Ihre Speis zu nehmen ein.

II.

Mit was Freuden
Pflegt zu weiden,
Auf begrünter Wies ein Lamm;
Wenn zu Morgen
Es ohn Sorgen,
Da genießt der Kräuterstamm:
Auch die Kleinen
Werden meynen,
Ihr Speis müß das erste seyn;
Gleich sie springen,
Vor all Dingen,
Früh die Milch zu saugen ein.

III.

Unser Leben
Wird umgeben
Mit viel Ungelegenheit;
Wenn ohn Speisen
Es verschleißen
Sollt nur eine kurze Zeit:

Sich erquicken,
Und beglücken,
Will ein armer Wandersmann;
Wenn nach vielen
Stundenzielen
Er ein Speis wird treffen an.

IV.

Auch erfreuen
Bey dem Reihen
Wird wohl sich ein Kriegesknecht;
Wenn zu laben,
Er was haben
Wird nach hart gehaltnen Gfecht:
Wenn im Schnellen
Durch die Wellen
Sich ein Schiffmann hat gesetzt;
Nach den Reisen
Bald mit Speisen
Er am Ufer sich ergetzt.

V.

Ich ein Schiffmann,
Ich ein Kriegsmann,
Fecht und schiff schon lange Zeit;
Drum inzwischen
Zu erfrischen
Mich, soll seyn ein Speis bereit:
Hab viel Reisen
Ohne Speisen
Müd und langsam zugebracht;
Und mit Sorgen
Bis zu Morgen
Ohne Schlaf die ganze Nacht.

Weil

VI.

Weil ohn Speisen
Von dem Reisen
War Elias aller müd;
Er sein Leben
Wollt aufgeben
Neben einem weitem Ried:
Von den blauen
Himmelsauen
Aber wurde ihm ein Brod
Zugeschicket,
Er erquicket,
Und erlöst von solcher Noth.

VII.

Auch nicht minder
Jene Kinder
Israel ein Himmelsbrod,
Nach Verlangen,
Bald empfangen,
Da sie in der höchsten Noth
Gleichergstalten
Hat erhalten
Der Gusmannisch Lucifer;
Weil ist worden
Seinem Orden,
Brod geschickt vom Himmel her.

VIII.

Ich erlegen,
Auf den Wegen,
Aller matt und Kräften los;
Bin gelegen,
Unterwegen,
Auf dem ersten Mutterschooß:
Mich bemühen,
Hinzuziehen,
Müßt ich ohne Nahrungsgab;

Bis gefunden:
Nach viel Stunden,
Ich ein Speis dann letzlich hab.

IX.

Er will laden
In sein Gaden
Uns zu einem Abendmahl;
Zu erscheinen,
Bey den Seinen
Auserwählten Jünger Zahl:
Uns ergetzet,
Er aufsetzet,
Unter weißem Florgezelt;
Was der Erden
Nicht kann werden,
Und nicht fast das Himmelsfeld.

X.

Wer sich neiget,
Und erzeiget,
Als ein wahrer Freund zu seyn;
In sein Gaden
Pflegt zu laden
Seinen Freund zu Brod und Wein:
Uns zu laden,
Mit sein Gaben
Als der beste Freund und Schatz;
Trägt Verlangen,
Der gegangen,
Von dem höchsten Freudenplatz.

XI.

Wers genießet,
Ihm versüßet
Wird bald alle Bitterkeit;
Wer es trinket;
Bald versinket

F 2 In

In die größte Süßigkeit:
   Es kann geben
   Tod und Leben,
Leben, dem, ders braucht in Noth;
   Ders vermessen,
   Pflegt zu essen,
Der genießt der Seelen Tod.

XII.

   Die Lieb macht es,
   Die Lieb backt es,
Die Lieb es bereiten thut;
   Sich zu laben,
   Man nicht haben
Kann ein so vortrefflich Gut:
   Nichts zu achten,
   Zu verachten
Ist, was Asver zubereit
   Seinen Fürsten,
   Die da dürsten,
Nur nach lauter Eitelkeit,

XIII.

   Groß ist gewesen,
   Und erlesen,
Zwar solch seine Gasterey;
   Doch wird können
   Es man nennen
Gegen dem ein Bettlerey:
   Nie gemostet,
   Nie gekostet
Hat Cleopatra ein Wein;
   Der kann halten
   So viel Gestalten
Schönster Perl und Edelstein:

XIV.

   Er will fließen,
   Und ausgießen

Von Rubinen einen Bach;
   Wer wird wollen
   Was einhohlen,
Der sich nur zu ihme mach:
   Ungehindert,
   Unvermindert,
Jedem wird es vorgestellt;
   Drum herlaufet,
   Und es kaufet,
Doch es kaufet ohne Geld.

XV.

   Wollt hereilen
   Ohn Verweilen,
Und so süssen Trank verkost;
   Auch betrachten,
   Und erachten,
Wer ihn habe angemost
   Auch zu essen,
   Nicht vergessen
Thut dieß mehr als Engelbrod;
   Damit quäle
   Eure Seele
Nie die harte Hungersnoth.

XVI.

   Euch erquicket,
   Und beglücker,
Weil ihr könnt, mit dieser Speis:
   Die nicht haben;
   Jene Knaben,
Im beglücktem Parädeis;
   Es will halten
   Zwar die Gstalten
Brod und Weins, doch ohne Ast
   Denn darunter
   Großes Wunder
GOtt und Mensch zugegen ist.]

Wer

XVII.

Wer wird haben
Solche Gaben
Nach Verlangen recht verkost;
Der erlanget,
Und empfanget,
Seiner Seele füssen Trost:
Da mit nichten
Schönster Früchten
Ceres haben darf ein Pracht;
Nach aufsetzen,
Zum ergetzen,
Hier ist alles vorgebracht.

XVIII.

Bacchi Trauben,
Abzuklauben,
Man da halter in den Schrank;
Weil ausgießet
Sich, und fließet
Hier ein süsser Göttertrank:
Aus dem Garten,
Schönster Arten,
Von dem Obst wohl eingericht;
Noch das mindste,
Noch das gringste,
Soll Pomona brechen nicht.

XIX.

Aus den Feldern,
Aus den Wäldern
Cephalus sein Jägerrecht;
Kann vergeben,
Denn es eben
Hierzu ist gar viel zu schlecht:
Auch nicht solle,
Wenn schon wolle,
Penopes bemühen sich;

Einzubringen
Solcher Dingen
Von dem zarten Federvieh.

XX.

Wenn befindet,
Und ergründet
Alles in allen hier beysamm;
So entsprossen,
Und ergossen
Vom verliebten Bräutigam:
Trank und Speisen
Zu erweisen
Von sein eignen Fleisch und Blut;
Uns zu nähren,
Zu begehren,
Er sich selbst uns giebt zu gut.

XXI.

Drum demselben
Von dem gelben
Gold der Lieb das Herz bereit;
Euch hinfüget,
Ach hinflieget!
Da vergönnt ich euch die Zeit:
Wenn ein Schrunden
Wird gefunden,
Die euch bringt ein Ungestalt;
Mit Kunstsachen
Zu vermachen
Sie mit Liebe übermahlt.

XXII.

Seyd beflissen
Eur Gewissen
Von der Sünd zu putzen aus;
Es denn zieret,
Wie gebühret,

E 3						Mit

Mit dem schönsten Tugendstrauß:
 Thut hinschieben,
 Was im Leben
Euch vielleicht bringt ein Verdruß;
 Damit fließe,
 Der so süße
Zu euch aller Gnadenfluß.

XXIII.

Drum geladen
Zu den Gnaden

Und zu diesem Sacrament:
 Euch bequemet,
 Und hinnehmet
Als das beste Testament:
 Der erlegen
 Auf den Wegen,
Kraftlos sich zu ihme wend;
 So wird geben
 Ihm ein Leben,
Daß er lebe ohne End.

Die andere hellstrahlende Tugend, so Christus in dem
letzten Abendmahl erwiesen, ist die tiefe Demuth; denn er
stund auf, legte seine Kleider ab, nahm ein Schurztuch,
umgürtet sich, und fieng an den Jüngern die Füße zu waschen, und trocknet sie mit dem Tuche, mit welchem er umgürtet war, *Joan.* 13. *v.* 3. 4. *& 5.*

Es spricht der Heil. Augustinus: *cap. ult. Meditat.* Da
JEsus in göttlicher Gestalt war, hat er sich selbsten erniedriget, und ist gehorsam worden, bis zu dem Tode des
Kreuzes; gedemüthiget zur Beywohnung der Menschen,
damit er die Menschen erhöhete, zu der Beywohnung der
englischen Geister, auf daß wir von ihm als einem Vorbild
wahrer Demuth lernen sollen, uns zu erniedrigen, da er
selbsten von ihm sagt: Lernet von mir, denn ich bin sanft-
müthig und demüthig von Herzen, *Matth.* 11. *v.* 29.

So ist aber die Demuth eine Tugend, durch welche
der Mensch aus wahrhaftester Erkenntniß seiner ihm selber
verächtlich wird, und die Bewegung der gar zu hohen Hoffnung und Frechheit erniedriget, damit die Creatur nicht
mehr begehre, als dasjenige, welches ihrer Würdigkeit gemäß, *S. Bernhardus de grad. humil. c.* 1. Ja viel weniger verlanget,

langet, als sie in ihr selbsten ist: Soli DEO honor & gloria, 1. *Tim.* 1. v. 17. Diese Tugend ist eine Grundfeste aller andern Tugenden, ohne welche dem allerhöchsten GOtt kein Werk gefället. Es verrichte der Mensch seine Werke mit so großer äußerlicher Andacht, wie er wolle, wenn er von Herzen nicht demüthig ist, so erhält er bey GOtt nichts, welcher ein demüthiges Herz ansieht, *Isa.* 66. v. 2. *Prov.* 8. v. 31. GOtt hat zwar seine Freude mit den Menschenkindern, aber nur mit denjenigen, welche demüthig seyn von Herzen. Der Sanftmüthigen und Demüthigen Gebeth hat GOtt allezeit gefallen, *Judith.* 9. darum auch David sagt: Er hat sich gewendet zum Gebeth der Demüthigen, und verschmähet ihr Gebeth nicht, *Psalm.* 101. Wie denn ein Beyspiel ist jener demüthige Publican, welcher gerechtfertiget ist nacher Haus gegangen, *Luc.* 18. v. 14. Das Gebeth ist ein Kriegsstück, durch dessen Gewalt man die Himmel eröffnen kann: aber gleichwie das Stück auf der Erde liegend nicht wohl zu gebrauchen, sondern muß auf und mit Rädern geführet werden: Also auch das Gebeth hat eines Wagen vonnöthen, und dieser ist die Demuth. Orationis vehiculum est humilitas, *S. Chrys. in Psal.* 9. ad v. 13. Die Demuth vermag alles, und wo die Demuth nicht ist, da ist ein Abgang in allen. Weil GOtt den Hoffärtigen widerstehet, und nur den Demüthigen seine Gnade giebt, 1. *Petr.* 5. v. 5. Derohalben der Heil. Augustinus *in Psal.* 93. v. 13. schreibet: Magis placet DEO humilitas in malis factis, quam superbia in bonis factis; Es gefället GOtt vielmehr die Demuth in bösen Werken, als die Hoffart in guten. Weilen es aber nicht gnug ist, sich nur äußerlich demüthigen ohne die Demuth des Herzens; als ist vonnöthen, daß der Mensch sich zuvor in seinem Gemüthe und Herzen demüthige, ehe und zuvor er ein äußerlich Werk der Demuth verrichtet. Denn es geschicht oft, daß man sich vor andern
demü=

demüthiget, nur darum, auf daß man demüthig angesehen
werde. Est, qui nequiter humiliat se, & interiora ejus ple-
na sunt dolo, *Ecclef.* 19. *v.* 23. Man findet etwann, der gehet in einem Schalk herein demüthiglich, aber inwendig ist
er voll Betrug. Solche Demuth ist nichts anders als eine
Schwester der Hofart. Weilen man durch jene demüthig
verlanget zu seyn, welches man in der Wahrheit nicht ist.
Der demüthig will seyn, der muß wollen verachtet und verworfen angesehen werden. Auch ist es nicht genug, daß
man sich mit Worten vor einen unnützen Knecht ausgebe,
sondern es auch in seinem Herzen glaube. Qui gloriatur,
in Domino glorietur, 1. *Cor.* 10. *v.* 17. Wer sich rühmen
will, der rühme sich in dem HErrn, weil all anderer Ruhm
ist nichts, und zieht nichts gutes nach sich. Aman war
stolz, sein Lohn war das Galgenholz, *Esth.* 7. & 1. Vasthi
bildete ihr viel ein, mußte aber bald verworfen seyn. Nabuchodonosor vermeynte, er sey weis nicht was, mußte
aber bald essen wie ein Ochs Gras *Dan.* 4. *v.* 30. Denn
Stolz kömmt vor dem Fall, wie man erfähret überall. Darum der Heil. Petrus spricht: Demüthiget euch unter der
gewaltigen Hand GOttes 1. *Petr.* 5. *v.* 6. mit Verläugnung
des eigenen Willens, sich einem andern Grössern aus Gehorsam unterwerfende, ja nicht dem Grössern, sondern auch
dem Geringsten, dennoch mit Bescheidenheit, damit man
sich in keine sondere Schande stürze, *Cassianus l.* 4. *Instit. c.* 39.
Wie jene Magd gar zu demüthig seyn wolite, welche sprach:
Behüte mir GOtt die liebe Schande, die Ehre ist gar
hart zu erhalten. Noch vielweniger muß man in solchen
Unterwerfungen einen Ehrgeiz blicken lassen, vielmehr das
Gegentheil suchend, nämlich, daß man viel höher geehret
werde, je mehrer man sich mit Worten demüthiget: Denn
man findet gar viel, welche einem auf solche Weise wollen zu verstehen geben, wie sie verlangen geehret zu seyn.

Also recommendirt sich jener dir als ein Diener, damit du dich gegen ihm erzeigest als ein Knecht. Dieser, welcher sonst dich kaum ansehen kann, ziehet vor dir den Hut ab, auf daß du ihn wieder bis auf die Erde vor ihm absetzest. Ein anderer bieget und windet sich wie eine Schlange, damit du dich wieder bücken und krümmen mögest, wie eine Bratwurst auf dem Rost; sondern man muß sich in dem Herzen unwürdig erkennen, seine Augen gegen dem blau gestirnten Gezelt empor zu heben, wie jener Publican, von welchem bey dem Evangelisten Luca gemeldet wird, *Luc.* 18. Sintemalen die ganze Lehre christlicher Weisheit stehet nicht in vielen Reden und Worten, sondern in wahrer und williger Demuth, welche der HErr von seiner Mutter Leibe bis zur Marter des Kreuzes erwählet und gelehret hat, *S. Leo Pap. Epist. ad Diosc.*

Jener adeliche Jüngling und heydnische Römer Spurina, als er vermerket, daß der Liebesgott sich seiner schönen Gestalt bey den Weibsbildern bedienen wollen, hat er alsobald sein Angesicht zerschnitten und häßlich verderbt, damit er und andere mit ihm nicht verdürben an Ehren. Es wäre zu wünschen, daß jetziger Zeit man mehr dergleichen Spurina finden könnte, so würden nicht so viel Spurii und unehliche Kinder zu finden seyn, allein dem ein Frosch in Liebe gefällt, solchen vor Diana hält, und was ich mir nicht getraue zu sagen, das meldet der ohne Maul redende Echo. Was ist aber solches? die stinkende Hofart. Denn ach werthes Gemüth! erkenne dich selber und betrachte, wie oft du vor den Augen der Menschen seyn willst eine fromme Helena, eine büßende Magdalena? fragt man aber den Echo: Was ist diese Helena? Was ist diese Magdalena? So giebt sie keine andere Antwort: als Lena, das ist eine reformirte Jungfrau, eine leichtfertige Metze, ja ein solches Frauenbild,

Wintergrün. Y

bild, welches, weil ihr das köstliche Kleinod der Jungfrau=
schaft gestohlen worden, keinem mehr trauet.

Wenn ich denn weiter so frage, die keinen Mund ha=
bende Schwätzerinn: Ists nicht eine faule und hofärtige
Dirne diese Lucia? ein haß= und neidvoller Waldaff diese
Theresia? ein Zank= und Poldereisen diese Apollonia? So
antwortet sie mir: Ja. Denn hofärtig und unartig, groß
und faul, taugt wohl für einen Karngaul.

Frage ich wiederum solche zungenlose Rednerinn, was
dieser oder jener in dem Busen führe, der vor den Menschen
seyn will, ein tugendhafter Damasus, oder ein keuscher Nar=
cissus? so ist ihre Antwort: Sus, auf Deutsch, ein Schwein.
Denn viel sich stellen vor den Menschen als wären sie aller
Laster frey; heimlich aber sie sich ärger in dem Koth der
Sünden herum wälzen, als ein Schwein: Aber nicht also,
sondern sie sollen sich bey schönen und anmuthigen Namen
erinnern, daß sie Nachfolger der Heiligen in der Liebe und
Verehrung GOttes seyn müssen; sintemalen christlichen Ge=
müthern der Name an statt eines Zunders der Liebe ist, und
der Tugend, daß, so man sie dabey nennet, einen Antrieb
und Stachel dabey gebe. Darum Alexander der Große zu
einem, so auch Alexander genennet wurde, aber nichts der
alexandrinischen Tugenden in sich hatte, gesagt; Aut nomen,
aut mores muta: Er solle entweder die Sitten oder den Na=
men ändern.

Es fraget der englische Lehrer, ob alle Menschen in
dem letzten Gerichte erscheinen werden? darauf er selbsten
antwortet, *III. Part.* 989. *art.* 5. Die Gewalt zu richten ist
Christo als einem Menschen gegeben zu einer Schankung
der Demuth, welche er in seinem Leiden erzeiget, und de=
rowegen ist gemäß, daß alle Menschen versammlet werden
in dem Gerichte, zu sehen seine Erhöhung in der menschli=
chen

chen Natur, wodurch er bestellet ist ein Richter der Lebendigen und Todten. Die Demuth Christi misfället zwar
den Hoffärtigen, dir aber, als einem wahren Christen,
wenn sie gefället, folge Christo in solcher nach, *S. August.
in Psal.* 93. *ad v.* 13. Wie denn der Apostel auch rufet: In-
duimini Dominum JEsum Christum, *ad Rom.* 13. *v.* 14. daß
wir sollen anziehen den HErrn JEsum Christum; Solches
aber geschieht in Nachfolgung seiner Tugenden, unter denen
die vornehmste die Demuth ist.

Jede Gleichniß hinkt, und eigen Lob sehr stinkt: Darum sagt der Heil. Gregorius, *Homil.* 7. *in Psal.* Willst du
gelobet seyn, so lobe dich ein fremder Mund, und nicht der
dein. Denn eigen Lob macht den Menschen verhaßt bey
GOtt und den Menschen: Wer sich aber gering schätzet,
der erwirbt große Ehre. Jener Hauptmann, *Matth.* 8. weilen er sich in Wahrheit unwürdig schätzte Christum in seinem
Hause zu empfangen, wurde gelobet vor allem Volke. Weil
der Heil. Apostel Paulus sich nicht würdig geachtet, genennet zu werden ein Apostel, wie er spricht: Ego enim sum
minimus Apostolorum, qui non sum dignus Apostolus, quoniam persecutus sum Ecclesiam DEI, 1. *Cor.* 15. *v.* 9. *Act.* 9.
v. 3. *ad Ephes.* 3. *v.* 8. ist er zu sonderer Würde erhöhet
worden. Der Heil. Petrus, weilen er zu Christo geruffen:
Gehe von mir, denn ich bin ein sündiger Mensch, *Luc.* 5.
& 7. ist zu einem Fundament der Kirche erwählet worden:
Maria Magdalena, weil sie sich zu den Füssen ihres Gespons niedergesetzt, ist von den Engeln darnach täglich in
die Höhe der obersten Luft getragen worden, und dieses war
ein solcher Luftsprung, welcher allen Springern Trotz bietet.
Ein Ballen, je höher er auf die Erde fällt, je höher springet
er wieder auf; Ein Mensch, je mehrer er sich erniedriget,
je mehrer wird er erhöhet. Darum sagt jener: Bonum mihi, Domine, quia humiliasti me, *Psal.* 118. *v.* 71. Ungeach-

tet

tet er keine Urſache hat, ſich zu erheben, ſondern, vielmehr
ſich zu demüthigen. Was ſtolzireſt du Erde und Aſchen
denn, *Eccleſ.* 10. Ach! betrachte was du geweſen; beherzige was du ſeyſt, und gedenke was du werdeſt! Ach!

I.

Menſch! hinweg mit jener Decke,
So vor deinen Augen iſt,
In dir ſelbſten dich erwecke;
Und betrachte, wer du biſt!
Soll man dich verſtändig nennen?
So erlern dich ſelbſt erkennen:
Denn dein größte Weisheit iſt,
Zu erkennen, was du biſt.

II.

Erde biſt du, gehſt auf Erden,
Lebſt von Erd, und wirſt einmal
Wieder müſſen Erde werden
In dem dunkeln Erdenthal:
GOtt von Erden dich genommen,
Wirſt zur Erde wieder kommen;
In der erſten biſt daheim,
Bleibeſt allzeit Erd und Laim.

III.

Deinen Stand, o Menſch! bedenke,
Und dich nicht von Schönau ſchreib;
Zu dem Stamm das Gmüth hinlenke,
Keinen Stolz mit dir ſelbſt treib:
Denn dein erſte Quell und Bronnen
Aus dem Kothbach iſt geronnen,
Und gar nicht von Schönenfeld
Iſt entlehnt dein Beingezelt.

IV.

Geſetzt die Wangen etwas prangen,
Wie die Roſen, weiß und roth;
Und darnach man trägt Verlangen,
Bleibſt du dennoch Wuſt und Koth:
Sollt auch dir kein Ros der Arten,
Seyn ſo ſchön in allen Garten,
Biſt du doch nur Erd und Laim,
Und gar nicht von Roſenheim.

V.

Wie ein Schiff eilfertig ziehet
Durch die See ein ſtarcker Wind;
Alſo auch dein Leben fliehet
Zu dem End nur gar geſchwind:
Denn dein Leben trägt kein Panzer,
Und der laufende Seiltanzer,
Dich ereilet ohne Eil
Mit ſein Bogen, Senſen, Pfeil.

VI.

Wie ein Waſſer bald zerrinnet,
Und den Rauch der Wind verweht;
Auch ein Kerz gar leicht verbrennet,
Und ein Blümlein nicht lang ſteht:
So ſchnell wird die Schönheit müſſen
In ein Ungeſtalt zerflieſſen,
Weil ſie nicht von Veſtenburg,
Sondern nur von Waſſerburg.

VII.

Nicht dein Leben ist umgeben,
Mit der Maur des steten Glück;
Du beständig nur mußt schweben
In des Glückes falschen Tück:
Dich der Tod kann leicht erzwingen,
Denn du bist nicht von Erzingen,
Weder auch von Eisenstatt,
Seine Stärk dein Leben hat.

VIII.

Kaum die Welt du angeschauet,
Ist der Tod bey dir behend;
Mit der Sichel dich umhauet,
Deinem Leben macht ein End:
Wenn du denn zuletzt mußt gehen,
Dein Gewissen zu besehen,
Wirst du auch von Schwarzach seyn,
Und gar nicht von Rothenstein.

IX.

Du zwar wohl andächtig scheinest
Vor der Menschen Angesicht;
Es viel anderst aber meynest
Mit GOtt der die Gewissen richt:
Du willst seyn von Bethmandingen,
Aber auch nur von Lauingen,
Dein Gebeth und Andacht ist,
Weil du lau in Tugend bist.

X.

Du dir auch sehr viel einbildest,
Ob du seyst der Weisheit Sitz!
Da du doch so gar erwildest
In den Sünden ohne Witz:
Dich so hoch thu nicht erheben,
Deinem Stolz Urlaub thu geben,

Weil dein Kopf von Ochsenfurt,
Und dein Sitten von Schweinfurt.

XI.

Willst du daß sey GOtt dein Wandel,
Und auch du von Gutenberg;
Mußt du seyn in deinem Handel
Klein, demüthig, und ein Zwerg:
Dich mußt schreiben von Gottlieben,
Sonsten GOtt dich thut hinschieben,
Wo sich alle und zwar viel
Schreiben von des Teufelsmühl.

XII.

Hat dir GOtt viel Gut bescheret,
Auch gesetzt in reichen Stand;
Wirst gefürchtet, wirst geehret,
Laß dem Stolz kein Oberhand:
Denn was willst du dich erheben,
Koth aus dir wird nach dein Leben,
Weil du nur ein Madenaas,
Und aus Staub geblaßnes Glas.

XIII.

Wenn du Mensch, Staub, Koth und
Erden
Wünschest Silber, Gold und Gut;
Und verlangest reich zu werden
Durch vermeßnen Uebermuth:
Du dadurch nur wirst erwerben
Deiner Seelen selbst Verderben,
Bist du sonst von Reichenau,
Ach nicht deinem Reichthum trau.

XIV.

Was hilft es, seyn Hochgebohren
Von ein reich und edlen Stamm;

Wenn

Wenn du bist im Koth verlohren,
Und nun worden Wust und Schlamm:
Ach! Gebohrne von der Erden
Alle wir geschrieben werden,
Hoch und Nieder, Arm und Reich,
Herr und Knecht gilt alles gleich.

XV.

Tod und Ankunft uns vergleichen,
Sap. 7. v. 6.
Gehe in das Todtenhaus;
Suche einen Jungen, Reichen,
Armen, edeln Kopf heraus:
Keinen Unterscheid wirst sehen,
Alle gleiche Strassen gehen,
Blind, der Tod, doch übersicht
Er so gar nur einen nicht.

XVI.

Er gar oft ein Pfeil läst fliegen
Unvermerkt vom Bogen ab;
Da du liegst noch in der Wiegen,
Und dich schicket in das Grab:
Thut er aber was verweilen,
Abzuschiessen seine Pfeilen,
Sind sie dennoch dir bestimmt,
Und nur schärfer dich hinnimmt.

XVII.

Was bist du denn für ein Pocher,
Und ein hocherhebte Kopf;
Da der Tod mit seinem Kocher
Dich erschröckt, elender Tropf:
Er dir keine Ehr erzeiget,

Und nach deinem Kopf nicht geiget,
Aus B moll sondern nur Dur,
Merk es schnöde Creatur.

XVIII.

Schnöd und öd im Koth erlegen,
Ohne Tugend in der Sünd;
Wie ein schwaches Rohr bewegen
Will sich gleich ein kleiner Wind:
Denn darauf mußt du umsinken,
Wie ein faules Aas erstinken,
In dem Koth und Sündenlast,
GOtt und Menschen wirst verhaßt.

XIX.

Was willst nun, o Staub! viel pr...
gen,
Was machst du so großen Staub?
Kommst herein in Stolz gegangen
Was hebst über sich die Haub?
Ach, wie thut dein Hoffart stinken!
Deine Feder lasse sinken,
Und nur deine Füß beschau
Du verwegner stolzer Pfau.

XX.

Wie viel Staub ist auf der Erden,
So viel seyn der Sünden dein;
GOtt mußt selbsten elend werden,
Daß du frey der höllisch Pein:
Thu Buß, Staub, in Staub und Asch
Laß dich JEsu Blut abwaschen,
Dich in Demuth ihm bekenn,
Und ein großen Sünder nenn.

Der Heil. Chrysostomus sagt *Homil. 43. ad popul. To*
5. Die Hofart sey eine Krankheit, doch viel leichter
heilet

heilen, denn eine leibliche Unpäßlichkeit, wenn diese drey
nachfolgende Stücke, als drey köstliche Arzneyen angewen=
det werden: Nämlich die Betrachtung der Hoheit und Ma=
jestät GOttes; die Erwägung seiner selbst eigenen Nichtig=
keit, und die Beherzigung der Eitelkeiten aller zeitlichen
Dinge. Dem gar schön beystimmet der englische Lehrer,
77. q. 109. art. 6. ad. prim. da er auf gleiche Weise schreibet:
So bald wir hofärtige Gedanken merken, werden sie gar
leichtlich überwunden, durch Betrachtung göttlicher Größe,
nach jenen Worten: Was blähet sich dein Geist auf wider
GOtt, Job. 15. v. 13. Denn auch eigener Schwachheit,
nach Lehre des weisen Mannes Eccles. 10: v. 9. Was erhe=
best du dich Erde und Aschen? als auch derjenigen Dingen
Unvollkommenheit: Ursache dessen der Mensch sich über=
nimmt, nach Berichtung des Propheten, Isaiæ 40. v. 5. Al=
les Fleisch ist Heu, und all seine Herrlichkeit wie eine Feld=
blume. Mit welchem Salomon übereinstimmet, Sap. 5. v.
9. meldend: Alles miteinander gehet dahin, wie
der Schatten.

Das

Das zwölfte Capitel.

Ein Will in zweyen Herzen
Verursacht lieblichs Scherzen.

Niemand wird in Abrede stehen, daß angenehm sey ein schöner Thier- oder Lustgarten, in welchem voll der lustbringenden Gegenstände, die bedrängten Herzen vertreiben ihre zugleich schwermüthige und unruhevolle Gedanken. In dem Thiergarten kann man verdoppeln die wohl befederte Flügel, der mehr als fliegenden Zeit, mit unterschiedlichen Ergetzungen: Bis die Winde werden eingeladen, der erlangte Raub mit erschallenden Hörnern und heulenden Hunden, als in einem Triumph eingebracht, Küchel und Tisch zu bereichern.

Die

Die Blumen, Obstbäume und Lustgärten belangend,
kann keiner läugnen, daß GOtt der Allmächtige unsern ersten Vater in einen Garten verordnet, solchen zu bauen,
und darinnen nach seines Herzens Wunsch die Augen zu er-
sättigen. Denn kein lustigerer Platz als der Garten des Paradies könnte ihm auf der ganzen Welt eingeräumet werden,
in den ungemeinesten Freuden zu leben auf Erden. Sintemalen was könnte herzerquickender sey, als ein solcher Ort,
wo man siehet, wie sich zu morgen die verschlossene schönste
Blümlein eröffnen, den Himmelsthau auffangen, sich aus-
breiten, und gleichsam mit vollem Munde ihrem Erschaffer
vor die Hervorbringung Dank erweisen. Was könnte liebreicher seyn, als ein solcher Ort, dessen begrünte und geblümte Spolier nicht anders scheinen, als ob der stete Früh-
ling mit den rosenwehenden Westwinden solche in unwandel-
barer Schönheit bewohne. Was könnte angenehmer seyn,
als ein solcher Ort, als wo etwann zur Zeit, da die maje-
stätische Sternenprinzessinn ihren goldstralenden Einzug in
dem höchsten Grad ihres Bezirks gehalten, sich beschützen
von deren hitzigen Stralen in einem schattenreichen Ge-
sträuche: Oder aber, da sie wiederum herzu nahet dem
Abendmeere, sich erfrischend bey einem von rarer Kunst ver-
fertigten Springbronnen, mit Einholung eines angenehmen
Abendlüftleins? Da höret man anders nichts als einen Ju-
belschall deren von solchem Kunstwerke auffspringenden und
niederfallenden Wassertropfen: nichts als das annehmlichste
Gesang der süßschlagenden Nachtigallen, und das anmu-
thigste Geräusch, deren durch die in die schönste Ordnung
gepflanzte Bäume sanfftreichenden Zephirwinde. Da siehet
man anders nichts, als den holdseligen Kampf, in welchem
so viel der schönsten Blümlein um den Vorzug streiten:
Nichts als das lustreicheste Umarmen der ineinander gefloch-
tenen Baumgewächsen: Nichts als die zugleich verwunder-

Wintergrün.						Z						lichste

lichſte und zierlichſte Austheilung der Beteen, in denen die
von der Kunſt und Natur hervorgebrachte Meiſterſtücke zu
ſehen, durch deren Betrachtungen ein betrübtes Herz ſich
oft erquicket.   Unter andern aber wird die Pheacer Landſchaft, wegen ihrer in ſich habenden Luſtgärten nicht wenig
gelobet, darinnen man ſolche Aepfelbäume gefunden, welche
ſo bald die erſte zeitig und reif geweſen, andere getragen.
Dannenhero Alcinoris, der König ſolcher Landſchaft, ſo
dieſen Garten fleißig abgewartet, für einen GOtt gehalten
worden, deren ſonderlich Juvenalis gedenket.   Die Baby-
loniſche hangende oder in der Luft ſchwebende Luſtgärten
werden gleichermaßen von etlichen Scribenten ſehr gerühmet, welche, wie Celius und Plinius vermelden, die Königinn Semiramis ſolle gebauet haben: Ja der Garten iſt
ein ſolcher Ort, allwo der Liebe in beſter Stille und Ein-
ſamkeit kann gepflogen werden.   Darum auch die verliebte
Braut in den hohen Liedern Salomonis ihren Geliebten
ladet in den Garten: da ſie ſaget: Veniat Dilectus meus
in hortum ſuum, *Cant. 5. v. 1.*   Es komme mein Geliebter
in ſeinen Garten.   Aber in was für einen Garten: Höre
ſeinen Erzkanzler Lucam: Egreſſus ibat ſecundum conſuetu-
dinem in Montem Olivarum: *Luc. 22. v. 39.*   Nachdem er
in ſeinem letzten Abendmahl ſich ſelbſten ſeinen Jüngern zu
einer Speiſe und Trank dargegeben, und ſolchen Denkpfen-
ning uns zu ewiger Erbſchaft hinterlaſſen, gieng er hinaus
nach ſeiner Gewohnheit an den Oelberg, ubi erat hortus,
in quem introivit, *Joan. 18. v. 1.* allwo war ein Garten, in
welchen er eingetreten, ſein Herz gegen ſeinem himmliſchen
Vater auszugießen, theils durch innerliches theils durch
äuſſerliches Gebeth.   Weil aber nunmehr die Zeit vorhanden, in welcher das menſchliche Geſchlecht durch ſeinen
ſchmählichen Tod ſollte erlöſet werden, und er ſein bitteres
Leiden angefangen, ſo wollte er auch in der letzten Stunde
                                                    ſeine

seine Gewohnheit nicht verlassen, uns anzuzeigen, wie wir in allen unsern Nöthen zu dem heiligen Gebeth fliehen sollen. *Multum enim valet deprecatio, Jacob. 5. v. 16.* Denn das Gebeth vermag gar viel. Großer und wunderlicher Kraft sind die himmlischen Einflüße; aber die verborgene Wirkungen des Gebeths sind viel wunderbarer, weil die Macht des Gebeths so gar überwindet die Natur. Das Gebeth Mosis und Aaron hat gemacht, daß die Erden den Chore, Dathan und Abiron lebendig verschlungen, *Num. 16.* Das Gebeth hat das rothe Meer zertheilet, das 600000. Menschen ohne Weiber und Kinder mit trockenem Fuße hindurch gezogen, *Exod. 14.* Das Gebeth der dreyen Knaben hat die Hitze und Flammen des glüenden Ofen ausgelöschet, *Daniel. 3.* das Gebeth Josuä hat gemacht, daß die Sonne ihren Lauf gähling eingestellet, *Josuæ. 10.* und dem Ezechiä zehen Linien zurück gewichen, *Isaiæ 38.* Das Gebeth Eliä hat den Lauf aller himmlischen Einflüße verhindert, und die Kraft aller Planeten dermaßen geschwächet, daß vierthalb Jahre kein Regen die Stadt Samaria berühret, *3. Reg. 17. Jacob. 5. v. 17.* Das Gebeth hat auch das Mehl vermehrend, das Oel wachsend und zunehmend gemachet, und die Todten so gar auferwecket *4. Reg. 4.* Ist also das Gebeth, in allen Zufällen fruchtbar und nützlich zu gebrauchen, weßentwegen alles, was ihr bittet in eurem Gebeth, glaubet, daß ihr es empfangen werdet, *Marc. 11.* Solches Gebeth aber muß beständig seyn, wie uns der Apostel lehret; *Sine Intermissione orate, 1. Thes. 5. v. 17.* Daß wir ohne Unterlaß dem Gebeth obliegen sollen; Auf was für Weise solches geschehe, zeiget gar schön an der H. Augustinus *in Psal. 37. v. 10.* sprechend: *Ipsum Desiderium tuum Oratio tua est, & si continuum desiderium, continua Oratio.* Das Verlangen selbsten zu Bethen ist das Gebeth: Ist das Verlangen stets und beständig, so ist das Gebeth auch ohne Unterlaß. GOtt ist vergnügt mit unserer Begierde, gleichwie uns auch genug ist seine Gnade; Sufficit tibi gratia mea, 2. *Cor.* 12. *v.* 9. Denn obwohlen wir zu Zeiten seine Gnade in den Widerwärtigkeiten nicht vermerken, so ist es eben doch die höchste Gnade, daß wir solche mit Geduld erleiden: Non ego autem, sed gratia Dei mecum, 1. *Cor.* 15. *v.* 10. Findet man zu Zeiten keine Süße noch Trost in dem Gebeth, muß man darum davon nicht abstehen, sondern sich befleißen in solchem zu verharren: Dahero als JEsus an besagtem Orte angelanget, befahl er seinen Jüngern etwas zurück zu bleiben, und nahm allein drey mit sich, von denen er sich auch etwas abgesondert, damit er sein Gebeth, welches mit vielen Seufzern unterbrochen wurde, besser verrichten könnte, *Luc.* 22. *Marc.* 14. *Matth.* 26. Da wirft er sich nieder auf seine Knie, und traf ohne Ausfertigung einiges Worts mit seinen gleichsam in Zähren schwimmenden Augen auf dem vor ihm stehenden Felsen. Bald neiget er sein Thränen fließendes Angesicht nieder auf die Erde, als hätte er vergessen, daß er derjenige sey, vor welchem die 24. Aeltesten auf ihr Angesicht niederfallen, und anbethen, *Apoc.* 5. *v.* 14. oder aber als wollte er sich in solche verstecken, auf daß er den ihm zubereiteten Kelch nicht trinken dörfte; Und da er seines Gebeths mit Thränen den Anfang gemacht, brach er in solche Worte hervor: Abba Pater: Ach mein Vater! ist es möglich, so gehe dieser Kelch von mir, *Matth.* 26. *v.* 39. *Marc.* 14. *v.* 36. Unter solchen mußte der warme Wind jener vor Liebe entzündten Seufzer dieses so trauervolle Gebeth durch sein vergossenes Thränenmeer fortwehen, bis an das gestirnte Wolkenhaus, bey dem grünen Lande der unendlichen Barmherzigkeit GOttes Trost zu suchen, solches beweget seinen allerliebsten Sohn zu trösten, sendete aus einen Engel von dem blauen Himmelssaal in den Garten Gethsemane, *Luc.* 22. *v.* 43.

Was

Was aber für eine Stärke und Trost ihm solcher englische Geist gebracht, und wer er gewesen, ist ungewiß. Obwohlen einer ihm dergleichen Gedanken machen könnte, es wäre jener Erzengel gewesen, welcher das himmliche *Ave Maria* zu Nazareth anzukünden gesandt worden, *ibid. c. 1. v. 26.* Christo auch in dem Garten vorzubilden, und zu entwerfen den von Ewigkeit geschlossenen Rathschlag seines Vaters, die Nothwendigkeit der Erlösung des menschlichen Geschlechts, die unendliche Frucht seines so kostbarlichen Leidens, die Ersetzung der englischen Stellen, und die Wiedereinführung der Kinder Adam in das beglückte Paradies. Gleichwol sey ihm, wie ihm wolle, so ist doch hierdurch sein Schmerz nicht gemindert worden, sondern vielmehr vermehret, und zwar also, daß seine Silberperle der crystallenen Zähren in die rothe Rubinen der Blutstropfen verwandelt worden.   Christus JEsus der geliebteste Heiland vor so großer Furcht dessen ihm schon vorgebildeten Tod, kommet in solche Angstes Schmerzen, daß sie ihm den blutigen Schweiß austreiben.

Wie wird es dir seyn o Mensch! in der Stunde des Todes! Jetzunder betrüben dich die wasserschwangere Wolken an dem Himmel, da du sonsten guter Dinge bist und gesund, wie wird es dir ergehen, wenn sich in deinem Leibe ein starkes Regenwetter des Todesschweißes erheben wird.

Aristoteles sagt: Die Aerzte halten den kalten Schweiß für ein Zeichen sehr schwerer Krankheit. Weil aber die Seele bey Beurlaubung des Leibes der Krankheit die Oberhand verstattet, so wird solcher kalte Angstesschweiß nicht ausbleiben. Denn durch diesen letzten Schweiß will uns die Natur anzeigen, daß wir nach dem Zeitlichen nicht ohne Schweiß das Ewige erlangen können. Weil nach der Sünde unsers ersten Vaters zur Strafe uns ist

Z 3   auf-

auferlegt worden, zu erhalten das zeitliche Leben, in dem
Schweiß unsers Angesichts das Brod zu gewinnen, wieviel
derowegen mehrer haben wir solches zu gedenken von dem
Ewigen? *Genes.* 3. *v.* 19.   Schwitzen wir hier um ein schlechtes Gut und Wollust; warum sollen wir uns nicht bearbeiten um den Himmel, unwandelbare Glückseligkeit, und un-
veränderliche Freude der Ewigkeit? Ach gedenke o Mensch!
ob du für das himmlische Jerusalem nicht Wasser schwitzen
solest, *Apoc.* 19. *v.* 13. da der eingebohrne Sohn GOttes
Blut schwitzet, ja alles in seinem Leiden dafür vergossen,
derohalben als der Prophet Jsaias ihn mit einem Kleid angethan, welches mit Blut besprenget, längsten vorgesehen,
in höchster Verwunderung aufgeschrien: Wer ist dieser, der
von Edom kommet mit den gefärbten Kleidern von Bosea.
Der schöne in seinem langen Kleide, der daher tritt in seiner großen Stärke? Warum aber ist dein Gewand roth,
und deine Kleider wie derjenigen, so die Kelter treten, *Jsai.*
63. *v.* 1. 2.

Kaiser Aurelius sagte in seinem letzten Ende zu seinem
Secretario, welcher ihn tröstete: Weil du an mir verspü-
rest, daß der Schlaf ist von mir gewichen, daß ich die Einsamkeit liebe, daß mir die Gesellschaft verdrüßlich ist, daß
ich eine Ruhe empfinde in dem Seufzen, und das Weinen
meine beste Kurzweil ist, so kannst du leichtlich erachten,
was für ein Sturm und Ungewitter vorhanden sey in dem
Meere des Herzens; sintemalen dergleichen Erbeben erscheinen in dem Lande meines Leibes.   Was vor Schmerzen
müssen denn JEsum eingenommen haben, deren Empfindung
ihm so gar das Blut ausdrücken? Aber ach! obwohlen die
vorgesehene Pein und Kreuz noch so groß, muß es doch nur
seyn, denn es beschlossen von Ewigkeit.   Dieses nun wohl
betrachtend, verwilligte der holdseligste JEsus darein, also, daß er in diese unserm Heil höchst ersprießliche Worte
aus-

ausgebrochen gegen seinen himmlischen Vater: Nicht wie ich will, sondern wie du willst, dein Wille geschehe, *Marci* 14.

Wo seyd ihr angefochtene Herzen? Wo seyd ihr schier bis in den Tod bekümmerte Gemüther? machet euch herbey mit den Flügeln eurer mehr als von den Flügeln geschwind getragenen Gedanken; erhebet euch schnell zu dem Garten Gethsemane, allda werdet ihr einer Sachen Erkundigung erlangen, die euch in allen Begebenheiten in dem tiefesten Herzensschrein solle eingebunden seyn, nicht wie ich will, sondern wie du willst, dein Wille geschehe. Betrachtet diese wenige Worte, und ihren Inhalt, so findet ihr eine wahre und vollkommene Uebergebung seines Willens in den Willen seines himmlischen Vaters.

Damit aber auch ein jeder solche Uebergabe seines eigenen Willens recht vermerken möge, und solchen in die Hände seines gekreuzigten Heilandes vollkommen übergeben, so beherzige er, worinnen solche bestehe: Sintemalen sie ist eine Tugend, durch welche der Mensch, nachdem er sich selbsten verläugnet und seinem eigenen Willen abgesagt hat, sich dem göttlichen Willen, den er weis gut zu seyn, vollkommentlich übergiebt und mit demselbigen vereiniget; auch gänzlich glaubet, daß GOtt allein nach seiner großen Gnade, Liebe und Barmherzigkeit ihm solche Uebergabe schenken könne. Alldieweilen Christus sagt: Wenn ihr alles gethan habt, was euch befohlen, so sprecht, wir sind unnütze Knechte, wir haben gethan, was wir zu thun schuldig waren, *Lucæ.* 17. sich dabey befleißend, daß aus ihm, von ihm, alle gute Werke herrühren, nach den Worten des Heydenlehrers: Ich lebe, nicht aber ich, sondern Christus in mir, *Galat.* 2. Damit er sich wahrhaftig verläugne, und GOtt seinen HErrn so rein und allein liebe, daß er in keiner Sache sich selber oder das Seinige, sondern nur allein GOttes Ehre

und

und Herrlichkeit suche, alles was ihm begegnet, es sey Freude oder Leid, süß oder sauer, es komme her wo es wolle,
in einer Liebe verharrend, in Glück und Unglück, mit gleicher Treue und Gnaden in GOtt.   Denn wie der Heil.
Bernhard *Serm. 3. Temp. Paschal.* sagt: Wer sollte sich nicht
schämen halsstarrig zu bleiben in seinem Gutgedünken, da
die ewige Weisheit das ihrige verlassen? Wenn einer nicht
von ihm selbsten abweichet, so kann er nicht gelangen zu
demjenigen, der über ihm ist.   Jener aber kann solches
leicht erhalten, der nichts anders begehret, als in allen Sachen, die Ehre und den Willen des Allerhöchsten, dem er
sich also übergiebt, daß, was GOtt mit ihm verrichtet, er
zu frieden lebe, *S. Gregor. Homil. 32. in Evan.* Giebt er ihm
was, so soll es gefällig seyn; entzieht er ihm was, so solle
es ihm nicht misfallen, sondern sich erfreuen, daß der Wille GOttes, an und in ihm geschehe; dessen Willen also in
und gegen GOtt gerichtet ist, so spricht auch GOtt: Vo-
luntas mea in ea, *Isaiæ. 62. v. 4.* daß sein Wille in einer solchen Seele gleicher Weise auch sey.

Ein besonders Stück oder Theil begehret GOtt von
dem Menschen, wie in den Sprüchwörtern Salomonis zu
ersehen, da er sagt: Fili mi, præbe mihi cor tuum: *Prov.*
23. v. 26. Gib mir mein Sohn dein Herz. Wer solches gegeben hat, der wird GOtt alles geschenket haben, was er
ihm verehren kann. Denn aber wird GOtt das Herz verkehret, wenn ein jeder Gedanke in GOtt gerichtet wird. Wer
solches verrichtet, der wird aufgenommen in die Zahl derjenigen, welche der selige Henricus Suso, ein hellstrahlendes
Kleinod der Schwaben und eine unverwelkte Blume des Do-
minicanischen Lustgartens, auf den neunten Felsen bewoh-
nend, nennet, indem er sagt: Sie begehren nichts anders,
als dem Vorbilde Christi im Glauben einfältig nachzufolgen,
S. Bernh. Epistol. in vitæ agend. Doctrin. In GOtt leben sie
                                                        alle

alle Menschen gleichergestalt, und wer GOtt den HErrn
fürchtet und liebet, lieben sie auch, leben der Welt abgestor-
ben, und ihnen die Welt: Sind also diese die wahre Anbe-
ther, die den Vater anbethen im Geiste und in der Wahrheit, *Joan.* 4. *v.* 23.

Der heiligen Gertraud hat Christus geoffenbaret,
daß diejenige, so sich ganz und gar dem göttlichen Willen
ergeben, und den ihrigen mit demselben verlangen zu vereinigen, nichts anders begehrende, als daß der göttliche Wille über alles in ihnen und allen Creaturen, so wohl in Geistlichen als Leiblichen, Zeitlichen als Ewigen vollkommen erfüllet werde, solche das göttliche Herz also an sich ziehen,
und gegen ihnen bewegen, daß solches göttliche Herz diese
Uebergabe mit so großen Erkennen aufnehme, als da erkennet ein König die Ehre von demjenigen zu haben, der ihm
die Krone des ganzen Reiches aufsetzet, und solches beweiset er genugsam, da er sagt: Wer den Willen thut meines
Vaters, der im Himmel ist, derselbige ist mein Bruder und
Schwester und Mutter, *Matth.* 6. Auch wie Johannes
sagt: Similes ei erimus, 1. *Joan.* 3. *v.* 2. daß wir ihm ganz
gleich werden. Wie so aber? Dieses erkläret gar schön jener, welcher da schreibet: Velle quod vult Deus, hoc est,
jam similem Deo esse: Wollen was GOtt will, das ist ihm
schon gleich seyn. Denn welchen gegeben ist die Gewalt Kinder Gottes zu werden, denen ist auch gegeben die Gewalt,
nicht zwar, daß sie GOtt seyn, aber dennoch daß sie seyn,
was GOtt ist, nämlich ganz heilig, und ewig glückselig zu
leben, *Ex S. Bernhardo Epist. ad fratres de Monte Dei.* Sintemalen darum sind wir erschaffen und leben, damit wir
GOtt gleich seyn, weilen wir zu dem Ebenbilde GOttes erschaffen seyn. Derohalben ist nothwendig, daß wir uns jederzeit befleißen den Willen GOttes zu erfüllen. Wie Christus selbsten uns lehrt, nicht allein in dem Heil. Vater Un-

Wintergrün. A a ser

ser zu bitten, daß seines Vaters Wille geschehe, wie im Himmel also auch auf Erden: sondern ermahnet uns solches mit furchtsamen Worten zu erben, in dem er spricht: Nicht ein jeder der da sagt, HErr, HErr, wird eingehen in das Reich der Himmel, sondern der den Willen thut meines Vaters, der im Himmel ist, *Matth. 7. v. 21.* Diese Ueber= gabe ist ein Baum des Lebens allen, die sie ergreifen, und selig sind die, die sie behalten, *Proverb. 3.* Sie ist eine Speise deren der Mensch sich sicherlich mag gebrauchen; weil sich deren der eingebohrne Sohn GOttes selbsten be= dienet, da er sagt: Meine Speise ist, daß ich den Willen thue desjenigen, der mich gesandt hat, damit ich sein Werk vollbringe, *Joan. 4. v. 34.*

Solche so kostbarliche Speise zu verkosten hatte Lust bekommen der hocherleuchte und nunmehro in dem himmli= schen Jerusalem hellglänzende Stern Johannes Taulerus, des Heil. Prediger-Ordens, welcher durch lange Zeit von dem gütigen Himmel nichts mehr verlangte, als solche Spei= se, damit er in der Kraft derselben vermöchte zu laufen, bis zu dem Berg Horeb, *2. Regum 19.* Ich will sagen, auf daß erreichen könnte Taulerus, die glückselige Ewigkeit, wünschete er zu gehen den kürzern Weg, welcher ihn leitete zu der immerwährenden Glückseligkeit. Derowegen als er einmal was eifriger sein inbrünstiges Gebeth bey stiller Nacht gegen den blau gestirnten Himmelspallast schickte, hat er nach göttlicher Anordnung angetroffen einen armseligen Bett= ler und zerlumpeten Tropfen. Solchem wünschete er einen glückseligen Morgen, welcher aber nach Bedankung so wohl gemeyntes Wünschen zugleich geantwortet: Daß er niemal einen unglückseligen Tag eingetreten.

Dieser muß glückseliger gewesen seyn in allem Leidwe= sen und Schmerz, als du vermeyntes unglückseliges Herz!

ihm

ihm muß besser geschmeckt haben ein mit Brod und Wasser
bedeckter Tisch, als dir die Vögel, Wildpret, und Fische:
er muß besser geruhet haben auf der Erde oder einem Bette, als du in deinem Federbette. Er muß besser bekleidet gewesen seyn in zerlumpten Hader, als du in Sammet, Gold,
Silber und Mader. Er muß holdseliger bedienet worden
seyn von den Vorübergehenden, als du von den Umstehen-
den, die dir Zarten aufwarten, nach allem Wunsch. Er
muß sicherer beherberget worden seyn in dem Hause, aus
Holz und Stroh gebaut, als du in deinem Pallast, ausgehaut aus Marmor und Ceder, die dich werden vor Die-
ben und Sorgen behalten verborgen. Warum aber dieses?
denn er sprach: Wenn ich von dem Hunger und Durst geplagt, vom Leiden schier werde gejagt, im langsamen Tod,
so lobe ich GOtt. Wenn die Kälte und Hitz, Hagel und
Blitz, Sonnen und Regen, sich bey mir ablegen, und bringen in Noth, so lobe ich GOtt. Wenn ich verachtet, werd
wenig geachtet, muß leiden viel Schmachen, armselige Sachen, auch häufigen Spott, so lobe ich GOtt. Und derowegen hat mir die Sonne niemalen in den himmlischen
Thierkreis einen unglückseligen Tag eingeführet, denn ich
habe mich GOtt also ergeben und gelernt mit ihm zu leben
auf solche Weise, daß ich versichert bin, was er thue, es
nicht könne bös seyn, und was er mir zukommen läßt, es
sey gleich gewesen süß oder saur, Freude oder Traur, Regen oder Schaur, angenehm oder unbequem: alles habe ich
von seiner mildreichen Hand angenommen, als das allerbeste; sintemalen ich in der Schule der Widerwärtigkeit begriffen, daß keine Sache von der Welt würdig geliebt zu werden, denn nur der einige Wille des über Leib und Leben
herzangenehmsten GOttes: Also war ich jederzeit glückselig,
weil der Wille meines Heilandes in mir erfüllet wurde, welchem ich den meinigen mit solcher Resignation übergeben,

daß

daß was er will und will nicht, mir allzeit recht geschieht. Aber
da Taulerus ihn wiederum befragte: Wie er sich verhalten
wollte, wenn ihn der bleich zornige Richter zu der ewigen
Strafe verdammen würde? gab er gleich zur Antwort:
Was? er mich verdammen? und wahrlich wenn er solches
zu vollziehen begünnte, so habe ich zween Arme, mit welchen ich ihn umfaſſete. Einer die wahre Demuth, und der
andere meine gegen ihm tragende Liebe. Mit welchen zwe-
en Armen ich ihn also an mich halten wollte, daß er gezwungen würde mit mir in den Abgrund zu gehen. Und wäre
mir denn beſſer ſeiner in der Hölle zu genieſſen, als ohne ſeinen Willen den Himmel zu beſitzen. Aus welcher Rede
denn Taulerus den Weg der Vollkommenheit gelernet, daß
kein beſſerer ſey als die wahre Reſignation und Uebergabe
in der Demuth. Darum ermahnet uns der Heil. Petrus
zur Demüthigung unter der gewaltigen Hand GOttes,
1. *Petr.* 5. *v.* 6. als wollte er ſagen: Weichet und unterwerfet
euch ſeinem gnädigen Willen. Ein demüthiger und reſignir-
ter Menſch ſpricht allezeit mit jenem: Ich will den HErrn
loben jederzeit, ſo wohl zur Zeit der Glückſeligkeit als Widerwärtigkeit, *Pſal.* 33. *v.* 1. Ueber welchen Ort der Heil.
Auguſtinus *in Locum citat.* 33. *Pſalm.* ſagt: Wer iſt der den
HErrn lobet zu jeder Zeit, als ein Demüthiger von Herzen? ſey
demüthig, wenn du ſtets den HErrn verlangeſt zu loben.
Denn wie Caſſianus *L.* 4. *Inſtit. c.* 39. vermerket, ſo iſt das
erſte Anzeigen der Demuth, wenn einer einen abgetödteten
Willen hat; wie es an dieſem glückſeligen Bettler erſchei-
net.

Ach wertheſtes Herz! ſieh dieſen armſeligen Menſchen
in dem Gipfel der chriſtlichen Vollkommenheit, ſieh und eife-
re ihm nach; ſeine geführte Rede iſt kräftig genug dir einzu-
ſprechen die Uebergebung deines Willens in den allergütigſten
Willen GOttes: trägt es ſich zu, daß der Allerhöchſte dich
                                                        ſter-

sterben läßt in deinen Trübsalen, so gedenke, solches sey zu deinem besten angesehen und mit diesen Gedanken sammt einem steifen Vertrauen versenke dich in das ungesalzene süße Meer der Vorsehung GOttes, und ergieb dich seinem Willen, da wirst du erfahren, was der weise Mann sagt: Ein Freund liebet allezeit und ein Bruder wird in der Noth geprüfet, *Proverb.* 17. Derohalben er in den himmlischen Offenbarungen selbsten spricht: Siehe ich stehe vor der Thüre und klopfe an, so jemand meine Stimme hören und die Thüre aufthun wird, zu dem werde ich eingehen, *Apocal.* 3. v. 20. Diejenige Seele aber sperret auf die Herzenspforte, welche den Schlüssel des eigenen Willens überreichet, und sich völlig ihm ergiebt, wie uns denn gar wohl der weise Mann ermahnet, da er saget: Deinen bösen Begierden gehe nicht nach, und wende deinen Willen nämlich zu und in den göttlichen. Derowegen rufe zu dem öftern mit Saulo: *Domine quid me vis facere, Actuum* 9. v. 6. HErr! was willst du, daß ich thun soll? siehe mein Herz ist bereit, mein Herz ist bereit, *Psal.* 56.

Unter den ersten Grundsteinen des herrlichen Tempels, so Joannes in seiner Offenbarung gesehen, hat das Edelgestein Jaspis den ersten Ort, *Apoc.* 21. Dieser Stein ist nach Meynung der Naturverständigen ein Wahrzeichen der Beständigkeit, und wirket, daß derjenige, so ihn bey sich trägt, aus Furcht und Zagheit nicht erschrecket werde. Wer sich vollkommen dem göttlichen Willen ergeben, und dieses Kleinod der wahen Uebergabe bey sich trägt, der ist unter die erste und vornehmste Freunde GOtt zu zählen, der sich vor keiner Widerwärtigkeit fürchten wird.

Ein gewisser Ehewirth, dessen Weib Sie-Mann war, konnte mit ihr keineswegs in anderer Einigkeit leben, als wie zwey Aimer in einem Bronnen, zu dessen einen Aufgang

gang der andere hinunter geht. Die saubere Ursel, so die
Herrschaft jederzeit begehrte zu haben, erzeigte eine solche
tölpische Gravität, daß man genugsam ihre Faulheit draus
spürete. Ihre liebreiche Gestalt, gleichsam ein Quatember
Gesicht bewegte den Mann zu solcher Liebe, daß er sie gar
oft mit so holdseliger Freundlichkeit angeschauet, als ob er
Holzäpfelessig getrunken, sintemal sie war ein solches murri-
sches Murmelthierlein, dem wenig gleich zu finden; also
zwar, daß der Mann nicht in einen geringen Schimpf bey
seinen Nachbarn wegen ihrer gerathen. Einmal da er in
guter Gesellschaft, wurde es ihm vorgestoßen, daß er sich
von seinem Weibe wie ein Knecht halten, und unterdrücken ließ, auch alles, was sie begehrte, verrichten müßte.
Er gab gleich zur Antwort: daß solches der Wahrheit nicht
beystimmete. Denn sein Hauskreuz müßte jederzeit nach
seinem Willen leben, und wenn er es jetzt von ihr verlangte, mit ihm einen Tanz zu thun, würde sie alsbald darein
verwilligen. Dieses zu erfahren, sollen zwey von ihnen
mitgehen, und den Augenschein einnehmen, bey nicht Erfolgung seiner Worte, wolle er einen guten Trunk bezahlen;
bey Erfolgung aber selbiger sollen die übrigen so viel zu bezahlen schuldig seyn; welches denn gar gern beyderseits angenommen worden. Kaum waren sie bey seinem Hause angelangt, stellet er sie vor ein kleines Fenster, damit sie also
unvermerkter zusehen möchten. Gleich darauf geht er in die
Stube, allwo sein Weib mit einem Krug Wein bey der
Kunkel saß. Solcher wünschete er einen guten Abend, welchem sie aber mit viel tausend Höllfurien dankete. Die daraus vermeynten schon gewonnen zu haben, allein der Mann
fieng bald an in der Stube auf und ab zu tanzen, auch ihm
selbsten folgendes aufzuspielen:

Ich bin Herr und du bist Narr,
Tanz auch mit so ists ein Paar,
Wirf hinweg das Kunkelhaar,
Denn ich Herr, und du bist Narr.

Das Weib schauete ihm eine zeitlang mit wunderseltsamen
Angesicht zu, bis sie endlich voller Unmuth den Spinnro-
cken von sich geworfen, die Arme auf beyde Seiten setzend,
gleich einem Essigkrug auch herum gesprungen und dem Mann
öfters unter die Nasen geschnalzen, schreyend:

Schau du Sau, ich bin Frau,
Ey du Sau, ich bin doch Frau.

Welches denn ein so lustiger Tanz gewesen, daß die vor
dem Hause von Herzen angefangen zu lachen, der Mann
aber aufgehört zu tanzen, und war ihm schon genug, daß
das Weib seinen Willen erfüllet.

Gar oft geschieht es mit uns Menschen, daß wir uns
gegen GOtt undankbar und halsstarrig erzeigen, auch unsern Willen ihm in keiner Sache unterwerfen wollen. Ja
so gar zu Zeiten wider ihn murren, und lästern dörfen, als
ob er gleichsam nicht gerecht und uns unrecht geschehen lasse,
ungeacht wir doch in allen Dingen und unumgänlichen Zufällen uns ihm vollkommen übergeben sollten, denn ihm besser bekannt, was uns nützlich, als wir wissen, was uns zu
erwählen. Wir sollten zufrieden seyn mit dem, was GOtt
hat uns gethan, und vergleichen unsern Willen mit seinem,
auch nichts mehrer begehren, als was er begehret. Weil
er allein weis alles, und was er weis darinnen irret er
nicht. Weil derowegen GOtt dermaßen verständig ist, wer
ist derjenige der sich unterstehen darf, ein Richter zu seyn
über seine tiefe Geheimnisse? auf eine besondere Weise müssen wir uns verhalten gegen GOtt und auf eine andere Weise gegen den Menschen. Den Menschen müssen wir unter

weilen

weilen ein freundliches Angesicht erzeigen, zur Bezeugung
der Demuth; aber vor GOtt müssen wir auf unser Angesicht
fallen, zu Erlangung seiner Gnade.   Obwohl wir ihn oft
durch unsere Ungeduld und eigensinnigen Willen zu dem Zorn
bewegen, allein damit er erzeige, daß er der HErr sey und
wir ihm gehorsamen, auch unsern Willen nach dem seinigen
richten müssen.   Wenn er bey uns mit guten nichts kann
ausrichten, so spielet er uns auf einen artlichen Tanz, und
lehret uns durch den Talenpatsch springen, indem er uns zuschicket ein widerwärtiges Kreuz, durch welches wir gezwungen
seinen Willen thun, und wie er uns aufgeiget darnach tanzen müssen, so dann dem himmlischen Heer eine herzliche Freude verursachet, nach den Worten des geliebten Heilands
Luc. 15.   Daß also Freude wird seyn im Himmel über einen
Sünder der Buße thut, denn über neun und neunzig, die
der Buße nicht bedörfen, und dieses ist ein so lustiger Tanz,
daß er uns springend und laufend machet, auch wieder unsern Willen.

     Einer hatte eine wunderliche Unruhe zu Hause, wel-
che sich in die Uhr seines Willens ganz und gar nicht schi-
ckete, und durch die Räder den Zeiger auf keine gute Stunde richtete, weder gutes noch böses wollte dazu behülflich
seyn, und mußte jener ein kunstreicher Uhrmacher seyn, der
sie verbesserte.   Das große und hohe Meer ist nicht so ungestüm, so den ganzen Erdkreis umgibt, noch das Schwert
eines Henkers, ist nicht so scharf, der Donner ist nicht so
erschrecklich, noch die Schlange ist nicht so giftig, als ein
böses Weib, und wäre gut, daß der Mann so fleissige Ob-
sicht hätte auf seine eigene Seele, als das Weib auf sein
Leben.   Wer sich an einem rächen will, der darf ihm nur
ein böses Weib zukuppeln und hat schon genug gethan. Wenn
ein Mann mit einem Weib Zankhändel anfängt, ist es eben
so viel, als wenn er einem Esel den Kopf wäschet. Ein solches

ches Zank= und Poldereisen war auch diese Unruhe, deren
Zunge er mehr fürchten mußte, als das Schwert seines
Feindes. Denn der Weiber Natur ist, daß sie dasjenige
begehren zu genießen, was sie lieben, und daß sie dasjenige
bis auf den Tod verfolgen, was sie hassen. Alles was er
begehrte, was er schaffte, was er befahl, war alles umsonst.
Weilen er derowegen von ihrer widerwärtigen Neigung
verdrüssig worden, und seinem Willen nur mit bösen Wor=
ten begegnet wurde, kaufete er eine große Sackpfeife, mit
welcher er bey Widerbellung ihrer so unangenehm aufspiele=
te, daß sie überdrüssig von so halsstarriger Weise eine Zeit=
lang nachgelassen. Weilen aber den Weibern in ihrer Stu=
tzigkeit wenig abzugewinnen, fieng sie bald wieder auf ihren
alten Ton übel fortzufahren, allein der Mann nicht faul,
weil er in dem Hause wollte der Herr seyn, befiehlt eine
große Wiege zuzurichten, in welche er sie mit Beyhülfe an=
derer so lang eingebunden und gewieget, bis sie versprochen
seinen Willen in allen zu vollziehen.

Christus JEsus ein HErr Himmels und der Erde,
macht es auch also mit uns Menschen. Wenn wir seine
Gebothe nicht halten wollen, spielt er uns auf durch viele
Widerwärtigkeiten: Wenn dieses nicht genug, so wirft er
uns durch eine Krankheit in die Wiege des Betts, bis wir
versprechen, genöthiget durch die Schmerzen, seinen Wil=
len zu erfüllen.

Albertus M. *Tract. de Virtut. c. de Amicitia* meldet:
Die wahre Freundschaft bleibe immerdar, sie blühe für und
für, sie sey allezeit innerlich warm, und liebe sowohl zum
Theil die Traurigkeit als Freude. Ein wahrer Freund ist
wie ein Lorberbaum, welcher des Winters und Sommers
grün ist, und seine Blätter und Frischheit zu keiner Zeit ver=
liert, sondern gleichsam ohne Leben unsterblich ist; darum

Wintergrün.   B b   Theo=

Theophraſtus *in vita Phil. c.* 68. ſpricht: Es ſey billig, daß
die Freundſchaft unſterblich ſey, dazu aber iſt vonnöthen
ein unſterblicher Freund.   Einen unſterblichen Freund haben wir an dem allerhöchſten GOtt, wenn wir uns befleißen demjenigen nachzufolgen, der geſagt: Deſcendi de cœ-
lo non ut faciam voluntatem meam , ſed voluntatem ejus, qui
miſit me Patris, *Joan.* 6. *v.* 38.   Ich bin von dem Himmel
herab kommen nicht meinen Willen zu thun, ſondern den
Willen derjenigen der mich geſandt hat, des Vaters. Wer
dieſes in dem Werke erfahren will, der muß ſich GOtt
gänzlich ergeben und mit Chriſto ſagen: Vater, nicht wie
ich will, ſondern wie du willſt, dein Will geſchehe, *Marc.*
14.   Ich aber will mit David meinen Willen GOtt freywillig opfern, denn er iſt gut, auch ſolches aus Herzens-
grund, zu jeder Stund, mit wahren Mund, mit nachfolgenden bekräftigen.

I.

Ein Liebespaar durch Lieb und Treu
    Einander ſind verbunden;
Da der Geſpons der Liebe frey
Genießt zu jeden Stunden:
Die Braut in größtem Freudenſtand
Hingegen lebt vergnüget:
Weil durch ſo keuſches Liebesband
Zuſammen ſie verfüget:
Und das darum und nur allein,
Weil beyder Will will einer ſeyn.

II.

In Freuden alles immer ſchwebt,
Wo man in Lieb verſtricket;
Wer in der Lieb verſtricket lebt,
Der iſt genug beglücket:
Wenn Lieb und Treu beyſammen ſteht,
All beyd in ein verfaſſet;
Fortuna unbeweglich geht,
Kein Unglück ſie zulaſſet:
Und das darum und nur allein,
Weil beyder Will will einer ſeyn.

III.

Ich bin auch meinem GOtt vertraut,
Ihm hab mich ganz ergeben;
Er mich erkennt für ſeine Braut,
Ich ihne vor mein Leben:
Ich hab ihn neulich auf das neu,
Nachdem ſein Zorn verſchwunden;
Mit wahrer heiſſer Zäherreu
In Lieb auf mich entzunden:
Und das darum und nur allein,
Dieweil ſein Will iſt auch der mein.

Denn

IV.

Denn mit so großer Liebesflamm
Ist jetzt mein Herz entzündet;
Die mein herzliebster Bräutigam
Ganz fest in mich gegründet:
Von ihm mein Leben angehebt,
Durch ihn es sich soll enden:
In ihme es noch allzeit schwebt,
Wird sich von ihm nicht wenden:
Und dieß darum und nur allein,
Dieweil sein Will ist auch der mein.

V.

Mit seiner Laut Wälder und Stein
Orpheus konnt nach sich bringen;
Daß alles sich mußt stellen ein
Bey sein so süssen Klingen;
Also auch bald, wenn nur ein Wort
Aus JEsu Mund erklinget;
Nach ihme gleich mein Herz sich fort
Durch Berg und Thäler schwinget:
Und dieß darum und nur allein,
Dieweil sein Will ist auch der mein.

VI.

Die wilden Thier Orpheus bezwingt,
Daß sie zu ihme kommen;
Sie endlich alle dahin bringt,
Bis zahm sie Abschied gnommen:
Ja wilder ich nicht, als ein Thier,
Der mit Verstand begnadet;
JEsu folg billig für und für,
Der mich zu ihme ladet:
Und das darum und nur allein,
Dieweil sein Will ist auch der mein.

VII.

Gleichwie der glänzend Hesperstern
Pflegt immer nachzuziehen
Apollini; und sich von fern
Zur Nachfolg zu bemühen:
Er folgt ihm nach durch blaue Straß,
Nach ihm sein Lager schläget;
Also mein Herz ohn Unterlaß
Begierd nach JEsu träget:
Und das darum und nur allein,
Dieweil sein Will ist auch der mein.

VIII.

Von dem Magnet wenn ist berührt
Die eisern Nadel worden;
Bald durch verborgne Kraft geführt
Sie wird dann gegen Norden:
Gleichwie auch eine Sonnenwend
Gegen der Sonn sich kehret;
JEsu mein Herz folgt ohne End
Mit Lieb und Lob ihn ehret:
Und das darum und nur allein,
Dieweil sein Will ist auch der mein.

IX.

Drum was er will, das will ich auch,
Sein Will soll stets geschehen;
Mein eigner Will, gleichwie der Rauch,
In Lüften muß vergehen;
Was er verlangt ist alles gut,
Besser ist nichts zu finden;
Nach seinem Will mein Herz und Muth
Mit ihm sich will verbinden:
Und das darum und nur allein,
Dieweil sein Will ist auch der mein.

Wenn

X.

Wenn über mich er Feur und Hitz
Nach seinem Will wird schicken;
Und gegen mir das Hagelgschütz
Durch schwarze Wolk läßt blicken:
Wenn schon ein Kriegsheer spottet mein,
Mich ganz und gar verachtet:
Psal. 26. v. 6.
Als sollt GOtt nicht mein Helfer seyn,
Mein Seel es doch nicht achtet:
Und das darum und nur allein,
Dieweil sein Will ist auch der mein.

XI.

Sollt dann das blaue Wolkenrund
Auch Jupiter bewegen;
Und diesen ganzen Erdengrund
Wollt in die Flammen legen:
Wenn er von seines Blitzesstand
Wird seine Pfeil abschiessen;
Soll mich so starker Wolkenbrand
Darumen nicht verdrüßen:
Und das darum und nur allein,
Weil JEsu Will ist auch der mein.

XII.

Obwohl gleich die grausame Wind
Zusammen werden brausen;
Und sammt all ihren Luftgesind
Nach ihren Kräften saußen,
Als wenn sie wollten in der Luft
Mit ihnen mich hinführen;
Wird mir doch solcher wilder Luft
Kein Härlein nicht berühren:
Und das darum und nur allein,
Weil JEsu Will ist auch der mein.

XIII.

Wenn schon dann auch erheben sich
Die angestürmte Wellen;
Erschrecklich saußen wider mich,
Anfangen auch zu bellen:
Wenn wider mich das ganze Meer
Sehr wütend sich sollt stellen;
Ich schätzte es für eine Ehr,
Zu schlagen seine Wellen:
Und das darum und nur allein,
Weil JEsu Will ist auch der mein.

XIV.

Wenn dann der gläßne Wellengrund
Untreu sich wollt verhalten;
Auch ohne Glaub und festen Bund
Wollt wie das Glas zerspalten:
Und denn durch aufgesperrten Schlauch
Ein Wallfisch mich wollt schlingen;
Wie Jonam in sein wilden Bauch,
Jon. 2.
Wird es kein Furcht mir bringen:
Und das darum und nur allein,
Weil JEsu Will ist auch der mein.

XV.

Wenn auch gleich denn in ihren Schooß
Die Erd mich wollt vergraben;
Und manchen harten Schollenstoß
Von ihr ich müßte haben:
So wird auch dieses mir nur seyn
Ein angenehmer Schrecken;
Wenn ich vergraben würde ein
In ihre rauhe Decken:
Und das darum und nur allein,
Weil JEsu Will ist auch der mein.

Wenn

XVI.

Wenn Clotho gleich auch einen Theil
Begehrt von mir zu haben;
Und ein schnell abgeschoßner Pfeil,
Mein Herz sollt mir durchgraben:
Mir dieses seyn wird nur ein Freud,
Und ganz liebreiches Schießen;
Wenn ich nach solchen Todesbescheid,
Mein Leben würd beschließen:
Und das darum und nur allein,
Weil JEsu Will ist auch der mein.

XVII.

Wenn Cerberus, der Höllenhund
Mit allen seinen Gsellen;
Mit aufgesperrten Rach und Schlund
Sich gegen mir wollt stellen:
Und Charon hätt den Floß bereit,
Auf solchen mich zu setzen;
Zu führen in die Ewigkeit,
Sollt mich auch nicht entsetzen:
Und das darum und nur allein,
Dieweil meins JEsu Will auch mein.

XVIII.

Wenn ich in tiefen Acharon
Auch würde ewig müssen;
Zum recht verdienten Sündenlohn
Mein Missethaten büßen:
O GOtt! auch dieses würd mir seyn

Nicht wider meinen Willen;
Wenn ich dadurch den Willen dein
Könnte sattsam erfüllen:
Und das darum und nur allein,
Dieweil dein Will ist auch der mein.

XIX.

Was dir gefällt, o großer GOtt!
An mir, dein Gschöpf zu machen;
Es sey in Freud, Leid oder Spott,
In allen andern Sachen:
Mach du mit mir, wie es dir gfallt,
Dein Will gescheh in allen;
In was für Form es sey und Gstalt,
Mir soll es nie misfallen:
Und das darum und nur allein,
Dieweil dein Will ist auch der mein.

XX.

Du bist mein Trost, mein Zuversicht,
Mein Hoffnung, und mein Leben;
Was du nicht willst, will ich auch nicht,
Hab mich dir ganz ergeben:
Was aber willst, ich auch das will,
In deinem Will ich lebe;
Mach nur, daß ich dein Will erfüll,
Und ihm nie widerstrebe:
Damit dein Will und auch der mein,
Stets beyde nur ein Wille seyn.

Nun aber möchte vielleicht einer fragen, worinnen die wahre Freundschaft bestehe? Solches beantwortet Pythagoras, da er sagt: Die wahre Freundschaft eines Freundes ist, wenn man aus vielen unterschiedlichen Menschen ein Herz machet. Die wahre Freunde sollen in allerley Sa-

chen

chen einerley seyn, eines Herzens, einer Seele, eines Willens und nicht Willens.   Darum spricht die Glossa interli-
nearis, *in cap. 6. Eccles.*   Die rechte Freunde sollen sich dergestalt gegeneinander verhalten, damit aus zweyen Gemüthern nur eins werde, welchem du eben so gut trauen darfst,
als dir selbsten, und in welchem du keinen Zweifel setzen
sollest.

Quintilianus *Lib. 3. de Amicitia* schreibt: Ich finde
in der ganzen Welt nicht, welches die Natur besser bedacht
und verordnet habe, als die Freundschaft: Derowegen soll
man einen Freund höher halten, denn alle andere Dinge auf
Erden.   Ein guter Freund ist ein starker Schirm, der einen
solchen findet, erlanget einen treuen Schatz.   Keine größere
Lustbarkeit ist in einer Gemeinde, als die Einigkeit der Gemüther und Gleichheit der Sitten, sammt der Vollziehung
des Befehls der Obrigkeit, ach was für Trost, was für
Süssigkeit, was für Freude wird denn bringen eine wahre
Uebergabe dem Menschen; welche einführet die Freundschaft
des allerhöchsten GOttes, *Thom. Kempis. Serm. I. ad Novi-
tios part. 1. n. 2.* ach daß wir es erkenneten, würde ein jeder
sich nicht genug bearbeiten können, solche zu erlangen, durch
welche die Seele viel wahrhaftiger mit GOtt vereiniget
wird, und viel vollkommener in GOtt verändert, als ein
Tropfen Wasser, wenn er in ein großes Faß Wein gegossen würde, in Wein verwandelt wird; oder als die Seele
vereinigt wird mit ihrem Leibe, mit welchen sie ein Wesen
und einen Menschen verursachet.

Das Feuer, wenn solches in das Holz wirket, verzehret alle Feuchtigkeit, Naß und Grünheit des Holzes,
und machet es wärmer und hitziger, auch sich dem Feuer
selbst ähnlicher und gleicher.   Je gleicher aber das Holz dem
Feuer wird, je mehr und mehr verlieret es alle Ungleichheit.
Verzehret also das Feuer in kurzer Zeit die ganze Materien

rien des Holzes, daß das Holz endlich auch zu Feuer wird,
und nicht mehr Holz sondern Feuer zu nennen ist. Gleicher=
weise ist es mit dem menschlichen Willen, welcher, wenn
er sich wirft in den liebflammenden Willen des allerhöch=
sten GOttes, wird er gleich entzündet, erleuchtet, und er=
läutert, von allem, welches ihn, als eine Nässe und schwe=
re Feuchtigkeit verhindert von dem Aufsteigen zu der Tu=
gend. Weil die göttliche Hitze durch das Feuer der Liebe und
Vereinigung beyder Willen, alsobald verzehret alle Ungleich=
heit in eine Einigkeit zu dem göttlichen Willen, also daß der
menschliche Wille nicht mehr genennet wird ein Wille des
Menschen, sondern ein Wille GOttes, denn der menschli=
che Wille also verändert wird, in den göttlichen, daß nur
ein Wille erscheinet. Und dieses ist, so die Heil. Schrift
meldet: Ambulavit cum Deo & non apparuit, quia tulit eum
Deus. Er führete einen göttlichen Wandel und war nicht
mehr gesehen, denn GOtt hat ihn hinweggenommen. Wa=
rum aber wird ein solcher Mensch nicht mehr gesehen? Als
der gerechteste GOtt die lastervolle Welt mit dem Sündfluß
gedachte zu strafen, hat sich Noe in die Arche begeben, &
inclusit eum DEUS deforis, und der HErr beschloß ihn von
auswendig. Wer durch die unverfälschte Uebergabe sich in
die Arche des göttlichen Willens hineinfüget, solchen be=
schliesset der gütige Heiland mit seinen überflüssigen Gaben
und Gnaden dermaaßen, daß er durch solche ganz
verschlossen ruhet in dem Herzen der allerhöch=
sten Majestät GOttes.

Das

Das dreyzehente Capitel.

Wer der Aufrichtigkeit sein ganzes Herz ergeben,
Der kann auch im Genuß des höchsten Gutes leben.

Was könnte gewesen seyn für eine größere Freundschaft
und Liebe, als diejenige, welche einander erzeiget
Pythias und Damon, die so vertraute Freunde gewesen, daß einer für den andern Bürge worden zu sterben.
Jonathas liebte David als wie seine Seele, 1. Reg. 18.
und Jacob hatte Joseph mit größerer Liebe umfangen, als
alle andere Kinder.   Allein der geliebt wird, hat viele
Verfolger.   Joseph, als er unterschiedliche Träume gehabt,

habt, *Gen.* 37. die gleichsam verbothen waren, daß ihn mit
der Zeit seine Brüder als einen König verehren sollten, faß=
seten sie einen Widerwillen gegen ihn, also daß sie verlang=
ten ihn aus dieser in die andere Welt zu schicken.   Judas
aber sein Bruder , damit sie nicht die Hände im Blute ih=
res unschuldigen Bruders wüschen, verkaufete Joseph den
Madianiten: Melius est ut venundetur Ismaelitis , *Ibid.*
v. 27.

Die Juden, welche waren dem Fleische nach Brüder
Christi JEsu, kunnten ihn, wegen seiner Tugenden und ihm
von vielen erzeigten ungewöhnlichen Ehre, nicht mehr gedul=
den, sondern ganz wütend trachteten ihn aus der Zahl der
Lebendigen unter die Todten zu mischen. Judas Iscariothes,
wie getreu er seinem GOtt und HErrn, giebt er an den Tag
bey finsterer Nacht, *Matth.* 26. *v.* 4. sintemalen er, da die
Juden wider JEsum, wie die Söhne Jacob wider den un=
schuldigen Joseph, und Absalon mit Achitophel wider Da=
vid 2. *Reg.* 15. rathgeschlagen; aus Antrieb des Teufels zu
ihnen sich verfüget und anerbothen, JEsum zu überantwor=
ten, *Luc.* 22. *v.* 23. unangesehen er so viel Gnaden und Gut=
thaten von ihm empfangen.

Das hat die Undankbarkeit, daß sie das Gute mit
Bösen vergilt! Quid vultis mihi dare , & ego eum vobis tra-
dam? Was wollt ihr mir geben, spricht er, und ich will
euch ihn überliefern? O strafwürdige Frechheit solcher Re=
de: Hat dich darum dein Meister und Lehrer unterrichtet,
daß du die Reichthümer lieben sollest, um ihn zu verrathen?
S. Chryf. Homil. de prodi. Jud.   O unerhörte Grausamkeit!
O erschreckliche That! O blutdürstiger Verräther! der du
das unschuldigste Lamm übergiebst den grausamsten Wölfen!
O Juda! was ist dieses? was ist dieses? Ist dir nicht be=
kannt, daß ein einiges Tröpflein seines Blutes eines un=
schätzbaren Preises? Bist du so gar blut=und geldbegierig,

Wintergrün.		C c		daß

daß du es anderst nicht bekommen kannst, als durch deſſen
Verkaufung; Ey so verkaufe JEsum mir, und ich will ihn
bezahlen mit allen meinem Gut und Blut.   Aber ach! sie
versprechen ihm dreyſſig Silberlinge, JEsus wird verkauft,
die Zeit der Verrätherey beſtimmet, Judas empfängt das
Geld, *Matth.* 26. *v.* 15.

Nachdem er also alles verrichtet, nimmt er bey fin-
ſterer Nacht, welche den muthigen Menschen, mordblutigen
auch blutdürſtigen Gemüthern giebt Hülfe und Rath zu böser That, mit ganzem Geschwader der JEsu neidigen Juden, mit sich an jenes Ort, wo er vermeynte ihn zu finden,
nämlich in dem Garten Gethsemani, *Marc.* 14. *v.* 43. Weilen er aber besorgte, indem Johannes JEsu nicht ungleich
an Gestalt, daß JEsus entgehen und Johannes gefangen
würde, giebt er ihnen ein Zeichen JEsum zu erkennen: Quem-
cunque osculatus fuero, ipse est, tenete eum, *Matth.* 26. *v.*
48.   Welchen ich küssen werde, dieser iſts, den greifet.
Also verkehrete er das Zeichen des Friedens und der Freundschaft in ein Wahrzeichen grausamer Verrätherey.   Was
macheſt du Judas? verrätheſt du des Menschen Sohn mit
einem Kuße, *Luc.* 22.   Was thuſt du Judas? mit dem Zeichen des Friedens fügeſt du zu eine Wunden.   Was bege-
heſt du Judas? mit dem Werke der Freundschaft vergieſſeſt
du Blut, und mit dem Inſtrument der Liebe verwundeſt
du bis auf den Tod.   Wo biſt du hingefallen? der du als
ein Jünger Chriſti, mehrer die Welt begläuzen können, als
Lucifer an dem geſtirnten Firmament? Wo biſt du hingefallen? Ach von dem Apoſtolat in die verfluchteſte That:
Von der Gesellschaft der Engel, zu der Schaar der höllischen Bengel.   Von den vornehmſten Freunden GOttes
zu seinen Feinden und Banden des Todes: Von dem Thron
aller Gnaden in den ewig unendlichen Schaden.   Von der

Genießung des allersüssesten Gutes, zur Verachtung des allerkostbarlichsten Blutes.

Meliora sunt vulnera diligentis, quam fraudulenta oscula odientis, spricht Salomon, *Prov.* 27. *v.* 6.   Viel besser sind die Wunden eines Liebenden als die falsche Küsse eines Hassenden.   Ach wie oft ist unter einem Freundstücke so viel Schelmenstücke verborgen, wie viel Böses stecket oft unter einer guten Decke! Wie oft unter falschen Liebkosen, sind viel Dörner ohne Rosen! Man vermeynt zwar oft, man habe die besten Freunde, wenn sie ein gutes Wort verleihen, aber ach! unter den Rosen sind gar viel Dörner, und unter den verguldten Pillulen viel Bitterkeit vermischet; absonderlich jetziger Zeit findet man dergleichen sehr viel, welche sich von äußerlichen Gebärden sich erzeigen ganz goldreich, der mehr als guldenen Freundschaft, aber inwendig sind sie als die Aepfel in jenem Lande, die äusserlich sehen wie Gold, innerlich aber sind sie voller Aschen.   Ich will sagen, sie stellen sich zwar freundlich, aber in dem Herzen sind sie falsch, und der Judaskinder sind gar viel, welche anderst reden und anderst thun.   Dergleichen muß auch schon zu seiner Zeit erfahren haben der heilige Harfenschläger, da er sich sprechend beklagt: Mein Freund, auf den ich mich verließ, hat mich gleichsam unter die Füße geworfen, *Psalm.* 40. Solche Freunde sind dem Hund zu vergleichen, denn des Hundes Eigenschaft ist, daß, wenn er vermerket, daß einer ein Bein oder Brod in der Hand hat, welches er ihm geben will, so rühret er den Schweif hin und her, schmeichelt und liebkoset ihn zum allerschönsten. Wenn aber einer nichts mehr in der Hand hat, ihm zu geben, so fängt der Hund an zu bellen und zu beißen, wenn er anderst kann.   Eben also thun dergleichen Freunde, denn als lang sie sehen, daß einer das Brod der Ehren, Reichthum und Ansehens in der Hand hat, so sind sie schmeich-

lerische

lerische Freunde, aber wenn Macht, Geld und Gut hin ist,
alsdann bellen und murren sie wie die Hunde, zwicken und
zwacken hie und dort seine Ehre ab, und will gleichsam ein
jeder auf ihm Holz hacken. Also da solche Gesellen dergleichen
Freunde sind, wie der Wolf gegen dem Schafe, der Fuchs
gegen der Hennen, der Geyer gegen dem Raube, die Katze gegen dem Schmeer, der Speck in einer Fallen und der
Nußkern in einem Springhäuslein, welche auf den Fall
und Gefangenschaft gerichtet sind. Ein solcher Nußkern
war dem starken Simson die falsche Freundschaft Dalilä,
Judicum 16. und dem Amasä ein solcher Fuchs der Joab;
2. *Reg.* 20. also auch wurde Judas für einen Freund angesehen Christi, dennoch war er sein größter Feind, angethan
mit einem Schaffelle, aber ein rechter Wolf, ungeachtet
dieses nennet ihn Christus einen Freund: Amice, ad quid
venisti? Mein Freund, zu was bist du kommen, *Matth.* 26.

O angenehmste Worte in den Ohren des Sünders!
O liebreicheste Sanftmuth! O höchste Tugend! Freylich
herzerquickend war die Stimme, wenn sie wäre angenommen worden vom Juda: Denn Christus wollte nichts anders, als, der gekommen zu suchen und selig zu machen,
das verlohren war, *Luc.* 19. ihm durch solche Worte seine
Falschheit vorwerfen, und ihn ermahnen zu der Buße: Re-
di in integrum, clementia invitat, salus pulsat, ad vitam te
vita revocat, *S. Leo P. Serm.* 7. *de Pass.* Nicht aber darum
nennet er ihn einen Freund, als ob er von Juda geliebet
würde, sondern daß er Christus getreu und gerecht, unsere
Sünde, so wir selbige bekennen, vergiebet, und reiniget
uns von aller Ungerechtigkeit, 1. *Joh.* 1. Judam annoch
liebe, ungeachtet er ihn verrathen, damit er aber nicht angesehen werde, als ob er ihn wegen solcher Verrätherey
verachte, sondern ihn liebe mit der That und Wahrheit,
1. *Joh* 3. versagt er ihm nicht den Kuß.

Wo

Wo seyd ihr ungeduldige, blutdürstige und rachgie= rige Gemüther? Wo seyd ihr, die ihr euch durch ein eini= ges Wort zu dem Zorn, durch eine einige Schmach zur Ra= che, durch eine kleine Beleidigung zu einer Mordthat bewe= gen lasset? Machet euch herbey und beherziget, was gestal= ten der liebreicheste JEsus so liebreich seinem Feinde begeg= net, auch kein Misfallen träget, von seinem Verräther ei= nen Kuß zu empfangen, freundlich anzureden, und einen Freund zu nennen. Kommet her ihr hochmüthige und stol= ze Herzen, die ihr euren Nächsten vorbey gehet, und aus inwendiger Verachtung nicht wollet grüssen. Ist das die= jenige in dem Beichtstuhle versprochene Verzeihung? Ist das ein Nachlaß der empfangenen Unbild? Ist das die Versöhnung mit dem Nächsten? Ist nicht Cain in die Tie= fe der Verzweiflung gerathen, weilen er wider seinen unschul= digen Bruder wütete *Gen.* 4. Sind nicht die Brüder Jo= seph, welche ihn aus lauter Feindschaft verfolgten, hernach in seine Hand gerathen? und in die Gefangenschaft gewor= fen, *ibid.* 44. Sind nicht Achab und Jezabel, weil sie aus lauter Zorn und Rachgierigkeit den unschuldigen Naboth vertilget, von den Hunden zerrissen worden, 3. *Reg.* 21. Hat nicht die Feindschaft und Rachgier den stolzen Aman eine Hochzeit mit des Seilers unehelichen Tochter verursa= chet, *Esther.* 7. Hergegen weilen Joseph aller Schmachen uneingedenk gewesen, ist er dergestalt erhöhet worden, daß er nach dem König über ganz Aegypten herrschete, *Gen.* 41. Weilen David wider Saul keinen Rath begehrte, so hat er erlangt die größte Ehre, Krone und Scepter zu Jerusa= lem, 2. *Reg.* 2. weilen Daniel viel Schmach und Spott zu Hof geduldig ausgestanden, ist er allen Officieren und Ca= valliern vorgezogen werden, *Daniel.* 6. und da der Heil. Stephanus in seiner Marter und Versteinigung für seine Feinde gebethen, hat er die Himmel offen, und seine ihm

Cc 3 vor=

vorbereitete Gloriekrone gesehen.   Liebet derohalben, durch
das Blut Christi JEsu erlößte Herzen, euere Feinde, und
vergesset der Schmach! vergebet um eures Heilandes Wun=
den willen allen denjenigen, so euch beleidigen.   Denn wie
das Verzeihen ist ein gewisses Zeichen der Seligkeit, also ist
die Rache ein unfehlbarer Vorboth der unglückseligsten Ewig=
keit.   Ach gedenket nicht, daß es eine Ehre sey, Stärke
oder adeliches Werk, wenn ihr eurem Nächsten wegen eines
einigen ungeraden Worts ein kaltes Eisen durch den Leib
jaget, sondern das ist die adelichste Tugend, wenn ihr mit
JEsu ruffet: Pater, dimitte illis, non enim sciunt, quid faciunt, *Luc.* 23. *v.* 34.   Vater, vergieb ihnen, denn sie wiss=
sen nicht, was sie thun: Damit ihr desto füglicher bethen
könnet: Vergib uns unsere Schuld, als wir vergeben un=
sern Schuldigern, *Matth.* 6. *v.* 12.   Unter andern Gebothen
befahl auch GOtt in dem alten Testamente: Non coques
hædum in lacte matris suæ, *Deut.* 14. *v.* 21. *Exod.* 23. *& v.*
19. daß man keinen Bock in der Milch seiner Mutter kochen
solle, und du kochest durch den brennenden Zorn deine eige=
ne Seele in dem Blute deines Leibes zu einer Speise dem
leidigen Teufel.   O höchste Thorheit! O unerhörte Grau=
samkeit.

Vielleicht wirfst du ein: Ich habe ihm verziehen, den
Haß beygelegt, allein ich kann es nicht vergessen, wenn er
mir begegnet.   Wenn ich ihn nur sehe, so überläuft mir die
Galle.   Ich thue ihm zwar nichts Uebels, aber ich lasse ihn
gehen wie er ist.

Wohl ein schöner Einwurf; Wie dörfet ihr sagen,
ihr habt eurem Feinde verziehen, weil ihr ihm darum nicht
schadet, weil ihr nicht könnet.   Kommet und lernet von JE=
su, wie ihr euren Feinden alle Schmach sollet nachlassen,
der Judam seinen Feind, von welchem er verkauft war,
nicht allein gelassen wie zuvor in dem Apostolat, sondern er
                                                        wusch

wusch ihm die Füße mit solcher Demuth und Liebe, als den
andern seinen Jüngern: er speißte und tränkte ihn mit seinem allerkostbarlichsten Fleische und Blute, wie die übrige
Apostel, *S. Leo Pap. Serm. 7. de paſſ.* Aber leider gleichwohl
war Judas also verblendet, daß er dieses nicht erkennete,
sondern verstockt in seinem Herzen, welches allbereit schon
besessen der leidige Teufel, *Luc. 22. v. 3.* war nicht mehr
mit einem Schaffelle bekleidet, sondern als ein offenbarer
reisender Wolf, unter dem Schein des Friedens fieng an
sein gewaltthätiges Laster, damit die andere, mehr als reisende Tiegerthiere, es vollzögen. JEsus, die ewige Weisheit dieses gar wohl wissend, wie er bey seinem Erzkanzler
sagt: Des Menschen Sohn wird den Hohenpriestern,
Schriftgelehrten und Aeltesten überantwortet werden,
Marc. 10. wollte nicht erwarten ihre Ankunft, sondern gieng
ihnen selbst entgegen, sich zu einer Gabe und Schlachtopfer
für uns darzugeben, GOtt zu einem süssen Geruch, *Epheſ.*
5. damit erfüllet würde, was bey dem Propheten geschrieben ist: Oblatus est, quia ipse voluit: Er ist aufgeopfert
worden, weil er selbst gewollt hat. Also sagt auch der Heil.
Pabst Leo, *Serm. 8. de paſſ.* Sie fangen, welcher verlanget
gefangen zu werden, sie ziehen, welcher gezogen zu werden
begehret. Gleichergestalt spricht Christus selbsten: Ich gebe meine Seele für meine Schafe, ich gebe aber sie: daß ich
sie wiederum zu mir nehme, *Joan.* 10. Niemand nimmt sie
von mir, sondern ich gebe sie von mir selbsten. Dieses habe ich von meinem Vater empfangen: Also nach gegebenem
Kuße fielen sie ihn an, als ein Lamm, das zur Schlachtbank geführet wird, *Iſa.* 53.

Aber warum dieses, liebreichester JEsu, warum dieses? daß du ohne allen Widerstand also jämmerlich und
erbärmlich gefangen wirst? Wenn du ein GOtt der Heer-
schaa-

reu, wie du dann bist, wo sind jene tausend mal tausend, und zehenmal hundert tausend Ritter, welche
gleichsam nicht zu zählen, *Job.* 25. Wenn du ein Sohn
des lebendigen GOttes, wie du dann bist, warum schickt
er nicht viel der englischen Geister, wie er einen geschickt in
Aegypten, da er alle erste Geburt in einer Nacht erwürgen
ließ, *Exod.* 12. Wenn dir gegeben alle Gewalt Himmels
und der Erden, wie es denn ist, warum befiehlest du der
Erde nicht, daß sie sich aufthue, und solche grimmige Tiegerthiere, wie Chore, Dathan und Abiron verschlucke; oder
aber dem Himmel, daß er mit Feuer auf sie herunter blitze,
und wie jenem Hauptmann und mithabenden Kriegsknechten
geschehen, verzehre, 4 *Reg.* 1. Aber nein, er wollte gefangen seyn, damit viel erlöset würden. Denn durch seine Gefangenschaft bekommen wir unsere Freyheit, die so lang in
der Dienstbarkeit des leidigen Teufels gewesen, damit er
durch den Tod denselbigen zerstörete, der des Todes Gewalt hatte, das ist den Teufel, und diejenige erlösete, welche aus Furcht des Todes all ihr Lebenlang der Knechtschaft
unterworfen waren, *Hebr.* 1. nach den Worten Jsaiä, *cap.*
28. Euer Bund mit dem Tode solle vernichtet werden,
und euer Vertrag mit der Hölle nicht bestehen.

Ach wie trostreich soll es mir seyn, O süssester JEsu!
daß du für mich gefangen, und für meine Erledigung gebunden wirst; Aber ach! mein Herz zerspringet schier vor
Schmerzen, daß ich dich, den Schönsten unter den Menschen Kindern zwischen so viel der Henkersknechte sehen muß.
Trostreich ist es mir zwar, daß du durch deine Gefangenschaft mich von der Dienstbarkeit des Teufels erledigest,
aber ach! wie schmerzet es mich, daß ich dich sehen muß mit
so viel Stricken zusammen gestricket, daß sie mit größten
Schmerzen die Haut zerschrunden: Trostreich ist es mir
zwar, daß du dich der Gefangenschaft unterwirfest, ja aber,

wenn

wenn mein Herz der Kerker wäre, in welchem du gefangen seyn sollest: Ja aber, wenn alle meine Nerven und Adern seidene oder güldene Stricke würden seyn, dich in dem innersten meiner Seelen zu verstecken; aber ach! daß du gerathen bist unter die grausamste Wölfe, dieses zerbricht mein Herz.

In der ganzen Welt ist kein Reichthum so groß, welcher der Freyheit zu vergleichen; aber so ist auch nichts so gefährliches, als die Freyheit, wenn man sie nicht recht brauchet. Derjenige ist nicht frey, welcher in der Freyheit lebt, sondern in der Freyheit stirbt, das best erwirbt.

Wenn wir unsern Begierden den Lauf lassen, und die Zügel der Freyheit nicht inhalten, haben wir bey Tage viel zu erzählen, und des Nachts viel zu beweinen. Viel Menschen findet man, die das Böse unterlassen, weil sie nicht wollen, aber hingegen sind nicht wenig, welche es versäumen, weil sie nicht können. Man bedarf nicht weniger Verstands, die Freyheit zu erhalten, als Tapferkeit, sie zu bezwingen. Die Freyheit, als gleichsam den unvergleichlichen Schatz und irdische Glückseligkeit, zu verlieren, ist eine beschwerliche Sache, also daß man zum öftern viel lieber den Tod wollte ausstehen, als eine Leibeigen- oder Gefangenschaft; Das Pferd wirft gern den Zaum ab, die Jugend die Zucht, und das Alter die Dienstbarkeit. Oft ist man in der Gefängniß, aber das Gewissen ist freyer, als diejenige, so die Gefangenschaft anbefohlen, und auch daß die Bestrickung verdrüssig, bringt sie dennoch der Seele unvergleichlichen Nutzen. Manasses, jener gottlose König, welcher schier keine andere Gedanken gehabt, als den Lastern der Heyden nachzuleben, da ihn aber GOtt dem Fürsten der Assyrer überantwortet, haben dieselbige ihn in einen engen Kerker geworfen. Was hat er aber in solchem

Wintergrün. D d chem

chem gethan? Höre die Heil. Schrift, 3. *Paralip.* 33. nach=
dem er ist beängstiget worden, hat er GOtt den HErrn ge=
bethen, und große Buße gethan vor dem GOtt seiner Vä=
ter.   Darum der Heil. Cyprianus *Epist.* 56. gar schön aus=
schreyet: O wohl ein glückseliger Kerker! der die Menschen
zur Seligkeit schicket: Der Kerker ist eine Gefangenschaft
der Leiber, ist aber ein Paradies der Seelen.

Sollte es aber seyn, daß einer unverdienter Weise in
die Gefangenschaft verstoßen würde, so glaube er sicherlich,
daß er der allerglückseligste sey, und den Märtyrern, Apo=
steln, ja Christo unserm Heilande selbsten in so weit könne
verglichen werden, welcher mit Banden und Stricken ge=
bunden zu dem Richterstuhle der Pharisäer gezogen worden.
Darzu uns dann auch der Heil. Paulus 2. *Cor.* 6. vermah=
net: In allen Dingen laßt uns erzeigen, als Diener GOt=
tes in großer Geduld, in Trübsal, in Nöthen, in Aeng=
sten, in Schlägen, in Gefängniß.   Darum, o ihr grausa=
me! o ihr wütende! o ihr neidvolle Juden, haltet in eure
Grausamkeit; haltet in euren Neid; haltet in euren Zorn,
wider den unschuldigen JEsum; Ich, ich habe gesündiget;
Ich, habe es verschuldet; Ich, ich habe es verdienet, mich
nehmet gefangen, mich nehmet gebunden, mich ziehet zur
Strafe.
Als ich nun solches mit lauter Stimme beklagte, er=
hub sich ein ganzer Bach der Zäher aus dem innersten mei=
ner Augen, aus welchem, als aus einem Spiegel viel klä=
rer erschien die Quelle meiner Traurigkeit, denn aus der
geführten Klage meiner Worte, daß ich in solchen fließen=
den Zäherbronn die Traurigkeit meines Herzens mehrer
wahr genommen bey Vorstellung der äußerlichen Gestalten,
als Minerva ihre Ungestalt, in welche ihre Schönheit durch
vielfältiges Aufspielen eines Flötleins gerathen.   Wessent=
we=

wegen bin ich zugleich in eine solche Gewalt der Zäher und Seufzer hervorgebrochen, daß auch die Felsen vor Mitleiden sich hätten bewegen mögen, also daß ich nicht nur gar unter den Thränen ertrunken, und unter den Seufzern ersticket bin. Nachdem ich aber meine halb entflohene Lebensgeister wieder zurück berufend zusammen gebracht, war mein erster Gedanke und höchstes Verlangen mich zu JEsum zu wenden, aber ach! ach!

I.

JEsum könnt ich nicht mehr sehen
In dem Garten herum gehen,
JEsus ware nicht mehr hier;
Wolt doch nicht den Augen trauen,
Sondern alles recht beschauen,
Durch all Gäng und Gartenthür:
Aber JEsus, mein Verlangen,
Nunmehr war schon fortgegangen.

II.

Da gieng ich im Wald spazieren,
Ob vielleicht ich möchte spüren
JEsum meinen Bräutigam;
Ich vermeynte ihn zu finden,
Bey den Buchen oder Linden,
Als ein da verirrtes Lamm:
Aber auch dahin gegangen,
Nicht war JEsus, mein Verlangen.

III.

Ich durchliefe alle Auen,
Wälder, Felder, zu beschauen,
Bis ich ganz erlegen bin;
Niemand aber wollt antworten
Von des Satyrs grünen Porten;

Wo er war gekommen hin:
Dieweil JEsus, mein Verlangen,
Niemal war dahin gegangen.

IV.

Drum ich alles will beschwören,
Ob vielleicht ich was möcht hören
Von dem Allerliebsten mein;
O ihr Stauden! O ihr Hecken!
Thut ihr JEsum nicht bedecken,
Und verschlossen halten ein?
Ach! wenn ihr wißt: mein Verlangen,
Zeigt, wo es sey hingegangen.

V.

O ihr grün geblümte Heiden!
Wo sonst JEsus pflegt zu weiden
Sein schön zartes Wollenvieh;
Habt ihr ihn auch nicht gesehen
Bey sein Schäflein herum gehen?
Sagt: auf daß ihn finde ich:
Ach! mein JEsu, mein Verlangen,
Wo bist du doch hingegangen?

VI.

Und ihr, ach verborgne Ritzen!
In der höchsten Felsen Spitzen,

Dd 2 Wißt

Wißt ihr meinen JEsum nicht?
Der der wahre Lebensfelsen,
Welchen niemand kann umwälzen.
Niemand ihne auch zerbricht:
Ach! wohin ist mein Verlangen
Aus dem Garten doch gegangen

VII.

Vielleicht ihr grausame Wellen
Habet diese Gnadenquellen
Unvermerkt in euch verschluckt;
Oder durch der Thetis Wagen,
An ein ander Ort getragen,
Und bis übers Meer verzuckt?
Ach! mein JEsum, mein Verlangen,
Haltet mir doch nicht gefangen.

VIII.

Habt ihr nicht geschwinde Winde
Aeoli geworbnes Gsinde
Meinen JEsum fortgeführt;
Wo die Sonn ihr Wagen wendet,
Und all Traurigkeit sich endet,
Daß sie werd von ihm gezirt:
Ach! Wohin ist mein Verlangen
Aus dem Garten doch gegangen.

IX.

Und du Mond mit deinen Sternen,
Hast du nicht erblickt von fernen
Meinen Schatz bey dunkler Nacht?
Da du bey entwichner Sonnen
Deinen rechten Glanz gewonnen,
Und gehalten scharfe Wacht?
Damit ich wüßt mein Verlangen,
Wohin doch es sey gegangen.

X.

Vielleicht Phöbus ihn genommen,
Als er ihm entgegen kommen,
Bey der blau gesternten Pfört;
Und mit seinem schnellen Schimmel,
Ihn bis auf die höchste Himmel
Wunderlich getragen fort:
Ach wer sagt mir mein Verlangen,
Wo es seye hingegangen.

XI.

Wißt ihr nicht, ihr Himmelsgeister,
Wo sey JEsus euer Meister,
Und der mein gegangen hin?
Wann ihrs wißt, ach sagts mir Armen,
Thut euch meiner Last erbarmen,
Auf daß ich doch finde ihn;
Und mein JEsum, mein Verlangen,
Könn mit Liebesarm umfangen.

XII.

Aber, ach! niemand will sagen,
Wo mein Schatz sich hingeschlagen,
Und wo er verborgen sich;
Drum ich auch auf Weg und Stra-
ßen,
In all Städt und deren Gassen,
Will geschwind begeben mich:
Und will fragen mein Verlangen,
Wo es sey doch hingegangen.

XIII.

JEsu, JEsu, mein Verlangen,
Wo bist du doch hingegangen?
Ach mein JEsu zeige dich;
Sonsten muß ich bald aufgeben,
Mein traur- und schmerzvolles Leben,

Wenn

Wenn dich nicht werd finden ich:
Drum mein JEsu, mein Verlangen,
Dich mir zeige zu umfangen.

XIV.

Ach wie viel giebt mir zu schaffen,
Die Lieb ohne Wehr und Waffen,
Durch so süsse Liebesquaal:
Meinen JEsum nach Verhoffen,
Anzutreffen bin geloffen,
Durch viel Wälder, Berg und Thal:
Doch mein Liebsten, mein Verlangen,
Ich niemalen konnt umfangen.

XV.

Wann wirst meiner dich erbarmen,
Und mich fassen in dein Armen,
JEsu, Allerliebster mein;
Ach! die Lieb zu sehr mich brennet,
Und mein schwaches Herz durchrennet,
Mit versüßter Liebespein:
Wenn ich dich, o mein Verlangen,
Nicht werd können bald umfangen.

XVI.

Mich die reine Lieb verdammet,
Schon von Jugend angeflammet
Hat, zu tragen solchen Schmerz;
Denn ich hatte kaum verlassen,
Die befleischte Mutterstrassen,
War entzünd mit Lieb mein Herz:
Und dich schon da, mein Verlangen,
Ich begehrte zu umfangen.

XVII.

Mein Herz möcht vor Leid verschmach-
ten,
Wenn ich öfters kann betrachten,

Wie geliebt ich dich, mein Licht;
Mir der Athem wird verkürzet,
Denkend, wie mich hab gestürzet,
In viel Gfahr, und fand dich nicht:
Drum mein JEsu, mein Verlangen,
Mir erlaub dich zu umfangen.

XVIII.

Ich mit steten Seufzer Schießen
Ließ die Zäher häufig fließen,
Dir durch sie zu schiffen nach;
Daß ich mit so vielen Weinen,
Ofters that nicht anderst scheinen,
Als ein angelofner Bach:
Und dich doch, o mein Verlangen,
JEsu endlich möcht umfangen.

XIX.

Kaum man finden wird ein Strassen,
Kaum man nennen wird ein Gassen,
Kaum wird seyn ein Stadt und Platz;
Wo ich nicht mit großen Sorgen,
Von dem Abend bis zu Morgen,
Und zu Tag gesucht mein Schatz:
Aber hab doch mein Verlangen,
Nicht gefunden, zu umfangen.

XX.

Ach wie wird es mich erquicken,
Wenn du würdest mich beglücken,
Mit der liebsten Ankunft dein;
Ich würd schier vor Freud zerfliessen,
Wenn ich, deiner zu geniessen,
Könnte so glückselig seyn:
Drum mein JEsu, mein Verlangen,
Dich mir zeige zu umfangen.

Weil

Weil ich nun nicht finden kann denjenigen, welchen begehrt
mein Herz, so will ich aufstehen mit der verliebten Braut,
Cant. 3. und durchgehen die ganze Stadt, suchend denjenigen den liebet meine Seele.   Ich will mich aufmachen und
nachforschen demjenigen, *Ibid.* 2. welcher schön wie die Lilien
des Feldes, und erhöhet, wie ein Cederbaum auf dem Libano, oder ein Cypreß auf dem Berg Sion, *Ecclef.* 24.
Ich will ihm nachfolgen bis in dasjenige Haus, allwo er
mit seinen Jüngern das Abendmahl gehalten.   Aber was?
ich klopfete an der Pforte des Hauses, ruffend: Habt ihr
nicht gesehen, welchen liebet meine Seele, *Cant.* 3. allein
ich kam viel zu spat; denn da sie das Lobgesang gesprochen,
gieng JEsus nach seiner Gewohnheit an den Oelberg, *Luc.*
22. ich verfügte mich gleich dahin, aber leider! ich habe
ihn gesucht und nicht gefunden, *Cant.* 3. vermerkte auch
nichts von ihm, als unweit einem Felsen auf der Erde ge-
sprißtes Blut, *Luc.* 22. *v.* 44.   Ich sahe mich um vor Aengsten schier stumm, und konnte mich nicht enthalten in ein erbärmliches und klägliches Geschrey auszubrechen, besonders
da mir ein Gedanke beygefallen von jenen Worten: Es ist
die Zeit nahe, daß des Menschen Sohn soll übergeben werden seinen Feinden, *Matth.* 20.   Weilen aber die Thore
der Stadt versperret, auch niemand vorhanden, welchen
ich wegen des gesehenen Blutes besprechen könnte; wollte
ich solches von der sprachlosen Rednerinn erfahren, was ich
von redbegabten Menschen nicht erfahren möchte.   Darum
gegen den Oelberg übersetzend, ich nachfolgendes Trauergesang angestimmet:

I. Ach

I.

Ach will denn all Unglück regnen
Ueber mich betrübte Seel;
Weil mir nirgends will begegnen
JEsus, den ich stets verfehl:
Kann ich denn kein Freud genießen,
Muß mein Herz auch gar zerfließen,
Vor so großem Leid und Weh,
In ein vollen Kummersee?

II.

Wie lang werd ich denn noch müssen
Spüren, dieß so falsche Glück?
Wird denn nie ein Tag einfließen
Der mein Herz ein kleins erquick?
Allzeit ist mein schwaches Leben
Mit dem Zäherbach umgeben:
Ach niemalen einen Tag
Ich genieße ohne Klag.

III.

Seufzen, Heulen, Klagen, Weinen,
Traurigkeit, Melancholey,
In so großen Herzenspeinen,
Sind mein Haus- und Feldgeschrey:
Niemal sitzt ein Turteltäublein,
Wie ich, auf verdorbnen Läublein,
Zu bedauren seinen Gspan
Den es nicht mehr finden kann.

IV.

Mir mein Liebster ist entnommen,
Ihn ich nicht mehr finden kann;
Wohin aber er gekommen,
Niemand will es zeigen an:

Er die Ursach meiner Schmerzen,
Die empfind ich in dem Herzen;
Denn, da er mich beurlaubt,
Mein Herz auch mit sich geraubt.

V.

Ich gieng auf das Feld spazieren,
Ihn allda zu treiben auf;
Wohin sonsten er zu führen
Pflegte seiner Schäflein Hauf:
Aber dieß war auch vergebens,
Weil der Bronn des wahren Lebens
Sich allda verlohren gar,
Daß er nicht zu finden war.

VI.

Weilen denn auf solcher Heiden
Ihn nicht konnte finden ich;
Wo er sonst hat seine Weiden,
Und zu Tag begeben sich:
Also thät ich schreyend klagen
Meines Herzens schwere Plagen;
Daß man in der Wüsteney
Hören konnt mein Traurgeschrey.

VII.

Da ich alls erfüllt mit Schreyen
Gegen jenem Thal hindurch;
Kam auch aus den Wüsteneyen
Gegen mir ein Stimm herdurch:
Nächst bey einer Wassergrotten,
Als ob man thät meiner spotten;
Welche widersprochen dort
Nur die meine halbe Wort.

Unter

VIII.

Unter diesen ich vermeynte,
Es vielleicht ein Nymph mögt seyn;
Wie es denn in Wahrheit scheinte,
Daß allda ihr Kämmerlein:
Aber dieß hat mich betrogen,
Weil die Wort sind hergeflogen,
Aus dem braunen Tannenhaus,
Und nächst giegnen Wald heraus.

IX.

Bald gedünkte mich es seye,
Vielleicht jener stolze Pan;
Welcher Syrink ohne Scheue,
Als sie nicht genommen an
Sein verliebtes Augenwinken;
Ließ in Thetis Schooß ertrinken;
Und also Betrübten mich,
Wollte locken auch zu sich.

X.

Aber weil die Wort geflogen
Zu mir, durch ein tiefes Thal;
Glaubt ich, daß sey angezogen
Echo, die aus lauter Quaal
Wurde in ein Stein verkehret,
Hatte meine Klag gehöret;
Und wollt also stimmen bey
Sie auch meinen Klaggeschrey.

XI.

Darum ich ihr meine Klagen
Offenbarte in der Eil;
Damit ihr von meinen Plagen
Würde etwas auch zu Theil:

Ich sprach: Willst du da antworten,
Echo mein traurvollen Worten;
Sag mir? liebste Nemia,
Bald sie mir antwortet: Ja.

XII.

Dir will ich was im Vertrauen,
Und in höchster Heimlichkeit,
Schönste Echo, anvertrauen,
Was da sich begeben heut:
Mein Schatz wude mir enttragen,
Ach wer kann mir von ihm sagen;
Wohin er begeben sich?
Echo mir antwortet: Ich.

XIII.

Wenn du kannst von ihm was sagen,
So verziehe doch nicht lang;
Stille meines Herzens Plagen,
Und den starken Liebeszwang:
Sag mir, Echo, ob mein Leben,
Sich vielleicht zu dir begeben,
In den dunkeln Wald hinein?
Echo mir antwortet: Nein.

XIV.

Mir vermeld, ob mein Verlangen
Zu dem Feld verirret sich;
Und ein Irrweg sey gegangen,
Daß ihn nicht kann finden ich?
Soll ich gehen, oder warten,
Auf mein Schatz in diesen Garten:
Eh vor Schmerzen ich zergehe,
Echo mir antwortet: Gehe.

Welchen

XV.

Welchen Weg soll ich antreten,
Lieber ich verbleib allhier;
Denn der Leib und Schmerzensketten,
Unbequem zu gehn sind mir:
Ich in diesen Myrrhengarten,
Will ein kleine Zeit noch warten;
Vielleicht ich erseh mein Heil,
Echo mir antwortet: Eil.

XVI.

Ach daß ich doch könnt ereilen
Meinen liebsten Bräutigam;
Nirgend wollt ich mich verweilen,
Aufzusuchen solches Lamm:
Aber leider meinem Herzen,
Sind zu stark die Liebeschmerzen;
Denn ich werde aller schwach,
Echo mir antwortet: Ach.

XVII.

Ach ein Wort das voller Schmerzen,
Auch zur Zeit ein Freud begreift;
Ach! ein Wort das oft dem Herzen,
Freud und Leid zu Zeiten steift:
Was bringts hier von mein Geliebten,
Wegen sein mir höchst Betrübten;
Echo sag: Freud oder Leid,
Echo mir antwortet: Leid.

XVIII.

O der Schmerzen, welche haben
Schon mein Herz gar sehr verwundt;
Ja schier solches durchgegraben,
Und bis auf die Mitt zerschrund:

Aber was thut ihn vor Freuden,
Bringen in so großes Leiden,
Mir die Wahrheit nicht beschneid,
Echo mir antwortet; Neid.

XIX.

Ach des Neids! hat denn gleich müssen
Der herzliebste JEsus mein;
Ohne Schuld die Schulden büßen,
Und ohn Schuld ein Schuldner seyn:
Wer ist der, der dort gefangen,
Ist vielleicht er mein Verlangen;
Sag mir Echo, wer ist der?
Echo mir antwortet: er?

XX.

Ach ist denn mein Schatz gefangen,
Mein herzliebster Bräutigam;
Der was Uebels nie begangen,
O du Lamm von Davidsstamm:
Ach! wo ist er doch mein Leben,
Den Grausamen übergeben,
Als ein zartes Wollenthier,
Echo mir antwortet: Hier.

XXI.

Weilen denn nun mein Verlangen,
Und der Allerliebste mein
Allerschmerzlichst ist gefangen,
Will ich auch gefangen seyn:
Will mich an das Ort begeben,
Wo gefangen ist mein Leben;
Damit er der Gfangene mein,
Werd genennt und ich der sein.

Wintergrün.　　　　E e　　　　Ewig

XXII.

Ewig soll er seyn verschlossen,
In der Mitt des Herzens mein;
Von ihm ist mein Lieb entsprossen,
Er wird ganz mein alles seyn:

Ihm bleibt stets mein Herz zu eigen,
Denn mein Seel zu sein Leibeigen:
Hab verschrieben samt dem Leib,
Darum ich ihm ewig bleib.

Ein gefangener Christi aber kann auf zweyerley Weise gefangen seyn, denn solche Gefangenschaft auch zweyerley, innerliche und äußerliche. Die innerliche Gefängniß ist nach den obersten Kräften, da das Gemüth ganz in GOtt gerichtet wird, und ist mit ihm also verbunden, daß es wegen keiner Sache sich von ihm in dem geringsten abwendet. Die äußerliche aber ist, wenn der äußerliche Mensch angegriffen wird mit unterschiedlichen Widerwärtigkeiten und Versuchungen, als zum Beyspiel: Wenn einer an dem Seinigen Schaden leidet, als an den Gütern, Ehren und guten Namen. Wenn er beraubt wird alles Trostes und Beystands seiner sonst guten Freunden, da liegt der Mensch gefangen in der Gefangenschaft des Allerhöchsten, welcher strafet jeden, den er liebet, mit unterschiedlichen Trübsalen, die der Mensch nach dem Vorbilde seines Heilandes mit ruhigem Gemüthe übertragen muß, wenn anders er auch mit Christo genießen will der glückseligsten Freyheit in Ewigkeit. Indem man sich bey solcher Beschaffenheit keines andern, gleichwie Daniel in der Löwengrube, als seines GOttes hat zu vertrösten, bey welchem man allein Trost einholen kann. Denn GOtt ist von keinem so weit entlegen, daß man demselbigen nicht mit stetem Seufzen könne nachfliehen, sintemalen in solchem Kerker, keiner so stark liegt gefangen und verstricket, daß er nicht mit seinen Gemüthsneigungen weit in den Himmel vermöge ausspazieren. Auch ist kein Gefängniß so finster, welches, wenn man aus der Noth eine Tugend machet, nicht wie ein kla-

rer

rer Himmel erscheine, allwo durch die Geduld GOtt und
die heilige Engel beywohnend sind,

Das vierzehente Capitel.

Wer die Wahrheit redlich sagt,
Wird am leichtesten verklagt.

Es ist ein gemein Sprichwort: Welcher die Wahrheit
geigt, und das, was wahr ist, singt, dem wird die
Geige gezeigt, daß sie am Kopfe zerspringt; und solches hat Christus JEsus ein Fürst des Friedens, *Isa. 9.*
auch die Wahrheit selbsten gnug erfahren. Denn nachdem

er

er erschrecklichermaßen gefangen, erbärmlich gebunden, und
als ein Uebelthäter mit vielen Stricken gefesselt, fortgefüh-
ret worden, *Joan.* 14. mußte er sich zu erst bey demjenigen
einstellen, welcher der Oberste der Schriftgelehrten und
Gesetzerfahrnen war, unschuldig anzuhören, was ihm falscher Weise vorgeworfen wurde, *Lingua fallax non amat veritatem*, *Prov.* 26. *v.* 23. auch sich unterwerfen demjenigen,
dessen Richter und König er selbsten war. Dieses ungeachtet
fraget ihn dieser Hohepriester von unterschiedlichen Sachen.
Aber JEsus damit seine Lehre nicht in einen Argwohn ge-
riethe, oder ihm einige Ehre beygemessen wurde, sprach nur
mit kurzen: Frage nur diejenigen, so da gehöret, was ich
gesagt: Siehe, sie wissen, was ich geredt habe, *Joan.* 18. unter diesen aber gab einer von den herumstehenden Dienern, aus
leichtfertiger Schmeicheley, seinem HErrn destomehrer zu gefallen, JEsu, wiewohl ganz unschuldigen, erschrecklicher
Weise, einen Backenstreich, *Marc.* 14. *v.* 65.

O unsinniger alberer Mensch; willst du also durch diesen
Backenstreich die Gnade eines Menschen behalten, auf daß
du die Gnade deines GOttes verlierest. Willst du deinem
HErrn aus boshafter Schmeicheley gefallen, damit du demjenigen misfällest, dessen dein HErr nicht würdig ist, zu
seyn der mindeste Knecht: *Deo placere non possunt*, *Rom.*
8. *v.* 8. dergleichen können GOtt nicht gefallen. O gar zu
große und unbeschreibliche Blindheit! das haben wir Menschen auch zu unsern Zeiten, daß wir öfters unsern gütigen
Heiland erzürnen, *hominibus placentes*, *Coloss.* 3. *v.* 22. den
Menschen zu gefallen; ach wie oft suchen wir die Gnade der
Knechte, und versäumen die Gnade unsers HErrn und süssesten JEsu. Wie oft befleißigt sich die Jugend ihrem Gegentheile zu gefallen, und verschwendet die Neigung des
liebreichesten Bräutigams ihrer Seele; allein bey ihnen
heißt

heißt es: Erravimus a via veritatis, *Sapient.* 5. *v.* 6. alles ist
zu schwer vor GOtt. Ja zuweilen läßt man auch nicht ein-
schleichen so gar nur einen Gedanken, welcher von weitem
GOttes Ehre und Gefallen beybrächte; aber gegen und
wegen schnöder Creaturen Liebe, was leidet mancher nicht?
was verspricht er nicht? was erdichtet er nicht? damit er
seiner Liebsten das Herz abgewinnen möge: Ut placeat uxo-
ri, 2. *Cor.* 7. *v.* 33. diese ist sein Schaß, jene seines Herzens-
plaß. Eine andere seine Göttinn, so von dem Himmel als
eine Diana herunter kommen, deren er täglich aufopfert seine heissen Thränen an statt des Weihrauchs; sein Herz für
ein Rauchfaß, seine betrübte Seele für ein Opfer, sein un-
terthäniges Flehen für ein Gebeth. Da fürchtet er weder
Frost noch Hiße, weder Schaur noch Bliß; weder Regen
noch Schnee, weder Trübsal noch Wehe; weder Tag noch
Nacht, weder Stunden noch Wacht; beschweret sich nicht
über Leid noch Neid; fraget nichts nach Gewalt noch Rache. Es ist ihm nichts so süß, er kann es ausschlagen;
nichts so sauer, er thut es übertragen, damit er nur ihre Gunst
könne erwerben. Da ruhet er keine Zeit, denn der geflügelte Cupido ziehet ihn auch aus dem lindesten Pflaum bey
finsterer Nacht vor ihre Thüre oder Fenster: Cor suum tra-
dit ad vigilandum diluculo, *Eccles.* 39. *v.* 6. Da ist ihm kein
Nordwind zu kalt, die brennende Liebe und der entzündete
Eifer seines Herzens vermögen ihn ertragen. Auch ob er
schon GOtt zu Liebe ein kleines da verbleibend sich beklagen würde zu erfrieren, so giebt er doch seiner Liebsten zu
gefallen im höchsten Frost eine lange Zeit einen Singer und
Sterngucker ab. Ja sollte er auch mit jener verliebten Nacht-
wanderinn den Schaarwächtern und Amtsknechten, sprechend: Invenerunt me viliges, *Cant.* 3. *v.* 3. zu Theil werden, welche ihm die Haut dermaßen reiben, daß er etliche
Tage zu Bette liegen, und auf das Bad schwißen muß,

so

so will doch ein solcher an seiner Buhlerinn hangen: Ut in-
veniat gratiam, 1. *Reg.* 12. *v.* 18. dam't er nur ihre Gunst und
blauen Dunst möge erlangen, welcher gar leicht zu verscherzen oder vergehet, fallax & vana, *Prov.* 31. *v.* 30. wie ein
Rauch einer Kerzen, der einen bösen Gestank hinter sich
läßt. Dem sey nun wie ihm wolle, so hat sie der blinde
Schütz dermaßen verblendet, und Amor mit seinem Band
die Augen dermaßen verhüllet, daß sie all ihr Ungemach
für lauter Freude halten, aber die Zeit, GOtt zu gefallen, für die größte Langweile. Ungeachtet doch solche Fra-
tzen und Ratzen vertragen viel Batzen, solche rostige Thüren brauchen viel Schmieren, solche Hulden kosten viel Gul-
den; ihr Zaschen leeret Taschen; ihr Antasten säubert Kasten, und ihr Liebkosen sind Dorn ohne Rosen; auch wenn
man nicht stets schickt und spickt, giebt und schenkt, neigt
und lenkt, werden solche unverschämte Bilder nur wilder;
bis dergleichen Schleppsäcke entfüllen Küsten und Säcke.
Denn solches Frauenvolk ist gleich einem Igel, welcher nicht
weis, was wir im Leib haben, und dennoch uns das Blut heraus sauget; oder aber ist begabt mit den Tugenden einer
Wanzen, welche, so lang sie lebet, beißt, und wenn sie
stirbt, stinket.

Aber auch auf das andächtige Weibergeschlecht zu
kommen, wie oft bemüht sich solches zu zwey, drey Stunden vor dem Spiegel aufzuputzen, einem stinkenden Erd-
wurm zu gefallen, und versäumt eine ganze Woche, kaum
ein Viertelstündlein anzuwenden, die Gunst ihres gekreuzigten JEsu zu erlangen, quasi una de stultis mulieribus,
Joh. 2. *v.* 10. Wie oft bearbeitet sich solches Gegengeschlecht
aus dem Kram und Apotheckerladen was einzukaufen, auch
mit theuren Werth, den Lippen und Wangen mitzutheilen,
was ihnen die Natur abgeschlagen, angenehm zu werden
den menschlichen Augen, und hingegen, mit Versparung
eines

eines wenigen, die Seele kohlschwarz liegen läßt, in dem
Koth der Sünde und Laster, zum größten Mißfallen Christi JEsu.

Wie oft wendet man überflüssige Unkosten an, den
Leib mit Sammet und Seiden zu schmücken, eine eitle Ehre bey den Menschen zu erwerben. Hingegen aber versäumet man, einem Armen ein schlechtes Allmosen zu geben,
damit man gewinnen möge die Liebe des Allerhöchsten.
Wie oft geht man daher gleichsam in Kleidern eingepresset,
oder aber halb entblöset, leidend die größte Kälte, nur darum, auf daß man rein und zart angesehen werde, da indessen die Seele bedecket wird mit einem groben und rauhen
Felle der Untugenden, als eine Ochsenhaut; da steht auf
dem Kopfe ein hoher wilder Schopf, und sind auf der Stirn
ganze Thürn von Spitzen, aber darinn sehr wenig Hirn.
Keine Mühe und Arbeit versäumet man beyzubehalten die
Freundschaft der üppigen Gesellschaft; aber die kleineste Bewegung GOtt zu Liebe und seiner Ehre ist viel zu schwer;
auch lebt man viel lieber dem Müßiggang ergeben, als
GOtt zu dienen. Aus welchem denn kommt, wie Cato
sagt: daß die Menschen in dem Müßiggang allerley Laster
und Uebelthaten lernen. Welches bekräftiget der weise
Mann, meldend: Viel Bosheit hat gelehret der Müßiggang, *Eccl.* 33. Keine Frucht bringet der Müßiggang, sondern allezeit den größten Verlust. Und gleichwie durch einen verborgenen Spalt oder Ritzen das Wasser durch Unfleiß der Schiffleute das Schiff in große Gefahr stürzet;
also aus Müßiggang und Trägheit leidet das Schifflein
des Herzens oft die größte Gefahr, in der Sünde zu untergehen, auch wie ein Wasser, so keinen Ablauf hat, in
der Gruben verfaulet; gleicher Weise die Seele durch Nachläßigkeit und Faulheit verdirbet: Dahin denn der Heil.
Hieronymus *Epistola ad Eust.* gar schön zielet, als er schreibet:

bet? Einem guten Vornehmen ist nichts so sehr zuwider, als
der Müßiggang; weilen er nicht allein nichts erwirbt, sondern verzehret auch, was schon erworben ist.   Dannenhero
Pythagoras diese Lehre gegeben: Man solle die Unwissenheit aus dem Gemüth, den Ueberfluß aus dem Bauch, die
Uneinigkeit aus der Stadt, und den Müßiggang aus dem
Leibe vertreiben.

Paritius meldet von den Indianern, daß sie die Jugend, deren Zucht ihnen befohlen, nicht ließen essen, sie
hatten denn zuvor angezeigt, was sie selbigen Tag gelernet, oder nützliches verrichtet.   Valerius Maximus *Lib.*
1. de Instit Scholast. schreibet, daß bey den Atheniensern diejenige, so müßig gefunden, auf öffentlichen Platz an den
Pranger gestellet worden.   Wenn jetziger Zeit jede Leute eine solche Stelle sollten vertreten, die dem Faullenzen ergeben, würden wenig ohne ein eisernes Halsband anzutreffen
seyn.   O große Thorheit! indem wir zu Zeiten also verblendet, daß wir mehrer achten die Dorn als Rosen, mehrer
das Böse als Gute, mehrer die Eitelkeit als das Ewige,
mehrer die Welt als den Himmel, mehrer die Laster als
die Tugend, und folglich mehrer die Dienstbarkeit, als die
Freyheit.   Denn durch die Sünde werden wir Knechte des
Teufels, nach den Worten des Apostels, da er sagt: A quo
enim quis superatus est, hujus & servus est, 2. *Petr.* 2. *v.* 19.
von welchem einer überwunden wird, dessen ist er auch ein
Knecht.   Ja durch die Sünde wird der Mensch nicht nur
allein ein leibeigener Knecht des Satans, sondern wird auch
zugleich geworfen in die ewige Gefangenschaft des Todes.
Der allerstärkste Feind, dem niemand kann entgehen, ist der
Tod, doch nicht also zu fürchten wie die Sünde.   Denn
wenn er uns wohl bereitet hinweg nimmet, so sind wir ledig
von allen Stricken dieser Welt, und erlangen das ewige Gut
in GOttes Reich, allein der Sünder Tod ist der allerbö-

feſte, mors peccatorum peſſima, *Ezech.* 18. *v.* 4. *&* 20. Denn die Seele, welche ſündiget, wird ſterben. Wie aber der Heil. Auguſtinus ſchreibet, ſo hat der Menſch zwey Leben, eines des Leibes, und eines der Seele. Gleichwie aber das Leben des Leibes iſt die Seele, alſo das Leben der Seele iſt GOtt. Wenn aber die Seele den Leib verläßt, ſo iſt der Leib todt, alſo wenn GOtt von der Seele entweichet, ſo ſtirbt die Seele dahin. Unangeſehen deſſen, fallen wir dennoch ſo oft in das Böſe hinein, ohne Nachſehen, was es für einen Ausgang gewinne, *Pſal.* 70.

Von Diogene wird erzählet, daß einer, als derſelbige in dem Felde etliche Kräuter zu dem Eſſen ſammelte, zu ihm geſagt: Wenn du wollteſt dem Dionyſio ſchmeicheln, ſo dörfſt du nicht ſo ſchlechte Kräuter eſſen; aber Diogenes gab ihm zur Antwort: Wenn du dich begnügen ließeſt mit dieſem ſchlechten Kraut, ſo dörfteſt du dem Dionyſio nicht ſchmeicheln; denn es für eine größere Glückſeligkeit zu halten, daß man mit Kraut geſpeiſet werde, als daß man bey groſſen Herrn ein Heuchler und Schmeichler ſey. GOtt hat den Tod nicht gemacht, ſpricht Salomon, der ſonſt alles erſchaffen, *Sap.* 1. *v.* 13. Wer denn? Die Schmeichlerey iſt eine Urſache des Todes, von dem Weibe hat die Sünde den Anfang, und um ihrentwillen müſſen wir alle ſterben, *Ecclef.* 25. das Weib aber iſt verführet durch den ſchmeicheriſchen Teufel, eritis ſicut Dii, *Gen.* 3. *v.* 5. da er ihnen vorgebildet, daß ſie ſeyn würden wie die Götter. Es geſchieht oft, daß ein Schmeichler mehrer angehöret und geliebet wird wegen einer böſen That und falſchen Werk, als ein getreuer Diener, welcher lange Jahre gedienet hat, alſo daß des einen Falſchheit viel angenehmer iſt, als des andern treue Dienſte, und überall findet man dergleichen, die das Süß uns Maul reiben und den Affen drehen.

Wintergrün.   Ff   Aber

Aber das ist der rechte Keder, damit man die Narren
fängt.

Aelianus schreibet *de Animal. Lib.* 6. *c.* 47. von den
Wölfen, daß solche sich nicht schlafen legen in ihren Höhlen,
sie haben denn ihre Fußtritte mit hin= und wiedergehen al=
so zertreten, daß man ihr Gespur nicht könne merken, und
ihnen nachstellen. Auf solche Weise machen es die Schmeich=
ler und Gleißner, die ihre böse Werke, welche gleichsam sind
Fußpfade, also verdecken, daß man ihren Betrug nicht leicht=
lich vermerket, *S. Gregor. Lib.* 11. *mor. c.* 25.

Die Schmeichler und diejenige, so ihm etwas aus
Heuchelei zu Gefallen gethan, konnte nicht gedulden der
römische Kaiser Sigismundus; denn er auf eine Zeit einen
Schmeichler in das Angesicht geschlagen, und als er gefragt
wurde, warum er ihm einen solchen Backenstreich gegeben?
hat er geantwortet: Warum hat er mich gebissen. Denn
nach Meldung obangezogenen heiligen Kirchenlehrers *Lib.* 1.
in Exod. c. 9. die Heuchler greifender hereingehen, aber mit
dem Schweife steche, beißen nicht mit dem Mund, sondern gleich
den Scorpionen mit den letzten des Leibes, und wie die
Katzen vornen lecken und hinten kratzen. Ein verständiger
Mensch aber, der sich bewahret bei dem Licht der Wahr=
heit zu bleiben, steht und urtheilet recht, ohne einiges Ge=
fallen und Liebkosen, gleichwie an der Sonne alle Leibes=
maasen und Mängel gesehen werden, *S. Bernhar. Serm.* 42.
in Cant.

Wie schmerzlich aber solcher Backenstreich dem ge=
duldigsten JEsu müsse gewesen seyn, ist leicht zu erachten,
denn in keinem Ort der Heil. Schrift wird gefunden, daß
Christus sich beklagt habe einiger Schmach, oder solche
demjenigen vorgeworfen, der sie ihm angethan, als nur all=
hier; da er gesagt: Si male locutus sum, testimonium per-
hibe

hibe de malo, ſi autem bene , quid me cædis: Habe ich
übel geredt, ſo beweiſe, daß es unrecht ſey, habe ich aber
recht geredet, warum ſchlägeſt du mich, *Joan.* 18. *Matth.* 26.
v. 52. *Marc.* 14. *v.* 5. *Luc.* 22.

Ach welches Herz wird ſeyn von ſo harten Stahl
und Stein, daß es allhier gleichſam nicht zerſprin-
ge! Welcher Menſch hat ein ſo Tiegergemüth, daß es nicht
in den vergoſſenen Zähren herum ſchwimme? O liebreicheſte
Mildigkeit! O ſüſſe Barmherzigkeit! O unendliche Gütigkeit GOttes! Oza hatte alleinig die Arche des Bundes
nicht mit genugſamer Ehrerbietung und Verehrung angerühret, und mußte gleich ſein Leben laſſen, 3. *Reg.* 6. Wegen einer einigen Hoffart Davids ſind ſiebenzig tauſend des
Volks erlegt, 2. *Reg.* 14. und was! iſt nicht größer die
Hoffart dieſes Dieners und der Backenſtreich dieſes Knechts
als die Hoffart Davids oder die Berührung Oza? allein
Chriſtus wollte allhier ſeine Geduld erzeigen, und zugleich
erfüllen, was er gelehret.   Wenn dir einer einen Backenſtreich giebt, ſo reiche ihm den andern auch dar, *Matth.* 5.
welches genug iſt, ſo er mit Geduld empfangen und ausge-
halten wird.   Dieſes iſt der herrliche Sieg, von welchem
der Heil. Chryſoſtomus *Hom.* 85. *in Matth.* meldet: Wenn
wir nichts Böſes verüben, und dennoch Uebels mit Geduld erleiden.   Denn uns ſo viel Kräfte GOtt gegeben,
daß wir nicht mit Fauſtrecht, ſondern mit Geduld gewinnen
können.   Deſſen iſt ein ſchönes Exempel jener Alte, welcher,
als er auf eine Zeit ſeine Nahrung zu ſuchen in ein Haus
gekommen, war ein beſeſſenes Weib allda, die ihm einen
Backenſtreich gegeben.   Der gute Alte aber reichet ihr gleich
mit höchſter Demuth die andere Wangen auch dar, auf welches der Teufel laut geſchrien: O was haben Gewalt die Gebothe Chriſti: JEſus treibet mich von dannen.   Hat alſo

Ff 2   dieſer

dieser Heil. Vater mit seiner demüthigen Empfahung des
Streichs den Teufel überwunden und ausgetrieben.

Der Löwe hatte einsmals Grillen im Kopf, solche
aber zu stillen, suchete er Ursache, wie er ein Thier bey den
Ohren fassen, und seinen Zorn auslassen möchte, darum
ladete er zu Gast, den starken Esel und listigen Fuchsen.
Diese zwey kamen nacheinander, und zwar der arme Esel zu
erst. Welchen, als er in seiner eselischen Gravität in das
Zimmer des Löwen, so wegen andern ertödteten Thieren,
Häuten, und Beiner so wohl riechete, als verbrannte Feigen, hereingetreten, der Löwe fragte: Wie es ihm gefalle?
Der einfältige Esel antwortete gleich: Es stinket sehr übel
von den todten Thieren. Warte du grober Narr, sprach
der Löwe, ich will dich lehren ohne Respect und Ehren also frech heraus reden, und zerriß den Esel in Stücken. Der
Fuchs, so vor der Thüre stund, solches hörend, wäre gerne
zurück gewesen; erholet sich doch, klopfet an, und wird hinein gelassen. Der Löwe fragt ihn gleicherweise, wie es ihm
gefalle? und ob er den Gestank nicht spürete? Der listige
Fuchs die Wahrheit zu sagen, trauete ihm nicht. Solches
zu loben, konnte er nicht. Darum er also spricht: Gnä-
digster König: Ich bitte, euer Majestät wollen mir vor
dießmal verzeihen, denn ich habe den Schnuppen, und Strau-
chen so sehr, daß ich auch gar nichts rieche. Diesem ver-
schafte der Löw eine herrliche Mahlzeit, und ließ ihn gehen.
Also geschieht es überall, der die Wahrheit redet, wird verhaßt; Wer lüget, wird veracht, wer zu allem kann als ein
listiger Mann, weis nicht was sagen, und auf beyden Seiten Wasser tragen, sich zeigen und neigen, sich gsellen und
stellen, als ob er nichts zu merken, von bösen Werken, der
ist zu Hof bequem, und überall angenehm.

Nun

Nun höre mich an, wie gefalle ich dir? auf eine Lügen gehört eine Maultaschen. Aber ich will die Wahrheit sagen. Kommet her ihr Richter, Procuratoren und Advocaten: Höret an was der Heil. Prophet Esaias c. 1. sagte: Es sind seine Worte. Deine Fürsten sind Abtrünnige und Diebsgesellen, nehmen gerne Geschenke, sie trachten nach Gaben, den Waysen schaffen sie nicht Recht, und der Wittwen Sache kommt nicht vor sie. Mit welchem übereinstimmen die Worte des Heil. Isidori, *Lib. de Summo bono.* da er spricht: Wenn der Arme nichts mehr hat zu geben, so wird er nicht allein in der Verhör versäumet, sondern auch wider alle Billigkeit und Recht unterdrücket. Ein schönes Lob! aber nur damit können verlangen, zu prangen, welche es trift, solches verteufelte Gift. Wie sie denn auch in dem Buch der Weisheit *cap.* 6. die Wahrheit ziemlich hören, da der Heil. Geist ihnen sagt: Lernet ihr Richter auf Erden, nehmet zu Ohren, die ihr über viel herrschet, und euch erhebet über viele Völker, ihr seyd seines Reichs Amtleute; aber ihr führet euer Amt nicht wohl, und haltet kein Recht, und thut nicht nach dem, das der HErr geordnet hat. Er wird gar gräulich und bald über euch kommen, und gar ein scharf Gericht wird gehen über die Obern, und die Gewaltigen werden gewaltig gestraft werden.

Die Römer hatten ein Gesetz, so Lex Cinthia genennet, in welchem verbothen, daß keiner einige Besoldung annehmen oder fordern sollte: Jetzunder ist es so weit gekommen, daß, wenn man dergleichen Herren nicht nach Begehren die Hände salbet; sie nicht wohl können beredet werden, die Sache vorzunehmen. Es heißt bey ihnen stets: Non apparebis in conspectu meo vacuus: Du sollst nicht leer vor mir erscheinen. Wer sein Recht vollenden und gut enden will, der muß von Smirna seyn, und den Wagen wohl

Ff 3 schmie-

schmieren, nicht zwar mit einer Wagensalbe, sondern mit
der gelben Erde des Goldes.   Ungeachtet die Gerechtigkeit
durch das Gold geschwächet wird, wie denn GOtt Mosi
selbsten vorgesagt: Non accipies munera, quæ etiam excæ-
cant prudentes, & subvertunt verba justorum.   Du sollst kein
Geschenk nehmen, denn Geschenke blenden die Weisen, und
kehren um die Worte der Gerechten, sintemalen dergleichen
geschenknehmende Richter sind in gemeinen ihren Urtheilen
ungerecht, indem sie große Laster zu mild oder zu scharf strafen.   Haben auch nicht zwey Ohren, wie Alexander, welcher eines dem Kläger, und das andere dem Beklagten dar-
gereichet, sondern urtheilen nach ihren Wohlgefallen. Halten die Sachen auf, beschweren die Unschuldigen, helfen
den Reichen, Bekannten und Vielvermögenden, unterdrücken die Armen, daß sie wohl ihren Lohn sollten gewinnen
wie Cambysis Richter, dem die Haut abgezogen, und andern zur
Erinnerung ihres Amtes über den Richtstuhl gespaunet
worden.

Philippus König in Macedonien, hat gepflogen zu sagen, daß keine Stadt, noch Schloß so fest, das nicht könne überwunden werden, wenn nur ein Esel mit Gold beladen möchte dazu kommen: darmit er anzeigen wollen, wie
geschwind diejenige, so Liebhaber der Reichthümer, können
überwunden werden Pecuniæ obediunt omnia, *Eccles.* 10. *v.*
19. Welches auch die Poeten in der Fabel der Diana an-
deuten wollen, da sie dichten: Es habe Jupiter solche keu-
sche Göttinn nicht können zu seinem Willen bringen, bis er
sich selbst in Gold verwandelt, und wie ein güldener Regen
in ihren Schooß gefallen.   Ist also kein Wunder, daß das
Gold die Herzen der geizigen Richter und Advocaten also
bezaubert, daß bey ihnen geschieht, was Ovidius beklagt;
da er sagt:

Gut

Gut machet Ehr, Gut wird geacht,
Gut machet Freud; Wer arm ist, wird veracht.

Denn der Armen Sache wird also langsam vorgenommen, bis sie ganz schab ab, und ihnen zu Grabe wird das Requiem gesungen. Da sie sich gar wohl mit Mose beklagend könnten sprechen: Inimici nostri sunt Judices, *Deut.* 32. *v.* 31. daß die Liebhaber des Gelds, und Feinde der Armen ihre Richter sind.

Dieses können auch verstehen die Vormünder und Gernhaber, welche zu Zeiten über ihrer anvertrauten Hab und Güter lange Finger bekommen, da sie solches gern haben, und als ungetreue Vormünder ihnen das Ihrige vor dem Munde hinwegstehlen und berauben. Denn der Gernhaber und Advocaten Gewissen, sind schier allezeit zerrissen, wie aber solche bestehen werden bey demjenigen, der richten wird die Lebendigen und Todten, 2. *Tim.* 4. *v.* 1. lasse ich sie darum worgen und sorgen.

Höre mich an, wie gefalle ich dir? Die Kaufleute hören gerne neue Zeitungen. Nun so wird von Genua geschrieben, daß allda ein Kaufmann zu sagen pflegte, wer sich vor dem Teufel scheuet, wird nimmermehr bereicht. Eine Rede, welche bey vielen Kaufleuten wohl in acht genommen wird. Wie denn solches längstens jener Weise vorgesehen, sprechend: Ein Kaufmann kann sich schwerlich hüten vor Unrecht, und ein Kramer vor Sünden, *Eccl.* 36. *v.* 28. Die ganze Welt ist voll ihrer List, die Waaren falsch und voll Betrug, das Gewicht zu klein und leicht, alles pflegt voll Ränk und Falschheit zu seyn. Dahero auch oftermal ganze Länder mit Theurung beschwert, und die Waaren gesteigert, da man ihrer zu dem mehresten bedarf. Mit dem Gewichte wissen sie auch den Vortheil, werfen das Gewürz und andere Sachen in die Schaalen, daß das Gewicht
über

über sich schnappet, und geschwind heraus damit; auch meynet
mancher, er habe einen gutē Ausschlag, bringet er es nach Haus,
so hat er nicht ein geringes weniger, als er bezahlt. Sol=
che sollten wohl beherzigen die Worte des Apostels, die da
wollen reich werden, fallen in Versuchung und Stricke des
Teufels. Will geschweigen, daß zu Zeiten auch Menschen=
fleisch wird mit gewogen, und sollte man alles nach Haus
tragen, so das Gewicht gezogen, würden viel keine Fin=
ger mehr an der Hand haben, die verlegene Waaren wis=
sen sie mit den süssesten und betrüglichsten Worten aufzusat=
teln, damit sie einen desto leichter übervortheilen mögen.
Darum Horatius nicht unrecht davon schreibet:

> Auf viel Verheißen trau ihm nicht,
> Du wirst sonst bald betrogen;
> Und wenn er sich schon hoch verpflicht,
> Ist doch das meist erlogen:
> Glaub nicht zugleich den Worten glatt,
> Denn wer viel redt, viel lügen hat.

Non est in ore eorum veritas, *Psal.* 5. *v.* 10. Sonsten sind
sie auch wohl erfahren, die Mängel ihrer Waaren zu ver=
bergen und zu verschweigen. Bald verschwören sie, diese
Waare sey aus Neu=Indien, da sie doch nur ist von Alt=
dorf in der Schweiz. Bald ist dieses Tuch von Hartfort
aus Engeland, schaut man es bey dem Licht, ist es von Lo=
cheren bey Holland. Jenes kommt aus der Türkey, da es doch
nur ist von Verdun aus Campanien, und ist bisweilen schon
also verthun, zerfressen, zerrissen, zerbissen von Mäusen,
daß es mehrer von Meisen aus Sachsen seyn könnte, als
von einem solchen entlegenen Ort. Auch geschieht gar oft,
daß etwelche zu Luderburg ihre Wohnung erwählen, die
durch ihr Luderleben Fallit werden, und wie sie andere ge=
ängstiget, in größere Trübsal sich stecken. Ich will nicht
sagen ohne Klagen, daß auch Kundschafter und Verräther
darmit

darmit unterlaufen, so ein ganzes Land ja Vaterland selb=
sten dem Feinde unterstehen zu verkaufen: Aber wehe euch,
da alle solcher Betrug wird müssen verantwortet werden bey
demjenigen, der nicht betrogen werden kann, *Luc. 6. v. 24.*
Und dieses können bemerken alle Handelsleute, Krämer und
Dantler, wie auch die Dienstbothen, welche zu Zeiten das=
jenige, was sie eingekauft, ihrer Herrschaft viel theurer an=
sagen, und das Geld zurück behalten. Allein Spatiosa via
est, quæ ducit ad perditionem, & multi sunt, qui intrant
per eam, *Matth. 7.* Dieses ist der weite und breite Weg,
welcher führet zu dem Verderben, und viel sind, welche
ihn gehen. Weil solches entfrembte Geld den Zorn GOt=
tes nach sich ziehet, und folglich, wenn sie es nicht wieder
erstatten, die ewige Unglückseligkeit:] Adducit iram & perditionem. *Eccles. 23. v. 21.*

Höre mich an, wie gefalle ich dir? der Wirth ihr
Kunst pflegt zu seyn, wohlfeil gern kaufen ein, und machen
theure Zech. Ich gebe es ihnen umsonst, sie wollen es
nur mit geneigten Willen annehmen. Die letztere Zeitung
von Wahrburg meldet, daß unter den Wirthen viel betrüg=
liche Gesellen gefunden werden, welche billig von jedermann
ein schlechtes Lob haben, als die so wohl Augen als Hände
nicht auf Liebe, Ehre, Freundlichkeit und Nothdurft der
Gäste, sondern allein dieselbige zu stutzen, den Beutel zu
putzen, und auf Eigennutz gerichtet haben. Keine Treu noch
Glauben gilt bey ihnen mehr, die sich nicht fürchten sehr,
öfters in einem Tag zu verschwören, so ist auch die grobe
Höflichkeit und ungefüterte Freundlichkeit bey vielen zu ver=
ehren, besonders das eßigsaure Angesicht der Frau Wirthinn,
die stockfischische Gravität des Herrn Wirths, samt der töl=
pischen Holdseligkeit des Hausknechts. Dieses aber wäre
noch wohl zu gedulden, allein das Wasser zuviel in Keller
lauft, und wird der Wein zu sehr getauft, das Fleisch wird

Wintergrün. Gg in

in den Schüßeln gewärmet, weil man sich erbarmet, daß es
der unsaubern Köchinn solle so oft durch die Hände gehen,
die alte Braten, davon schon gefressen die Mäus und Rat-
ten, werden aufs neue mit Speck gespickt, damit der Gast
erquickt, ungeacht sie schon aufgesetzt worden. Die Paste-
ten sind angefüllet mit verreckten Geflügel, oder von dem
Schinderwaasen eingebeitzten Roßfleisch als rothen Wildpret,
welches zu essen man die Nase verhalten muß. Die Eyer
sind schon mit Blut oder Jungen angefüllet, daß man wohl
sagen könnte, wie jener Schwab zu einem Tyroler, welcher auch in einem Wirthshause ein so frisches Ey bekommen, da er sprach: Nauseat super cibo isto levissimo, *Num.*
21. *v.* 5. Geschwind und still, iß zu, sonst mußt du das
Junge auch bezahlen. Mancher kriegt eine Krankheit von
solchen unflätigen Speisen, ohne Wissen der Ursache. Soll
man endlich bezahlen, ist alles mit doppelter Kreide ange-
schrieben; Welches aber ich sie will verantworten lassen,
wenn sie von ihrer untreuen Wirthschaft müssen geben Rechenschaft dem allergerechtesten GOtt. Will sich aber einer beklagen ihrer Grobheit, so geschieht oft einem, daß er
neben verzehrten Geld mit verzerrten und zerrissenen Haar
und Bart davon kommt, und seine Haut vor geleerten Beutel mit Stößen angefüllet wird, auch nicht viel höflicher sind
mit ihm; als die Juden mit Christo dem HErrn, der, da
er die Wahrheit gesagt, mit einem Backenstreich belästiget
worden.

Ach wie wunderbarlich und verborgen sind die Urtheile GOttes! daß nicht gleich dieser unsinnige Knecht
nach gegebenen Streich von dem Feuer verzehret oder von
der Erde verschlucket worden. In dem doch Cham nur allein angesehen die Schaam seines Vaters, und wurde gestraft, *Gen.* 9. *v.* 25. Chore, Dathan und Abiron haben
allein ihre Verwilligung und Beystimmung gegeben und sind
gleich

gleich von der Erde verschlucket lebendig der Hölle zugefah=
ren, *Num.* 16. Achitophel hat gesündiget allein mit Rath,
und ist gleich in solcher Sünde gestorben, 1. *Reg.* 13. aber
dieser wütende Löwe hatte nicht allein gesündiget mit Rath,
sondern in der That selbsten, und gehet ungestraft davon.
Lang geborgt, ist nicht geschenkt. Die Maaß der Sünden
war annoch nicht voll. Denn wie der Heil. Gregorius 23.
Moral. cap. 8. sagt: Aus gerechten Urtheil GOttes wird zu
Zeiten zugelassen, daß die Schuld vermehret werde, damit
zu strafen solche mehrer überhäufet werde. Verwundert
euch derowegen nicht, wertheste Herzen, daß solche Strafe
von dem gütigsten GOtt ist aufgeschoben worden. "Ver=
„wundert euch nicht, denn es kömmt die Stunde, in wel=
„cher alle, die in den Gräbern sind, werden die Stimme
„des Sohnes GOttes hören, und es werden hervorgehen die
„Gutes gethan haben, zu der Auferstehung des Lebens; Die
„aber Böses gethan zur Auferstehung des Gerichts, " *Joh.*
5. Denn des Menschen Sohn wird in der Herrlichkeit sei=
nes Vaters kommen mit seinen Engeln, *Matth.* 16. und
alsdenn wird er einem jeden vergelten nach seinen Werken.
Wird also die verdiente Strafe nicht ausbleiben. Denn
der Vater hat dem Sohn Macht gegeben, das Gericht zu
halten, und das Urtheil zu fällen über einen jeglichen nach
seinen Werken, *Apoc.* 20.

Zophyrus, damit er seinem Könige zugefallen die
Stadt Babylon erobern könnte, ließ ihm selber die Nase
abschneiden und an dem ganzen Leibe verwunden, wieviel
mehr sollen wir uns befleißen dem höchsten Könige in Uebung
allerhand Tugenden ohne einige Verletzung zu gefallen, je
vielmehr die Freundschaft GOttes beständiger ist als der
Menschen. Pompejus war von seinem vertrautesten Freun=
de dem Ptolomeo, enthauptet. Lucius Seneca war von

sei=

seinem Lehrjünger dem Nerone umgebracht: Cicero ist von
dem Julio Cäſ. dem Marco zum Tode überantwortet worden; derſelbige Julius Cäſar war von ſeinen beſten Freunden Bruto und Caſſio ermordet.   Daraus abzunehmen,
was ſey gefallen den Menſchen, da oftermals man viel ſicherer lebet, unter den öffentlichen Feinden, als bey verſtellten
Freunden.

Höre mich an, wie gefalle ich dir: Si veritatem di-
co vobis, quare non creditis, *Joan.* 8. *v.* 46.   Unter Dornen ſind oft die ſchönſten Roſen Obwohlen vielleicht meine
Worte in deinem Herzen ſind Dorn oder Schmerzen, ſo verhoffe ich doch, daß ſie mehr werden tragen Roſen, als alles Liebkoſen.   Du befleiſſeſt dich deinem Gegentheile zu gefallen auf das höchſte, o falſches Weibergeſchlecht, wenig
gerecht! ſintemalen man läßt ſich ſehen, bey den Thüren,
die Jugend zu verführen, und bey dem Fenſter wie die
Nachtgeſpenſter: Da zeiget man mit Händen, ſich zu verpfänden, winket mit den Augen, die viel zur Unzucht taugen, ſpricht jedermann freundlich zu der Ruhe, lachet, ladet und bittet, daß man bey ihnen einkehre, die Zeit verderbe, und GOtt die Herzensthüre verſperre.   Da fehlet
es an keinem Waſchen, noch mit Wein gefüllten Flaſchen,
und weilen ſie zu Zeiten ſtinken, ſich ſchmieren und ſchmin-
ken, den Menſchen zu gefallen.   Und kömmt oft eine Theurung beydes in Weinſtein und ungelöſchten Kalch, daß ſie
nur gute Laugen haben, ſich friſch und roth zu machen,
obwohlen ihnen viel beſſer taugte ein Zäherlaugen, zu beweinen ihre Sünden.   Da hat man die beſte und ſchönſte
Spiegel ſich hinten und vornen zu beſehen, unangeſehen es
viel ſicherer wäre, wenn ſolche Frauen wären befliſſen, ſich
zu beſchauen in ihrem Gewiſſen.   Da braucht man die köſt-
lichſte und wohlriechende Waſſer, dem Leibe zu geben einen
Geruch, indeſſen aber ſtinket die Seele von Laſtern als ein
                                                      faules

faules Aas: Allein die Läuse sollte man nicht in den Pelz setzen, sie kriechen ohne das hinein. Eine Jungfrau, welche
eine Jungfrau ist, solle sich nicht nur vor diesen allen hüten,
sondern solle auch beobachten, daß sie niemal mit einer
Mannsperson allein oder öffentlich conversire ohne sondere
Behutsamkeit. Thamar war eine ehrliche Jungfrau und
hätte ihr keines Weges eingebildet, daß ihr Bruder Ammon die Ungebühr mit ihr pflegen solle, 2. Reg. 13. Allein
die Gelegenheit machet Dieb: Darum sagt der Apostel:
Bonum est homini, mulierem non tangere, 1. Cor. 17.

Constantinus M. hatte die Jungfrauen so hoch geachtet, daß er vermeynte, alle Ehrerbietungen in der ganzen Welt, ausgenommen die Anbethung, so allein GOtt
gebühret, solle ihnen erzeiget werden, *Eusebius l. 4. de vita
Constant.* Ursach dessen vielleicht auch die Alten die Jungfrau unter die zwölf Zeichen des himmlischen Thierkreises
erhoben, wie der Heil. Hieronymus *Lib. I. contra Jovinum* gedenket: Darum dieses hellstralende Kirchenlicht unweit an-
gezogenem Orte vermeldet: Diejenige so sich verheirathen,
erfüllen das Erdreich, die Jungfrauen aber das Paradies.
Wie solchen auch gar schön beystimmet der honigfließende
Lehrer, sprechend *Epist. 42. ad Henr. Archi- Ep. Senon. Epist.*
36. Was ist doch schöner als die Keuschheit? welche die
von unreinen Samen empfangene rein, aus Feinden Freunde, und aus Menschen Engel machet? Und Hildebertus von
Cenomann schreibet: Die Jungfrauschaft ist eine Stille der
Sorgen, ein Friede des Fleisches, eine Erlösung der Laster,
eine Oberherrscherinn der Tugenden, begabet mit dem Geruch englischer Gemeinschaft, welche singet ein neues Gesang,
Apoc. 14. v. 4. ein glückseliges Gesang, ein Gesang, das niemand
singen kann, als allein diejenige, so mit den Weibern nicht
beflecket sind. Denn die Jungfrauen sind jederzeit GOtt

sehr

sehr angenehm gewesen, also daß er in dem alten Testamente ihrer zu verschonen befohlen, wie in dem Buch der Zahlen, *cap.* 31. zu lesen. Wenn denn GOtt in der Jungfrauschaft so großes Gefallen über alle andere Stände hat, warum sollen sich nicht auch die Jungfrauen befleißen, ihm über
alles zu gefallen?

Wenn ich recht gedenke, so erzählet Plinius, daß
der Scorpion die Eigenschaft habe, daß er die wahre Jungfrauen viel schärfer steche, als die keine rechte Jungfrauen
sind. Also thut auch der höllische Scorpion mit seinen Versuchungen. Ein Schneck, wenn er angerühret wird, so
ziehet er sich in sein Häuslein. Die Hüner, wenn sie den
Hennendieb sehen, so laufen sie in die Winkel; Die Tauben, so der Sperber kömmt, verstecken sich in ihre Kobel:
Die Castanien, so ganz und unbeschnitten in das Feuer geworfen werden, geben einen Schnalzer, oder springen aus
dem Feuer, welches aber eine aufgeschnittene nicht thut:
Also soll eine Jungfrau, welche mit der vollkommenen Reinigkeit bereichert seyn will, alle und jegliche Reden, die
nicht auf ein gutes Ende angesehen sind, fliehen, und ihnen
kein Gehör verstatten: denn dadurch wird sie die Reinigkeit
unfehlbar erhalten: Darum sagt Paulus, 1. Cor. 7. Eine
unverheirathete oder Jungfer gedenket, was des HErrn ist,
daß sie sey rein an dem Leibe und in dem Geiste.

Vor wenig Jahren suchten die junge Knaben die Jungfrauen zu haben; aber jetzunder, verkehrtes Wunder, die
Jungfrauen laufen und schnaufen, bis sie haben die junge
Knaben. Ach werthestes Herz! betrachte aus solchem die
folgende Sünden und Laster, auch alsdenn ihren Lohn, welche dich in der Ewigkeit erwarten, so wirst du dich mehrer
befleissen, GOtt zu gefallen, als den Menschen.

Ich

Ich habe selbsten eine Person gekennet, vielleicht lebet sie noch, deren Angesicht so zart, als wie eine geschabene Ochsenhaut. Die Nase so vollkommen und groß, daß, als ein Priester sie einmal communiciren wollte, das Maul nicht hat sehen können. Die Zähne so schneeweiß, wie die verfaulte Zaunstecken. Die Stirn so glatt, wie die schweizerische Baurenhosen: Welche kaum das Brod zu essen, gleichwohl als eine von Adel aufziehet. Ungeacht dessen (wie das Weibervolk soviel sich schätzet) hat diese ein und vierzigjährige Metze einen Spiegel vor vier und zwanzig Thaler gekaufet, in welchem sie sich täglich ganze Stunden besichtiget, da sie doch so schändlich, daß alle Teufel vor ihr fliehen möchten, und deren giebt es noch viel. Wie häßlich sie auch seyn, viel ihnen bilden ein: Denn sie vermeynen, wenn sie ihnen selbst gefallen, als könnten andere sie nicht hassen; aber sie betrügen sich gar sehr, sintemalen, indem sie solches bey sich selbst glauben, zeiget das ganze Ort mit Fingern auf sie: Ecce mulier, quæ erat in civitate peccatrix, *Lucæ. 7. v.* 37. Siehe wie diese daher pranget, wie eine Geiß an dem Strick: ihr Kopf ist vermaskirt, als ob sie in der Faßnacht gehe: Sie trappet mit bloßen Brüsten herein, als ob sie eine Fleischhackerinn, und Saufleisch feil habe: Sie tünchet und schmünket sich mit allerhand Sachen, wie ein Tüncher ein altes Haus, und träget oft so vielfärbige Kleider, als wie die Narren bekleidet werden von unterschiedlichen Flecken. Sage mir nun, wie gefalle ich dir? ohne Zweifel schlecht, denn du auch wenig gerecht: Ehrenwerthes Frauenvolk bleibt in besten Respect.

Es ist jetziger Zeit die gemeine Rede: Des Herrn sein Diener: Oder ich bitte, er wolle mich in seinen Gnaden erhalten: Wem sind wir doch mehr verbunden zu dienen, als dem allerhöchsten GOtt? Warum sehen wir denn nicht,

daß

daß wir in seinen Gnaden verbleiben? Der Heil. Paulus
sagt: Si hominibus placerem, servus Dei non essem, *Galat.*
1. v. 10.   Wenn ich den Menschen gefiele, wäre ich kein
Diener GOttes.   Wie können wir also GOtt gegen uns
mit Liebe entzünden, wenn wir nur verlangen einzuholen das
Belieben der Menschen.   Ein Diener, der seine Besoldung
verbessern kann, verläßt seinen Herrn, und suchet einen andern.   Unsere Besoldung können wir höher nicht bringen,
als wen wir unsern liebreicheste Heiland zu einem Herrn verlangen zu haben, welcher auch den mindesten Dienst tausendfältig
belohnet: GOtt ist unser Schuldner worden, sagt der Heil.
Augustinus, *Serm.* 16 *de verb. Ap.* nicht daß er was von uns
empfangen, sondern daß er es nach seinem Wohlgefallen
versprochen.   Und Bernhardus, *Libro de Grat. & lib. arbi-*
trio in fine. das Versprechen GOttes ist aus Barmherzigkeit, die Belohnung aber aus Gerechtigkeit.   Ja nicht allein vergilt er alle unsere Werke, sondern da wir gefallen in
die Strafe der Sünden, nimmt er solche auf sich; und derohalben wird er in sein zartestes Angesicht geschlagen, nach
der Weißagung des Propheten: Um der Missethat willen
meines Volks habe ich dich geschlagen, *Isaiæ* 53. *v.* 8. Warum sollen wir dem uns nicht befleißen, ihm zu gefallen, welcher uns mit so viel Gnaden überschüttet? Derowegen lasset uns ihm zu gefallen nichts versäumen, damit wir nicht
etwann hören müssen, was er bey seinem Propheten sagt:
Siehe, ich will mit dir rechten, *Jerem.* 2.   Lasset uns seine
Liebe gegen uns gewinnen, damit uns nicht zu Theil werde jener Spruch: Ihr seyd nicht meine Schafe, denn meine Schafe hören meine Stimme, *Joan.* 10.   Derohalben
ihr Verfluchte, gehet hin in das ewige Feuer, *Matth.* 25.
v. 41.

Wenn einer gedenket zu verreisen, und mit der Wohnung an ein anders fremdes Ort zu ziehen, so muß er vor
allen

allen Dingen die Gebräuche und Gewohnheit deſſelbigen
Landes anſehen und begreifen, damit er ſich hernach deſto
füglicher und beſſer darein ſchicken oder richten könne; alſo
auch, wer gedenket den Himmel zu bewohnen, der muß den
Weg und Gebrauch deſſelbigen wohl beobachten: Die Weiſe aber und Geſtalt, in dieſem Orte zu leben iſt, daß man
GOtt in Reinigkeit liebe, von ſolcher Wohnung ſtehet geſchrieben, daß die Stadt GOttes ſey von lauter Gold,
gleich dem reinen Glaſe, und werde nichts unreines hinein
gehen, ſondern allein die, ſo geſchrieben ſeyn in dem Buche
des Lebens des Lammes, *Apoc.* 22. Damit man aber
GOtt mehr gefalle, ſoll die Liebe mit der Demuth vereiniget ſeyn; denn das Feuer der reinen und göttlichen Liebe,
kann nicht beſſer verwahret und erhalten werden, als in der
Aſche der Demuth. Sintemal es eine ſchöne Vermiſchung
iſt der Liebe und Demuth in einer gottgefälligen Seele,
in welcher die Demuth regieret, und die Liebe triumphiret;
durch die Demuth unterwirft man ſich, und die Liebe gewinnet die Neigung des gütigſten GOttes. GOtt zu gefallen ſtehet dem Menſchen zu, daß er ſich ihm mit allem
übergebe, wie der Heil. Bernhardus ſagt: Sicut bona mea
non placent tibi, niſi mecum; ita dona tua non mihi ſuffi-
ciunt, niſi tecum.

Indem ſich aber ein jeder deſſen befleiſſet, ſoll meine
Seele ſich bemühen anzuſtimmen ein klagvolles Geſang, zu
bedauren denjenigen, deſſen Angeſicht mit einem Backenſtreich entehrt, und alſo als eine traurige Turteltaube zugleich, einladen, alle verliebte und betrübte Zeiten, welche
ſich belieben in jenem, in quem deſiderant angeli proſpicere,
deſſen Angeſicht die himmliſche Geiſter zu ſehen verlangen.
Darum

I.

Ach Augenſonn, des Herzensbronn,
    Die du mein JEſum liebeſt;
Bewirb dich ſehr, daß du ein Meer
Der Zäher von dir ſchiebeſt:
Sein zartes Fleiſch jungfräulich keuſch
Wird durch ein Knecht geſchlagen;
Doch dieſes er gedultig ſehr
Aus lauter Lieb ertragen.

II.

Er hat ſein Herz zu Pein und Schmerz
Zwar willig längſt bereitet;
Darum zugleich, bey ſolchem Streich
Ihn die Geduld begleitet:
Was du verſchuldt, er mit Geduld
Zu deinem Nutz thut büſſen;
Darumen Ach! in Zäherbach
Aus Gegenlieb thu flieſſen.

III.

Ein Zäherguß, ein Thränenfluß
Laß gehen aus dein Augen;
Für dein Schwachheit zu jeder Zeit
Ganz ſüß dir werden taugen:
Die Lieb ertrinkt nicht, und verſinkt
Nicht in den heiſſen Zähren;
Ein Thränendamm, die Liebesflamm
Thut erſt da recht ernähren.

IV.

Dieß iſt gewiß, glaub mir nur dieß,
Sonſten von vielen Klagen
Hätt müſſen ich, elendiglich
Schon längſten ach! verzagen:

Allein die Brunſt mit heiſſen Dunſt
Die Zäher bald verſchlucket;
Und auf das Glas, der Waſſerſtraß
Sie eilend nacher rucket.

V.

Dieß Trauergſang, und Zähergang
Wird dir mehr Nutzen bringen;
Als alle Freud und Luſtbarkeit
Der vielgeliebten Dingen:
Ach wein nur fort, brauch auch nur
        Wort,
Jedem dein Leid zu ſagen;
Gleichwie ihr Schall ein Nachtigall
Erfüllt mit Traur und Klagen.

VI.

Ach ſieh! wie ich erſuche dich
Mit ſteter Bitt und Plagen;
Darum mir du, ſollſt dieſes zu
Und nicht einmal verſagen:
Laß laufen dann all Waſſer au,
Was in dir iſt verborgen,
Laß flieſſen ſie, und ruhen nie
Aufs wenigſt heut und morgen.

VII.

Zum Bronnen, ach! dein Augen mach,
Damit die Zäherſtraſſen
Der Wellen Schwall, und Thränenfall
Niemalen thu verlaſſen:
Ganz Waſſerflüt von dir ausſchütt,
In Weinen thu verharren;
Bis jedes Aug ein Zäherlaug,
Schier gleichſam wollt erſtarren.

Denn

VIII.

Denn wer wollt seyn härter als Stein,
Die Zäher zu versagen;
Ein Marmor hart nach seiner Art
So gar thut Thränen tragen:
Er solche oft ganz unverhofft
Von ihme häufig schwißet;
Worinnen dann nicht jedermann
Vor JEsu Zäher sprißet,

IX.

Ein großer Schmerz nimmt ein mein
　　　　　Herz,
Wenn ich dieß thu bedenken;
Und immerzu; nach JEsu thu
Mein Gmüth und Sinn hinlenken:
Ich dann auch gleich in Thränen reich
Mitleidend ach zerfliesse;
Und einen Bach für solche Schmach,
So er empfängt, ausgiesse.

X.

Er mit Geduld träget die Schuld
Der Welt und ihrer Kinder;
Er kraftlos steht, und büßend geht
Die Sünden aller Sünder:
Er matt und krank zur Würgebank
Sich wagt, veracht all Freuden;
Er Hohn und Spott bis in den Tod
Thut willig für uns leiden.

XI.

Leichtfertigkeit, hat nur ihr Freud,
Weil sie kann ihren Willen;
An JEsu zart, gebunden hart,

Mit Stricken jetzt erfüllen:
Sie denkt schon dort nichts aus als
　　　　　Mord,
All's ist in lauter Lärmen;
Und niemand hat bey solcher That
Mit JEsu ein Erbarmen.

XII.

Niemal verfährt so wild und hart
Ein Tiegerthier mit Nichten,
Mit seinem Raub, wie wild und taub
Man es nur mag erdichten:
Kein Leopard so wilder Art
Mir leicht wird vorgebildet;
Wie da erscheint der Juden Gmeind,
Aus Haß und Neid erwildet.

XIII.

Er für uns büßt, als wenn er müßt
Zu ein Schlachtopfer werden;
Die Juden seynd, als seine Feind
Vor ihm wild in Gebärden:
Die falsche Rott, den großen Spott
Dem JEsu mein erweiset;
Den sonsten doch in Himmel hoch
Die Schaar der Engel preiset.

XIV.

All's Falschheit war, das solche Schaar
Thut bey Gericht vorbringen;
Was sie da klagt, was sie da sagt,
Allein dahin thut dringen:
Wie sie könn ihn, falsch richten hin,
Und dem Tod übergeben;
Der doch da ist, des Lebensfrist,
Ja aller Menschen Leben.

XV.

Wie kannst du doch so hartes Joch
Ach JEsu mein! ertragen?
Willst du allein derjenig seyn,
Von welchem man kann sagen:
Er hat die Schuld, doch ohne Schuld
Geduldiglich ertragen;
Und ganz unrecht, von einem Knecht
Ins Angsicht wird geschlagen.

XVI.

Stets will ich dich, gleichwie du mich
Mit Liebesarm umfassen;
Dich ich nicht hin aus meinem Sinn
Werd liebster JEsu lassen:
O Herzenslicht! wenn mein Herz bricht,
Sollst du dann mein Herz bleiben,
Ach höchster Ruhm, zum Eigenthum
Dir ich mich thu verschreiben.

XVII.

O Unverstand vermeßner Hand,
Wie grausam thust du schlagen,
Hinab zur Höll, eilend und schnell,
Warum wirst nicht getragen?
Ach der Geduld! der nichts verschuld,
Und ohne Schuld that leben;
Dem wird da gleich ein Backenstreich
Auch ohne Schuld gegeben.

XVIII.

Ach! ach! wer kann es sehen an,
Und kein Mitleiden tragen?
Ach komme her, betrübtes Heer,
Und dieses thu beklagen.
Empfang den Streich mit ihm zugleich,
Dein eigne Schuld thu büssen;
Für welche GOtt viel Schmach und
        Spott
Hat hier ausstehen müssen.

XIX.

Dein Sündenruß zu solcher Buß
Hat ihm Ursach gegeben;
Weil du mit Schand, in allerhand
Lastern geführt dein Leben:
Die Seufzer schieß, die Thränen
        gieß,
Werd aller Freud vergessen;
Und bey ihm dann ich klage an,
Die Schuld thu dir zunessen.

XX.

Du du sollst seyn in solcher Pein,
Du hast die Sünd begangen;
Für welche GOtt leidt solchen Spott
Für welche er gefangen:
Du hast die Schuld, er mit Geduld
Doch thut die Straf empfangen;
Obwohlen dort an jenem Ort
Er wird ganz göttlich prangen.

Die Liebe erkennet man aus dem Leiden, welche Liebe erzeiget jener vortreffliche Liebhaber unserer Seelen in diesem seinen Schmerz, so sein göttliches Angesicht durch den Backenstreich empfunden? Darum gleichergestalt die gottliebende

de Seele entzündet solle seyn mit Lob gegen demjenigen, welcher sie geliebet, und annoch liebet, solle auch zugleich erzeigen den in ihr verborgenen Pfeil der Liebe in dem Herzen,
daß sie nicht weniger verwundet ist gegen ihr. Denn was
kann Trostreichers seyn, als verwundet werden von
der Liebe, welche GOtt ist. Deus charitas est, spricht der
Heil. Johannes, 1. ep. 4. Gleichwie auch der Apostel sagt:
Deus pacis & dilectionis erit vobiscum, 2. Cor. 13. v. 12.
GOtt der Liebe und des Friedens wird mit euch seyn; Als
wollten sie melden: Betiteln andere GOtt nur einen Allmächtigen, einen starken Eiferer, groß und erschrecklich,
und einen GOtt alles Landes; so sagen wir, er sey die Liebe. Nennen ihn andere nur einen GOtt alles Wissens, einen HErrn der Heerscharen, und einen König der Götter
und aller Gewalt; so sagen wir, er sey die Liebe. Loben
ihn andere nur einen HErrn aller Herren, einen Erlöser und
Tröster aller derjenigen, die ihn ehren und anruffen: oder
aber einen Richten der ganzen Welt; so sagen wir nur,
GOtt ist die Liebe, und zwar diejenige Liebe, in welcher
wer bleibet, der bleibet in GOtt, und GOtt in ihm. Ach
eine vortreffliche Wunde! ein süsser Wunderstreit! durch
welchen das Leben hineindringet, und ihm selber durch die
Zertheilung einen Eingang machet.

Von unserm ersten Vater Adam haben wir gelernet
den Ungehorsam! von der Mutter Eva den Fraß; von Cain
den Todschlag; von den Hebräern die Abgötterey; von dem
König David den Ehebruch; von Senacherib das Gottes-
lästern; und vom Petro das Weinen: Aber von JEsu lernen wir das Lieben, durch welches er sich zu einem Menschen,
und uns hingegen zu GOtt gemacht, darreichend sein aller-
schönstes Angesicht den Streichen.

Da David auf der Flucht vor Saul in der Wüste
ganz ermattet, schickte er zu Nabal, einem Reichen selbiges
Landes, um etwas Speise anzuhalten, weilen er seiner Hir-
ten und Schafe ein Beschützer gewesen. Es war Nabal so
undankbar, daß er ihm nicht allein nichts überschicket, sondern die von David abgeordnete Bothen mit harten Worten angefahren, und gesagt: Was soll ich meine Speise und
Trank darreichen solchen verlaufenen Leuten, die ich nicht
weis, woher sie sind. Tollam ergo panes meos, aquas meas
& carnes pecorum, & dabo viris, quos nescio, unde sint,
1. *Reg.* 25. *v.* 11. Abigail aber, da sie solches vernommen,
hat sie ohne Wissen ihres Mannes genugsame Speisen zusammen gemacht, und ist David, der solches mit dem
Schwerte suchen wollte, entgegen gegangen, hat ihn solcher-
gestalt versöhnet, daß er nicht allein befriediget worden, sondern auch so gar nach dem Tode ihres Mannes sie ihm vermählet.

Der Leib und die Seele sind Nabal und Abigail;
Von diesem Nabal dem Leibe begehret der allerhöchste
GOtt zu Zeiten eine kleine Erquickung: Deliciæ meæ esse
cum filiis hominum, *Prov.* 8. *v.* 31. und verlanget nichts anders, als nur allein das Herz: Præbe mihi cor tuum, welches sich durch böse Neigungen ausgiesset in die Lust und
Ergetzlichkeit. Aber der närrische Leib ganz ersoffen in den
Wollüsten dieser Welt, redet als wie einer, der von der
Erde ist, und schläget solches gänzlich ab: Ubi thesaurus
tuus, ibi & cor tuum, nicht betrachtend, daß alles dem Erschaffer einig und allein zugehöre, also daß GOtt nicht unbillig zu dem billigsten Zorn beweget wird. Solches aber
vermerkend solle die Seele als eine weise Abigail, dem erzürnten göttlichen David Christo JEsu, der in der Wüste
dieser Welt sie und das ihrige so oft beschützet, und mit seinem
Blute verfochten, in demüthiger Liebe entgegen gehen, vor

ihm

ihm in wahrer reuvoller Bußfertigkeit zu Füssen fallen, und um Verzeihung bitten. Aufer iniquitatem famulæ tuæ, 1. *Reg.* 25. *v.* 28. so wird es geschehen, daß sie ihn nicht allein versöhnet, sondern wird sie wiederum zu Gnaden aufnehmen, und nach dem zeitlichen Tode des Leibes ihm in ewiger Glückseligkeit vermählen. Derowegen ach zu wünschen wäre es, daß wir ihn verehreten als einen Herrn, liebeten als einen Vater, umfasseten als einen Bräutigam, fürchteten als einen Richter, und anbetheten als einen wahren GOtt mit allen himmlischen Geistern.

Das

Das fünfzehente Capitel.

Was wohl verwahrt,
Stiehlt man sehr hart.

Es meldet die götliche Schrift, daß JEsus gebunden zu dem Hohenpriester Caiphas gesandt worden, Joan. 18. v. 24. Die andere Hohenpriester aber und der gan= ze Rath suchten falsche Zeugnisse. Die Unschuld wird ge= drücket, aber nicht unterdrücket; und obwohlen es zu Zei= ten das Ansehen gewinnet, als wenn das alles ausspähen= de Auge GOttes, in unsern Widerwärtigkeiten zugeschlos= sen sey: Gleichwie Christus schlief in dem Schifflein seiner Jünger unter den saußenden und prausenden Wellen des Meers, Matth. 8. so geschieht doch solches nur darum, auf
daß

daß die Unschuld desto mehrer hervor leuchte.　Es ist zwar besser darum leiden, daß man Gutes, als daß man Böses gethan hat: Denn dießeits erfolget die billige Strafe auf begangene Uebelthat; jenseits aber kann sie zu nichts, als zu Ehren gelangen, denen, die sie mit Geduld übertragen. Als Saul zum Israelitischen König erwählet wurde, sagten die Kinder Belial: Num salvare nos poterit iste: Was wird dieser uns erlösen können? Und haben ihn verachtet. Aber Saul achtete es nicht: Ille vero dissimulabat se audire. 1. *Reg.* 10. *v.* 27.　Die Wahrheit erscheine gleich geschwind oder langsam hervor; jedennoch macht sie denjenigen berühmt, der unbilligen Schmähreden und Gewalt herzhaft überstanden.　Die so von uns übel reden, sind nicht gleich diejenige, welche uns an dem mehresten schaden.　Wir sind es, die wir unsere ärgste Feinde selber sind.　Es ist besser, daß man übel von uns rede, als daß wir Uebel begehen.　Es ist besser den Namen eines Unschuldigen verlieren, als jemal nachlassen unschuldig zu seyn.　Die Ehre wird durch eben dasselbige, durch welches man einen zu verschwärzen gedenket, auf das neue grünen und blühen, ein Herz, das mit Tugenden grünet, kann von der Schärfe, welche das Schwert der Zunge begleitet, nicht verletzet werden.

Ungeachtet dessen findet man doch gar wenig, welche mit dem schändlichen Laster der Ehrabschneidung nicht behaftet.　Derowegen der Heil. Chrysostomus, *L. 1. de Comp. cordis.* schreibet, von dem Laster eines freventlichen Urtheils und Verkleinerung wird man nicht bald einen Menschen befreyt finden, so wohl von denjenigen, welche ihr Leben in einem geistlichen Stande zubringen, als die es in der Welt verzehren, welches ein lustiges Panquet des leidigen Teufels ist.　Derohalben Bernhardus *Serm. 24. in Cant.* sagt: Nachdem ihr untereinander zusammen kommet, so verkostet ihr

Wintergrün.　　　　　Ji　　　　　nicht

nicht das göttliche Abendmahl; sondern vielmehr trinket ihr
den Kelch des Satans, da ihr einander zubringet das Gift
der Ehrabschneidung, und durch die Ohren der andern zu
dem Herzen genommen wird.   Nicht allein aber bemackelt
sich derjenige, so solches Laster begehet, sondern auch derjenige, welcher solches mit einem Wohlgefallen anhöret, oder
solches nicht verhindert, der doch Amts halber solches zu
verhindern schuldig ist. Die Ehrabschneidung geschieht nicht
nur da, wenn einem die Ehre falscher Weise benommen
wird, sondern auch wenn ein Laster einer Person entdecket
wird, welches annoch nicht offenbar, auch solches nicht zu
verbessern weis oder schuldig ist: Und ob schon dieses Laster
mit dem Diebstahl in dem übereinkommet, da das entnommene wiederum muß zurückgegeben werden; ist es doch eine viel
größere Sünde als der Diebstahl, weil die Ehre und guter
Namen, die Reichthümer weit übertrifft, nach den Salo-
monischen Sprichwörtern: Es ist besser ein guter Name als
viel Reichthum, *Proverb.* 22.   Unangesehen dessen findet
man so viel diesem Laster ergeben, welche schwerlich dazu zu
bringen, daß sie die entnommene Ehre zurück stellen, indem
doch solches nach Lehre aller Theologen geschehen muß, zur
Vermeidung der ewigen Strafe.

Aristoteles sagt: Daß des Menschen Zunge gegen allen andern Gliedmaßen des ganzen Leibes ein kleines und
geringes Ding sey, welches die Natur also klein zusammen
gezogen, und in dem Munde verstecket; damit anzuzeigen,
daß man es selten solle entblößen und aus seinem Lager heraus
gehen lassen, *Lib.* 11. *de Anim.*

Bias, welcher einer aus den sieben Weisen in Grie-
chenland gewesen, pflegte zu sagen, daß die Natur die Zunge mit einer doppelten Thüre und Pforten habe verwahret,
nämlich mit den Lippen und Zähnen, auf daß sie sich nicht
leicht-

leichtlich sehen lasse. Gleichwie aber eine Vestung in Gefahr stehet, wenn sie bey den Porten nicht wohl versichert ist: Also an keinem Orte des Leibs ist das Leben und der Tod gefährlicher, als in dem Munde und der Zunge. Denn weilen sie beyde ihre Thore allzeit offen haben, so kann das Leben hinaus gehen, ohne einiges Reden, und der Tod hinein ohne einiges Ruffen. Soll derowegen derjenige, welcher den Tod fürchtet, und gern lang leben wollte, gute Achtung geben auf seine Zunge. Denn es kann sich sonsten begeben, daß er nicht wüßte zu leben, noch auch vermerke, woher ihm der Tod komme, darum sagt der weise Mann *Prov.* 13. *v.* 3. Wer seinen Mund bewahret, der bewahret seine Seele.

Es schreibet Plato von den Aegyptiern, daß sie in ihren Schulen eine Zunge gemahlt gehabt, welche mit einem Messer in zwey Theile getheilt gewesen, damit sie haben wollen anzeigen, daß die Menschen das überflüßige und unnothwendige Geschwätz sollten beschneiden, und sich vor demselbigen hüten.

Ein mir wohlbekannter Geistlicher saß auf eine Zeit bey einer vortrefflichen Gasterey, und da er die ganze Mahlzeit durch kein einziges Wort verlohr, wurde er von seinem Nachbarn gefraget, warum er so still schweige? hat er geantwortet: Daß die Natur zwar dem Menschen die Rede gegeben, die Erwählung aber der Zeit, wenn und was man reden solle: komme allein von einem klugen Verstand. Verständig soll man allzeit reden, besonders vor dem gemeinen Volke, welches ist ein blindes Thier, so sich leichtlich, wohin es durch das Geschrey geleitet wird, führen und ihm eine Sache, die von übler Nachrede ausgebracht, und vor wahr eingeblasen worden, schwerlich aus dem Gemüth und Zungen reißen läßt. Malus obedit linguæ iniquæ; & fallax obtemperat labiis mendacibus, *Proverb.* 17. *v.* 4. Ein

Böser

Böser ist gehorsam einer bösen Zunge, und ein falscher ge-
horchet den lügenhaften Lefzen.   Zu fremden Lastern haben
wir Augen so scharf wie ein Luchs; aber, unsere eigene
Sünden zu sehen, sind wir wie ein Maulwurf.   Der Un-
verschämtheit kann sich nichts widersetzen, denn sie ist wie
ein Fluß, welcher die Felsen der Tugend, so gegen seine Ungestümigkeit gesetzt sind, selbst zersprengt, und mit sich rei-
ßet.   Derowegen nolite multiplicare sublimia gloriantes, re-
cedant vetera de ore vestro, 1. *Reg.* 2. *v.* 3.   Was schon geschehen ist, soll von keinem Munde hervorgehen, denn es
sehr schändlich, sich durch Offenbarung des Nächsten Untugenden rühmen; vielmehr sollen die alten Dinge von dem
Munde also abweichen, daß sie niemal mehr gehöret werden.   Wer nicht weis ohne Ehrabschneidung und verständig zu reden, der befleisse sich demüthig und schamhaftig zu
schweigen, nach der Lehre Salomon: Ein Narr, wenn er
schweigt, wird für weis gehalten, *Prov.* 17. *v. ult.*

Ein übel nachredender Mensch ist wie eine Spinne,
sintemal wie die Spinnen den guten Saft in Gift verwandeln, also machet er den guten Werken ein übeles Aussehen,
und macht durch seine falsche Ausdeutung, daß sie für bös
gehalten werden.   Doch geschicht es auch zu Zeiten, daß eine böse verläumderische Zunge einen andern warnet, wie Philippus König in Macedonien gethan, sagend von dem Ver-
läumder Nicanore.   Denn als man ihm anzeigte, wie ge-
meldter Nicanor so schimpflich und übel von ihm rede, gab
er zur Antwort: Nicanor vermeynt es nicht bös, sondern
will mich auf solche Weise anmahnen, wie ich mich verhalten solle, ungeachtet ein solcher wohl könnte betrachten, was
Seneca *Lib. de moribus.* sagt :   Die Rede ist ein Bild des
Menschen, wie der Mann, also auch seine Rede.

Es

Es bezeuget der Heil. Augustinus, *Lib.* 16. *de civitat. Dei.* daß ein Volk sey, welches mit keinem Munde begabet, sondern den Athem durch die Nasen ziehe, und auf solche Weise das Leben erhalte. Glückselig wäre bey solchen zu wohnen, wenn sie in unsern Landen gefunden würden, damit man den falschen Zungen und bösen Mäulern entgehen könnte, deren man so viel erfahren von Anbeginn der Welt, daß man mehr als gar zu viel angetroffen, unter welchen so ruhig zu sitzen, als unter Ameishaufen, und solches hat Christus, die Unschuld selber, erfahren und anhören müssen, da wider ihn falsche Zeugen sind aufgestanden, aber die Wahrheit hat ihr selbsten gelogen, *Matth.* 26. Inzwischen wollten sie dennoch ihn auf allerhand Weise unter dem Scheine des Gerichtes in das Verderben stürzen, *Insidias suas tribunalis schemate palliantes, Vict. Antioc. in cap.* 14. *Marci.* O höllenmäßiger Frevel! o lasterhaftige Bosheit!

Der Heil. Marcus *cap.* 26. sagt: man habe Christum gekreuziget um drey Uhr; und der Heil. Matthäus meldet, er sey um sechs Uhr an das Kreuz geschlagen worden, diese unterschiedliche Stunden sind also meines Gedünkens zu verstehen, daß die Juden den geliebtesten Heiland von dem Pilato um drey Uhr begehrt zu kreuzigen, doch aber solches erst um sechs Uhr vollzogen, also daß sie eine Stunde ihn haben gekreuziget, mit der Zunge, und in der andern sechsten Stunde mit den Werken, mit der Zunge haben sie viel falscher Zeugen vorgebracht; mit der Zunge haben sie seine Lehre veracht; und mit der Zunge haben sie sein Herz verwundet; daß also leichtlich abzunehmen, daß wir uns mehrer haben zu fürchten, vor den Zungen der Bösen, als vor dem Schwerte und der Gewalt der Frommen.

Wollte GOtt! daß man jetziger Zeit nicht auch dergleichen Gericht verspüren müßte! allein leider es ist zu beklagen,

klagen, weil die Welt in solche Bosheit gerathen, daß man
nicht viel mehr achtet der Gerechtigkeit, sondern vielmehr
ansieht die Personen ohne Recht: Darum jener Brillenma-
cher sehr wohl gesagt, als er gefragt wurde: warum er bet-
teln gehe? geantwortet: Weil das Brillenhandwerk nicht
mehr gilt, denn die Leute sehen jetzt mehr durch die Finger,
als durch die Brillen, aber nur welchem man will. Ungeachtet es doch hoch verbothen, in dem der höchste Gesetzgeber befohlen: "Du sollst kein unrecht Urtheil fällen, du
„sollst die Person des Armen nicht ansehen, noch ehren das
„Angesicht des Gewaltigen; gieb deinem Nächsten ein ge-
„rechtes Urtheil. „   Was thust du also, O Caiphas, daß
du die bekannte falsche Zeugen lässest vorkommen, und selbige anhörest? hast du denn die Wage und das Schwert der
Gerechtigkeit verlohren, daß du nicht erwägen kannst die
Unschuld vor den Lastern, oder die Falschheit vor der Wahrheit weist zu unterscheiden? hat denn jenes schöne Tugend-
bild der Justitz den Flor oder Schleyer seines Angesichts
bey dir verlassen? daß du mehr ansiehest die Juden als der
Juden König? oder ist dein Verstand also in ihm eingewickelt, daß du denselbigen nicht kannst empor schwingen?
gleich mit gleich gesellt sich gern.   Caiphas war nicht besser
als die Juden, der Richter nicht frömmer als die Ankla-
gende, der Schriftgelehrte nicht wahrhafter, als die falschen Zeugen: denn den Vogel kennet man an dem Gesang,
und die Glocken am Klang. Was aber kann rein gemacht werden von einem Unreinen? was Wahrhaftes kann von einem Lügenhaften geredet werden, *Eccl.* 34. Dannenhero
weilen Caiphas vermerkte, daß die Zeugnisse nicht überein-
stimmeten, auch Christus zu keinem ihm Vorgehaltenen sich
verantworten wollte, so stund er auf, und sprach mit zorni-
ger Stimme: Antwortest du nichts zu den Dingen, die
diese wider dich zeugen, *Marc.* 14.   O unverständiger
Schrift-

Schriftgelehrter! ists nicht nur zu viel, daß du zuläſſeſt
solche falsche Zeugen, ohne daß du selber ihnen beyſtimmeſt?
Weiſt du nicht, was die Schrift saget: „ Mein Sohn
wandele nicht mit ihnen, halte deinen Fuß zurück von ihren
Wegen; denn ihre Füße laufen zum Bösen, und ſie eilen
Blut zu vergieſſen. „ Aber der Mensch, da er in Ehren
war, hat es nicht verstanden, er hat ſich gehalten wie ein
unvernünftiges Thier, und iſt ihnen gleich geworden; unangesehen JEſum ein Ochs für seinen Beſitzer, und ein
Esel für seinen HErrn in der Krippe erkennet hat. Dahero der geliebte Heiland, weil er seinen Unverstand wohl vermerkte, gab ihm keine andere Antwort, sondern war wie
ein Tauber, der nicht höret, und seinen Mund nicht aufthut, *Pſalm.* 38. uns zu unterweisen, wie wir ganz großmüthig die Ehrabschneidungen übertragen sollen. Derselbe
aber iſt großmüthig und edel, welcher gleich den großen
Thieren, das Bellen der kleinen Hündlein nicht achtet;
Hiob mußte von seinen Freunden unterschiedliche Schmäh-
worte anhören, allein er achtet es nicht, sondern sprach nur:
Siehe mein Zeuge iſt im Himmel, *Job.* 19. Gar wohl:
denn wer seines Lebens in dem Himmel Zeugen hat, solle
die Urtheile der Menschen auf Erden nicht achten; weilen,
wer ſich auf Lügen verläſſet, der nährt den Wind, *Proverb.*
cap. 10.

Ein Richter, der die Gerechtigkeit recht üben, und
ein Diener derselben seyn will, der übe die Gerechtigkeit
über ſich selbſten: Non valde attendas, quid homo faciat,
ſed quid, cum facit, aſpiciat, *S. Auguſt. in Pſalm.* 31. Denn
ein guter Richter soll mit dem gerechten Stabe seines Lebens das gemeine Wesen messen, auch welcher bey den Menschen bestehen will als ein Gerechter, und bey GOtt als
ein Vollkommener, der sey nicht vermessen in seinem Amte,
das Amt aber eines gerechten Richters, iſt, daß er verthei-
dige

dige den gemeinen Nutzen, so für die Unschuldige; übertra-
ge die Unweisen; hilf den Armen; widerstrebe den Geizigen; bezwinge die Ungehorsamen; und einem jeden gieb,
was ihm gebühret: De fructibus eorum cognoscetis eos,
Matth. 7. *v.* 20.   Allein man höret wohl viel, welche sich
rühmen, wie viel sie haben lassen henken, köpfen, viertei-
len, verbrennen, und spissen, recht, die Laster müssen gestraft werden, aber wo sind diejenige, welche in Wahrheit
sagen können; wie viel Gefangene sie haben erlöset, wie
viel Waisen ausgeheirathet: oder wie viel armen Knaben
sie haben aufgeholfen.   Eine schöne Figur stellet uns vor die
Heil. Schrift an dem starken Samson.   Denn als seine ärg-
sten Feinde die Philister durch Verrathung Delilä ihn gefangen hinweg geführet, haben sie ihm die Haare abgeschnitten, an den Augen verblendet, und an die Handmühle ge-
spannet; nachmal in das Haus Dagon ihres Gottes ge-
schleppet, daß er vor ihnen spielete, *Judicum. c.* 16.   Was
aber für ein Spiel spielete Samson? Man erdenket unterschiedliche Spiele, als Ritterspiel, Freudenspiel, Trauerspiel, Verspott- Vexier- Würfel- Brett- und Saitenspiel,
auch dergleichen viel andere mehr, denn manches Spiel ist
vor die Sehende gemacht, manches vor die Blinden.

        Weilen nun jetzunder Meldung geschieht von dem
Spielen, mögte ich wohl wissen, was in solchen Bemühun-
gen für Kurzweil? ich vermerke bey keinem Spiele einigen
Gewinn oder Nutzen, ausgenommen beym Kartenspiel.
Denn in dem Turnier und Ritterspiel haben also gespielet
viel, daß sie das Pferd oder Glied am eigenen Leib verlohren, und Ritter zu Fuß nach Haus gekommen, oder die
Sporn im Kopfe getragen.   Im Freudenspiel haben sich
viel also ergetzet, daß sie ihre Seele und Leib in größte Gefahr gesetzet, und nach geringer Freude erwerben schweres
Leid.

Leid. Im Trauerspielen kann man keine Freude sehen, weil alles thut traurig hergehen. Im Vexier= und Spottspiel ist man öfters in Harnisch und Ernst gekommen, und hat wenig Freude eingenommen. In dem Würfelspiel ist Nutzen nicht viel, besonders wenn man auf der Trommel sein Leben verspielt. Im Brettspiel ist wenig Ehre einzuholen, denn auch Fürsten und Grafen zum Schuster oder Schneider werden.

In dem Saitenspiel, mögte wohl eine Erquickung seyn, aber auch oft beyn besten Tanz bleibt nicht eine Saiten ganz: Allein die Karten bringt Nutzen, aber wessen Arten sind die Karten? Vielleicht ein neuner, welchen du kannst für alles brauchen? Nein, denn was zu jeden kann gebraucht werden, hält man in geringer Ehre. Vielleicht eine Sau? auch nicht; denn viel mit Säuen umgehen; thun auch nicht sauber bestehen. Vielleicht ein Cavall? auch nicht; denn viel mit dem Cavall gestürzet und den Hals gebrochen. Vielleicht ein König? Dieses gieng hin, wenn er nicht ein Gewinn, oder königliche Schenkung mit sich brächte: Allein der Schenker ist gestorben. Vielleicht der Schellenbub? auch nicht; denn die Schellen bald jeden verrathen. Wessen Arten sind denn die Karten? ich sage es kurz; der Kreuzbub und die Kreuzdame, die gewinnen alles zusammen. Ich will sagen: Diejenige sind die besten Spieler, und reichesten Gewinner, es sey gleich eine Manns oder Weibsperson, die mit dem Kreuz, welches ihnen GOtt zuschicket, in geduldiger Uebertragung also wissen zu spielen, daß sie den Schatz der himmlischen Freuden gewinnen. Die Schellen gehört dem Narren, die Schaufel zu dem Karren, die Eichel für die Sauen, der Eckstein zu dem Bauen, das Herz für die Soldaten, das Laub für große Thaten. Aber das Kreuz gehört einem jeden Christen, dessen sich keiner soll ent=

Wintergrün. K k

entschlagen, denn es bringt keinen schlechten Gewinn, sondern die höchste Seligkeit.

Was Samson für ein Spiel gespielet, ist leicht zu erachten; ein blinder Mann ein armer Mann; also vermeynen etliche, daß, weil Samson seiner Augen sey beraubet
worden, haben die Philister ihn nach Weise der Blinden
an die Wände und Säulen gestoßen, auch auf vielerley Weise geschlagen und gespottet.

Christus JEsus der wahre Samson, nachdem er gefangen und gebunden hinweg geführet worden, mußte vielmehr Schand- und Schmachworte einnehmen; denn obwohlen sie ihn seiner Augen nicht beraubet, haben sie ihm doch
solche mit einem schändlichen Tuche bedecket, sie stießen ihn
zwar nicht an die Wand, aber gleichwohl schlugen sie ihn
mit vielen Stricken und Prügeln; sie haben ihm zwar die
Haare nicht abgeschnitten: aber gleichwohl haben sie ihm
solche mit großen Schmerzen sammt dem Bart ausgerau-
fet, sein Angesicht mit stinkendem Speichel besudelt, und mit
allerhand Gotteslästerung beschweret.

Warum aber GOtt sein so holdseliges Angesicht hat
verbinden lassen wollen, mögte vielleicht wohl eine Ursache
seyn, weilen der Wohlstand des menschlichen Lebens bey
freundlicher Erhellung des göttlichen Angesichts, wie eine
schöne Blume bey milden Sonnenschein grünet, und aufge-
het, wie der königliche Harfenist singet: Lætificabis eum
cum gaudio in vultu tuo, *Psalmo.* 20.   Du wirst den Menschen frölich machen mit deinem Angesichte.   Ostende faciem
tuam & salvi erimus, *Psal.* 79.   Laß uns dein Angesicht erscheinen, so werden wir genesen und selig werden.   Woraus
erscheinet, daß die Glückseligkeit des Menschen der Erstra-
lung des göttlichen Angesichts zugemessen werde, die von
der,

der, als gleichsam das Licht von der Sonne herkommet.
Wenn wir aber sündigen, und durch die Sünde uns von
GOtt abwenden, so wendet GOtt sein Angesicht auch von
uns, und wir werden mit allerhand Trübseligkeit überschüttet.   Denn wenn das Unglück mit uns den Meister spielet,
ist es eben so viel, als ob GOtt sein Angesicht vor uns
verdeckte, wie solches Hiob *cap.* 13. bezeuget: Cur faciem
tuam abscondis, & arbitraris me inimicum tuum? Warum
verbirgst du, o HErr, dein Angesicht, und hältst mich für
deinen Feind? Aus welchen Worten erhellet, daß Hiob die
Ursache seines Unglücks und seiner Mühseligkeit dahin ziehe,
weilen GOtt sein Angesicht vor ihm verborgen und verhüllet hatte.

Es erzählet Plinius, *Lib.* 7. *natur. histor.* daß in Afri-
ca etliche Geschlechte gefunden werden, welche die andern
Menschen mit der Stimme und Zunge bezaubern; daß nämlich, wenn sie einen Baum von wegen seiner Schöne, die
Frucht auf dem Acker, ein Pferd oder sonsten ein Thier,
auch einen Menschen loben, so sterben sie alsobald, oder
fangen zum wenigsten an zu verdorren, oder werden tödtlich
krank.   Nicht ungleich waren die Zungen der Juden, welche durch ihr giftiges Ausspeyen der Unwahrheit nicht allein suchten das Verderben, sondern auch den Tod
Christi.

Der Safran sprosset alsdenn nur viel schöner, wie
Plinius meldet, wenn er mit Füßen wird zu Boden getreten; die Rosen glänzet in verwunderlicher Schönheit hervor mitten unter den Dörnern; die ausgedorrete Felder,
und die vom Himmel entbrannte Erde in den heißen Som-
mertagen, werden durch die feuchte Regen wiederum erfrö-
lichet: Also eine menschliche Seele die durch die Laster ganz
verdorret, wird durch die Regengüße der Schmach- und
Lästerworte erfrischet; scheinet als eine annehmliche durch

den

den Purpur der Schamhaftigkeit bey Erhellung der Un=
schuld nur glänzender aus den Dörnern der Verläumdung
hervor; und je mehrer sie unterdrückt wird, je mehrer schwin=
get sie sich empor.

Mancher Mensch gedenket, wenn nur andere Leute
nicht wissen, was er für ein Schelm sey, und was er für
saubere Stücklein die Zeit seines Lebens getrieben, so sey es
schon recht: Es ist jetziger Zeit der Welt Weise, daß man
oft die allerärgsten Schelmen für die ehrlichsten Männer re=
spectiren muß, wenn sie schon gleich ein Brandmaal in dem
Gewissen, und ihr Lebtag nichts Gutes gestiftet haben.
Aber was die Menschen nicht wissen, oder zum wenigsten
vermeynen, daß man es nicht wisse, das weis GOtt. Und
wollte GOtt! daß sie gedächten, GOtt sehe, höre und
wüßte alles, ob es ihnen schon vor den Menschen verbor=
gen zu seyn gedünket, so würden sie ja zweifelsfrey nicht so
frech, so sicher, und verwegen zu dem Sündigen seyn, sich
nicht so einbildisch und schönscheinend stellen, sondern vor
diesem hellklaren Auge und leisen Ohre desto besser scheuen,
als oft sie eine Winkelsünde begehen, oder heimlich die
Ehre abschneiden, als wie die Juden Christo öffentlich ge=
than.

Wo bist du, Mitleiden tragendes Gemüth? wo bist
du? mache dich herbey, und nimm wahr, wie der allersüß=
seste JEsus leidet so große Schmach und Quaal. Beher=
zige, wie für deine überflüßige und durch die Kunst gemach=
te höchstschändliche Zierde deines Mundes und Lippen er
wird verspeyet? Ach erwäge, wie für deine gar zu große
Begierde, welche du trägst dein eigen Lob anzuhören, er=
schallen die aller schmachvolleste Reden in seinen Ohren?
Betrachte, wie für deine gar zu freche Augen werden die
seinige mit einem wüsten Fetzen verbunden! Gedenke, wie
für deinen so eigensinnigen Ochsenkopf der seine mit vielen

Streichen werde beläftiget.　　Derowegen, weil solches geschicht wegen deiner, so eile du deßgleichen zu ihm auf dem
Altar in dem Tabernacul: Bereue alle deine Sünde und
Laster, und da du solches verrichtest, will ich mit kägli-
cher Stimme meinen JEsum, der von den Juden viel erleidet, bedauren.

I.

Wer kann sagen,
　　Mit was Plagen
Werd geplagt der Liebste mein?
　　Wer wird können
　　Ihn ernennen
Für ein Spiegel mackelrein?
　　Man wird sagen,
　　Das verjagen
Sey in seinem Angesicht;
　　Schönstes prangen
　　Rother Wangen,
Die da nunmehr glänzen nicht.

II.

　　Ganz verblichen
　　Und entwichen
Ist das schönste Pupurfeld; |
　　Wie die Rosen
　　Mit Liebkosen
Hatten ihren Sitz bestellt:
　　Jetzt bedecken
　　Und beflecken
Solches viel der Speichel wild;
　　Wer wird können
　　Es denn nennen
Der Schönheit kunstreiches Bild?

III.

　　Schönste Wangen,
　　Die gefangen,
Bald empfangen viel der Streich;
　　Welchen sonsten,
　　Doch umsonsten,
Wollt oft Flora werden gleich:
　　Was für Arten,
　　In dem Garten
Schöner Blumen wird gedenkt;
　　Wahrlich keine
　　Wie ich meyne,
Also schön die Flora schenkt.

IV.

　　Nicht wird haben
　　Solche Gaben
Ein wohlzugerichter Gart;
　　Wo zu finden,
　　Und zu binden
So viel Blumen schönster Art:
　　Die gemalet
　　Und bestralet
Phöbus mit den Stralen sein;
　　Wenn zu morgen
　　Er verborgen
Bald sich stellet wieder ein.

V.

Dennoch aber,
Ach Liebhaber!
JEfu! der die fchönfte Blum;
Deffen Wangen
Mehrer prangen,
Als ein Blum des größten Ruhm:
Diefe müffen
Da einbüffen,
Durch die Schärfe harter Streich;
Die geführte
Blumenzierde
Bald verwelken hier zugleich.

VI.

Wie die Sonnen,
Die thut wohnen
An dem blau geftirnten Zelt;
Alles malet,
Und beftralet,
Was in fich begreift die Welt:
Und die Sternen
Die von fernen
Zieren fchön das Firmament;
Alfo werden
Auch auf Erden.
Sonft die Augen fchön genennt.

VII.

Sie beftralen
Ja zumalen
Jenes fchöne Purpurbett;
Wo die Wangen
Röthlicht prangen,
Mit den Rofen in die Wett:

Sie all's zieren,
Und da führen
Hin und wieder ihren Glanz;
Als ob wollten,
Oder follten
Sie anführen einen Tanz.

VIII.

Nun bedecket,
Und beflecket
Aber folche Stralen find;
Ja die gwefne
Auserlesne
Klarheit, jetzt verderbt man findt:
Denn mit Sorgen
Läßt man morgen
Ganz verhaßt den armen Mann;
Ift verlaffen
Auf der Gaffen,
Weil er nicht mehr fehen kann.

IX.

Große Schmerzen
Sind dem Herzen,
Dazu mangelt das Geficht;
Augen haben,
Ihre Gaben
Aber dörfen brauchen nicht:
Beffer taugen
Thut den Augen,
Sehen nach zulaßner Frohn;
Als verbunden
So viel Stunden,
Und nicht fehen Sonn und Mond,

Der

X.

Der wird sollen,
Und wird wollen
Alles recht wohl spähen aus;
    Wenn die Wachten
    Bey den Nachten
Ihm obliegt beym Schilderhaus:
    Wenn entgegen
    Ohn Bewegen
Ihm das Aug verhüllet ist;
    Wird nicht sehen
    Er hergehen
Seinen Feind, noch dessen List.

XI.

In dem Gehen
Wird ausstehen
Viel Gefahr ein blinder Mann;
    Wenn ohn Leitung
    Und Begleitung
Er ein Straß wird treten an:
    Mit beyd Händen
    Er an Wänden
Suchet zwar gebahnten Weg;
    Doch thut irren,
    Und verwirren
Oft er bey entwichnem Steg.

XII.

Wenn indessen
Er vermessen
Weiter sich wollt wagen fort;
    Voller Schrecken
    An alln Ecken
Suchet er ein sicher Ort:

    Ja zu Zeiten
    Fort zu leiten
Wird ein Hündlein müssen ihn;
    Weil er gehet
    Und nicht stehet,
Gehet, und weis nicht, wohin.

XIII.

Von den Knaben
Wird er haben
Oft viel Spott und Ungemach;
    Doch zu rächen
    Er befrechen
Kann sich nicht die gringste Schmach:
    Auch beyneben
    Thut man geben
Ihm viel Stöß und harte Streich;
    Die empfangen
    Bald die Wangen,
Bald der Rücken, bald die Weich.

XIV.

Doch zu dulden,
Wenn durch Schulden
Man der Augen wird beraubt;
    Und zu sehen,
    Noch zu gehen
Ihm die Gnad wird nicht erlaubt:
    Aber leiden,
    Ohn Vermeiden,
Was man niemal hat verschuldt;
    In solch Nöthen
    Ist vonnöthen,
Daß man wahrlich sich geduld.

M

XV.

Mit was Schmerzen
Seines Herzen
Wird denn nicht mein JEsus seyn
Angefüllet;
Da verhüllet
Wurd sein Angesicht ganz rein:
Und darneben
Ihm gegeben
Wurden so viel harte Streich;
Daß für Schmerzen
Seines Herzen,
Er schier worden war ein Leich?

XVI.

Ach vermeßnes,
Ehrvergeßnes
Und treuloses Judengsind!
Sollst du jenes
Also schönes
Eingebohrnes GOtteskind
Wüst bemackeln,
Dem die Fackeln
Auf dem blauen Himmelssaal;
Nicht zu gleichen,
Sondern weichen
Ihm an Schönheit allzumal?

XVII.

Wie verteufelt
Und verzweifelt
Gehst du um mit deinem GOtt?
Wie so gräulich
Und abscheulich
Fängst ihn zu dem großem Spott?

Ach so feindlich
Und unfreundlich
Ihm die Augen nicht verbind;
Denn du wahrlich
So verharrlich
Selbsten mehr als eulenblind.

XVIII.

Ey so Schmerzen-
Vollen Herzen
Und verhülltem Angesicht
JEsu würde
Solche Bürde
Schwer doch seyn gefallen nicht:
Wenn uns Blinden
In den Sünden,
Durch versteckte Dunkelheit;
Wir nicht würden
Schwere Bürden
Selbsten haben zubereit.

XIX.

Denn die Liebe
Ihne triebe
Von dem Himmel in die Welt;
Ach! es glaubet,
Ihn beraubet
Hat die lieb des Himmelszelt;
Ihm verbunden
Und umwunden
Hat die lieb sein Angesicht;
Uns die Sünden
Thun verbinden,
Daß wir sehend sehen nicht.

Duns.

XX.

O uns Blinden!
O der Sünden!
O der harten Finsterniß!
Die uns Sünder
Auch nicht minder
Bringt in große Kummerniß.

läßt die Augen
Uns nur taugen
Zu dem, der sie vorgebracht;
Daß wir sehen,
Und entgehen
Jener steten Höllenmacht.

Es ist zu beklagen, daß wir Menschen in unsrer Begierde und Anmuthungen, in unserm Wollen und nicht Wollen, in unserm Thun und Meiden nicht selten unvorsichtig oder vermessen sind, daß wir lieben, was wir sollten hassen, und hassen, was wir sollten lieben; daß wir verlangen, was wir sollten lassen, und lassen, was wir sollten verlangen; daß wir suchen, was wir sollten verwerfen, und verwerfen, was wir sollten suchen, indem wir nämlich jene Sachen hassen, verlassen, und verwerfen, aus denen unser größtes Heil mit der Zeit erwachsen würde, hingegen aber dasjenige zu lieben verlangen und suchen, das uns endlich zu unserm höchsten Verderben gereichet. Es ist zu beklagen sage ich, daß wir albere Adamskinder nicht wollen verstehen, was zu unsern Nutzen und Beförderung unsrer Seelen Seligkeit, oder aber zu eigener Ehre und guten Namen nöthig ist; da doch oft die Ehren reizende Gedanken unsre Unehre lockende Aufechtungen bestreiten. Ein unvernünftiges Thier, wenn es an einem Orte vermerket, seines gleichen geschlagen oder gefangen zu werden, machet sich davon; wer seinen stärkern Feind weis anzutreffen, und sich für ihm nicht hütet, der geräth leichtlich in Gefahr. Wir aber wissen, daß die Augen unsre größte Feinde, die uns gar oft in das größte Verderben stürzen, und dennoch verstatten wir denselben alle Freyheit. Hätte Eva den Apfel nicht gesehen, so würde sie nicht verlanget haben ihn zu verkosten, *Genes.*

c. 3. v. 6. Wie viel sind, welche durch das Gesicht und Anschauen sind betrogen worden? oder durch das Auge in dem
Herzen verwundet.

Die Zauberer können einem Menschen auch nur mit
ihrem Gesichte Schaden zufügen, wie die Glossa über die
Worte des Heil. Pauli an die Galater bezeuget, da er zu
ihnen schreibet: „ O ihr thörichten Galater! wer hat euch
„bezaubert, daß ihr der Wahrheit nicht glaubet *Cap.* 3. „
Indem gemeldte Glossa sagt: Daß etliche Menschen gefunden werden, welchen die Augen also entzündet, daß sie auch
mit einem Augenblicke andere beschädigen können. Welches
man denn nicht vor seltsam und unglaublich halten soll,
sintemal man in der Erfahrung befindet, wie Aristoteles
sagt, daß eine Frau, so ihre gewöhnliche Zeit hat, einen
neu polirten Spiegel, wenn sie darein siehet, beflecket. Ja
man hält es auch dafür, wenn einer, so ein mangelhaftes
Auge hat, stark in ein gesundes Auge sehe, so stecke er daß-
selbige auch an. Ja nicht allein beschädiget ein ungesundes
Auge ein anders, sondern auch Leib und Seele. Darum
Christus spricht: Si oculus tuus nequam fuerit, etiam corpus tuum tenebrosum erit, *Luc.* 11. *v.* 34. Wenn dein Auge ein Schalk ist, so wird der ganze Leib dunkel.

Dina, eine Tochter Jacob, gieng aus zu sehen die
Weiber selbigen Landes, aber mit was für einem Nutzen?

> Kaum thate sie ihr Augen auf,
> Solchs Frauenvolk zu sehen,
> Hat man die Jungfrau bald darauf,
> Vermerket schwanger gehen.

Denn Sichem hat sie lieb gewonnen, zu sich gerissen, und
ihre Jungfrauschaft schändlich gemehret, *Gen.* 34. wodurch
sie jenes köstliche und schöne Edelgestein verlohren, welches
nicht wieder zu finden. Also geht es, wenn man sich nicht
hütet

hütet vor dem Schießen des blinden Schützen, der Liebe,
sintemal nichts betrüglicher und leichter ist der Veränderung
unterworfen, als die Jungfrauschaft.　Denn wenn Amor
das Band von seinen Augen hinweg nimmt, und einem andern umwirft, kann er ihn leicht verführen, ohne daß man
frische Blumen sonst gern bricht, und wenn ein Schäflein
die Hecken betritt, empfängt es unvermerkt einen Dorn;
die Augen sind nichts anders als ein Distillierinstrument,
dadurch das Herz weinet, und eine Thüre, die offen steht
dem Gesichte und dem Tode.　Solches wußte gar wohl die
heilige Lucia des Heil. Predigerordens.　Diese, als sie vernommen, daß ein tapferer und hochadelicher Jüngling durch
ihre Augenstrahlen so sehr verblendet, daß zu fürchten, seine Seele möchte dadurch tödtlich verletzet werden, weilen
er seine ganze Liebe in solche Augen gesetzet; als rieße sie
beyde aus, und überschickte ihm solche in einer Schüssel,
wodurch sie nicht allein sein Liebesfeuer gedämpfet, sondern
auch durch sondere Gütigkeit GOttes ihr voriges Gesicht
erlanget.　So zwar andere der Heil. Jungfer und Märtyrinn Luciá zuschreiben, aber ohne Grund, *P. Steil in vita
ejus.*

Was für Schaden die Augen dem David zugefüget,
ist bekannt aus göttlicher Schrift, *2. Regum. cap.* 11. Denn
als er das Weib Uriá in ungebührlicher Weise angesehen,
gewann er sie lieb, und durch solche Liebe wurde seine Seele
zweyfach verletzet, mit dem Ehebruch und Todschlag. Derohalben durch eigenen Schaden gewitziget, sprach er zu
GOtt seinem HErrn: *Averte oculos meos, ne videant va-
nitatem, Psalmo* 118. *v.* 37.　Wende ab meine Augen, daß
sie nicht sehen das Eitel.　Also verbrennt sich einer leicht,
wenn er sich nicht entfernet, von einem Lichte, dessen Glanz
ihm nicht minder schädlich ist, als der Schein eines Co-
meten.

Der allerstärkste Samson stieg hinab in das Land der Philister, sah allda Delilam, gegen welche er mit Liebesfeuer angezündet worden: schlief in ihrem Schooß, und wurde dadurch seinen Feinden übergeben, *Judicum. cap.* 16. Also geschieht es, wenn man den Weibern zu viel vertrauet; Ein böses Weib ein schlimmes Kraut, wer einem losen Weib vertraut, der ist betrogen in der Haut, derowegen Paulinus *Epist.* 4. *ad Sever.* aufschreyet: O daß er wäre so vorsichtig gewesen, sich vor dem Weibe zu hüten, als stark er war den Löwen zu tödten. Indem es ihm besser wäre gewesen, daß er von ihm auf den Boden geworfen worden, als daß er gefallen ist mit den Augen. Ursache dessen der Heil. Bernhardus *Serm.* 23. *de modo bene vivendi.* sagt: „Ich „ermahne dich, du wollest einen Bund machen mit deinen „Augen, auf daß du nicht unbehutsam seyst, und sehest, „was du nicht sehen sollst. Denn obschon es geschehen „kann, daß derjenige so angeschauet, sich stark und standhaf- „tig verhalte, so ist dennoch zu verhüten, daß er nicht fal- le. „ Weil es sich kann zutragen, daß der falle, so gese- hen hat: Aber es mag nicht seyn; daß der begehre und sich gelüsten lasse desjenigen, so er nicht gesehen, und wenn jene zween Alten ihre Angesichter von der keuschen Susanna abgewen- det hätten, würde jener seinen Kopf behalten haben, wenn er die Judith nicht gesehen, und diese unkeusche Alten nicht gesteinigt worden seyn. Allein auf solche Augen, gehört ein solche Laugen.

Es meldet der H. Augustinus von einem Brunnen in Epiro, daß solcher die in ihn gestoßene ausgelöschte Windlichter an- zünde, die brennende aber auslösche. Diesem Brunnen kön- nen gar wohl verglichen werden die menschliche Augen, denn in ihnen ist ein sehr heißes Wasser, durch welches die Her- zen mit Venusfeuer entzündet seyn, und ein anders, in welchem solche Venusflammen ausgelöschet werden, nämlich

lich die bittern Zähren der reuvollen Buße, und dieses ist
der Brunnen, der Garten, eine Quellader der lebendigen
Waſſer, welche mit großer Gewalt herunter fallen von dem
Berg Libano, *Canticor.* 4. *v.* 15. ich will ſagen, über die
Wangen einer büßenden Seele.   In Wahrheit wird der
Tugendgarten bey einer ſolchen Seele, von dieſem Augen=
bächlein und Thränenbrünnlein viel ſchöner zunehmen, als
das Paradies ſelbſten, ſammt allen ſeinen Gewächſen, von
jenem berühmten Fluß, welcher ſeinen Lauf mitten dadurch
geführet.

　　Sonſt ſagt man: Nichts iſt gut für die Augen. Ein
ſolches Nichtspulver, wenn wir vor die Augen unſers Ge=
müths und Herzens brauchen wollten, ſo iſts zu verſtehen,
daß das beſte Mittel ſey, dieſelben in ihrer Klarheit zu er=
halten.   Wenn nämlich du, wertheſtes Herz, nichts ſchäd=
liches oder unkeuſches von gemalten oder lebendigen Bil=
dern der Cypriſchen Königinn anzuſehen dich befleißeſt,
damit der kleine verſchleyerte Schütz ſie nicht verletzen möge,
denn ſeine Pfeile ohn Vermerken verwunden.   Sollte es
aber bey dir nichts verfangen: ſo gebrauche den Rath des
Erzengels Raphael, welchen er dem jungen Tobiä verord=
net, ſeinem Vater zu gebrauchen, nämlich die Leber jenes
Fiſches, ſo er auf der Reiſe aus dem Fluß Tigris heraus
gezogen, *Tobiæ cap.* 6. ich verſtehe die Leber JEſu Chriſti,
der durch die drey und dreyßig Jahre in dem Fluß Tigris,
dieſer mehr als Tiegerthier wilden Welt herum geſchwom=
men, und in Brauchung ſolcher Leber, als in mitleidender
Betrachtung, ſeiner für deine Geilheit ausgeſtandener Pei=
nen, wird dir gewißlich alle Unkeuſchheit aus den Augen ge=
trieben werden.   Ach gedenke, o Menſch! wie du nach kur=
zer Anſchauung eines dir gefälligen Bildes, das aber vor
GOtt häßlich und wild, ewiglich vielleicht die ſchändlichſte
Teufel müſſeſt vor Augen haben, in der Hölle vergraben,

und

thue deine Augen doch jetzund recht auf, und solchem Uebel
entlauf, damit, wenn sie der Tod wird einmal zuschließen,
nicht ewig müssest büßen die gehabte kleine Freude in größtem Leide.   Sondern vielmehr mit Hiob sagen kannst: Post
tenebras spero lucem, *Job.* 17.   Nach den Finsternissen hoffe ich das Licht.   Gleichwie aber derjenige, welcher an das
Licht sich verfüget, auch lichter wird, also die Seele, welche mit Verachtung des Anschauens einer Creatur, sich
durch die Liebe nahet zu der ewigen Schönheit GOttes,
wird auch schöner, darum sagt der Prophet: Accedite &
illuminamini, *Psal.* 33. *v.* 6.   Die liebliche Schönheit, welche von der Welt so hoch geschätzet wird, ist eine mangel-
hafte und unvollkommene Schönheit, und wirket anders
nichts, als daß sie die Augen ein wenig ergetzet, aber glückselig ist derjenige, welcher keine andere Augen hat, was zu
sehen, als nur die Schönheit GOttes.   Hast du viel Augen, blind du bist, wer eines hat, recht sehend ist.   Wer
viel Augen hat, nur zu sehen die Creaturen, der ist blind,
wer nur ein einiges Auge hat, GOtt zu sehen, der hat ein
scharf Gesicht.   Ich wünsche von Herzen, daß die Spiegel
unsrer Augen würden verkehrt in Brennspiegel, durch die
JEsus, die ewige Sonne der Gerechtiget, seine Gnadenstralen auf unsre Herzen anleite, und selbige theils in Reu-
zähren zerfließen, theils mit himmlischen Liebesflammen entzündete.   Ein einiger solcher Tropfen würde genug seyn,
in unsre Seele einzuführen den perlreinquellenden Brunnen der
göttlichen Gnade, und jenes Wasser, von welchem Christus zu der Samaritanerinn gesagt: Es springe in
das ewige Leben, *Joan.* 5. *v.* 14.

Das

Das sechzehente Capitel.

Nicht jeder Glanz, nicht jeder Schein.
Pflegt wahres, ächtes Gold zu seyn.

Nan findet eine Art Spanischer Feigenbäume, deren der
eine herrliche, schöne und wohlgeschmackte Früchte
hervorbringen, der andere aber unannehmliche und
inge tragen soll, die Früchte des guten Baums können
nt zu ihrer Vollkommenheit gelangen, es sey denn, daß
t dem andern Baum etwas auf ihn gelegt oder gewor-
werde, aus welchem denn, so es verfaulet, Fliegen oder
icken hervorkommen, und auf die gute Früchte sitzen,
h also selbige gleichsam zeitig machen.   Eine wunderbar-
liche

liche Eigenschaft dieser Bäume! welche, wenn wir betrach=
ten, können wir denselben leicht die Kirche und Synagoge
vergleichen. Denn GOtt der Allerhöchste setzt ein diesen er=
sten Baum der Synagoge durch Dargebung des Gesetzes
Mosis. Weilen aber solcher Baum durch allerhand Sün=
de und Laster des Volks stinkende Früchte begann hervor
zu bringen, als wurde sein allerliebster Sohn, als ein hoch=
verständiger Gartenmeister von dem himmlischen Paradiese
gesandt, einen andern Baum, der sehr wolgeschmacke und
köstliche Früchte tragen, und mit sich bringen soll, einzusetzen
und zu pflanzen. Diesemnach wollte er in Mitten der Erde
solches versuchen, auch in das Werk stellen: Darum fieng
er an den schönen fruchtbringenden Baum seiner Lehre ein=
zusetzen, und durch sorgfältige Mühe und Arbeit fortzubrin=
gen. Weilen aber die Früchte solcher heilsamen Lehre ihre
Wirkungen nicht völlig erreicheten, bis daß von dem fau=
len Baume der Synagoge etwas darauf gelegt und gewor=
fen wurde: Ich will sagen, bis die Hohepriester und Schrift=
gelehrten, solche seine Lehre durch allerhand Verkleinerung
und Lästerworte beschimpfeten, und nicht allein mit Neid
und Haß gegen ihn tobeten; sondern es mußten auch die
Mücken hervor kommen, nämlich die königliche Soldaten,
welche JEsum, indem die Juden an dem Feste keinen Todt=
schlag begehen dorften, zu dem Tode verdammen, und also
diese Zeitigmachung befördern helfen.

Daß auch Christus vergleichweise ein Baum könne
benamset werden, probieret solches *Origenes Homil.* 3. *in*
Cant. da er sagt: „Wie der Eschbaum unter den andern
„Bäumen des Waldes ist, also ist der Bräutigam unter
„den Söhnen; habend eine solche Frucht, welche nicht al=
„lein alle andere mit dem Geschmacke übertrifft, sondern
„auch mit dem Geruche. Denn er erquicket zwey Sinne
der

„der Seelen, nämlich den Geschmack und den Geruch; in „dessen Genießung wird nicht allein die Kehle ihre Süßig„keit empfinden, sondern auch der Bauch Ersättigung, und „zwar ohne allen Verdruß, *S. Bernhard. in Cant.* " Darum die verliebte Braut dessen sich gar hoch und absonderlich rühmet, da sie sagt: Ich bin gesessen unter dem Schatten, dessen ich begehre, und seine Frucht ist meiner Kehle süß. *Cant.* 1. Gleichwie aber die Feigen vor ihrer Zeit ganz grün; wenn sie aber zeitig, inwendig roth seyn: Also hat Christus beyde solche Farben an sich gehabt. Denn er grünete in dem Wald unsrer Natur, durch das Fleisch, und gleichete der rothen Farbe durch das Blut. Obschon aber der gute Feigenbaum Früchte trägt, die annehmlich sind, so haben sie doch nicht die Labung des Lebens, auch nicht die Frucht der Seligkeit, „ Denn es ist nur ein Anfänger des Lebens, „ein Mittler GOttes und der Menschen, der allein derjenige ist, „welcher nicht allein erquicket und beschützet von der Hitze der „Laster, als ein schattenreicher Baum, sondern er füllet auch „als eine annehmliche Frucht, mit Belustigung der Tugen„den, welche nicht allein den Mund und die Lefzen süß ma„chen, sondern so sie auch schon durch den innern Schlund „hineingeschlucket seyn, behalten sie dennoch die Süße, „*S. Bernhard. serm.* 48. *in Cant.*" Darum der Heil. Ambrosius aufschreyet *in Psalm.* 1. *v.* 18. Was für eine Frucht war süß, als die Predigt von des HErrn Leiden. Wer schöne Früchte bekömmt, theilet sie auch gern mit seinen guten Freunden: Also schicket auch Caiphas diese gebenedeyete Frucht des unbefleckten Leibes Mariä, Christum JEsum, Pilato zu verkosten, nämlich in das Römische Richthaus zur Verhör, in welches doch die Juden nicht hineingegangen, auf daß sie nicht unrein würden, sondern das Osterlamm essen mögten, *Johan.* 18. Denn sie hielten es für eine Unreinigkeit, in das Haus eines Heyden und Unbeschnit-

Wintergrün.   M m   tenen

tenen zu gehen. Ungeachtet sie unrein genug waren, indem
sie begehrten zu vergießen das unschuldige Blut, *Levit.* 22.
Also vermeynen auch viel dem Reifen zu entgehen, und fallen in den Schnee; viel glauben etlichen Regentropfen zu
entfliehen, und platzen in einen ganzen Bach; viel gedenken den Ruthen zu entweichen, und unter die Prügel schleichen. Gleichwie die Juden hier einen kleinen Graben fliehen wollen, und stürzen sich in eine tiefe Grube, denn es
ist ja viel sträflicher den Gesetzgeber um das Leben zu bringen, als das Gesetz nur übertreten. Allein es ist nur zu beklagen, daß auch die Christen diesen mehr als höllenwürdi-
gen Juden sich vergleichen; die dem äußerlichen Ansehen nach
ein Tempel des Heil. Geistes, in dem Herzen aber seyn sie
nicht anders als ein Geschirr des Teufels, von außen ein
Engel, inwendig ein Schlengel, von außen rein, inwendig
ein Schwein; von außen ein unschuldig Kind inwendig voll
Sünde; von außen geistreich, inwendig jenem gleich, der
voller Haß, wie ein schön Faß, darinnen lauter Gift behalten wird, nachfolgend jener Zauberinn, welche zwar mit
höflichen Gebärden Ulissem sammt seinen Gesellen zu sich geladen: Aber solche ihre Freundlichkeit verkehrte sie in lauter
Thiere. Gleichwie auch gedichtet wird von den Sirenen,
welche durch ihr liebliches Gesang die Schiffleute also einnehm,
daß sie gleichsam ganz verzückt untauglich werden, das
Schiff zu leiten, bis und so lang sie solches zu Grund richten und stürzen, auch nicht ungleich dem Crocodill, welches
durch sein klägliches Heulen die Menschen nur darum zu sich
locket, solche zu verzehren. Also daß man öfters glaubte
dergleichen Leute seyn rechte Majenkinder der Vollkommenheit, oder eines tugendreichen Wandels, so sind sie doch
viel fälscher als das Aprilwetter, bey welchem sich die schöne Klarheit bald in Schwarz verwandelt, und da die Sonne nur ein wenig lachet, ergiesset sich gleich darauf ein zä-

her

her Regenbach eines herabfallenden Regen, was nützet denn solcher äußerlicher Schein der Frömmigkeit? der allwiſſende Richter wird nicht richten nach dem äußerlichen Schein, ſondern wie er den Menſchen findet in ſeinem Gewiſſen, und beſchaffen in dem Herzen. Was machet ihr denn, o falſche und gleißneriſche Schriftgelehrte? vermeynet ihr rein und ſicher zu ſeyn in euren Seelen, wenn ihr rein behaltet euren Leib? Nein; es verliert ein Lindwurm darum nicht ſeinen Gift, obwohl er ſich aufhält an einem reinen Ort. Alſo auch ob ihr ſchon nicht wollt gehen in das Römiſche Richthaus, ſo traget ihr doch eure Sünde in euren Herzen; wie jene Blume, welche ihren Urſprung haben ſoll von dem Schaum der Ochſen, die Hercules mit ſich aus Hispanien in Wälſchland gebracht, ſo von auſſen ganz rein und weiß, inwendig aber voller Gift; alſo wer ein kleines an ſolchen riechen würde, durch deren vergifteten Geruch er ſein Leben verlierete. Ihr betrüget die Menſchen zwar unter dem Scheine einer Aufrichtigkeit; aber GOtt, der alles ſiehet, und ein Erforſcher der Herzen iſt, wird keineswegs betrogen. Warlich ein Volk ohne Rath, Witz, und Verſtand, die ihre Köpfe in den Koth der Sünden hineinſtecken, gleich einem Antvogel bis an den Hals, ihrer ſelbſt eigenen Begierlichkeit nachzukommen: Denn eine böſe verkehrte Seele ſo dem Zeitlichen ergeben, und in irdiſchen Wollüſten verſenket iſt, verbirgt ihr ſelber die nachkommende Uebel, weil ſie die zukünftige nicht will vorſehen, welche pflegen die gegenwärtige Freuden zu verſtören: „ Und indem ſie ſich ſel= „ ber in den Beluſtigungen des zeitlichen Lebens verläßt, „was thut ſie anders, als daß ſie mit zugeſchloſſenen Au= „gen dem Feuer zugehet, *S. Greg. hom.* 39.

Als der HErr JEſus nahe zu der Stadt Jeruſalem kam, ſahe er dieſelbe an, und weinete über ſie, *Lucæ.* 19.

Mm 2 Die

Die Stadt, darüber JEsus weinete, kann gar leicht verstanden werden, sey ein weltliches Herz, oder ein dieser Welt ergebener und gleißnerischer Mensch, wie sie denn billig zu beweinen sind, können auch nimmermehr genugsam beweinet werden, daß diese Menschen nicht wollen merken die Tage ihrer Heimsuchung, *Ibid. v. 42.* Es kann auch nicht schmerzlich genug beweinet werden, weil sie nicht wissen noch erkennen wollen, daß der HErr gesprochen: Ja wenn du es auch erkennetest, so würdest du auch weinen. Sintemal die Zähren sind eine Speise der Seele, eine Stärke der Sinnen, eine Lossprechung der Sünden, eine Erquickung der Gemüther, ein Wohlgefallen der Seligen, eine Freude der Engel, und eine Ueberwindung des unüberwindlichen GOttes. Darum nennet Christus solche Menschen selig, weil sie werden getröstet werden, *Matth.* 5. O viel vermögende Zähren! O vielwerthe Thränen! O vielfruchtender Regen! warum beweinest denn nicht? ach werthestes Herz, dein bevorstehendes Unglück; da solches beweinet dein gütigster Heiland? Ach wende deine trockene Augen, auf die wasserreiche und mit Zähren überrinnen Augen JEsu: vielleicht wird solcher Anblick erprießlich seyn, wo nicht ein kleines Zährlein, jedoch aufs wenigste ein Herz trauriges Ach und einen reuvollen Bußseufzer auszuzwingen. Weil es uns gleichsam ist angebohren, in Beschauung eines traurigen Gegenstands, zu gleicher Traurigkeit erwecket zu werden.

Wir lesen bey dem hochfliegenden Adler Johanne, alles was in der Welt ist, ist Wollust des Fleisches, und der Augeniust, und Hoffart des Lebens, 1. *Joan. cap.* 2. Ach ehrenwerthestes Gemüth! verursachen diese Worte nicht einen ganzen Bach von Zähren? ach erkenne, erkenne sonderlich dieses an diesem deinem Tage, der dir noch zum Frieden ist, und zu Erlangung der Gnaden. Es meldet weiter

der

der Heil. Lucas an obangezogenen Ort, daß Christus gesprochen: Mein Haus ist ein Bethaus, ihr aber habt eine
Mördergrube daraus gemacht: Welches ist der Tempel oder
GOtteshaus, das zu einer Mördergruben gemacht ist?
wahrlich nichts anders, als des Menschen Seele und Leib,
welche viel eigentlicher GOttes Haus oder Tempel seyn, als alle
Kirchen, so aus Holz und Stein gebauet. Solches lehret
der Apostel, da er spricht: Templum enim Dei sanctum est, quod
estis vos, 1. Corinth. 3. v. 17. Der Tempel GOttes ist heilig, und der seyd ihr. Nun aber wenn Christus in diesen
Tempel gehen will, so findet er, daß er in eine Mördergrube verändert ist; da er voller Gleißnerey stecket. Wie verhaßt aber dem höchsten GOtt ein Gleißner sey, ist abzunehmen an den Schwanen, welche der mildreichste Erschaffer
aller Creaturen verbothen, ihm zu opfern Levit. 11. & Devte-
ron. 14. sintemal er an Federn weiß erscheinet wie ein Häuch-
ler, und trägt ein schwarzes Fleisch. Sonst kennt man den
Vogel an dem Gesang, aber solche Galgenvögel sind an ihrem Gesang nicht leicht zu vermerken, denn ihre Worte sind
weit vom Herzen.

Weil denn die Juden nicht hineingehen wollten, so
gieng Pilatus zu ihnen hinaus, und sprach: Was bringet
ihr für Klage wider diesen Menschen? und als er in vielen
angeklagt worden, hat er nicht geantwortet. Warum aber
dieses? Es giebt die Ursache der Heil. Chrysostomus sprechend:
Weil das Gericht verkehret war, als hat das Lamm, vor
dem, der es scheret, still geschwiegen; sintemal man die
Perlen nicht vor die Schweine werfen soll. Er hat auch
recht gethan, daß er geschwiegen, der keine Vertheidigung
vonnöthen gehabt. Derjenige mag sich entschuldigen, welcher sich befürchtet überzeugt zu werden: Christus aber der
allerunschuldigste hat sich hierinnen nichts zu besorgen: Denn

Mm 3 höre

höre ihre Anklage; diesen, sagen sie, haben wir gefunden, daß er unser Volk verführe, und verbietet dem Kaiser Tribut zu geben, und spricht: er sey Christus ein König, *Lucæ. c. 22.*

Eine schöne Anklage! was schämet ihr euch nicht, o unverschämte Juden! solche falsche und Unwahrheit volle Reden vorzubringen? hat er denn nicht selbsten gesagt: Ich bin nicht kommen das Gesetz aufzulösen, sondern zu erfüllen? *Matth. 5.* hat er nicht gesprochen: Gebt dem Kaiser was des Kaisers ist *cap. 22.* und den Zollpfenning vor sich und Petro selbst bezahlet, und ihr meldet, er verbiethe den Tribut zu geben? Ist er nicht als ihr ihn zum König machen wollen, von euch entwichen, *Johan. 6.* und ihr erkläret ihn als ob er ihm solche Würde selbsten wollte zueignen? Ja recht habt ihr gesagt, denn warhaftig ist er ein König, und zwar ein König Himmels und der Erde.   Darum er auch, als Pilatus ihn befragte, ob er ein König? geantwortet: Mein Reich ist nicht von dieser Welt, wäre mein Reich von dieser Welt, so würden meine Diener mich ja verfechten, daß ich den Juden nicht überantwortet würde.

Die Weltweisen sind unterschiedlicher Meynung von der Welt.   Democritus und Epicurus wollen, es seyn viel und unzählbare Welten, welchen Methrodorus ihr Discipul nachfolget, und saget: Die Welten seyn unzählbar, sintemal ihre Ursachen auch unzählbar, und sey gleich eine so ungereimte Sache, wenn man saget, es sey in dem ganzen allgemein Wesen nur eine Welt; als wenn man sagte: es sey nur eine Aeher auf einem ganzen Acker.   Anaxagoras verursachte den großen Alexander zu weinen, da er ihm noch von andern Welten meldete; weil er bishero nicht eine in die Helfte unter seine Gewalt bezwungen hätte.   Es vermeynte aber Clemens Alexandrinus, es sey dieser sonsten berühm-

rühmte Philosophus nicht so unverständig gewesen, daß er
viel unterschiedliche Welten hierdurch verstanden; sondern er
habe auch die weit entlegene und unbekannte Inseln mit diesen
Namen genennet, und vermeynet, welches auch nicht so
gar von der Meynung vieler anderer Weltweisen, die in solchem Verstande von vielen Welten geredet haben; andere
glaubten auch, daß nicht nur allein viel Welten seyn, sondern, weil sie nicht begreifen können, welches zu erst gewesen, das Ey, oder der Vogel, oder ob ein Vogel ohne Ey
könnte gebohren werden, so haben sie ihnen die Gedanken
gemacht, es sey die Welt, und der Anfang, und das Ende
aller Dinge durch eine stetige Wiederumwälzung ewig. Dem
sey nun wie ihm wolle, so erzeiget GOtt und die Natur sich
nicht zu karg in den nothwendigen, noch zu freygebig in den
überflüssigen.   Und ungeachtet es schon das Ansehen gewinnet, als ob einem was entzogen werde, so wird es doch in
einem andern ersetzet; denn wie die Natur das unvollkommene fliehet, so ist sie auch mit wenigen zufrieden, darum
folget, daß sie nichts zu viel oder zu wenig mittheilet, und
folglich nur eine Welt sey. Weil, wenn mehrer Welten wären, hätte sich die Natur ausgegossen in ein überflüssiges,
sintemalen zur Zierde des allgemeinen Wesens eine einige
Welt ganz genug ist; so ist die Frage, wo denn das Reich
Christi sey? weil also nur eine Welt, folget daß das Reich
Christi nicht von diesem irdischen und elenden Jammerthal,
sondern von jenem auserlesenen Ort, welches von aller Finsterniß, Falschheit, Betrug, und Lastern befreyet ist, dem
Himmel; da niemand hinein geht, er sey denn rein; keiner
allda wohnet, er sey denn ohne Mackel. Ach wer giebt mir
denn, daß ich solches Reich erlange? ich hätte vonnöthen
einen himmlischen Columbum, der mir den Weg dahin such-
te, als wie jener in die neue Welt. Ach auserwählte Herzen, warum streben wir solchem Reich nicht mehrer nach?
                                      warum

warum tragen wir nach ihm kein größeres Verlangen? warum ist unser Herz nicht mit inbrünstiger Begierde gegen ihm entzündet? weil ohne das der Himmel uns zugehöret. Er ist für uns erschaffen, die Wohnungen und Belohnungen in demselben sind für uns zubereitet, und haben in demselbigen alle, die nur wollen, einen freyen und leichten Zu= oder Eingang.   Dahin wird unser Lieb und Verlangen beruffen, auch unsere Gemüther, wenn sie nicht selbsten da= wider streben, gezogen: Und nicht anders als wie diejenige, welche ihre Wartschiffe an dem Ufer haben, in solche al= le diejenige, so über den See zu fahren Lust tragen, einla= den: Also berufet uns auch GOtt, als der höchste erfah= renste Schiffmeister, ja zwinget uns gleichsam zu sich, als wie bey dem Heil. Evangelisten Luca zu sehen: Compelle in-trare, ut impleatur domus mea, *Lucæ cap.* 14. damit er uns möge an das glückselige Gestade des himmlischen Jerusa= lem sicher überfahren.

Es sahe vor Zeiten der Prophet Ezechiel einen gro= ßen und herrlichen Tempel, in welchem unterschiedliche Wunder zu sehen, wie auch acht Staffel, auf denen man in den Tempel gieng.   Octo gradus erant, quibus ascende-batur, *Ezech.* 40. *v.* 31.   Dieser Tempel ist das himmlische Jerusalem, die acht Staffel aber sind die acht Seligkeiten: als die geistliche Armuth, die Demuth des Geistes, die Traurigkeit und Beweinung der Sünden, die Begierde und das Verlangen nach der Gerechtigkeit, die Barmherzigkeit gegen den Armen, die Sanftmüthigkeit und Lieblichkeit der Sitten, und die Geduld in den Verfolgungen, *Matth. cap.* 5.   Durch diese acht Stafel gehet der Mensch so leicht gen Himmel, als jene geflügelte Geister über die Leiter Jacob, *Gen. cap.* 28. *v.* 12. und sind ohne Zweifel diejenige, von wel= chen Jesaias *Cap.* 60. *v.* 7. meldet: Qui sunt isti, qui ut nubes

bes volant? wer sind diejenige, die da fliegen wie die Wolken? weilen sie zu Beschauung der himmlischen Dinge so sehr hinauf sich schwingen, und von dem irdischen frey, durch Heil. Einsprechungen in die Höhe der Luft geführet werden, daß sie von der Erde nichts verlangen zu sehen, und nichts weiters in der Welt begehren, sondern werden ähnlich gleichsam jenem, der mit gleichem Eifer entzündet, und brennenden Herzen sagte: Nostra conversatio in cælis est, *Ad Philip.* 3. *v.* 20. Unser Wandel ist im Himmel. Sintemal gleichwie auch die Wolken eine zweyfache Bewegung haben, als eine von der Sonne, welche Sonne die Wolken aus der vordersten Tiefe der Erde zu sich ziehet in die Höhe; nach den Worten des Psalmisten: Educans nubes ab extremo terræ, *Psalm.* 134. *v.* 7. der die Wolken hervor bringet von dem Ende der Erde: und die andere Bewegung von den Winden, durch welche sie hin und wieder getrieben werden: Also auch solche Herzen von der Tiefe der Erde, und von dem Stande dieser Welt werden in die Höhe der Beschauung himmlischer Dinge von der Sonne der Gerechtigkeit Christo JEsu gezogen, und von dem Winde des Heil. Geistes auf den Weg der Seligkeit getrieben; wie solches David bezeuget: Spiritus tuus bonus deducet me in terram rectam, *Psalm.* 142. *v.* 11. Dein guter Geist führe mich auf den rechten Weg der Milch und Hönig fliessenden Erde des himmlischen Landes: allwo ist ein Schloß, dessen Speishäuser sind voll, daß eins ins andere überschüttet, *Psalm.* 143. allwo ist eine Stadt, die an allen Orten mit Gold und Silber gepflastert ist; allwo ist ein Haus der Freuden, denn GOtt sie tränket mit dem Bache der Wollüste; und allwo ist ein Ort der Ergetzlichkeit, allda gehöret wird eine Stimme der Freuden und des Heils in den Hütten der Gerechten, und selig sind, die in solchen wohnen.

Wintergrün. Nn Des

Demades, als er ſeinem Könige eine Begierde machen wollte der ſchönen Stadt Athen ſich zu bemächtigen, hat er ihm ſolche auf einem Ziegelſteine abgeriſſen, und alſo dadurch den König eingenommen, daß er nicht nachgelaſſen, alle Mittel zu verſuchen, bis er ſolche in ſeine Gewalt gebracht. Gleichergeſtalt hat GOtt das himmliſche Jeruſalem auf einem Ziegelſteine dieſer Welt abgeriſſen, und geſchattieret. Gefället uns nur der Schatten der Welt ſo wohl, daß wir uns ihr ganz ergeben: Ey, ſo laſſet uns vielmehr nachtrachten der Wahrheit ſelbſten: vielleicht wenn wir erkenneten ihre Reichthümer, ihre Schönheit, ihre Herrlichkeit und Freuden, möchte uns wohl eine Begierde ankommen mit völligen Kräften unſerer Seele ihr nachzuhängen. Ach! wenn wir beherzigten, was für große Schätze uns in den Himmelsauen verſprochen werden, ſo würde uns alles zuſchlecht ſeyn auf Erden, denn da iſt ein ewiges und ſeliges Leben, eine gewiſſe Sicherheit, eine ſichere Ruhe, eine ruhige Wolluſt, eine glückſelige Ewigkeit, und eine ewige Glückſeligkeit. Derowegen ſagt Chriſtus ſeinen Jüngern ſchon vor: Gaudete & exultate, quoniam merces veſtra copioſa eſt in Cælis, *Matth.* 5. *v.* 12. Freuet euch, und frolocket, denn euere Belohnung iſt groß in den Himmeln, und zwar, welcher mehr gearbeitet wird haben, wird einen größern Lohn empfangen. Allein unſere Arbeit iſt zu Zeiten gar klein, und laſſen wir uns die Augen des Verſtands von dem Willen mit dem Schleyer der Begierlichkeit gar oft verhüllen. Denn weil es uns iſt angebohren, daß wir uns bemühen auszuwirken, was wir mit innerlichen Begierde verlangen, ſo folget, daß unſer Thun und Laſſen auch blind ſey, wenn das Gemüth durch die Begierlichkeit iſt verblendet worden. Pondus noſtrum amor eſt, ab illo trahimur; quocunque trahimur, *S. Auguſt. lib. II. de civitat. cap.* 28. *Lib.* 13. *Confeſſ.* Unſer Gewicht iſt die Liebe, von dieſer werden wir gezogen,

wo-

wohin wir nur gezogen werden.   Wir werden gezogen nach
der Erde, weil unsere Liebe sich dahin neiget.   Aber auf
daß in euch, wertheste Herzen! eine Lust erwecket werde,
nach welcher der Heil. Paulus zum öftern aufschreyend geseufzet, da er nur bis zu der dritten Pforte der freudenvollen Himmelsstadt gelanget: Ich unseliger Mensch, wer
wird mich erlösen von dem Leibe dieses Todes Rom. 7. Es
liegt mir beydes hart an, ich begehre zu sterben und bey
Christo zu seyn.   Als will ich eure Begierde mehr anzu-
flammen etwelche Eigenschaften desselbigen vorbringen.
Darum

I.

Ach liebste Schaar, wach auf,
    Erheb dich aus den Schranken
Der eilenden Gedanken,
Und nach den Himmeln lauf:
Schau, daß du dich durchzwingest
Durch höchster Wolken Spitz,
Schau, daß du dich hindringest,
Wo Phöbus seinen Sitz.

II.

Erheb dich nun empor
Von allen Städt und Flecken,
Bis zu denjenen Decken,
Die Cynthia seyn vor:
Wo die vergüldte Sternen
Samt allen ihren Glanz,
Verwahren da von fernen
Des Himmels höchste Schanz.

III.

Mach dich denn weiter fort
Bis zu denjenen Mauren,

Allwo thun ewig bauren
Ihr hoch erbaute Pfort:
Die da aus den Saphieren,
Rubinen und Demant,
Dieselbe herrlich zieren,
Gemacht von GOttes Hand.

IV.

Man allerwegen frey
Führt ein beglücktes Leben,
Den Freuden stets ergeben,
All Sorgen sind vorbey:
Kein Hunger, Frost und Schmerzen,
Kein Untreu, Haß und List,
Bey den beglückten Herzen
Allda zu finden ist.

V.

Wer jung ist, wird nicht alt,
Wer alt darein gekommen,
Thut erst allda bekommen
Ein schön liebreich Gestalt:
Kein Neid wird da verübet,
Kein Mord, kein Häucheley,

Niemand wird da betrübet,
Weil stets der Freudenmay.

VI.

Was hier wird süß gerühmt,
Allda wird erst versüsset,
Das Göttertrank stets fliesset,
Die Better sind geblümt:
Man Reichthum mehr thut haben,
Als Cräsi Ueberfluß,
Wo weder Dieb noch Schaben
Davon wird ein Genuß.

VII.

Ein schöne Melodey
In solchem Ort man höret,
Ein jeder, der begehret,
Kann selber stimmen bey:
So höret auch ein jeder,
Im hellergoßnen Schein,
Was singen thut für lieder
Die gsamte Himmelsgmein.

VIII.

Ihm wird dann auch erlaubt
Bey solchem Gsang den ganzen
Himmelssaal durchzutanzen,
Mit einer keuschen Braut:
Zu folgen, wann beliebet,
Dem unbefleckten Lamm,
So jedem sich dargiebet
Zu einem Bräutigam.

IX.

Kein solchen Freudengspaß,
Mit seiner Höllenpfeisen
Kann machen, wann ergreisen
Wird solche Marsias:

Und Cimon mit der Leyren,
Minerva mit der Flöth,
Apollo muß auch feyren,
Sein Leyren da nicht geht.

X.

Phöbus mit seinem Glanz
Thut niemal da entweichen,
Viel minder die zwölf Zeichen,
Der Mond bleibt stets auch ganz:
Sich niemal thut verlieren
Der leuchtend Lucifer,
Noch sich läßt zornig spüren,
Rachnehmend Jupiter.

XI.

Alls ist in größten Fried,
Mars hat da nichts zu schaffen
Mit seinem Wehr und Waffen,
Und angestellten Glied:
Noch wird gespannt der Bogen,
Den Venus oft zuvor
Auf Erden angezogen,
Gegen des Herzens Thor.

XII.

Der alt Saturnus auch
Darf sich nicht hin begeben,
Zu dem beglückten Leben,
Der häßig, kalt und rauch:
Noch ist allda vonnöthen
Mercurius gelehrt,
Da weichen all Planeten,
GOtt all's ohn sie begehrt.

XIII.

Auch das Peacer Band
Wird nicht so viel der Früchten

Tragen,

Tragen, nach den Berichten,
Wie viel sind da zu Hand:
Auch hat in seinem Garten
Kein solchen Ueberfluß,
So vieler Aepfel Arten,
König Alcinous.

XIV.

Des Nereus reicher Schatz,
Und was im Meer zu finden,
In Erden, Luft und Winden,
Und was Midas im Hatz:
Allda muß all's verschwinden,
So köstlich hier mag seyn,
Ganges muß stehen dahinten
Mit seinem Edelstein.

XV.

Bachus mit seinem Wein,
Ceres mit ihren Früchten,
Kann da bestehen mit nichten,
Denn man sie läßt nicht ein:
Mit seinem Panket kann halten
Assuer in dem Schrank,
Cleopatra behalten
Ihr köstlich Perlgetrank.

XVI.

In allen Wänden glänzt
Das Gold, den Bau zu heben,
Wodurch die Balken schweben,
Aus Cedernholz gepflanzt:
Das Dach ganz herrlich steht
Aus schönsten Edelsteinen,
Die wunderlich erscheinen,
Mit höchster Kunst gedreht.

XVII.

Da auf cristallnen Grund,
Aus lauter Alabaster,
Liegt das verguldte Pflaster,
Durchleuchtend in die Rund:
Worauf die rothe Strassen
Aus Marmor aufgebaut,
Die schönste Häuser fassen,
Aus Demant ausgehaut.

XVIII.

Das angestellte Mahl
Wird auf ganz guldnen Tischen
Gehalten werden, zwischen
Der höchsten Geister Zahl:
Die Schüsseln angerichtet,
Belegt mit Speisen wohl,
Die kein Mensch ausgedichtet,
Noch auch ausdichten soll.

XIX.

Da stets zu jeder Frist
Das köstliche Schauessen,
Das kein Sinn kann ermessen,
Jedem zugegen ist:
Auch in den Wollustbächen,
So da ansiehet man,
Mit Freuden sich bezechen
Jeder ganz selig kann.

XX.

Drum liebste Schaar, wach auch,
Erheb dich aus den Schranken
Der eitelen Gedanken,
Und nach dem Himmelslauf:
Halt dich nicht an die Erden,
Noch an die Lustbarkeit,
Denn dir da bald wird werden
Ein Freud in Ewigkeit.

Damit

Damit dir aber dieſes himmliſche Reich beſſer gefalle, und
das irdiſche beſſer (mehrer) verleide, weilen du von jener
Freude ſchon etwas vernommen, ſo will ich dir auch ein wenig von deſſen Beſchaffenheit vortragen:

> Kurzer Freud, falſcher Treu,
> Langes Leids, ſpater Reu,
> Keiner in der Welt iſt frey.

Und dieſes braucht keine Probe, dennoch ſind unſere Herzen
dermaßen bezaubert, daß wir unſere Liebe und Freude ſetzen auf höchſtſchädliche und vergängliche Dinge.   Ach wie
ſind unſere Augen verblendet, daß ſie die Freude dieſes Lebens, wenn es doch anders eine Freude kann genennet werden, mit ſolcher Begierde verlangen, da keine wahre Freude noch Frölichkeit darinnen iſt.   Ach wie oft begegnet uns,
daß, ehe wir etwas Angenehmes, Süſſes oder Liebreiches
in der Welt erlangen, wir zuvor viel Bitteres, Saueres
und Verdrießliches verkoſten, einnehmen, und verſchlucken
müſſen; und je größere Begierde wir haben, je ſtärkere Unruhe wir tragen.   Ja wir leben in ſteter Furcht, und die
kurze Freude, ſo wir in dieſem Leben genießen, ſuchen wir
mit großen Schrecken, behalten ſie mit nicht geringer Arbeit,
und verlieren ſie endlich mit vielfältigen Schmerzen.   Was
ſoll denn dieſes für ein Wohlleben ſeyn, in ſteter Gefährlichkeit leben, und gleichſam auf einer abſchießigen Bergwand
herum klettern, da man keinen ſichern Tritt ſetzen kann,
ſondern jederzeit muß in Sorgen ſtehen, wenn man über
Hals und Kopf werde herunter prellen, und ohne Verzug
der Hölle zufallen werde.   Ohne daß dieſe Welt alſo betrüg-
lich und voll falſcher Treue iſt, daß, ſo bald der Eigennutz
verſchwindet, und das Blättlein ſich wendet, zugleich auch
vergehe alle Freundſchaft.   Bemühe ſich auch ein Menſch
wie er wolle, ſo wird er doch in den erſchaffenen Dingen
nicht

nicht finden können, eine reine Liebe in Treue, oder eine wahre Freude ohne Reue; weilen ihre Wolluſt iſt lauter Wuſt, ihre Belohnung dem Herzen ſeyn Schmerzen; ihre Lieblichkeit iſt Bitterkeit; ihre Hülfe ein Nothzwang zum Untergang; und endlich für ein langes Leben thut ſie geben Noth und Tod: für die himmliſche Freuden ewiges Leiden. Guſtans guſtavi paululum mellis, & ecce morior, 1. Reg. 14. v. 43. Daß ſolche gar wohl mit Jonathan ſagen mögte: Ein kleines des Honigs habe ich gekoſtet, und ſiehe ich ſterbe. Wir wiſſen zwar, daß über Lieb und Leid doch ohne Bekümmerniß unſere Leiber müſſen zertrümmern; und dennoch verlangen wir Narren in ſolchen lang zu harren. Wir wiſſen, was wir dem Leib erzeigen, ſich endlich neige zu dem Verderben, durch ſterben; was wir aber der Seele anhenken, müſſe immer währen in Schanden oder Ehren: Wir wiſſen, daß uns das Zeitliche ins Verderben ſtürze, darum ſolches billig zu verlaſſen, und zu haſſen. Es werden zwar viel zu Erwerbung und Begierde der göttlichen Dingen, wie auch wegen der Ewigkeit, ſo wohl der himmliſchen Freuden als hölliſchen Peinen, nicht allein zu einer großmüthigen Verachtung der Welt, als zu unaufhörlicher Vernichtung ihrer ſelbſt angezündet; auch kochen ſie bey ſich ſelbſten aus das Verlangen der glückſeligen Unſterblichkeit, und empfinden in ſich ſolche Gedanken, die ungezweifelt von dem Himmel geſchickt ſind; als daß ſie ein beſſers Leben, weit von allen weltlichen Freuden, und Ergetzlichkeiten; weit von dem eiteln Rauch der Ehren dieſer Welt; weit von falſcher Betrügerey der Reichthümer führen ſollten: Allein die Liebe zu der Welt überwindet alle ſolche Anſpornungen, und hält auf die beſſere Anſchläge ſo lang und viel, bis ſie gar verſchwinden.

Einem dem Weine ergebenen Studenten, wollte ein Medicus ein Gerſtenwaſſer zu trinken verordnen, und als

er

er ihn fragte: Ob er ſolches auch brauchen wollte? antwortet er, warum nicht? wanns nur nach Wein ſchmeckt:
Alſo geht es den weltliebenden Menſchen; ſie liegen kranck
an ihrer Seele, tödtlich dahin, die Beichtiger und Prediger, als Aerzte derſelben, ſchreiben ihnen vor ein heilſames
Gerſtenwaſſer der Pönitenz und Buße: Allein es iſt ihnen
gar ungeſchmackt; es ſollte mehr nach der Ergetzlichkeit
ſchmecken; es ſollte mehrer der weltlichen Wollüſten verſtat-
ten; es kömmt ihnen gar zu bitter vor, und ſind hart zu
bereden, ſolches recht zu gebrauchen. Aber ach: Confor-
tare, & eſto robuſtus, *Joſuæ.* 1. *v.* 6. zur Warnung laßt
uns ſeyn, die leiden jetzt die ewige Pein, und unſerer Seelen Heil achten mehr, denn alles Gut und zeitlich Ehr, ſin-
temal niemand kann dieſer und jener Welt Frucht genieſſen;
ſo erwähle nur ein jeder was er will, die Rappen oder
Schimmel, die Ruhe oder Getümmel, die Welt oder den
Himmel, das Ewige oder Zeitliche, Freude oder Leid, Roſen oder Dorn, Spreuer oder Korn, Kohlen oder Brod, Leben oder Tod; Fac, quod placitum eſt & bonum in conſpe-
ctu Domini, ut bene ſit tibi, *Devteronom.* 6 *v.* 18.　　Glückſelig iſt, der alles verachtet, die Welt beſonders und ihren Pracht, denn ſolches beweiſet ſelbſten die Heil. Schrift,
an Lazaro und dem reichen Mann, von welchem geſchrieben
ſteht, Lazarus der arme iſt von den Engeln getragen worden in Abrahams Schooß; der Reiche aber iſt begraben
worden in die Hölle: Aus der beyden Ende war ginugſam
verſtehen zu können, wenn wir anders wollen, daß alles,
was die Welt für liebreich hält, ſey nur ein Traum und
Betrug des Teufels, deſſen Lohn ſeyn wird das hölliſche Feuer. Weilen ein jeder Baum, der nicht gute Frucht
bringet, wie die Früchte der Welt, wird ausgehauen und
ins Feuer geworfen, *Matth.* 3. Warum thut denn in unſern Gemüthern die Erkenntniß dieſer Eitelkeit nicht grünen,

welche

welche doch nichts anders sind, als eine schnell flüchtige Ergetzlichkeit? eine mit überschlagender Galle vermengte Süßigkeit, und mit Betrübniß überschwemmte Wollust. Wollte GOtt, daß wir der Welt Verächtlichkeit und des Himmels Kostbarkeit genugsam erwägeten, würden wir uns mehrer bemüßigen zu vermehren die gute Werke, als die zeitliche Güter. *Non concupisces argentum & aurum, Deuteron.* 7. *v.* 25. Was gedenket ihr albere Menschenkinder, verstokte Sünder! daß ihr euch so inbrünstig laßt angelegen seyn, die Lustbarkeit eures Leibes, und so kaltsinnig euch erzeiget in Verwahrung eurer Seelen. O Blindheit der Menschen, die alles verlangen schön zu haben, als allein ihre Seele, ungeachtet alle Schönheit sich verliehret, wenn die Seele ungestalt ist. So fasset zu Gemüth, daß ja weit vorzuziehen sey das Unsterbliche dem Sterblichen, GOtt der Welt, Ehre dem Geld, die Seele dem Leib, mehr als Mann dem Weib, der Himmel der Erden, die Ruhe den Beschwerden, ein Redner dem Stummen, die Tugend den Reichthumen, und laßt euren Verstand nicht also vernebelt werden, daß er nichts anders wisse zu achten und betrachten, als Fleisch und Blut oder zeitlich Gut: Es solle euch dieses ein sonderliches Bedenken seyn, damit ihr von diesen Seelen umringenden Eitelkeiten der Welt entfernet, wenn ihr nicht wollet von dem zeitlichen Elend gestürzet werden in das ewige. *Si sic mihi futurum erat, quid necesse suit, concipere, Genes.* 25. *v.* 22. Wenn mirs also sollte gehen, warum bin ich schwanger worden, sprach jene zarte Frau Rebecca, als Jacob und Esau sich stießen miteinader in ihrem Leibe. Ach auserwählte Herzen, was nutzet es euch, daß ihr schwanger worden, und verlanget und pranget mit den Wollüsten dieser Welt, und euch anfüllet mit Reichthum, mit Ergetzlichkeit, und zerfließenden Freuden: Wenn Esau und Jacob, das Leben und Tod sich werden miteinan-

ander stoffen, und das Leben dem Tod muß weichen? wenn
es euch alfo ergehet, wie es denn ist, daß ihr nach kurzen
zueilet dem Verderben der größten Noth und Tod, und
folglich der Höllen; was seyd ihr denn so begierig nach so
kleiner Freud, euch zu werfen in ein ewiges Leid? Wenn
die Wolken schwanger werden, und angefüllet mit Waſſer,
so entleeren sie sich wieder durch einen Regen, oder verschwinden, und zergehen durch den Wind: Also auch der Mensch,
da er genug an sich gezogen, der wäſſerigen Luſtbarkeiten
dieses fließenden Jammerthals, so kommt ein starker Wind
einer Krankheit, treibet ihn hin und her, bis er sich ausgießet in einen kalten Regen des Todesschweißes, und verschwindet ins Grab.   Ach, wollte GOtt! nicht gar in den
tiefſten Abgrund der niemal vergnügten Höllen.

Ein Wirth hatte einen Gast, welcher in währender
Mahlzeit einen Löffel eingeſtecket; als solches der Wirth vermerkte, steckte er gleichfalls einen ein; wie nun nach dem
Löffel gefragt wurde, sprach der Wirth: Es iſt Vexierung,
hier iſt mein Löffel, der Herr gebe nur seinen auch wieder her,
welches denn nicht ohne sondere Schande geschehen.   Also
gehets in der Welt, in der der Mensch nichts anders iſt, als
ein Gast.   Will er nur ein wenig ihrer genießen, da hat behend die Mahlzeit ein End, und kommt der langfüßende
Stöffel, fragt um den Löffel, nämlich der Tod, zu Ankunft deſſen, muß man die eingeſteckte Freuden wieder mit
größten Spott verlaſſen, daß man nichts davon trägt, als
große Schmerzen in dem Herzen, ein verletztes Gewiſſen,
und theuer verkoſte Biſſen.   Demnach lieben wir so inbrün-
ſtig die eitle, veitle, miſtende, fließende Welt.

In Steyermark iſt ein Schloß unweit der Hauptſtadt
Grätz, so genennet wird Altenberg, sonſt insgemein Tau-
sendluſt.   Bey diesem Ort, ungeachtet selbiges Landvolk
                                                      gro-

grobe Steyrer betitelt wird, wollen doch die höflichste Zärt-
ling und zarteste Höfling ihre Wohnung benennen; indem
sie verlangen, zu veralten auf dem Berg der größten Glückseligkeit, und zu genießen tausenderley Belustigung, und
Freuden dieser Welt: Aber ach! kein unheilsamer Krebs verzehret also die Glieder des Leibes, wie die verkehrte Liebe zu
der Welt die Gliedmassen des Gemüths anstecket durch Ver-
wandelung der Tugend in lauter Laster. Aus dem süssesten
Fleisch wachsen, alsbald es stinkend wird, die Maden;
und aus einer süßbrünstigen Liebe gegen der Welt leichtlich
der Tod, und die Würmer des Grabs; und dennoch die
Begierd zu der Welt thut den Menschen dermassen bezaubern, daß er ihre Strick und Netz zu meiden nicht verlanget,
unangesehen ein anderer darinnen bestrickt und erdrosselt wird.
Ja es gehet ihnen wie etlichen großen Raubfischen, und un-
geheuren Schlangen, die zu Zeiten solche unkleine Bissen hinein schlucken, daß sie daran müssen erwürgen; oder wie den
Vögeln, welche den Saamen des Bilsenkrauts begierlich
fressen; wovon ihnen der Kopf ganz eingenommen wird,
daß sie zur Erden und dem Steller in die Hand fallen: Also geschieht auch solchen der weltbegierigen Menschen, welche dem Zeitlichen mit allen Begierden, ja ganzem Herzen
nachhängen. Die giftige Süßigkeit der Liebe zur Welt ver-
wirret ihnen dermaßen den Kopf, daß sie von dem Pfad
rechter Vernunft abweichen auf den Weg allerhand Untugenden, und je mehr sie die Welt lieben, je süsser kommt ihnen vor derselben unerträgliches Joch. Denn es gehet ihnen wie Jacob: Servivit Jacob pro Rachel septem annis, &
videbantur illi pauci dies præ amoris magnitudine, *Gen.* 24
v. 21. Jacob diente um Rahel sieben Jahre, und gedunkte
ihn wenig der Tage, wegen der großen Liebe. Die Liebe
zu der Welt, welche bey ihnen überhand genommen, verursacht, daß sie die Dienstbarkeit, darinn sie stecken, nicht

betrach-

betrachten, sondern verachten alle Mühwaltung und Arbeit,
nur damit sie ihrer genießen mögen.

Eine Jungfrau, deren Eltern Haus war eine Schule
der Tugend, in welchem sie, obwohlen auf der Welt, den=
noch von der Welt wenig wissend, von Jugend zu der Tu=
gend auferzogen worden; wurde von ihren Eltern nach Ver=
fließung nicht vieler Jahre in ein Kloster, als ein Paradieß,
wie denn ein solches Ort nicht weniger ist, wo Einigkeit,
Liebe und Zucht beysammen wohnen, sich zu begeben, bere=
det. In solchem irdischen Himmel, achtete sie wenig das
Weltgetümmel, und war ihr die guldene Einsamkeit die
größte Lustbarkeit; sie brachte ihr Leben zu in stetem Fried
und Ruh; sie wußte von keinem Tanzen noch Schanzen,
Streiten noch Beuten, Klagen noch Jagen, Schulen und
Buhlen, als von einem Tanz mit dem HErrn JEsu; von
einer Schanz, wie zu bewahren sich vor den Lastern; von
einem Streit, wie zu streiten wider das Fleisch; von einer
Beut, wie einzuholen die Tugend; von einer Klag, wie zu
beklagen die verlohrne Zeit; von einer Jagd, wie zu ver=
treiben das höllische Wildschwein; von einer Schule, wie zu
lernen, sich selbst erkennen; von einer Buhlschaft, wie ver=
liebt zu seyn in dem gekreuzigten Heiland. Aber endlich
durch verdammliches Geschwätz anderer, deren Gemüth zwi=
schen den Mauren verschlossen frey in der Welt herum schweb=
te, veranleitet, fragte unterschiedlichen Weltkurzweilen
nach, belustiget sich in solchen, und weil ihr der Ausgang
durch die Gelübdverbündniß verbothen, und über die Klo=
stermauer nicht nach Genügen aussehen mochte; steiget sie
unter das Tach, stecket durch einen zerbrochenen Ziegel ih=
ren Finger hinaus, und wollte an solchen, als einer Leim=
ruthen, die Wollüsten der Welt auffangen, darum sie nach
kurzen solchen zurück ziehet, schlecket ihn ab, und sprach: O
Welt

Welt wie bist du so lieb und süß! Wer ist nun diese Kloster-
jungfrau? Ach Mensch nur dich beschau, so wirst du sehen,
wie du zum öftern von dem Guten abläsfest, und dich zuviel
dem weltlichen Wolleben ergebest. Aber laß die Welt, Welt
seyn, & non concupiscas ex rebus ipsius aliquid, 1. *Regum.*
15. *v.* 3.

Als jene ägyptische Cleopatra aus heidnischer Ehr-
sucht ihre eigene Mörderinn werden, und die Hüter, so ihr
von dem Kaiser Augusto zugeordnet, überlisten wollte; mußte ihr die getreueste Kammerjungfer eine Schüssel voll der
besten Feigen bringen, darunter eine kleine aber giftreiche
Schlange verborgen lag, von solcher Art und Natur, daß
sie mit einer süßen Empfindung den Menschen umbringet; diese Schlange hat sie an die Brust gesetzet, und sich dadurch
in den ewigen Tod gestürzet.   Eine solche Schlange ist die
Weltliebe, oder vielmehr ihrer Seelen mörderische Wirkung,
dieselbe hat der höllische Feind mit den süßen Feigen allerhand Wollüsten bedecket; damit unsere Begierde durch einen
so seltsamen Geschmack angereizet werde, sich selbsten hinzurichten und zu verderben.   Dioscorides und Nicanor schreiben von der Schlangen tödtlichen Gift, daß wo die Schlange einen beißt, nach folgende Uebel daraus entspringen; die
Wunden fließt mit Eiter, und Unrath, der Mund ertrock-
net, den Augen schwindelt, das Gehör verfället, und neben Grimmen und Schwere des Haupts wird der Mensch
durch ein vergiftes Fieber der Vernunft beraubet: Dieses
thut auch das Gift weltlicher Liebe; denn aus dero Wunden rinnet hervor der Unrath anderer Sünden, der Mund
wird trocken Geistliches zu reden, die Augen werden verdunkelt, daß sie ihre Gefahr nicht sehen, die Ohren seyn
verstopft zu dem Guten, inwendig nagt das Grimmen des
Gewissens, bis er von der Schwere der Sünden fället gar
in Verzweiflung und ewigen Tod. „ Denn ein jeglicher wird

ver-

„versucht von seiner selbst eigenen Begierlichkeit; nachmal
„wenn die Begierde empfangen hat, gebieret sie die Sün=
„de, die Sünde aber, wenn sie vollendet ist, gebieret sie den
„Tod Jacob. 1. v. 15. "

Mezentius ist einer solchen Grausamkeit gewesen, daß
er nicht zufrieden war, die Menschen mit Schwert, Strang,
oder Feuer hinzurichten, sondern mit dem Gestank. Sin=
temal einem todten und gleichsam faulenden Menschen, hat
er die Lebendige angebunden, daß sie also durch den Ge=
stank der Todten umgebracht wurden. Diomedes aber hat
seine Gäste gar den Pferden zu fressen gegeben; die Welt
bindet den Menschen nicht nur an einen Todtenkörper, son=
dern auch an viel der abscheulichsten und stinkendenTeufel durch
ihre Freude; und da die Menschen vermeynen, sie seyn zum
sichersten, so wirft die Welt solche vor die höllische und plu=
tonische Pferde in Ewigkeit, zu zerreissen.

I.

In der Höll niemand ist,
  Der nicht dahin gerathen,
Durch der Welt böse Thaten,
Und ihr verstellte List:
Zwar keiner thäte hoffen,
Von GOtt veracht zu seyn;
Bis er ist fort geloffen,
Gar in ihr Schlund hinein.

II.

Ach, sie durch ihren Pracht,
Viel tausend arme Seelen,
In Ewigkeit zu quälen,
Hat in die Höll gebracht:
Viel durch den Weg gesprungen
Der Freud und Lustbarkeit;

Bis daß der Sprung mislungen
Zum Land der Seligkeit.

III.

Auch sie durch ihre Tück,
Hat öfters schon verstoßen,
Jetzt in der Höll verschlossen,
Viel, von dem höchsten Glück:
Ein jeden sie anlachet,
Zeigt Rosen ohne Dorn;
Doch sie indessen machet
Nur Spreuer aus dem Korn.

IV.

Oft einer wird verstrickt,
In ihren Wollustsgarnen,

Bis

Bis er, ohn alles Warnen,
In seiner Sünd erstickt:
Und durch die Freudenblätter,
Fällt in die große Pein;
Da zwischen eisnen Götter
Geplagt muß ewig seyn.

V.

Vielfach liegt man verhaßt,
Mit vielen Strick umgeben,
In größter Gfahr das Leben
Liegt, ohne Seelenkraft:
Eh man sich umgeschauet,
Ob ein Gefahr mögt seyn,
Ist man schon umgebauet,
Ja gar geschlossen ein.

VI.

Bey ihr ist alls Betrug;
Man meynt in Freud zu leben,
Da wird ein Netz geweben
Zu ganz verborgnen Zug:
Bald man findt sich betrogen,
Durch falsch gelegte Strick;
Wenn man wird eingezogen,
Merkend zu spat ihr Tück.

VII.

Wie auf begraßten Herd,
Im grünen Haus vermauret,
Ein Vogler listig lauret,
Daß ihm ein Vogel werd:
Er spielet auf der Pfeifen,
Die Speis wirft er da aus;
Bis er ihn kann ergreifen,
Und führen nacher Haus.

VIII.

Also ist auch die Welt,
Welche die Speis vorwerfen,
Jedem wird lieblich dörfen,
Ach! bis sie ihme fällt:
Kaum thut man ihr geniessen,
Und ihr vermeynte Freud;
So muß man es gleich büssen:
In gar zu großem Leid.

IX.

Ein Grub wird auch gemacht,
Durch deren hole Bogen,
Wird grün schön überzogen,
Daß es keins nimmt in acht:
Wenn aber einer würde
Ganz frech darüber gehn;
Würd bald sein Leibesbürde
In tiefer Gruben stehn.

X.

Wie Welt auch also grün
Von außen her bekleidet,
Wer aber sie nicht meidet,
Lauft zum Verderben hin:
Denn sie ist untergraben,
Hinunter bis zur Höll;
Wohin die sie lieb haben,
Stürzt unvermuthet schnell.

XI.

Gleichwie den Abner hat
Joab ganz falsch erstochen,
An ihm die Treu gebrochen,
Durch solche frevle That:

Die

Die Welt auch thut verüben
Ein solche Grausamkeit;
An denen, die sie lieben,
Für wahre Frölichkeit.

XII.

Sie all's mit solcher List,
Dem Menschen da vorbildet,
Als ob er sey vergüldet,
So doch nur Koth und Mist:
Wenn denn in was verwesen
Ist solche Lustbarkeit;
So prüft man daß gewesen
Sie nichts als Bitterkeit.

XIII.

Der Seelen ein Verdruß
Bringt sie, wie auch dem Herzen
Viel Ungemach und Schmerzen,
Für ihr Gewinn und G'nuß:
Gleichwol ist so verblendet
Des Menschen freyes Gmüth;
Daß es von ihr geschändet,
Vor ihr sich doch nicht hüt.

XIV.

Für weislich wird geacht,
Führen ein freudigs Leben,
Der Tugend sich ergeben,
Leider wird ausgelacht:
Allein man thut sich irren,
Ihr Freuden kennt man nicht;
Wer sie liebt, wird bald spüren,
Daß sie hält keine Pflicht.

XV.

Sie zwar wohl viel verspricht,
Wer aber hat erfahren,
Daß er gelebt ohn G'fahren,
Und sey betrogen nicht?
Gefunden wird g'wiß keiner,
Der dieß bezeugen kann;
Ach wahrlich! ach nicht einer
Wird seyn zu treffen an.

XVI.

Gar bald nimmt ab ihr Freud,
Darauf folgt großes Klagen,
Sammt unerhörten Plagen,
Und unbeschreiblich Leid:
Da muß des Sünders Rachen
Vor dem versüßten Wein;
Ganz stinkend Koth und Lachen
Gequälet nehmen ein.

XVII.

Für einen Saitenklang,
Wird ein abscheulich Brüllen
Die Ohren stets erfüllen,
Sammt einem Teufelsgang:
Auch in verschloßnen Schanzen
Stets scharfe Straf und Pein;
Für das zu üppig tanzen,
Der Tänzer holet ein.

XVIII.

O du betrogne Welt!
So alle deine Gsellen
Hinschickest zu der Höllen,
Die du zuvor gefällt;

Die

Die Pein wird von den Bösen
Nicht ruhen einen Tag,
Noch wird seyn aufzulösen,
Die auferlegte Plag.

XIX.

O gar zu großes Leid!
Wo einer ewig meiden
Muß auf den Himmelsheyden
Die höchst erleßne Freud:
Dafür muß aber sitzen
Im Haus aus Feuer bereit;

Und doch nicht kann ausschwitzen
In alle Ewigkeit.

XX.

Drum billig man verflucht,
Die Welt mit ihren Lüsten,
Die Milch mit ihren Brüsten,
Den Baum auch mit der Frucht:
Wer ihr nun will genießen
Der hat die freye Wahl;
Kann denn auch ewig büßen,
Sein Freud in höchster Quaal.

Was diejenige, so der Welt ergeben, für eine Seligkeit zu erwarten, ist leichtlich zu erachten aus jenen Worten, welche Abraham zu dem reichen Mann gesprochen: Sohn gedenke, daß du Gutes empfangen hast in deinem Leben, und Lazarus desgleichen Böses; Nun aber wird er getröstet, und du gepeiniget. Durch welche Worte GOtt uns vorbildet, wie er etwelche Menschen pflegt zu belohnen mit zeitlicher und vergänglicher Belohnung. Denn weil GOtt der HErr dermaßen gerecht ist, daß er kein Uebel, es sey so geringes wolle, ungestrafet läßt; hergegen auch keine Gutthat, ssie sey so schlecht wie sie wolle, unbelohnet, als belohnet er solche auf Erden, weil sie die Seligkeit nicht verdienet. O wie furchtsam sollen alle diejenige wandeln! welche in diesem Leben, der Welt ergeben, glücklich und wohl daran seyn, auch denen alles nach Wunsch von statten gehet, die vielleicht vermeynen, daß diejenige Gutthaten, so sie in diesem Leben empfangen; nicht eine Vergeltung sey, von wegen ihrer geübten guten Werken.

Es spricht der geduldige Job: Ich bin nackend aus meiner Mutter Leibe gekommen, nackend werde ich wieder

Wintergrün.　　　Pp　　　dahin

dahin fahren, *Job.* 1.   Denjenigen, so der Welt ergeben,
pflegt zu widerfahren, was der Maus von der Katzen.
Denn die Maus lauft durch ein kleines Löchlein in die Speiskammer, und füllet den Bauch dermaßen an, daß wenn die
Katze auf sie zueilet, vor Ueberfluß der Speise nicht mehr
durch das vorige Loch entkommen kann, und also von der
Katze gefangen und gefressen wird.   Eben so pflegen sich viel
Menschen zu verhalten, wenn sie in die Speiskammer der
Welt gekommen, füllen sie sich an von derselben Ergetzlichkeiten.   Aber wenn die höllische Katze will jagen, so lauret
sie auf das enge Loch des Todes, und weil solche Menschen
von den Wollüsten ganz aufgeschwollen, aus der Speiskammer der Welt nicht entlaufen können, so jaget, fängt
und tödtet sie selbige ohne alle Barmherzigkeit, ziehend sie
nach ihr in die höllische Glut, massen dem reichen Mann geschehen, *Luc.* 16.   Denn die Liebe und Freude der Welt
keinen andern Gewinn erlanget, als das ewige Verderben.
Ach! viel besser wäre, wenn wir die Zergänglichkeit und
Falschheit der Welt, zu Gemüth führeten.   Allein niemand
will verstehen den Weg der Wahrheit, von dem Christus
spricht: Ich bin der Weg, die Wahrheit und das Leben,
Joan. 14.   Darum auch JEsus Pilato geantwortet: Mein
Reich ist nicht von hinnen, ich bin dazu gebohren, und in
die Welt gekommen, daß ich der Wahrheit Zeugniß gebe.
Wer aus der Wahrheit ist, höret meine Stimme, *Ibid.* 18.
Die Wahrheit aber ist eine sittliche Tugend, durch welche
der Mensch ohne einige Erdichtung, Zuthuung oder Min-
derung sich in seinen Worten und Werken erzeiget, wie er
in dem Herzen beschaffen ist: weilen sie, gleichwie die Gerechtigkeit, giebt einem jeden, was ihm billiger massen gebühret, nämlichen daß sie ihm, was wahr ist, offenbare.
Denn wenn der Mensch nach Aussage Aristotelis ein gesellig-
ges Thier und zu der Gemeinschaft gebohren, als ist nothwendig

wendig, damit solche Gemeinschaft besser könne erhalten
werden, ein Vertrauen unter den Menschen sey, welches
Vertrauen aber ohne die Wahrheit nicht bestehen kann. Allein sie zu finden war es Noth, daß man gieng in die im-
mergrünenden Felder der seligen Ewigkeit; weilen sie auf der
Erde nicht mehr anzutreffen. Facta est veritas in oblivio-
nem, *Isa.* 59. *v.* 15. Darum als auf eine Zeit die versam-
melte Tugendgesellschaft sich unter einander besprachen und
einen Rath gehalten; weilen aber Phöbus seine Schimmel
an den Himmel zu baden in dem Abendmeere ausführete,
und der Mond auf den blaugestirnten Auen seine Wacht zu
halten in dem Anzug begriffen war, konnten sie ihr angefangen Gespräch nicht zu Ende bringen, sondern diminutæ
sunt veritates a filiis hominum, *Ps.* 11. *v.* 12. nahmen von
einander Abschied, jedoch hinterlassend, wo eine jede Tugend anzutreffen. Die Gerechtigkeit sagte: sie sey anzutreffen in den gewissenhaften Vorstehern und Richtern; die
Liebe, sie habe ihre Wohnung in den reinverliebten Herzen.
Die Hoffnung, sie behalte ihren Sitz in den auf GOtt ihr
Vertrauen setzenden Gemüthern; die Mäßigkeit, sie bestelle
ihre Behausung in den abbruchleidenden Gesellschaften; die
Demuth, sie halte ihre Residenz in den sich selbst wenigschä-
tzenden Menschen, und so fort: Allein corruit in platea veritas, *Isa.* 59. *v.* 14. die Wahrheit wußte keinen Ort zu benennen, wo sie ihren Unterschleif hätte, weilen niemand sie
will beherbergen. Denn gehet sie zu den fürstlichen und königlichen Höfen, da ist sie ganz unangenehm, weilen in vielen solchen hohen Häusern alles in liebreicher Süssigkeit und
Freuden hergehet. Die Wahrheit aber ist bitter, eines
runzelnden Angesichts und trauriger Gestalt. Suchet sie
ein Unterkommen in den Kauf und Handelsläden, so ist sie
ganz veracht, weilen mehrer angesehen wird der Betrug.
Will sie ihre Einkehre nehmen in den Gast und Wirthshäu-

sern,

fern, so findet sie rechte Gesellen, welche bey freundlichen
Schilden die größte Unbilden gebrauchen. Mancher hänget
einen Engel aus, geht man in das Haus, kommt anders
nichts heraus als ein betrüglicher Schlengel. Bey den
Schwanen lauft oft der Wasserhahnen, und thut man leicht
erfahren, wie wenig man thu ersparen, wenn man bey Raben
wird eingekehret haben. Bey den Lemm ist der Wirth ein
Geldkampel, und kampelt den Beutel reiner manchem armen
Tropf, als ein Kampel die Läuse von dem Kopf. Zu den
Schiffanker und Galeen, darf sie gar nicht gehen, ohne Gefahr eines Schiffbruchs. Vermeynet sie dann aufgenommen zu werden von der zarten Jugend, bey welcher aller Betrug und Unwahrheit sollte unbekannt seyn, ist ihr der Eingang verschlossen, denn was die Alten singen, das thut die
Jugend springen. Bemühet sie sich bey den Geistlichen eine
Beherbergung zu erlangen, so wird sie zwar gern eingelas-
sen, aber man getrauet sie nicht zu behalten, sintemal man
jetziger Zeit nur dergleichen Seelsorger und Beichtväter haben will, die mehrer durch die Finger sehen, als die Wahrheit gestehen.

      Aber was nutzet es einem Kranken, der nur einen
Arzt begehret, welcher ihm eine Arzney vorschreibet, die angenehm einzunehmen, aber die Krankheit nicht vertreibet?
Ich will sagen: Was bringet es einem Sünder für Gesundheit seiner Seele, wenn ein Prediger oder Beichtvater ihm
nicht darf zu Herzen reden, und vor den Zucker der Nach-
sehung freyen Willen hat, anzuwenden das heilsame Aloe
wahrer Heil wirkender Buß? Wenn ein Blinder den andern
führet, fallen beyde in die Grube, *Matth.* 15. Ach leider!
Ach die Wahrheit wird sich finden, wenn der Schnee dieses leicht zerfliessenden Lebens vergehet. Darum laßt uns
alle Falschheit meiden, und die Wahrheit lieben, für welche
Chri-

Christus sterben hat wollen, und sich selbsten die Wahrheit
nennen, *Joan.* 14. weilen die lügenhaften Lippen sind GOtt
ein Gräuel *Proverb.* 12. wünschte also von Herzen, daß ein
jeder wandle in dem Lichte der Wahrheit, damit er gelange
an jenes glückselige Ort und Port, dessen inwohnender
König ein HErr der Wahrheit, der rechte Weg aber zu der
Wahrheit ist das allererste und rechte in der Schule
Christi, die Demuth. S. August.
Epist. 56.

Das

Das siebenzehente Capitel.

Was dich nicht brennt,
Laß unberennt.

Als Pilatus aus der falschen Anklage der Juden verstanden, daß JEsus das Volck sollte verführet haben, vo
Galiläa bis gen Jerusalem; vermerkte er zugleich, da
JEsus in jenem Lande, dessen Herodes ein König war, muß
auferzogen seyn worden.   Derohalben wollte er Herod
welcher sonst sein Feind war, nicht eingreifen, sondern d
mit sie vielleicht gegeneinander eine Freundschaft eingienge
so auch erfolget, als sandte er JEsum zu ihm, *Lucæ* 23.

Es geschicht oft, daß zwey Feinde zu dem Schaden des dritten Freunde werden, welches aber eine schlechte Freundschaft, daraus des andern Feindschaft entstehet. Denn nichts gutes zu wirken, auf daß etwas böses daraus entspringe. Weilen ein solches Werk nicht gut, sondern bös gemacht wird; sintemal wer wird es für gut erkennen, wenn ich meinem Nächsten das Seinige nehme, dadurch mich zu bereichern? Wer wird es loben, wenn ich einen andern beschimpfe, mich dadurch hervorzustreichen? Wer wird es rühmen, wenn einer sich eines Lasters, so er begangen, entschuldiget, den andern dessen zu beschuldigen? Wer wird es recht heißen, daß einer den andern verläumde, sich dadurch zu beschönen? Detrahentia labia sint procul a te, *Prov.* 4. *v.* 24. und dennoch, wenn man einen verspotten und verlachen kann, so entsteht die größte Freude. Ja man findet jetziger Zeit deren viel, welche sich erlustigen den ganzen Tag bis zu Aufgang des Abendsterns, kein anders Werk zu verrichten, als nur bald diesen bald jenen zu verläumden; gleichsam ob sie des Pasquini Lehrjünger oder aber Schulgesellen seyn; aber hos devita, sagt der Apostel, 2. *Tim.* 3. *v.* 5. hüte dich vor diesen, und meide sie. Es läßt sich an, als ob ein anderer Momus entstanden, der in keiner Kunst mehrer erfahren, als jedes Werk zu tadeln: oder aber ein neuer Pirticus, dem das Maul zu klein, jeden zu verlachen, ungeacht er eine Goschen machet, daß eine Kuh aus selbiger saufen könnte. Es ist gut wenn man solcher sich entfernt. Cum Detractoribus non comisearis, *Proverb* 24. *v.* 21. Ungeachtet niemand des Verlachens mehrer werth als eben solche ehrenbedürftige Gesellen, Detractores Deo odibiles, *Rom* 1. *v.* 30. die würdig zu begleiten Daphiten, der wegen seiner bösen Zungen auf dem Berge Thorac zwischen Himmel und Erden seinen Lohn empfangen, denn sie nicht mehrer verdienen. Abominatio hominum Detrectator, *Proverb.*

verb. 9. *v.* 4.   Oder aber sie sollten mit dem Rab bezahlet werden, von welchem die Poeten dichten, daß er gar schön gewesen, aber wegen seines Geschwätzes in einen schändlichen Vogel verwandelt worden; insonderheit, weilen ihrem Gespött niemand mehrer unterworfen, als die betrübte und tugendreiche Gemüther.

Solches hatte auch schon zu seiner Zeit erfahren der königliche Prophet David, da er vor seinem Sohn Absolon flüchtig war, 1. *Reg.* 21. Denn als er zu Achis dem König zu Geth gekommen, und die Knecht Achis ihn sahen, sprachen sie: Ist das nicht David, der König des Landes, sungen sie nicht von ihm an Reihen, und sprachen: Saul schlug tausend, und David zehentausend, 1. *Reg.* 18. Er aber nahme selbige Worte zu Herzen, und fürchtete sich sehr, vor dem Angesicht Achis, verstellete seinen Mund vor ihnen, und fiel nieder unter ihren Händen, und Achis sprach: warum habt ihr ihn zu mir herein geführet, haben wir denn Mangel an unsinnigen Leuten, daß ihr diesen herein geführt habt? und wurde also von Achis und seinen Knechten verlacht.

Obwohlen David in vielen gewesen ein Vorbild Christi, kann doch hierinnen erscheinen ein absonderliches Betrachtungsvolles Geheimniß. Sintemal Christus nicht minder kam in die Hände der Knechte, nicht zwar Achis, sondern in die Hände der Knechte Herodis, von welchem er ihm ist vorgestellet worden, so JEsum ohne das schon lang zu sehen begierig gewesen, nicht zwar ihn zu verehren, sondern ein Zeichen von ihm zu sehen. Denn weil er viel von ihm gehöret, fragte er ihn von vielen Sachen, *Luc.* 23.

Ach wie viel sind, welche sich verwickeln in allerhand Sachen, denen doch viel besser anstehet, sich selbsten zu erkennen! wie viel sind, deren höchster Fleiß nur allein bestehet

het in diesem nicht was zu lernen; welches ersprießlich der
Seele, sondern was neues zu sehen und zu hören? Wie viel
sind, welche zu Zeiten der Predigt beywohnen, nicht daß
sie einen Nutzen daraus schöpfen, aber wohl zu erforschen die
Wissenschaft, Aussprache oder Wohlredenheit des Predi-
gers? Ja wollte GOtt daß dieses genug. Allein es muß
auch oft ein Prediger in so unnützen Mäulern herum getragen, und von dem mehresten Theil der Zuhörer getadelt und
verlacht werden. Ein großer Zulauf ist oft des Volks,
aber ein kleiner Nutzen, alldieweilen viel nur kommen, ihre
Ohren zu füllen, nicht aber das Wort GOttes zu Herzen
zu nehmen, ihre Seele zu versorgen, und ein bessers Leben
zu führen. Viel sind, welche sich zwar begeben in die Kirche,
dem GOttesdienst beyzuwohnen: Kaum aber kommen sie in
den Tempel, ist ihnen lieber das Geschwätz und der Schlaf,
also daß sie in dem GOtteshaus nicht einmal an GOtt gedenken. Oder da sie doch was bemerken, sind sie wie ein
Reuter oder Sieb, welches wenn es in das Wasser gestossen, geschwind voll wird, aber wieder heraus gezogen keinen Tropfen behält; also auch solche Menschen, so die
Predigt gleichwohl anhören und mit Andacht angefüllet werden, aber kaum hat die Predigt ein End, ist alles, was sie
in ihr Herz gefaßt, verschwunden. Cor fatui, quasi vas
confractum, omnem Sapientiam non tenebit, *Eccles.* 21. *v.* 17.
sagt der weise Mann: Das Herz der Narren ist wie ein
zerbrochenes Geschirr, keine Weisheit kann es behalten.
Was hilfts einem Hungerigen den Bauch mit Speise anfüllen, wenn er gleich solche wieder von sich giebt? Was
frommet es, daß einer gebohren werde, aber in dem ersten
Anblick der Welt in den Tod verbleichet. Was nutzet es,
daß man den Samen in einen zerbrochenen Sack schüttet,
die Buchstaben in das Wasser machet, Fisch und Vögel
fänget, und solchen gleich wieder freyen Lauf und Flug ver-

Wintergrün.   Q q   stat-

tet? Das Wort GOttes solle stets und wohl behalten wer=
den, und müssen dem Menschen allezeit darvon die Ohren
klingen. Das Wort GOttes ist der himmlische Hammer,
der die harte Felsen der verstockten und Kieselstein harten
Herzen zerbricht, zerschlägt und erweichet. Wie denn GOtt
selbsten spricht durch seinen Propheten: Sind meine Worte
nicht wie Feuer, und wie ein Hammer, der die Felsen zer=
schlägt, *Jerem.* 29. Sintemal das Wort GOttes entzün=
det die Frommen, und wie ein Hammer zerschläget es die
lasterhafte Herzen. Indem wie der Hammer nothwendig
ist, harte Sachen bequem zu machen, anzunehmen die Ge=
stalt, so man von ihnen verlangt: also auch das Wort
GOttes, ist sehr nutzlich die verstockten Sünder zu bewegen,
und in schöne Gestalt zu bringen. Jael hat dem starken und
tapfern Sisara mit dem Hammer einen Nagel durch die
Schläf getrieben, und sein Haupt der Erden angeheftet,
Judic. 4. Gleichergestalt auch die christliche Kirche, welche
in göttlicher Schrift öfters einem Weibe verglichen wird,
thut die Sünden und den Sathan als einen Fürsten der
Finsterniß umbringen, und mit dem Hammer des Worts
GOttes tödten. Darum ist das Wort GOttes
aufmerksam anzuhören, und solchem mit möglichsten
Fleiß nachzukommen. Denn wie ein Kranker nicht ge=
sund wird durch das blose Anhören der Worte und des
Raths eines Arzten, sondern durch die fleißige Vollziehung
dessen vorgeschriebenen Medicin, die er ihm vorgeschrieben
hat: Also sagt der Heil. Jacobus, *cap.* 1. Estote Factores
verbi, & non auditores tantum: „Seyd Thäter und Voll=
„zieher des Worts, und nicht allein Zuhörer. Denn so
„jemand ist ein Hörer des Worts, und nicht ein Vollzie=
„her, der ist gleich einem Mann, der sein Angesicht in dem
„Spiegel beschauet, weil er, nachdem er sich beschauet hat,
„hingehet und vergisset, wie er gestaltet war. „

Wenn

Wenn man verlanget zu wissen, ob die Fische frisch seyn, wird solches aus ihren Ohren wahrgenommen, denn wenn ihre Ohren bleich oder stinkend seyn, ist solches ein Zeichen, daß der Fisch alt und faul sey; sind aber die Ohren roth und frisch, als folget, daß der Fisch auch also beschaffen. Auf gleiche Weise, wenn wir einen Menschen sehen, der das Wort GOttes unfleißig anhöret, oder einen Verdruß darob empfindet, als hat ein solcher bleiche Ohren, und folglich eine stinkende Faulheit bey sich verborgen: Herentgegen wer solches mit freudiger Aufmerksamkeit beobachtet, der hat sich zu vertrösten der ewigen Seligkeit: Beati, qui audiunt verbum Dei, *Luc.* 11. *v.* 28. selig sind, die da hören das Wort, darum höret ihrs nicht, denn ihr seyd nicht von GOtt, *Joan.* 8. *v.* 47.

Es hatte ein heßischer Wortsdiener einen Hammel, welchen er also gewöhnet, daß er ihm an jedes Ort, auch in die Kirche nachgegangen, und vor der Kanzel, wenn er geprediget, still gelegen. Nun begab es sich einmal, daß ein Schneider unfleißig auf die Predigt merkete, einschlief, und in dem Schlafe mit dem Kopfe wankete, als der Hammel dieses ersehen, hat er vermeynet, der Schneider wollte mit ihm stutzen oder stossen; Dessentwegen er geschwind aufgestanden, und mit seinem Kopf den Schneider also für die Stirn gestossen, daß er von dem Stuhl auf den Boden gefallen, und vor jedermann zu schanden worden. Solcher Aufwecker hätten die Katholischen auch viel vonnöthen, ungeachtet sie öfters ermahnet werden. Ohne daß es ihnen eine große Schande, daß die unvernünftige Vögel weit aufmerksamer, als die mit Vernunft begabte Menschen. Denn wie Gesnerus schreibet von dreyen Nachtigallen, welche zu Regenspurg zur Herberg bey der guldenen Kronen im Jahr 1546. auf dem Reichstag in Frühlingszeit etwann um Mitternacht einen Streit und Zank miteinander gehabt,

und

und alles, was sie den vorigen Tag von den Gästen gehöret, deutsch geredet, also zwar, daß keine der andern in die Rede gefallen, sondern wenn eine zu reden aufgehöret, habe die andere angefangen. Gleichergestalt solten wir auch wohl beobachten unsere Seligkeit, welche uns gezeiget wird durch die Prediger, per Os Sanctorum, und wir diese kleine Vögelein nicht gleich wieder vergessen, *Jerem.* 23. *v.* 6. *Luc.* 1. *v.* 7.

Das Tiegerthier, welches sonsten ein sehr wildes Vieh, und dem Menschen feindlich nachstellet, wenn es den Klang einer Trompeten oder Trommel höret, lässet es seinen Grimm wider den Menschen fallen, tobet und wütet wider sich selbsten, zerfetzet und zerreißet sich mit eigenen Klauen.

O undankbarer Mensch! o verstockter Sünder! welcher du mit lastervollen Gedanken, Wort und Werken, deinen gütigen GOtt beleidigend in ein treuloses Tiegerthier dich verwandelst. Warum lässest du den billigen Zorn nicht gegen dir selbsten heraus? Da du hörest den Klang des Worts GOttes, und thust dein boshaftiges Leben mit wahrer Mortification und fruchtbringender Buße in etwas abtödten? besser wäre dir, den Weg der Geboten GOttes nicht wissen, als solchen erkennen und verachten. Denn wer den Willen seines Herrn weis, und nicht thut, der wird mit vielen Streichen geschlagen werden, *Luc.* 11. *v.* 47. solchen seinen Unfleiß in der höllischen Gefangenschaft ewig zu büssen. Es ist nicht genug anhören, sondern das angehörte vollziehen. Das Werk lobt den Meister. Wer von der Strassen weicht, der thut verirren leicht, und wer nicht meidet die Gefahr, ist vom Verderben nur ein Haar. Derowegen der Maylländische Kirchenlehrer Ambrosius aufschreyet: o die ihr verlassen habt die rechte Pfad, und seyd hingangen auf die Wege der Finsterniß! o die ihr euch erfreuet

freuet in den Bösen, und frolocket in böser Verkehrung?
Warum verlachet ihr den Weg der Gebothen GOttes?
Und anderstwo: Es sind solche Verlacher billig zu beweinen,
welche nur lachen und nicht weinen können, die solche Sa=
chen begehen, die billig zu beweinen, und so sie gleich selber
weinen, haben sie doch keine Zäher für ihre Schuld. Da=
rum Herodes eben zu beweinen, weilen er lachete und ver=
lachete seinen GOtt.

Man findet viel Menschen, die, wenn sie mit ehrlichen
Personen handeln sollen, liederlich seyn: Wenn sie mit wei=
sen Leuten reden sollen, einfältig seyn; wenn sie mit vorsich=
tigen Gemüthern umgehen sollen, unbesonnen sind. Wenn
sie aber mit den Narren tractiren sollen, vermeynen sie, daß
sie verständig seyn. Ein jeder Narr ihm selbst bildt ein, sein
Kolb der schönst thu seyn, ein Schalk macht zehen. Bey
Tanzern lernt man tanzen, bey Schanzern lernt man schan=
zen; bey Saufern lernt man saufen; bey Kramern lernt man
kaufen: bey Lausigen kriegt man Läuse; mit Katzen fängt
man Mäuse, und wer sich gesellt zu Narren, der wird von
gleichen Haaren. Warum aber das? die Ursache ist, wenn
mans betracht, weil einer den andern macht. Wie solches
die Schrift von den Furchtsamen bezeuget: Quis est homo
formidolosus & corde pavido, vadat & revertatur in domum
suam, ne pavere faciat corda fratrum suorum, sicut ipse ti=
more perterritus est, *Deut.* 20. v. 8. Hätte Herodes solches
betracht, hätte er Christum nicht verlacht, wie solches ge=
schehen. Denn als er unterschiedliche Sachen JEsum be=
fragte, aber keine Antwort erhalten, hat er ihn mit seinem
Hausgesind verachtet, ihm ein weißes Kleid angelegt, und
wiederum zu Pilatum führen lassen, *Luc* 23. welche Ver=
achtung und Schmachreden die ewige Weisheit, mit aller
Sanftmuth und Geduld übertragen. Weil nach dem Heil.
Gregorium *Lib. X. moral. c.* 17. ihm lieber ist gewesen, von

Qq 3   den

den Stolzen und Hoffärtigen verachtet zu werden, denn von
den Unglaubigen ein Lob anzuhören.

Also gehet es leider! bey fürstlichen Höfen oft zu, da
man bey vielen nichts anders findet, als boshaftige Gemüther, und Anleitung zu vielen Untugenden, daß man wohl
mögte sagen: Es seyn alle Unarten auch der unvernünftigen Thiere bey vielen versammlet, denn sie sind hoffärtig wie
ein junges Pferd, listig wie ein Fuchs, geil wie ein Bock,
falsch wie ein Leopard, geschwätzig wie eine Schwalben, ver-
spottisch wie ein Aff, und gebißig wie ein Hund: Also daß
kein Unterschied zwischen den wilden Thieren und dergleichen
Höflingen zu finden, als daß bey diesen die Untugenden herum gehen, angethan mit der Bildniß der Menschen, bey
jenen aber bekleidet mit der Bildniß der unvernünftigen
Thiere. Daß sich zu verwundern, wie ihre Mütter sich haben durch neun Monath gedulden können, sie in ihren Lei-
bern zu tragen, da man auf der Welt ihrer so geschwind genug
hat. Ja es giebt dergleichen, welche ihnen so viel einbilden, als wenn sie allein Herren wären der ganzen Welt,
oder ob sie niemand unterworfen, denen man aber gar wohl
könnte zuruffen, was König Heinrich der Vierte einem solchen gesagt. Denn als ihm ein dergleichen Höfling und un-
bekannter Edelmann begegnet, fragte er ihn, wem er zugehöre? Antwortet solcher, daß er ihm selber zugehöre: Meldet darauf der Kaiser: Ey so hast du wohl einen großen
Narren vor einen Herrn. Dennoch vermeynen sie ihre tu-
gendhafte Mitgespanen hundertmal zu verkaufen, ehe sie
nur einmal solches bewerkstelligen können, welches zwar leicht zu
glauben: denn tugendreiche Gemüther liebet jederman, aber
für solche unnütze Höflinge gäbe niemand einen verworfenen
Häller. Weil bey ihnen das Geschlecht und Stammen viel
scheinbarer als die Tugend.

Daß

Daß aber solche unhöfliche Höflinge bey etwelchen Höfen gefunden werden, ist nur zur Zierde anderer, welche sich der Tugend befleissen. Zwey widerwärtige Dinge neben einander gesetzet, machet eines das andere schöner zu erscheinen. Ein Unvollkommenes einem Vollkommenen, ein Schändliches einem Wohlgestalten, ertheilet eine größere Zierde, und solches wird mit der Wahrheit bekräftiget, zum Theil in den bürgerlichen, in welchen die Vollkommenheit eines guten Bürgers, dessen Amt ist, das Gemeine seinem Theil vorzuziehen, aus Vergleichung dessen gegen einen andern, so nur auf seinen eigenen Nutzen siehet, nicht wenig erscheinet, zum Theil auch in Sittlichen, in denen die Vollkommenheit eines Gottergebenen Menschen vielmehr erhellet, durch Betrachtung eines Lasterhaftigen, und endlich in den Natürlichen, denn wer nicht verstehet, was die Hitze und wessen Kraft sie sey, der stelle sich nur ins eiskalte Wasser, und wird es leicht erfahren. GOtt selbsten zur Zierlichkeit des allgemeinen Wesens verstattet wunderseltsame Sachen hervor zu kommen, wie aber solches geschehe, erzählet der Heil. Albertus Magnus, 2. *Phyl. Tract.* 2. *c.* 3. unter andern zwey Ursachen: Nämlichen daß solches sich aus Abgang der genugsamen Materien, oder derselben überflüßig ereignet. Ursach dessen denn die Zwerglein gebohren werden, von welchem einen Nicephorus *Lib.* 12. *Hist. Eccl.* meldet, daß er nicht mehr als zu eines Reb- oder Feldhunes Größe gewachsen: Gleichwie auch die große Riesen oder andere mit 6. Fingern an einer Hand, zwey Nasen und dergleichen auf die Welt kommen, also sind auch solche verspottende Menschen, die in dem Verstande Mangel leiden, und in der Bosheit, einen Ueberfluß haben, in der Tugend Zwerglein, in den Lastern aber Riesen, dadurch der Tugendhaftigen Zierde nur mehrer hervor glänzet.

Es

Es dichten die Poeten von Achilao, daß, als er mit dem streitbaren Hercule um die schöne Dejaniram streiten wollte, sich aber gegen einen solchen tapfern Helden zu schwach befand, sich bald in eine Schlange, bald in einen Stier, bald in einen Fluß verwandelt.

Christus JESus, der nunmehr den Streit mit dem leidigen Teufel um die schöne Dejaniram die menschliche Seele, eingegangen, wollte sich auch nicht minder in unterschiedlichen Gestalten verändern: Denn er ist ausgegangen als ein Gesponß, er ist geloffen als ein Rieß, gelegen als ein Kind, geflohen als ein Vertriebner, gewandert als ein Fremder, gehorsamet als ein Untergebener, und gedienet als ein Knecht, und wie hat er nicht gefastet als ein Büssender, gestritten als ein Kämpfender, und ist gekrönet worden als ein Ueberwinder, und wie hat er nicht vertretten die Stelle eines Arzten unter den Kranken, eines Lehrmeisters unter den Jüngern, und eines Vaters unter den Kindern? Ja was noch mehrer ist, so hat er sich gegeben zu einer Speise; Er hat sich versprochen zu einer Schenkung; Er hat geschwitzet als ein in Zügen liegender! Er ist gefangen worden als ein Mörder, geschlagen wie ein Leibeigener; seine Augen verbunden als ein falscher Prophet, angeklagt als ein Verführer, gehalten als ein Gottslästerer, und hier verlacht als ein Thörichter, *Luc. 23.*

Gehet also her ihr Liebhaber der vielen und neuen Dingen, und betrachtet einen überirdischen Achilaum, einen himmlischen Proteum, einen göttlichen Chamäleon, der sich in allerhand Farben und Gestalten der Tugenden gestaltet, bald die Gestalt eines Liebhabers, bald eines Geduldigen annimmt, besehet euch an ihm, als in einem vollkommenen Tugendspiegel, und geruhet ihn nur ein kleines
nes

nes zu betrachten, da ihr vielleicht etwelche Stunden an=
wendet vor euren cryſtallenen Rathgeber, den Zwietracht
eurer Haare mit unnöthiger Mühewaltung zu entſcheiden.
Ach kommet herbey und beherziget, wie ihr ſo ungeſtalt ge=
gen ihm geſehen werdet, die ihr doch zu ſeinem Ebenbild
geſchaffen ſeyd. Befleißiget euch in allen Tugenden ihm
nachzufolgen. Leget ab allen überflüßigen Pracht und Hoch=
muth, und bemühet euch mit dem geduldigen Liebhaber eu=
rer Seelen, der ſich dem Geſpötte der Juden unterworfen,
das Fleiſch dem Geiſt unterthänig zu machen. Lobet und
ehret ihn aus allen euren Kräften. Bethet ihn an für ſol=
che Schmach im Geiſt und Wahrheit; im Geiſt und in dem
Glauben; im Geiſt und in der Liebe; im Geiſt und in der
allertiefeſten Demuth für ſeine unermeſſene Hoheit. Und
da ihr ſolches verrichtet, will ich zugleich einladen zu ſeinem
Lobe, was erſchaffen iſt zu ſeiner Ehre.

I.

Ach ihr Himmel hoch erhoben,
    Seht, wie da der höchſte GOtt,
Würdig von all Gſchöpf zu loben,
Leiden muß ſo großen Spott:
Es ein wenig thut erachten,
Und ein kleines zu betrachten;
Wie der, ſo euch hat gemacht,
Spöttlich hier werd ausgelacht.

II.

Und ihr auserwählte Geiſter,
Schwinget euch ein wenig her;
Seht, wie euer höchſte Meiſter,
Euer GOtt und euer HErr:
Von der falſchen Judenſchaaren
Wird gezogen bey den Haaren;

Und ſo ſpöttlich ausgelacht;
Die er doch aus Nichts gemacht.

III.

Wie könnt ihr, O wilde Wellen;
Und auch du, grauſames Meer,
Jetzt einſtellen euer Bellen,
Die ihr ſonſten wütet ſehr:
Ihr den Jonam habt verſchlucket;
Und in ein Wallfiſch verzucket,
Aber da GOtt wird verlacht,
Ihr nicht zeiget eine Macht.

IV.

Wo verhälteſt deine Flammen,
Und dein Grimm, O ſcharfes Feur;

Wintergrün.   R r   Da

Da du sonsten sie zusammen
Schlugest weiland ungeheur:
Als du Sodomam zerstörest,
Und zu Aschen ganz verzehrest;
Wo ist jetzt nun solche Macht?
Indem GOtt wird ausgelacht.

V.

Ach! wo seyd ihr hohle Kluften
Jener rachnehmender Erd?
Die ihr in verborgne Kruften
Habt verschlungen ohn Beschwerd
Ganze Städt. Ja ohn Verschonen,
Daß kein mehr jetzt da kann wohnen;
Und indem GOtt wird verlacht,
Ihr nicht zeiget eine Macht.

VI.

Aeole mit deinen Gsellen
Hier erzeige deine Macht;
Der du kannst zu Haufen fällen
Was gebaut im höchsten Pracht:
Du dem frommen Job ein Grausen
Hast gebracht mit deinem Sausen;
Aber da GOtt wird verlacht,
Du nicht zeigest eine Macht.

VII.

Wohl Diana hätt gehandelt,
Wenn sie in ein Hirsch geschwind,
Wie Actäon, hätt verwandelt
So grausames Judengsind:
Daß sie von selbst eignen Hunden
Wären worden gleich geschunden;
Weil sie GOtt, der sie gemacht,
Also spöttlich ausgelacht.

VIII.

Oder wie Penteus zerrissen
Worden ist von Angad;
Der nach so viel Freudengüssen,
Mußt mit Charon auf die See:
Wo er mußt sein Leben lassen
Auf der schwarzen Höllenstrassen
Zu dem Rad des Jrion,
Welches der Verächter Lohn,

IX.

Aber wenn wir recht betrachten,
Woher kommt so großer Spott?
Werden wir gar leicht erachten,
Daß von uns verspott werd GOtt:
Wir sind schuldig des Verlachen,
Weilen wir kein Ende machen
In dem stolzen Kleiderpracht;
Vor dem GOtt wird ausgelacht.

X.

Hat was die Natur gegeben,
Man nicht mit zufrieden ist;
Sondern suchet oft darneben
Viel der Sünd und falscher List:
Man den Leib thut köstlich zieren,
Die Seel aber läßt man irren
In der dunkeln Sündennacht;
Darum GOtt wird ausgelacht.

XI.

Bald das bleiche Ungewitter
Färben muß ein rother Schneck,
Denn der Schaum von dem Salitter
Muß bedecken alle Fleck:

Man

Man mit halb entblößten Brüsten,
Und recht cyprischen Gelüsten,
Geht daher in gleicher Tracht,
Darum wird hier GOtt verlacht.

XII.

Hohe Thürn gekraußter Locken,
Mit den schönsten Edelstein,
Und der Indisch Seidenflocken
Vieler Häupter binden ein:
Die Rubin auf güldnen Gründen
Mehr die schwarze Haar entzünden,
Als der Mond die dunkle Nacht,
Darfür GOtt wird ausgelacht.

XIII.

Auch die wilde Sommerflecken
In die Runzeln tief gelegt,
Unvermerkt sie zu bedecken,
Und zu füllen oft man pflegt:
Bald die Perl mit güldnen Spangen
Müssen an den Ohren hangen;
Auch der Hals, wie er erscheint,
Blut durch die Corallen weint.

XIV.

Drum ihr Himmel hoch erhoben,
Für so unerhörten Spott;
Tausendmal fangt an zu loben
Meinen JEsum, meinen GOtt:
Ihm das höchste Lob thut singen,
Und für solche Bosheit bringen
Den gebührend Preis und Ehr,
Und im höchsten Grad verehr.

XV.

Ihn soll loben und erheben,
Ja der ganze Himmelslauf;
Ihm die größte Ehr soll geben
Jener Geister schönster Hauf;
Die auf höchsten Himmelsspitzen,
In den größten Freuden sitzen;
Und herführen ihren Stamm
Vom verliebten Bräutigam.

XVI.

Höchstes Lob soll ihm erweisen
Alles Baum und Laubgeflecht,
Mit ihrn Zünglein ihn solln preisen
Das wohlsingend Federschlecht:
Ihn soll höchstens auch verehren,
Und desselben Lob vermehren,
Das befindend sich im Meer,
Unbeschreiblich Schuppenheer.

XVII.

Denn ihr blaue Wasserwellen,
Und ihr weiße Bronnenquell,
GOtt zu loben, euch einstellen
Mit Neptuno thut ganz schnell:
Euer lieblich saußend Rauschen
In ein Lobgsang zu vertauschen;
Damit für so großen Spott
Werd gelobt der große GOtt.

XVIII.

Auster du mit allen Winden,
Und sammt allem Windgesind;
Laßt euch auch dabey einfinden,

Kommt und lobt GOtt Wind ge-
    schwind:
Thut verkehren euer Saußen,
Und verwandeln euer Prraußen;
GOtt zu einem Lobgesang
In einm stillen Wörterklang.

XIX.

Ach! könnt doch sein Lob verkünden
Jedes Körnlein Sand am Meer;
Damit GOtt in ihm mögt finden
Sein gebührend Lob und Ehr:
Ach! daß doch ein jedes Stäublein,

Alles Gras und alle Läublein
Wären nichts als Zungen rein,
Dadurch GOtt gelobt möcht seyn.

XX.

Wär ein Zung mein GOtt zu loben,
Ach ein jeder Wassertropf;
Oder so viel Haar man oben
Findt auf jedem Menschenkopf:
Ja auch all's, was ist zu finden
In dem Feur, Erd, Wasser, Winden,
Und was sonst ihn loben mag,
Lob ihn alle Nacht und Tag.

Als Socrates von einem Athenienser seines Geschlechts halber verspottet wurde, sintemal er einer Hebammen Sohn
war, gab er zur Antwort: Du sollst wissen, daß mein Geschlecht meine Schande ist, aber du bist eine Schande deines Geschlechts.   Diogenes achtete es wenig, daß man ihn
verlachte, wegen seiner Wohnung in Mitten eines Fasses.
Und angesehen dieser Weltweise ein so armseliges Leben führete, so hat doch der große Alexander sich nicht geschämet
ihn zu besuchen, und zu sagen: Wenn er nicht Alexander
wäre, daß er Diogenes werden wollte.   Auch als dieser
große Monarch ihm seine Gnade angebothen, hat er doch
nichts begehren wollen, sondern alleinig ihn gebethen, daß
er ihm nicht sollte dasjenige nehmen, so er ihm nicht geben
könnte.   Denn weil Alexander ihm die Sonne benahm, so
begehrte er, daß er ihm aus der Sonne stehen, und deren
Bescheinigung nicht benehmen sollte.   Eine solche Antwort
könnte man billig geben allen Verspottern und Verlachern.

    Zu Zeiten des Heil. Hieronymi war zu Rom eine vor-
nehme Matron, von dem Geschlechte der Camiller, mit

Na

Namen Puria, von dem Glücke mit ansehnlichen Reichthum, und von der Tugend mit ansehnlichen Gebärden beseliget. Diese Matron mit einem von gleichem hochadelichen Herkommen verheirathet, wurde bald gezwungen den freudigen Aufzug ihrer Vermählung mit schmerzlichen Kehrab einer Leichbegängniß zu verändern, ihr Eheherr fiel unter der Sichel des Todes. Welches Frauenbild, damit sie ihren Tugendglanz mit wiederhohltem Hochzeittanz nicht benebelte, bittet sie den H. Hieronymum inbrünstig, ihr günstig eine Weise zu größerer Vollkommenheit mitzutheilen. Der H. Vater willfahret ihr gern, und unter andern giebt er ihr diese Lehre. Bediene dich der guten Gelegenheit und mache aus der Noth eine Tugend. Als wollte er sagen: Weil alle diejenigen welche in Christo JEsu verlangen fromm zu leben, Verfolgung ausstehen müssen, 1. Tim. 3. sie solches mit Geduld annehme. Auch wie der Heil. Chrysostomus spricht: „ Sieh nicht „an die Verachtung, sondern habe den Gewinn vor Augen. „ Indem nach dem englischen Lehrer die Geduld dem Besi„ßer das Böse in das Gute verändern kann. Denn wel„che uns mit Lästerworten angreifen, können uns nicht „schädlich seyn, sondern befördern uns mehrer zu dem Guten „wenn wir es mit Geduld übertragen, *Lib.* 5. *de Erudit.* „*princ.* „ Welches an ihm selbsten erhellet, da er nach Eintritt des Heil. Ordens von seiner Frau Mutter und Herrn Brüdern, als ein kostbarliches Perlein in dem Mörser der Verfolgungen gleichsam zerstoßen, und viel Zäher sammt heilsamen Lehren von sich gegossen, daß er durch Beyhülfe des Brands göttlicher Liebe, und Zublasen des Heil. Geistes zu einem wunderthätigen Kraftwasser worden, welches andern zum Heil und Gesundheit gerathen. Ja der allerhöchste GOtt läßt zu Zeiten die Verspottungen über uns ergehen, zur Demüthigung oder auch Besserung unsers Lebens. Indem solche Verlachungen uns antreiben zu erken-

Rr 3   nen.

nen unsere selbst eigene Nichtigkeit und sündvollen Handel und Wandel.

Petrus Consales ein Spanischer und der Tudensischen Kirche Decanus verzehrte die geistliche Renten in weltlicher Ueppigkeit. Als er einmal mit seinen Gesellen zu Pferd durch die Stadt sprengte, ist er als ein anderer Saulus von dem Pferd gestürzet in eine Kothlachen, ganz voller Unrath heraus gezogen worden und von jedermann verlachet. Er aber machte solche Verlachung ihm zu Nutzen, fasset aus der Ursache einen Zorn wider sich selbsten, und sagte: Weil mich die Welt in diesen also auslachet, so will ich selbe auch auslachen. Gehet also hin, begehret den Heil. Prediger-Ordens-Habit, thut in solchem große Buße und verschied in gleicher Heiligkeit. Kein Rauch beißt so scharf die Augen, als die Verachtung den Hochmüthigen wehe thut, derohalben kann sie die Hoffärtigen zur Demuth bringen, viel sind welche die Verlachung ihrer Person halber weniger leiden können, als einen Dorn im Herzen. Allein man muß nicht auf Schnacken Achtung geben, die über den Kopf fliegen, der Mond fragt nichts darnach, daß ihn die Hunde anbellen. Sie schlugen mich, sprach der weise Mann, *Proverb.* 23. *v.* 35. aber es that mir nicht wehe, sie haben mich gezogen, aber ich empfand es nicht. Und gesetzt man gehe mit einem um, wie die Juden mit Christo, die ihn einen König geheißen und zugleich geschlagen, *Joan.* 19. *v.* 3. so folge er auch Christo in der Geduld; denn in Verlachung und Verspottungsschmerzen ist die beste Arzeney die Geduld. Wer gedenket des unläugbaren Exempels unsers Seligmachers, welcher für die Menschen den Menschen ist zu Spott und Hohn worden, der wird leicht angetrieben, und krieget einen Eifer sich selbsten zu verfolgen. Von der Welt verachtet zu werden, solle den Menschen zur geduldigen Uebertragung

tragung anspornen der glorwürdige Sieg, so aus einem solchen klein zu achtenden Streit zu verhoffen erscheinet. Ursache dessen Bernhardus Colnagus, ein hellglänzendes Kleinod der hocherleuchten Societät, seinen Rock hat ausgezogen, hingegen mit einem zerrissenen Lumpen bedecket, einen Strick umgürtet, und einen Sack auf den Achseln, einem Unsinnigen als Bettler viel gleicher, durch die vornehmste Gassen, der weltberühmten Stadt Neapel gehend, der Welt hat wollen zu Spott werden, zu größerm Aufnehmen der Ehre GOttes, und sondern Preise der niemal genug gelobten Gesellschaft JEsu. *in vita L. 1. c. 8. parag. 5.*

Das

Das achtzehente Capitel.

**Wer sich fürchtet vor dem Leiden,
Kömmt niemalen zu den Freuden.**

Es ist ein altes, Gewalt ist über Recht. Ungeachtet
GOtt der allergerechteste befiehlt: Was recht ist, das
sollst du mit Recht thun, *Deuter.* 16. damit durch dieses Mittel die Gerechtigkeit einem jeden ein Genügen ver-
schaffe, welche da ist eine solche Tugend, die den Willen
des Menschen neiget, einem jeden durch rechtmäßige Mittel
das Recht zu wählen, welche in der begierlichen Kraft, oder
in dem vernünftigen Willen ihre Wohnung hat, vermittelst
deren er geleitet wird ein ehrliches Werk zu wirken, nämli-

chen, daß er einem jeden begehre und wünsche, was ihm
rechtmäßiger Weise zugehört, sintemalen dem Willen eine
solche Tugend vonnöthen ist, die ihn leite, dieses zu wünschen. Denn er wegen der eigenen Liebe und aus Anmu-
thung zu seinem sondern Nutzen in diesem Falle oftermals eine Beschwerde empfindet. Derohalben bey den Ehr- und
Geldgeizigen die Gerechtigkeit schwerlich gefunden wird, weil
diese durch gar zu große Liebe gegen den Ehren und Reich-
thümern verhindert werden, einem jeden das Seinige zu
lassen, oder das Entnommene wieder zu geben. Ungeachtet solche insonderheit bey den Richtern und Vorstehern erscheinen sollte; indem sie in höhern Aemtern und Ehren gesetzet, auch andern an Tugenden vorleuchten müssen, in der
Gerechtigkeit aber sind alle andere Tugenden. Darum auch
Cicero *Lib. III. Offic.* sagt, welcher eine rechte beständige
Ehre will haben, der befleißige sich der Gerechtigkeit. Derohalben der Kaiser Alexander Severus jederzeit in höchsten
Ehren gehalten worden, weil er niemal was beschlossen, er
habe es denn zuvor durch zwanzig Rechtsgelehrten, so er
am allerweisesten, vorsichtigsten und verständigsten erkennen
oder erfinden können, erwägen lassen. Von dem Kaiser
Trajano aber wird in den römischen Geschichten gemeldet,
daß er auf eine Zeit einer sehr armen Wittib, deren Sohn
von den Seinigen, so auf einem schönen und unbändigen
Pferde gesessen, beschädiget worden, und den Geist aufge-
geben, solchen Trost und Ersetzung ertheilt, daß er ihr seinen Sohn an statt des Verstorbenen, auch die Erbschaft
des ganzen Reiches geschenket habe. Ein Exempel ohne
Nachfolge! denn man findet keine Scipiones mehr, welcher, als er die Zucht des Cyri bey dem Xenophonte gelesen,
mit inbrünstiger Begierde verlangte ihm gleich zu werden.
Man findet wenig Julios Cäsares, welcher, als er die
herrliche Thaten Alexandri gehöret, eiferte er in dem höch-

sten Eifer über seine Tugend.   Man findet wenig dergleichen, aber warum? wenn man es recht betrachten will, so kömmt es nirgend anders her, daß GOtt scharfe Richter und Obrigkeiten den Menschen vorsetzet, als von der Undankbarkeit, und andern Sünden der Unterthanen: Durch welche Sünden der Allerhöchste angereizet wird, ihnen Vorsteher zu geben in seinem Grimme.   Wessentwegen vor Zeiten der gottlose Sennacherib, der grausame Nabuchodonosor, der hartnäckige Pharao, sind zur Krone gelanget, als Werkzeuge der göttlichen Strafe, derohalben der gräuliche Tyrann Attila GOttes Geißel, und Tamerlanus der tartarische König GOttes Zorn genennet worden, sintemalen gleichwie sich in jenem Leben der allerhöchste Monarch bedient der Teufel, die Verdammten zu peinigen; also hat er auf dieser Welt die strenge Richter und Regenten, welche er zu der Regierung stellet, daß sie sollen Diener seyn seines Zorns, unsere Sünden abzustrafen, und solches erhellet aus göttlicher Schrift, allwo GOtt durch den Mund des Propheten spricht: Der Assur oder König in Assyrien ist eine Ruthe und ein Stab meines Zorns, *Isa.* 5.   Eine solche Ruthe hat der himmlische Vater auch gesandt in Jerusalem, den Landpfleger Pilatum, seinen Sohn Christum JEsum zur Erlösung und Genugthuung des ganzen menschlichen Geschlechts, dessen Sünden er aus seiner unergründlichen Barmherzigkeit und Liebe auf sich genommen, zu züchtigen, & vulneratus est vehementer, 1. *Reg.* 31. *v.* 3.   Von Tito Manlio Torquato erzählet Textor ein denkwürdiges Exempel, nämlich daß er auf eine Zeit zwischen den Macedoniern als Klägern, und seinem Sohne als Beklagten sollte urtheilen, er einen solchen Sentenz und Ausspruch gefället habe: Auf Beweis, daß mein Sohn Tilanus das Geld empfangen, verstoße ich ihn; und hat darauf seinen Sohn den Anklägern übergeben.

Ein

Ein scharfes Urtheil von einem Vater wider seinen Sohn, allein noch schärfer ist verfahren der Allerhöchste, welcher seinen Eingebohrnen ohne einige Verschonung, ohne Schuld, ohne Beweis, sondern nur allein wegen angenommener Liebe gegen dem menschlichen Geschlechte, läßt er ihn übergeben werden seinen Feinden, darum der römische Landpfleger Pilatus ihn also erschrecklich geißeln lassen, ut gravissimis vulneribus esset saucius. Daß sein Leib von den Geißelstreichen grausam ist zerrissen worden. Seine Schönheit und schöne Leibesgestalt war jämmerlicher Weise verändert seine hellglänzende Augen verlieren das Licht. Den süssesten Mund peinigte der bitterste Durst, sein allerheiligstes Haupt neiget sich vor Schmerzen. Ja die Schönheit war so gar von ihm gewichen, daß zwischen ihm und einem Aussätzigen kein Unterscheid zu finden. Er schien gleichsam nichts zu seyn, der doch die göttliche Weisheit war, die viel schöner als das göttliche Weltlicht die Sonne, könnte also nicht unfüglich aufschreyen: In was Schmerz und Widerwärtigkeit bin ich jetzt, der vormals so geliebet war. Denn eben diejenige, welche kaum zuvor ihn mit Preisen und Frolocken haben in die Stadt Jerusalem eingeführet, die vermehren ihm eine Pein über die andere, einen Streich über den andern, eine Wunde über die andere, und machen hervorschießen Blut über Blut; also bis und so lang sein allerschönster Leib ist dergestalt zugerichtet worden, daß keine Gestalt mehr an ihm zu sehen, weilen er so viel Streiche eingenommen, deren keine Zahl noch Weise, indem er unsere Sünden getragen, welche wegen ihrer Vielheit über alle Weise und Zahl. Ipse vulneratus est propter scelera nostra, *Isai* 53. *v.* 3. O JEsu! Du Trost meiner Seele! O Schönster unter allen Menschenkindern! O unschuldiges Lamm GOttes! Ach daß ich doch könnte solche Streiche und Wunden, Schläge und Schrunden, für dich mein

GOtt empfangen nach Verlangen, der ich gesündiget habe.
Ach könnte ich nachfolgen, so vielen unzahlbaren Märtyrern
und Heiligen, welche zu aller Zeit bereit gewesen, das Blut
des Herzens allein, oder zugleich des Leibes auch zu vergießen, dir meinem GOtt gleichförmiger zu werden. Ach
was für Trost, was für Süßigkeit, was für Erquickung
würde ich finden in solchem Leiden, denn wie viel sind, welche nicht allein durch geduldiges Leiden sich zu dem höchsten
Gipfel der Tugenden geschwungen, sondern auch nur durch
Betrachtung so harter Zergeißlung und Blutvergießen ihr
Leben gebessert? Viel sind, die sich in dem Unflat der
Sünden umgewälzet, bald aber in Betrachtung solcher
Schmerzen alles Kreuz und Leiden mit inbrünstiger Her-
zensanmuthung umfangen. O höchst ersprießliche Blutvergießung! durch welche viele, die sich aus lauter Zärtigkeit
kaum ertragen konnten, Ursache empfunden, ihnen nicht allein viel angenehme Ergetzlichkeiten zu entziehen, sondern auch
neue Erfindung, größere Strengigkeiten zu erdichten, damit sie ihnen den also verwundeten JEsum zum Freunde
machten: Und die zuvor ihren Leib gar zu fast liebeten,
selbigen jetzt nur als einen Knecht versorgen. Viel sind,
welche zuvor wie die grausame Wölfe mit Grimmen und
Zorn umgeben waren, jetzt gleichsam als sanftmüthige
Schäflein zu allerhand Unbild schweigen und leiden, auch
die ihr Gewissen mit Schmerzen und Trauren, gleich als
mit eisernen Banden verstricket hielten, nun sich mit Freuden
über alle Dinge, welche auf diesem Erdenplane die Welt
geben kann, in großer Herzensfreyheit erheben, fliehen mit
freyem Gemüthe zu dem himmlischen Vaterland, sich ver-
wundernd, daß sie also von der Finsterniß weltlicher Liebe
haben können verblendet werden; viel sind, welche durch
Betrachtung so schmerzlicher Zergeißlung von dem Wirthshause in ein GOtteshaus, von dem Trapeliren zum Psalli-

ren,

ren, von dem Tanz zum Rosenkranz, von dem Rapier zu
dem Brevier, vom Trinken und Essen zum Gottesdienst und
Messen, vom Spielen und Lachen zu nützlichen Sachen,
vom Springen und Singen zu geistlichen Dingen, von Jagen und Schießen, ihre Sünden zu büßen, vom Fluchen
und Toben, JEsum zu loben angereizet worden. Viel sind,
welche durch solche Blutvergießung theils durch deren Betrachtungen, theils durch Einbildungen oder Erscheinungen
sind geführet worden von einem gottlosen Leben und Handel,
zu einem gottseligen Wandel. Viel sind, welchen in Beherzigung solcher Schmerzen nicht genug war, viel und große Dinge zu wirken, wenn sie nicht beynebens auch schwere
Anstöße zu leiden, hätten denn sie wissen wohl, daß sie mit
dem Leiden GOtt dem HErrn ihre Liebe und starken Glauben desto scheinbarer darthun und erweisen möchten; welcher
die Seinige weis auf dergleichen Fechtplätzen zu üben, auf
daß nicht weniger ihr Mitleiden, als Mitwirkung größerer
Dinge und mannlicher Tugend an Tag käme. Deren guten Begierden GOtt darnach mehrer statt zu geben unter
dem glücklichen Zufluß der himmlischen Gnaden, ihnen auch
die Sturmwinde der Widerwärtigkeit niemalen ermangeln
lassen, damit ihre Geduld wohl geübet, tiefere Wurzel machete, und die versuchte Tugend sich heller an den Tag legen möge.

Unter andern aber hat solches mit ihrem größten Nutzen erfahren jene mit großer Freundlichkeit, Schönheit und
annehmlichen Gebärden begabte, jedoch mehrer übermüthi-
ge als demüthige, mehr verdächtige als andächtige, mehr
unzüchtige als züchtige, mehr unerzogene als gezogene, mehr
geile als heilige römische Matron. Welche, weilen sie einige Andacht zu der überenglischen Jungfrauen Mariam getragen, GOtt nicht wollte ewig lassen verlohren gehen;
sondern als sie auf eine Zeit in der Stadt Rom hin und

wieder

wieder spazierte, begegnete ihr auf der Gassen ein überschö=
ner Jüngling, so nach gehaltenen holdseligen Gespräch sich
zu ihr zu Tische geladen und nach seinem Wort auch erschie=
nen. Gegen welchen diese Matron mit solcher innerlicher
Liebesflamme angereizet wurde, daß sie selbsten nicht konnte
erachten, woher so starkes Liebesfeuer mit Untermischung
größerer Ehrerbietung möchte seinen Ursprung haben, also
daß sie ihn nicht wohl ansehen dorfte. Aber die Vorsichtig=
keit GOttes, solche auf den Weg ihrer Seligkeit zu brin=
gen, läßt bald ihre unergründliche Anschläge hervor blicken.
Denn kaum waren sie zum Essen an die Tafel gesessen, kam
diesem Frauenbild vor, alles dasjenige, was der Jüngling
anrührete, sey mit Blut vermenget und besprenget, vermey=
nend, er habe sich in einen Finger geschnitten, verlangte
ihm also zu helfen. Allein er sprach: Ich habe mich nicht
verwundet; aber ist es nicht recht, daß ein Christ seine
Speise esse, und dieselbe mit dem rosinfarben Blute seines
GOttes besprenget habe? Diese Reden in ihrem Hause un=
gewohnt, brachten sie in große Verwunderung, also daß sie
gleichsam in einen Irrgarten in allerhand Gedanken gera=
then, ohne daß ihr dieser Jüngling mehr und mehr schöner
vorkommen; dergestalten, daß sie ihr eingebildet, die Na=
tur hätte nur Versuchzüge gethan in Abbildung anderer
Schönheiten, die sie hier zugleich, als ein ausgemachtes
Wunderwerk ihres Vermögens vorstellete, wußte derohal=
ben nicht was sie gedenken sollte; wessentwegen sie ihn an=
redend vermeldete: Mein Herr, weilen ihr mir dergestalten
verwunderlich vorkommet, daß ich euch anzusehen nicht ver=
mag, so bitte ich euch, ihr wollet mir nicht verhalten, wer
ihr seyd. Er hingegen antwortete: Sie solle es bald er=
fahren. Nachdem das Nachtessen vollendet, und nunmehr
der halbgehörnte Mond sich an dem himmelblauen Feld bli=
cken lassen, führete sie ihren Gast in die Schlafkammer, all=

da

da dem G.Ott des Schlafes den gewöhnlichen Tribut zu er=
statten und abzulegen. Da siehe ein großes Wunder, in=
dem sich solcher Jüngling als ein anderer Chamäleon in un=
terschiedliche Gestalten verändert; bald erzeigt er sich als
ein Knäblein, so sehr betrübt und angefochten war ; bald
mit einer dörnern Krone; bald mit einem Kreuze; bald die
Hände, Füße, Seite, gezeichnet mit frischen Wunden;
bald über den ganzen Leib begossen mit lauter Blut, gleich
ob er derjenige sey, welcher durch die Henkersknechte der
Juden so grausam zerfleischet worden, Christus JEsus.

Kein Wunder wäre es, wenn sie über solches Gesicht
in Ohnmacht gefallen. Allein der geliebte Heiland, so die=
ser edle Gast gewesen, tröstete sie mit freundlichen Wor=
ten, sprechend: Es ist genug, meine Tochter, es ist genug;
laß ab von deinem Irrthume und leichtfertigen Leben, siehe
wie theuer es mich gekostet; stehe ab von dem Wege des
Verderbens; betrachte dich, und siehe mich an. Kehre um,
und gehe in dich selbsten, du armselige und elende Creatur.
Vergiß niemalen was du jetzunder gesehen, denn dieses ist
der einige Weg deiner Erlösung, *P. Joan. de Monte Socius S.*
Dominici. Darauf er vor ihr verschwunden. Sie aber hin=
gegen löschete aus ihr geiles Liebesfeuer mit einem bittern
Zäherbach ihrer Augen, und war ihr viel nützlicher; als
wenn ihr Haus durch das Wassergießen von der Feuers=
brunst wäre erhalten worden. Ihre Augen verschloß sie mit
sonderer Ehrerbietung vor den Liebespfeilen des blinden Cu=
pidinis, und war ihr viel ersprießlicher, als wenn sie die
Balken und Läden vorgezogen an ihren Fenstern bey hagel=
werfenden Winden. Ihre Hände hielt sie ein, vor allen
ungebührlichen Antasten, und war ihr viel besser, als wenn
sie mit solchen empfangen hätte, die köstliche Edelgesteine
und Perle. Ihre Haare, welche gleichsam gewesen Maschen
und

und Stricke, in welchen gehangen verblieben viel der geflü-
gelten Herzen, mußten von dem Haupte, und trug ihr viel
mehrer ein, als der reicheste Wildfang. Ihren stolzen
Kleiderpracht vertauschte sie in schlechte Tracht; denn da sie
zuvor daher prangte in Silber und Gold, zu werden vielen
hold, bedeckte sie ihren Madenblock mit einem geringen Rock;
und erschien viel schöner auf der blauen Himmelsau, als
wenn sie bund gezieret wäre wie ein Pfau. Ihr Fleisch,
welches so oft gleichwie ein Götzenbild verehret wurde von
den Venusbuben, zerhackte sie mit den Disciplinen zu einem
Rauchwerke dem allerhöchsten GOtt, und war solche Zerha-
ckung ihr mehrer fruchtbarer zu der Vollkommenheit, als
alle Arzneyläden. Ihren Leib umgürtete sie mit einem Ci-
licio und härenen Kleid, dadurch sie viel mehrer war versichert, als der rareste Blumengarten mit Dörnern umgeben.
Und ungeachtet sie darum viel Widerwärtigkeiten erleiden
mußte, so verhielt sie sich wie jener Fisch, welcher ein herbey kommendes Wetter merken kann, und bey solcher Wet-
tervermerkung einen Stein mit sich unten an dem Boden der
See nimmt, damit wenn die Wellen zu sehr schlagen, er
sich an demselbigen so lang halten könnte, bis der Sturm
vorüber sey. Gleicher Weise hielt sich diese bekehrte Matron an den Stein der Geduld unter den wildesten Wellen
und Bellen allerhand Widerwärtigkeiten, bis sie nach wür-
diger Hervorbringung der Buße und Abnehmung der brau-
senden Winden dieses Jammerthals selig verschieden.

Es meldet der Heil. Erzkanzler Lucas in seinem 16.
Capitel von dem reichen Mann, daß er sich gekleidet mit
Purpur und köstlicher Leinwad, lebte alle Tage herrlich,
starb und ward begraben in die Hölle. Der Mond wird
niemal verfinstert oder leidet eine Erlöschung, als wenn er
voll ist; also pflegen die Menschen in der Liebe, und Verehrung

ehrung GOttes nicht abzulassen oder zu erlöschen, bis sie
überhäufet werden in den Reichthum; je völler auch der
Mond, je weiter und ferner ist er auch von der Sonne.
Gleichergestalt je mehrer die Menschen mit Gütern bereichert
sind, je weniger denken sie an GOtt, und je weiter entfer-
nen sie sich von ihm; und folgen dem reichen Mann nicht
allein nach, sondern übertreffen ihn auch nur zu viel. Ach!
wertheste Herzen, erwäget und beherziget es wohl, daß dieser Reiche sich nicht eingeschlossen in güldene Armband und
Ketten; sich nicht bekleidet in Silber und Goldstück mit Perlen und Edelsteinen besetzet; die Finger mit den köstlichen
Ringen nicht angefüllet; und ist dennoch verdammt worden.
Ihr aber nehmet an euch täglich andere Farben wie ein anderer Chamäleon; verkehret euch in unterschiedliche Formen
der Kleider, als ein anderer Proteus; ihr bedecket euch mit
Silber, Seiden, Sammet, Perlen und Gold, fürchtet
ihr euch nicht in die ewige Pein geworfen zu werden? O
närrischer Vorwitz! O vorwitzige Narrheit! die also die
Liebhaber der Welt bezaubert, und verdunkelt die Augen,
da doch das höllische Feuer, und der Sold dieses Prassers
sie erleuchten sollte? Ich will nicht melden, daß ihre Kleider oft mit dem Blute gefärbet, und Christus in den Bedürftigen durch solche ist beraubet, geschlagen und verwundet worden. Gedenket ihr denn nicht, daß ihr durch eure
Wollust dem ewigen Verderben zulaufet. Denn der Pracht-
hanns stirbt eben sowohl als der Schmalhanns. Dem Tode ist alles gleich, gleichwie die Sternen, welche im Orient
oder Aufgang ausgehen, letztlich wiederum in Occident und
Untergang niedergehen; also pflegen wir in den Wiegen alle,
wie die kleine Sternlein, in dem Leben zugleich aufzugehen;
und aufzustehen; Aber doch fallen wir letztlichen zugleich wieder in das Grab. Allein leider! auf ungleiche Weise. Denn
wie in der Offenbarung Johannis geschrieben stehet: *Apoc.* 15.

Wintergrün.   T t   Wie

Wie viel sie sich herrlich gemacht, und in Wollüsten gewe=
sen ist, so viel schenket ihr Pein und Leiden ein. Denn bil=
lig ist es, daß derjenige mit Schmerzen und Peinen ange=
füllet werde, welcher durch die eitele Wollust seinen GOtt
nicht verschonet.

Arcagatus ein Wundarzt, welcher die Kunst der Ver=
wundung zum Nutzen des Kranken zum ersten geübet und
nach Rom gebracht: Als er aber angefangen den Patienten
zu Erhaltung des Lebens die Glieder zu brennen oder auch
zu schneiden, ist er also verhaßt worden, daß die Römer ihn
nicht allein getödtet, sondern auch durch die ganze Stadt
geschleifet. Wenn Arcagatus wegen Verwundung zu Nu=
tzen des Kranken ist getödtet worden; was für eine Strafe
wird derjenige zu gewarten haben, von welchem nicht ein
Mensch, sondern GOtt selbsten, aus lauter Bosheit durch
so vielfältige Sünden, deren eine jede den ewigen Tod ver=
dienet, also grausam zerschrundet, und verwundet wird.
Tunc vulneratus est. 1. *Macch.* 16. *v.* 9.   Zu wenig wird seyn
des Ixions Rad; zu gering der Megerä Schlangengeißel;
zu süß der Plutonische Schwefeltrank; zu mild des drey=
köpfigen Cerberi Zerreißung! zu kühl des Vulcani Feuer;
zu sauber des Asmodäi Kothlachen; zu sanft der Proserpi=
nä immerbrennendes Bett.

Darum O wertheftes Gemüth, nimm dich wohl in
acht, und mit zerknirschten Herzen erwäge die Größe deiner
Sünden, mit denen du den zartesten Leib deines Heilandes
öfters grausamst verwundet, Super dolore vulnerum meorum addiderunt. *Psal.* 68. *v.* 17.   Die Werke aber eigener
Genugthuung gering achten, welche mit deinen Sünden
verglichen, nicht mehr zu schätzen als ein Tropfen gegen dem
Meer. Verehre dieses so kostbarliche Blut, welches aus
seinem Leib fliesset. Sanguis ejus magno fluxu deflueret. 2.
Mach. 14. *v.* 45. dessen ein einziges Tröpflein vor tausend
                                                      Welt

Welt Sünde genug gewesen wäre: Sintemalen es so großes Werthes, daß weder Cröfi Ueberfluß noch Midas rarer Wunsch alle die unendliche Güter bezahlen können, die
in solcher Betrachtung verborgen liegen.   Also zwar, daß
ihm nichts kann und mag verglichen werden.   Aber gleichwie die Frucht von dem Baume des Lebens unserm ersten
Vater den Tod nicht verursachet, bis er solche in die Hand
genommen; Also ist die Frucht des hohen Baums des Kreuzes gleichwohlen genugsam, das Heil der Welt auszuwirken, doch ist nothwendig, daß uns die Frucht desselbigen zuvor zugeeignet werde.   Eine Arzeney hat zwar die Kraft,
die Unpäßlichkeiten zu vertreiben, aber nicht eher und zuvor
als sie angewendet.   Jener Bethsaidischer Schwemmteich
Joh. 5. heilete gleichwohl allerley Krankheiten.   Doch mußten sich die Presthaften in denselbigen begeben, und gleicher-
gestalten das Leiden Christi ist gleichwohl dermassen kräftig,
daß ein einiges Tröpflein seines kostbarlichsten Blutes viel
tausend Welt erlösen könnte; allein kann es dem Sünder
das Leben nicht wieder geben, wofern desselbigen Wirkungen ihm nicht zugeeignet werden.   Lobe, preise und erhebe
JEsu Barmherzigkeit und Geduld.   Ich aber indessen werde mit einem Trauerklange mich befleißen, solches vergossene Blut zu verehren.

I.

CHriſte, du meiner Seelenlicht,
Mein Zuflucht, Troſt und Leben;
Wie wird dein zarter Leib auch nicht,
Den Geißeln dargegeben:
Wie lauft von dir
All Blut ja ſchier,
Ganz Bäch von dir entſpringen;
Doch alle Güß
Sind Gnadenflüß,
Und lauter Gnaden bringen.

II.

Hier wird der edle Traubenſaft,
Vom wahren Stock genommen
Kein Trank ſo ſüſſer Eigenſchaft
Jemal man hat bekommen:
Keinem bewußt
Iſt, was für Luſt,
Mit ihme thu herflieſſen;
Der Himmel, und
Der Erdengrund
Kein ſolchen Saft ausgießen.

III.

Rubinen ſind all Tröpflein klein
Mehr als Rubinen gelten;
Ja gegen ihm all Edelſtein
Thut man ganz billig ſchelten:
Denn ſolcher Saft,
Hat dieſe Kraft,
Die Seelen zu erquicken;
Nichts beſſers kann
Man treffen an,
Nichts kann ein mehr beglücken.

IV.

In Ihm, wie in dem rothen Meer
Iſt Pharao ertrunken;
Sind unſer Sünd ja noch vielmehr
In den Abgrund verſunken:
Er für uns büßt,
Als wenn er müßt,
All unſer Schuld bezahlen;
Darum er geht,
Und auch ausſteht,
Für uns all Schmerz und Quaalen.

V.

Seinis ganz wild mit ſeinem Raub
In dunkeln Wald umgangen;
Er zwiſchen Bäum und dicken Laub
Hält ſolchen oft gefangen;
Bis daß er bückt
Und wieder zückt,
Die Bäum, ihn dran zu bringen,
Bald dann er läßt
Die krumme Aeſt
Schnell in die Höhe ſpringen.

VI.

Tyranniſch iſt zwar dieſer Mann,
Und keineswegs zu loben;
Doch ſehe man die Juden an,
Ach ſie viel wilder toben!
An JEſu thut
Man nichts als Blut
Bey allen Gliedern ſehen;
Er ganz verwundt,
Ja ganz zerſchrundt,
Vor Schmerzen nicht kann ſtehen,

Viel.

VII.

U Vielfältig wurde er verletzt,
Kein Glied war ohne Wunden;
Der ganze Leib mit Blut benetzt,
Viel Schmerzen hat empfunden:
    So gar der Mund,
    Auf bleichen Grund,
Wurd mit dem Blut umfangen;
    Und dann der Bart,
    Im Blut erhart,
Sehr schmerzte seine Wangen.

VIII.

S Sein ganzer Leib auch zartes Herz!
Ist durch die Streich zerschlagen;
Durch solche Schläg, den größten Schmerz
Thut er darum auch tragen:
    Schau wie ohn Zahl
    Die Wundenmaal,
Durch alle Glieder gehen;
    Die menschlich Gstalt
    Er kaum behalt
Ist kaum ein Mensch zu sehen.

IX.

G Gleich wenn die Reb beschnitten ist,
Sie fänget an zu weinen;
Von ihr gemach der Saft ausfließt
Und fruchtbar thut erscheinen:
    Darumen er,
    Der Weingärtner,
Läßt sich kein Arbeit reuen;
    Die Hand legt recht
    Ans Rebgeflecht
Die Müh thut ihn erfreuen.

X.

Ein Rebensaft von JEsu fließt,
Kein Rebstock also weinet;
Von ihme er sich häufig gießt,
Er fruchtbar ganz erscheinet:
    Wer ihn genießt,
    Sein Lust wohl büßt,
Darinn all Freuden findet;
    Die dann auch weit,
    An Lustbarkeit,
All Freuden überwindet.

XI.

Gleichwie der Wein dem Herz bringt Freud,
Auch dieser es ergehet;
Doch wird bey dem der Unterscheid
Dem andern widerseßet:
    Weil dieser Saft
    Bringt Nahrungskraft,
Wenn einer Hunger leidet:
    Er speißt und tränkt,
    Wer sich hinlenkt,
Und ihme nicht vermeidet.

XII.

Ey so lauf dann ein jeder hier
Zu diesen Gnadenquellen;
Gleichwie ein Hirsch inbrünstig sehr,
Dem Wasser thut nachstellen:
    So rothen Quell
    Jeder nachstell
Daß kaum was überbleibe;
    Und er allgmach
    In solchem Bach
Sein heißen Durst vertreibe.

Jeden

XIII.

I Jeden verleiten seine Sinn,
Und sein Wolluſt einnimmet;
Der lauft durch viel Gefahr dahin,
Jener durch Strudel ſchwimmet:
　　Auch dieſer bald
　　Durch dicken Wald,
Durch Mörder ſich hinwaget;
　　Bis er erlangt,
　　Was er verlangt,
Und ſolches mit ſich traget.

XIV.

S So ſchwing ſich dann ein jeder hin,
Wohin ſein Herz entzündet;
Worauf ſein Gemüth und ſeine Sinn
In wahrer Lieb gegründet:
　　Ich für mein Theil
　　Zu jenem eil,
Nach dem ich von der Wiegen;
　　Bey Tag und Nacht
　　Hab ſtets getracht
Ihne nach Wunſch zu kriegen.

XV.

S So viel man Wolluſt in ihm findt,
So viel man thut verlangen;
Denn alle Freud in ihm gegründt,
So man hier kann erlangen:
　　Darum dann ich
　　Bemühte mich
Ihn öfters zu erreichen;
　　Daß er müßt mein,
　　Vor allzeit ſein,
Er ſollt mir nicht mehr weichen.

XVI.

Laßt uns dann nur mit freyem Muth
Nach ihme bald erheben;
Und nach so unschätzbarlich Gut
Mit allen Kräften streben:
    Ich geh voran,
    Mir folg, wer kann,
Durch hinterlaßne Zeichen;
    So wollen wir
    Ihn wahrlich schier
Nach kurzer Zeit erreichen.

XVII.

Es stehn die Thore bey ihm all
Schon nach Wunsch und Verhoffen;
Nämlich die seine Wundenmaal,
Bis zu dem Herzen offen:
    Es steht sein Sinn
    Auf uns auch hin
Mit seinem Blut zu laben;
    Drum laßt uns nicht,
    Ach ich euch bitt!
Versäumen solche Gaben.

XVIII.

Trostreich mir wäre, wann doch ich
Dich klärlich könnte sehen
Ohn Wunden, wie jetzt sehen dich,
JEsu, die um dich stehen:
    Um solchen Fund
    Aus Herzensgrund
Schwör ich daß wollt hergeben
    Sammt allem Gut
    Mein Leib und Blut,
Ja selbsten auch mein Leben.

XIX.

Ich muß bekennen, großen Trost
Hab öfters ich empfunden;
In diesem süssen Wundenmost,
Und purpurfarben Wunden:
    Denn er ist der
    Im rothen Meer,
Der in sein Blut thut stehen!
    O Gstalt der Welt
    Jetzt vorgestellt
Solche genug zu sehen.

XX.

Schau an, O Welt! manch bunte Au,
Mit Blümlein ausgezieret;
Ob sey so schöner Blumenbau
Allda doch aufgeführet?
    Im Purpurschmuck,
    All Blümleinstuck
Vor seinem Purpur weichen;
    Nichts kann so schön
    Vor Augen stehn,
Und vor den Augen streichen.

XXI.

Trotz dir, O schöne Himmelsstadt,
Gebaut von Allabaster;
Wo man die schönste Freuden hat,
Auf dem verguldten Pflaster:
    Durch deine Thor
    Zum Engelchor
Verlang ich nicht zu kommen;
    In solchem Saal,
    Durch die Wundmaal,
Ich werden kann aufgnommen.

Wann

XXII.

W Wann soll ich doch dein Angesicht,
O liebster JEsu! sehen?
Wann werd ich nun in deinem Licht,
O Licht der Seelen! stehen?
    Wann werd ich doch
    Dieß schwere Joch
Von meinen Schultern legen?
    Wann wird sich mir
    Doch thun herfür
Dein Blutes Kraft und Segen?

XXIII.

O O Schmerzen bin ich dann der Welt
Zu dienen nur erschaffen?
Und hat mein Schöpfer mich bestellt,
Damit ich solle gaffen,
    Nach ihrem Gut,
    Und meinen Muth
Auf ihre Thorheit setzen;
    Die doch geschwind
    Mit ihrer Sünd
Den Leib und Seel verletzen.

XXIV.

R Reich mild erschaffen hat mich GOtt
Zu jenem Freudenleben;
Doch weil ich leb in Sünden todt
Kann ich nicht recht erheben
    Zu ihm mein Herz,
    O großer Schmerz,
Soll ich dann nicht genießen,
    O höchstes Gut!
    Dein zartes Blut
Und hartes Blutvergießen?

XXV.

D Es Fleisches, Welt, und Augenlust
In mir laß nicht mehr walten;
Ich dich nur setz auf meine Brust,
Daran will ich mich halten:
Laß meinen Sinn
Sich schwingen hin,
Dein Bluttrank zu verkosten;
Weil dich die Lieb
Vom Himmel trieb,
Denselben anzumosten,

XXVI.

E Ey mögt ich Armer doch befreyt
Von aller Angst und Schrecken;
Dein unaussprechlich Süßigkeit
In jenem Leben schmecken!
O süsse Kraft!
O Lebenssaft!
Wann werd ich dich empfinden?
Laß mich die Welt,
Als wie ein Held,
Ganz siegreich überwinden.

XXVII.

N Nun Liebster mein! O klares Licht!
O Süßigkeit ohn Enden!
O Freud! O Fried! O Zuversicht!
Erquick mich doch Elenden;
Laß mich von hier,
Nimm mich zu dir,
Mit deinem Blut zu weiden:
Denn ich bin dein,
Und du bist mein,
Darauf hoff ich mit Freuden.

Weilen

Weilen nun aber vonnöthen ist, daß wir durch viele Verfolgung eingehen in das Reich der Himmel, *Actuum* 14. und der HErr der Herrlichkeit so große Schmerzen ausgestanden aus reiner Liebe gegen uns: So ist billig, daß auch wir, die seine vertraute Freunde seyn wollen, ganz geduldig leiden, was er über uns verhängt und kommen läßt, zu welchen dann uns der Heil. Apostel Petrus anmahnet, da er sagt: Weil nun Christus für uns im Fleisch gelitten hat, so waffnet euch auch mit denselben Gedanken, 1. *Petr.* 4. Gleichergestalt auch der Heil. Paulus uns aufmuntert mit solchen Worten: Laßt uns laufen durch die Geduld zum Kampfe der uns vorgelegt ist, und aufsehen auf den Angeber und Vollender des Glaubens, JEsum: Welcher, da ihm Freude vorgelegt worden, erduldet er das Kreuz mit Verachtung der Schande, *Hebr.* 12.

Niemand kann recht selig werden, niemand kann ein Bürger des himmlischen Jerusalem seyn, der nicht geduldig erfunden wird in der Verfolgung, Angst, Trübsal und Kümmerniß dieser Welt, 2. *Cor.* 6. *v.* 5. Die Geduld ist diejenige, welche alle widerwärtige Sachen überwindet, nicht durch Streiten, sondern durch Gedulden, nicht durch Unwillen, sondern in guter Bereitung, nicht durch Murren und Kurren, sondern in GOtt loben und danken. Sie ist ein Schiff, welches alle gottliebende Seelen an den gewünschten Port führet: Sie ist ein Schloß, durch welches die Hölle verschlossen, und der Himmel geöffnet wird allen denen, die sie umfangen und lieb haben. Denn sie ist diejenige Tugend, ohne welche kein Mensch mag gerechtfertiget werden, *Hebr.* 10. *v.* 36.

In dem alten Gesetze pflegte man alles mit einer gleichmäßigen Strafe zu vergelten, als Hand um Hand, Aug um Aug, Finger um Finger, Leben um Leben, *Exod.*

21. Aber in dem evangelischen Gesetze werden wir unterwiesen, daß wir die Gebuld sollen brauchen, *Matth.* 5. *v.* 39. unangesehen, daß solches uns an dem Gut, an zeitlicher Wohlfahrt, so oder sonsten auch in etwas schädlich ist. Was ist also, werthestes Herz, so dich kann bestürzen? siehe an den so zerfleischten Heiland, und betrachte, ob dein Leiden das seinige überstiegen? Ach du wirst sehen, daß dein Leiden gegen dem seinigen sey eine Kurzweil und Gespaß. Ist dir in einer Sache unrecht widerfahren, so gedenke, was Schmach, Spottreden, und falsche Laster Christus hat müssen anhören, *Hebr.* 12. *v.* 2.

Hast du bey niemand einen Trost, bist du bey andern unschuldiger Weise verhasset? so erwäge, wie die Juden Christum mit größten Haß verfolget. Bist du vielleicht beraubt worden, und erarmet, daß du übel bekleidet und schier nackend aufziehest? So beherzige Christum, wie er allhier seiner Kleider entblößet worden. Bist du von den Deinen verachtet und verlassen? So führs zu Gemüth, wie Christus von dem Haupt der Apostel dem Heil. Petro verläugnet, und von Juda verrathen worden. Bist du von GOtt mit einer Krankheit und sondern Schmerzen heimgesucht, so siehe an Christum, einen Mann der Schmerzen, in welchem von der Fußsohle an, bis auf die Hauptscheitel keine Gesundheit zu finden, *Isaiæ.* 53. und deinen Schmerzen, in Vereinigung dessen gedenkend, du habest noch nicht bis zum Blutvergießen Widerstand gethan. Derowegen nimm die zugeschickte und von GOtt zugesandte Schmerzen willig an, trage solche mit ruhigen und bereiten Gemüthe, und vereinige selbige mit den Schmerzen JEsu.

Das

Das neunzehente Capitel.

Wen die Rose soll erfreuen,
Muß der Dornen Stich nicht scheuen.

Daß die Kronen jederzeit den Kaisern, Königen und
Triumphirenden gebühret, ist ein gemeines; wie denn
auch die Heyden ihren Göttern, welche sie verehren
wollen, eine Krone gemachet, wie jedem was besonders ist
zugeeignet worden; als nämlich der Göttinn Juno eine
Krone von Reben, Venus hingegen wurde gezieret mit einer von Myrten, Hercules von Pappeln, Jupiter von Ei-
chen, Apollo von Lorberblättern, Bachus von Eppig oder
Wintergrün, und so fort: Ja nicht nur allein den Göttern,
sondern

sondern auch den tapfern Helden, wurden Kronen aufge-
ſetzet nach ihren Verrichtungen oder Stand.　Derowegen
bey den Römern unterſchiedliche Kronen gefunden worden:
Als die Krone der Triumphirenden, die Krone der Bürger,
die Krone der Belagerten, die Krone der Mauer, und die
Krone der auf dem Waſſer ſtreitenden und ſiegenden, *Garzonius de Inventione Coronar.*

　　Der Triumphirenden Krone wurde den Siegenden
zur Verehrung aufgeſetzt, geflochten von Lorberzweigen,
wie annoch jetziger Zeit an den Bildern der Kaiſer zu ſehen,
welche bald hernach zu größerer Zierde von Gold gemacht
worden.　Die Krone der Bürger, war von den Bürgern
zu Rom jenem gegeben, welcher einen in dem Krieg von
der Gefahr des Todes errettet, deren der Herculiſche Held
Sicinius Dentatus vierzehen zu unterſchiedenenmalen mit
ſonderbaren Ehren erhalten. Die Mauerkrone iſt von Gold gearbeitet geweſen, *Coronas* rectè *aureas habent, Baruch.* 6. *v.* 9.
und war demjenigen mit großen Ehren verehret, welcher in
Belagerung und Eroberung einer Stadt der erſte auf des
Feindes Mauren geſtiegen: Hatte derohalben auch die Form
einer Zinnen oder Sadtmauren.　Der erſte ſo ſolche empfangen war Maulius Capitolinus.

　　Die Krone der Belagerten wurde jenem gegeben, welcher einige Beſatzung oder Veſtung ſo er belagert, und in
Gefahr geſtanden, errettet.　Der erſte ſo mit ſolcher iſt begabet worden, iſt geweſen Quintus Fabius Maximus.

　　Die Krone der auf dem Waſſer ſtreitenden war, wie
das Vordertheil eines Schiffes, aus Gold gemachet, und
diejenige wurden damit beſchenket, ſo in einer See- oder
Meerſchlacht die erſte auf dem Schiffe geweſen des Feindes,
deren eine Marcus Agrippa erlanget.　Billig ſind dieſe, ſo
dergleichen Kronen empfangen, alle zu loben, wie auch zu
krö-

krönen jeder nach seiner Gebühr und Zier.　Wer kann sich
aber erkühnen, solche insgesammt zu verdienen? keiner ist zu
ergründen, oder zu finden, der dieser durch Wohlverhalten
unterschiedliche erhalten; ausgenommen Christus JEsus,
welchem alle zugleich gebühren, darum die 24. Aeltesten ihre Kronen legten vor seinem Throne, und ihn aller andern Kronen würdig erkennet.　Dignus es Domine Deus
noster accipere gloriam & honorem & Virtutem, *Apoc. 4. v.*
ult.　Denn die Krone derer auf dem Wasser strei-
tenden hat er meritirt, zu werden damit geziert, als er seinen Jüngern wider das Saußen und Praußen des Meeres
zu Hülfe gekommen, *Matth. 8.* da die widrige Winde ihre
Wellen eingehalten, und das Bellen der wilden Wellen sich
gefangen gegeben.　Die Krone der Belagerten gebührete
ihm weilen er so viel Menschen als Städte GOttes, in denen der heilige Geist seine Wohnung hat, von so viel Feinden der Teufel erlöset.　Die Mauerkrone hat er erobert, da
er der erste gewesen auf den Mauren des Tempels zu verjagen daraus die Käufer und Verkäufer, welche waren Feinde des allerhöchsten GOttes.　Die Krone der Bürger ge-
hörete ihm nicht allein, weilen er viel bey dem Leben erhalten, sondern weilen er auch die Abgestorbene so gar zu dem
Leben auferwecket.　Die Krone der Triumphirenden hat er
empfangen, als er jenes höllische Monstrum, so ihn versuchen wollte, bestritten, überwunden und besieget.　Ist also
durch ein jedes solches Werk der geliebteste Heiland würdig
mit einer besondern Krone zu zieren.　Nicht zwar, wie der
große Alexander, nachdem er Indien unter seine Gewalt
gebracht, mit Eppig und Lorberzweigen gekrönet alle Städte
und Länder durchgezogen.　Nicht zwar mit einer solchen
Krone, als wie die Lacedämonier pflegten zusammen zu flechten, und dem Bilde Juno aufzusetzen, damit sie wollten an-
deuten, erkennen und bezeigen, daß sie von ihr, als einer

Wintergrün.　　　　　X x　　　　　vor-

vornehmsten Göttinnen der Luft, gut ersprießliches Wetter
und aller Annehmlichkeit gewärtig seyn und verhoffen. Nicht
zwar mit einer solchen Krone, als wie die dichtende Poeten
gedichtet von dem Prometheo, daß er zu allererst sich der
Kronen gebraucht, da er von seinen Banden, mit welchen
er auf dem Berge Caucaso angefesselt worden, aber von
Jupiter erlöset, weil er demselben angezeigt, daß der Thetis
Sohn durch eine sonderliche Anordnung der Lebensgöttin-
nen sollte größer werden, als sein Vater, darauf er zum
Zeugniß seines Sieges, dadurch er seine Strafe, so ihm
von den Göttern auferlegt, ausgestanden und überwunden,
einen Kranz oder eine Krone zusammen gearbeitet, und dieselbige auf sein Haupt gesetzet. Nein, mit keiner dergleichen, sondern mit einer von Rosen, immarcescibilem gloriæ
coronam, 1. *Petr.* 5. *v.* 4. wie solche von Anacreonte getragen worden. Denn die Rosen bedeuten nichts anders als
die Tugenden, zur Anzeigung, daß, gleichwie die Rosen
mit Dörnern umgeben, die Tugend niemal ohne Gefahr,
Mühe und Arbeit zu finden, auch zu erlangen sey. Wer ist
aber tugendhafter, holdseliger und liebreicher als der Jungfrauen Sohn JEsus, also billig mit Rosen zu krönen. Allein gleichwie man jederzeit mehrere Dornen findet, als Rosen, und das Gute mit Bösem belohnet; also wird auch der
allerschönste JEsus statt der Rosen mit Dörnern gekrönet.
Hier ist schon die Krone, jetzt wird sie ihm aufgesetzet. Ja
nicht allein aufgesetzet, sondern also in sein allerheiligstes
Haupt eingedrückt, daß selbiges bis auf das Hirn durchlö-
chert worden; und reichete diese Dornenstaude dem holdseligen Heilande in sein göttliches Angesicht so weit herab,
daß sich kaum die Augenbraunen mögten über sich schwingen,
ohne daß sie sich an die Spitzen anstossen. Illum in capite
vulneraverunt, *Marc.* 11. *v.* 4. Ach des unleidentlichen
Schmerzen! Ach der gar zu großen Marter! Ach des er-
bärm-

bärmlichen Spectacul8! Data eſt ei corona & exivit, *Apoc.*
6. *v.* 2.

Eine andächtige Kloſterjungfrau S. Dominici Ordens, war entzündet mit inbrünſtiger Begierde Chriſtum
JEſum anſichtig zu werden, wie er geweſen in ſeiner zarteſten Kindheit, aufſchreyend mit der verliebten Braut: Wer
giebt mir, daß ich meinen Bruder, der du meiner Mutter Brüſte ſaugeſt, daraußen finden und küſſen möge,
daß mich hinfüro niemand verachte. Da ſie aber einmals mit herrlichen Verlangen ſolches in ihrer Andacht begehrte, erſchien ihr Chriſtus als ein kleines Kindlein in einem Gebund ſtechender Dörner, als in Windeln eingewickelt,
daß ſie ſelbiges nicht erlangen konnte, ſie griffe dann mit
Ernſt in die Dorn hinein. Nachdem ſie wieder zu ſich ſelber gekommen, erkennete ſie, daß wer dieſes Kindlein haben
wolle, der müßte ſich allerhand Widerwärtigkeiten zu tragen bereit halten. Verflucht ſey die Erde in deiner Arbeit, Dörner und Diſteln wird ſie dir tragen, *Geneſ.* 3.
ſpricht GOtt zu Adam, nachdem er geſündiget, über welche Worte der Heil. Cyprianus gloſſiret, daß GOtt zu
Adam ſagte: Die Erde werde Diſtel und Dornen tragen,
bedeute, daß unſer Fleiſch nichts anders hervor bringen
würde, als Sünde und Strafe, welche wie ſpißige Dörner
unſer Gewiſſen ſtechen, und die Seele blutig machen. Ja
eine verfluchte Erde iſt unſer Fleiſch, welches nichts anders
trägt, als Dornen eines böſen Gewiſſens, Diſtel der Ver-
meſſenheit, und Neſſeln der Bosheit, und obſchon man ihm
benimmt den Samen der Hoffart, ſo trägt es doch Dörner
des Neids, und ob man ſchon vertilget den Samen des
Geizes, ſo bringt es doch hervor Diſteln des Zorns, Füllerey und Dorn der Geilheit, welche Chriſto viel ſchmerz-
hafter ſind, als die dörnerne Krone. Denn die dörnerne
Krone ſchmerzete ihn nur einen Tag, aber unſere Sünden

belei-

beleidigen ihn täglich, und so viel Sünden wir täglich begehen, so viel Dorn flechten wir in die Krone unsers Heilandes, die ihm weit größere Schmerzen verursachen als die
Krone Pilati; sintemalen solche nicht tiefer hinein gieng als
in das Haupt Christi, aber die Sünden durchdringen die
Seele: *Quoniam vulnerata est anima ejus*, *Eccl.* 27. *v.* 22.
Als auf eine Zeit Christus der Heil. Jungfrauen Cathari-
nä von Senis, einer wohlriechenden Blumen aus dem Lustgarten des hochheiligen Patriarchen *Dominici*, erschienen,
tragend in seinen Händen zwo Kronen, eine aus dem reine-
sten Golde besetzet mit den köstlichsten Edelgesteinen, die andere zubereitet aus den spitzigsten Dörnern, solche ihr vor-
haltend, daraus zu erwählen, welche ihr zu dem besten gefallen werde. Niemand wird zweifeln, daß sie nicht ihre
Arme habe ausgestreckt nach solchem kostbarlichen Geschenke der güldenen Krone, solche auf ihr Haupt zu setzen. Aber
Catharina sich gleichförmiger zu machen ihrem Bräutigame,
verlangte vielmehr die Krone von Dornen, als das aus un-
schätzbarn Werthe zusammen bereitete Kleinod, auf daß sie
aus freyem Herzensgrunde aufschreyen könne: Mein Geliebter ist mein, und ich bin seyn, der unter den Rosen
geweidet wird, bis es Tag werde, und die Schatten
weichen, *Cant.* 8. Ueber welchem Vers der honigfliessende Lehrer Bernhardus *Serm.* 67. *in Cant.* sagt: **Was ist
dieses, daß sie redet: Er ist mein und ich bin sein?
Wir wissen nicht, was sie redet; denn wir empfinden
nicht, was sie empfindet. Heilige Seele! was hat
jener dein Geliebter mit dir, und was hast du mit ihm
zu thun? Ich bitte, was ist dieses unter euch für eine
freundliche und großgünstige Verträulichkeit gegen einander? Er gegen dir, und du desgleichen gegen ihm?
Meines Erachtens nichts anders als eine wahre Liebe,
welche in einer geliebten Seele erschallet, und wieder zu-**
                                                        rück

rück hallet. Denn für ihn was leiden, oder ihm helfen leiden, bezeuget die wahre Freundschaft; sintemalen niemand
hat eine größere Liebe, als daß er seine Seele setze für seine
Freunde. Majorem dilectionem nemo habet hoc, ut animam
suam ponat quis pro amicis suis, *Joh.* 15. *v.* 13. Solches
Geheimniß der schmerzenvollen Krönung hatte auch mit sonderer Verehrung jene geruchvolle limanische Rosa de Sancta
Maria, ein schönes Kleinod der Indianer und große Zierde
des Heil. Predigerordens, *Ambr. Rau. in vita. c. 6.* Welche, damit die Rosen nicht wären ohne Dornen, hat jederzeit unter ihrem Weihel Dornbüschel getragen, dadurch auch
nicht kleinen Schmerzen empfunden. Nur allein aber hat
sie solches gethan, auf daß sie seyn könnte derjenige Rosen-
stock, unter dessen Rosen und Lilien der Geliebte geweidet
wird, *Cant.* 2. Sintemalen es ein Ding ist, wie das hellglänzende Claravallische Weltlicht Bernhardus *Serm.* 70.
in Cant. meldet: Derjenige, so geweidet wird, und der
so weidet; denn der unter den Rosen geweidet wird,
der regieret in dem Himmel unter den Sternen, und
derjenige, der in der Höhe ein HErr ist, der ist in der
Niedere ein Geliebter: Ober den Sternen regieret er,
und unter den Rosen ist er ein Liebhaber.

Weilen aber der Liebhaber unserer Seelen weiß und
roth, *Cant.* 5. als sollen wir uns auch befleißigen weiß und
rothe Rosen zu haben, wenn wir verlangen den Liebhaber
und liebreichen Einwohner der weiß und rothen Rosen zu
umarmen. Die Werke, der Fleiß, die Begierde sollen bezeugen, daß sie lauter weiße und rothe Rosen seyn, gleichsam als eine sittliche weiße Farbe der Reinigkeit und guter
Geruch der rothbrennenden Liebe. Indem, weil der Bräutigam die Tugend ist, hat er sein Wohlgefallen ab den Tugenden alleinig. Coronabit eum in vasis virtutis, *Ecclef.* 45.
X x 3 *v.* 9.

v. 9. Sollte es aber seyn, daß er zu Zeiten keinen Gefallen erzeiget an unsern Werken, ist ihm solches nicht zuzumessen, sondern vielmehr uns, indem wir vielleicht mit schlechter Liebe solche verrichten, oder auch mit großer Hinläßigkeit, dadurch wir verursachen, daß sie von ihm schlecht angesehen werden, und da sie nicht seyn zu unsern Heil, von ihm nicht gestattet werden; Sintemalen der Heil. Gregorius sagt: Wenn GOtt sich läßt regieren von unsern Händen, und uns alles ergeht nach Gelüsten und Wunsch, so ist es ein Zeichen, daß wir verlohren und zur Hölle verdammet seyn: Denn wer GOttes Freund, und zu der Glorie erwählet ist, dem begegnen viele Widerwärtigkeiten, Trübsalen und Kreuz. *Multæ tribulationes justorum, Psal.* 33. Indem niemand kann beyder Glückseligkeiten theilhaftig werden; denn nach Freud folget Leid, nach dem annehmlichsten Herbstschein fällt der Winter ein; wer genießt der Frölichkeit, halte sich zu dem Kreuze bereit; wann vergehen die Rosen, so bleiben doch die Dorn. Das Glück hat verborgne Tücke.

Policrates war in der Insel Samos ein mächtiger und reicher Fürst, welchem alle seine Sachen und Anschläge dermaßen glücklich von statten giengen, daß er niemalen einigen Schaden erlitten, sondern alles was er wünschte und begehrte, erhielt er, und brachte es zuwegen. Als er derowegen dem Glücke selbsten nicht trauete, und sich des gemeinen Sprichworts erinnerte, daß nämlich kein Mensch ohne Unglück und Widerwärtigkeit sein Leben hinbringen könne, so hat er das Unglück selbsten an sich ziehen und eigenwilliger Weise wollen eingehen, aus Meynung; es würde also seiner Unbeständigkeit in der Glückseligkeit ein Gegnügen geschehen seyn. Weßentwegen begab er sich auf eine Zeit in eine Galeen auf das ungestüme Meer, und warf sei-

nen Petschierring, der ganz köstlich gearbeitet und eines
großen Schatzes werth war, mitten in das Wasser, und
zwar mit Rath des Königs Amasis, mit welchem er Freundschaft und Bündniß gemachet hatte.   Es begab sich aber
etliche Tage hernach, daß ein Fischer einen großen Fisch
fieng, der in die Küche des Policratis gekauft wurde. Als
aber der Koch solchen eröffnete, fand er seines Herrn Ring
darinn.   Obwohlen jedermann dieses für ein großes Wunderwerk gehalten, und dem Policrates für ein groß Glück
ausgelegt war, so hat doch der König Amasis, als er solches vernommen, ihm alle Freundschaft und Bündniß abgesagt: Denn er vermeynte, daß ohne allen Zweifel einem solchen glücklichen Menschen ein sonderbares großes Unglück
müsse vorbereitet seyn, wie solches auch geschehen.   Sintemalen Policrates von dem Oronte des Königs Darii Feld-
obristen bekrieget, gefangen und gehangen worden.   Wer
also will die Rosen, den Dörnern muß liebkosen, sonst wird
er niemalen mit Wahrheit sagen können: Coronemus nos
rosis, *Sap.* 2. *v.* 8.

   Die Tugend theilet der Seele eine sondere Schönheit
mit; aber solche Tugend, ausgenommen die eingegoßne,
wird nicht erlanget ohne Streiten und Ueberwinden.   Je
mehrer also eine Seele sich bearbeitet und überwindet, je
siegreicher, tugendvoller und glorwürdiger ist sie.   GOtt
belohnet den Sieg und krönet die Arbeit; also hat der Heil.
Paulus, durch die Geduld und Demuth in der Liebe geübet, von sich selbsten gesaget: Bonum certamen certavi, cur-
um consummavi, fidem servavi, in reliquo reposita est mihi
Corona Justitiæ, quam reddet mihi Dominus in illa die justus
judex, 2. *Tim.* 4. *v.* 7. 8.   Ich habe einen guten Kampf ge-
kämpft, den Lauf vollendet, den Glauben behalten, im
übrigen ist mir vorbehalten die Krone der Gerechtigkeit,
welche mir geben wird der HErr an jenem Tage der gerechte
					Richter.

Richter. Welchem beystimmet der weißagende Harfen=
schläger David in seinen Psalmen; da er singet: Euntes
ibant, & flebant mittentes semina sua, venientes autem venient cum exultatione, portantes manipulos suos, *Psal.* 125.
v. 6. Als wollte er sagen: „Daß die der Tugend beflisse=
„ne hingegangen, weinten, und warfen aus ihren Samen;
„im Wiederkommen aber werden sie kommen mit Freuden
„und bringen ihre Garben. „ Denn sie werfen aus den
Samen guter Werke in Mühe und demüthigen Herzen, aber
sie werden sich erfreuen in Ewigkeit wegen der gehabten
Schmerzen. Welches bekräftiget der Psalmist meldend:
Labores manuum tuarum manducabis, beatus es, & bene tibi erit, *Psal.* 117. Du wirst dich nähren im Schweiße dei=
nes Angesichts, in Mühe und Handarbeit, selig bist du,
es wird dir wohl gehen; selig wirst du seyn hier in der
Hoffnung, und an jenem Orte in dem Werke selbsten, all=
wo du nicht mehr wirst essen das Brod in Schmerzen, son=
dern in größter Freude und ewigen Scherzen, denn GOtt
wird abtrocknen alle Zähren, *Apoc.* 7. Laß derowegen dei=
ne Seele allhier ein kleines betrübet seyn, damit nach einer
Trübsal schwangern Zeit sie GOtt gefalle, und sich erfreue
in Ewigkeit. Denn also verspricht es die ewige Weisheit
selbsten: Wer seine Seele auf dieser Welt hasset, der wird
sie erhalten zum ewigen Leben, *Joan.* 12. *v.*25. Niemand
aber kann das ewige Leben erlangen, welcher mangelhaft ist,
darum muß er geprüfet werden, durch die Trübsal nach den
Worten des weisen Mannes: Vasa figuli probat fornax, &
homines justos tentatio tribulationis, *Eccles.* 27. *v.*6. Der
Ofen bewähret die Geschirre des Hafners, und die Ver=
suchungen der Trübsalen die gerechte Menschen. Und gleich=
wie ein Hafner an seinem Geschirre klopfet zu versuchen,
ob es gut sey; also klopfet auch der mildreicheste GOtt durch
die Widerwärtigkeit an dem Menschen, zu erfahren seine

Geduld und Beständigkeit. Was aber solches Klopfen für Nutzen erwecke, erhellet aus den Worten Davids: Secundum multitudinem dolorum meorum, lætificaverunt consolationes tuæ animam meam, *Pfal.* 93. *v.* 19. Nach der Vielheit der Schmerzen in meinem Herzen haben die Tröstungen erfreuet meine Seele. Darum spricht gar schön der Heil. Augustinus über diesen Ort des Psalms: Multi dolores, sed multæ consolationes, amara vulnera, sed suavia medicamenta. Es giebt zwar viel Schmerzen, aber auch darauf viel Scherzen; bitter sind zwar die Schrunden von Wunden, aber viel Heil und Süßigkeit wird in der Arzeney empfunden: Sintemalen die Hoffnung der zukünftigen Erquickungsfülle verursachet in der Trübsal nicht wenig Trostes, und welche solchen Trost verhoffen, die können mit Paulo sagen: Wir erfreuen uns in den Trübsalen. *Rom.* 5. *v.* 3.

Es spricht der Heil. Hyerglosier in jenem Vers Baruch: Ich habe gesehen allerhand Vögel die im Garten auf den Hecken saßen, *c.* 6. Die Vögel seyn nichts anders als die Versuchungen, so wir leiden und die Widerwärtigkeiten, so wir ausstehen. Allein wir sollen uns solche Vögel und Hecken nicht erschrecken lassen, weilen der Sohn GOttes sich hat krönen lassen mit Hecken und Dörnern. Wer aber verlangt sich theilhaftig zu machen der Krone Christi, der mache sich selbsten zu einer Dornstauden und Hecken, eines rauhen und strengen Lebens, und sey geduldig in der Widerwärtigkeit, so wird er gleich werden jenem Dornbusche, welchen Moses gesehen, daß er brenne und nicht verbrenne. *Exod.* 3. Wie aber solches geschehe? höre den seraphischen Vater Bonaventuram, da er über angezogenen Ort also fragt: Wer ist dieser Dornbusch anders, denn der Mensch mit vielen Trübsalen und Widerwärtigkeiten umgeben? das Feuer aber ist die Geduld, welche das Herz entzündet, aber es nicht verbrennet, sondern vielmehr verursachet, daß, welcher

Wintergrün.　　　Y y　　　　　cher

cher solches in sich hat, von keiner Widerwärtigkeit bestür=
zet, auch von seinem Geliebten keinesweges kann abgeson=
dert werden.

Sozomenus schreibet, daß, als auf eine Zeit Julia=
nus Apostata seinen heydnischen Göttern geopfert, haben
die, so das Opfer besichtiget, in dem Eingeweide ein Kreuz,
über welchem eine Krone gestanden, gefunden, darüber sie
erschrocken und aussagten; es bedeute solches nichts anders,
als die Kraft, den Sieg, und die Ewigkeit des christlichen
Glaubens. Auf welches dann auch siehet der königliche
Prophet, da er *Psal.* 20. spricht: Du hast gesetzt auf sein
Haupt eine Krone von einem köstlichen Steine, welches von
der Krone und dem ewigen Königreiche JEsu zu verstehen ist;
denn wie die Ewigkeit ohne Anfang und Ende, solches an
einer Krone eben so wenig zu finden ist. Darum auch Bac=
chus seine Liebe gegen sein Ehegemahl zu verewigen, ihre
Krone unter des Himmelsgestirn gesetzet hat. Weil bey den
Alten die Kronen waren eine Anzeigung der Liebe, wie
Clearchus meldet, und pflegten sie die Liebhaber zu tragen,
als wollten sie zu erkennen geben, daß sie unter den sicht=
barlichen und empfindlichen Schönen, die höchste und unbe=
greifliche Schöne anbetheten. Sonsten erinnert uns Chri=
sten Alexius in hyppisco einer Krone von Zweigen der Fei=
gen und Rosen geflochten, indem, weilen die Rosen die
Mühseligkeit eines tugendsamen Wandels, die Feigen aber
die Süßigkeit und Ruhe bedeuten; also zeiget an diese Kro=
ne, daß auf ein tugendsames Leben und Uebertragung vie=
ler Widerwärtigkeiten erfolge eine Ruhe und freudenvolle
ewige Zeit. Hingegen haben etliche unter den alten Köni=
gen ihnen ihre Kronen in Gestalt eines Schiffes lassen zube=
reiten, damit die hieran vorgebildete Erinnerung dieses we=
nigen Metalls, welches sie auf das Haupt setzten, so vol=
ler Unbeständigkeit, Unruhe und Gefahr wäre, allezeit über
ihre

ihre Gedanken schwebete, und diesen ohne Unterlaß die
Warnung gleichsam eindrückt, die Regierung sey ein betrüg-
liches und ungewisses Meer, dem der Steuermann nimmer zuviel trauen, sondern weislich besorgen müsse, es könne in gar kurzer Zeit die itzo windstille und friedliche See mit
unbeschreiblichen vielen aufgebergeten Wellen, Sturm und
Wirbel beunruhiget werden, wie der Prophet geweißaget:
Corona coronabit de tribulatione, *Isa. 22. v. 18.*

Wenn einer an dem Kopfe einige Wunden empfän-
get, so bringet solche viel größern Schmerzen, als wenn sie
an einem andern Gliede des Leibes wäre, nach dem gemeinen Sprichwort: Wer leidet Schmerz in dem Kopf, im
Hirn und in Gedanken, der ist ein armer kranker Tropf,
und liegt in harten Schranken. Fürwahr ein sehr großer
Schmerz war es, da das Haupt Christi mit Dörnern gekrönet wurde, denn weil wir einen Dorn schmerzlich empfinden, wenn wir mit den harten Fußsohlen darein treten; um
wie viel schmerzlicher wird es Christo gewesen seyn, da man
ihm solche dörnerne Krone hat aufgesetzet, und also in sein
allerheiligstes Haupt eingedrückt, daß der obere Theil ist
aller roth worden, von dem rosinfarben Blute des Lammes, die Spitze aber dieser Dörner angeheftet der zartesten
Haut seines Haupts. Was wird es dann gewesen seyn so
großer Schmerzen, welchen der geliebte Heiland empfunden, durch so viel Wunden, die ihm zugefüget die dörnerne Krone.

Ein größeres Mitleiden erzeigte der himmlische Vater gegen des Abrahams Sohn dem Isaak, *Gen. 22. v. 11.*
denn als dem Abraham befohlen war, solchen seinen einigen Sohn GOtt zu einem Brandopfer aufzuofern und nunmehr solchen Befehl vollziehen wollte: „Siehe der Engel
„des HErrn rief vom Himmel und sprach: Abraham, stre-

„cke deine Hand nicht aus über den Knaben: Ich habe jetzt
„erfahren, daß du GOtt fürchtest und hast deines einge-
„bohrnen Sohnes nicht verschonet um meinet willen: Da
„hob Abraham seine Augen auf, und sahe hinter sich einen
„Widder der in der Hecken hieng mit den Hörnern, den
„nahm er und opferte ihn zum Brandopfer für seinen Sohn.„
Wollte GOtt! daß hier auch zugegen wäre jener Widder,
der da hieng zwischen den Dörnern jener Krone; welche
umgiebt und durchsticht das allerheiligste Haupt des eingebohrnen Sohnes des himmlischen Vaters, oder stächen solche Dorn so wenig, so wenig sie verbrannten, wie Moses
gesehen, daß der Busch gebronnen und nicht verbronnen,
Exod. 3.   Aber ach! diese grausamste Dörner durchlöchern
Haut und Beine, durchbohren alle Fugen und Näthe auch
jedes Ort, da die irdische Kaiser ihre Kronen tragen,
dringen sie dem höchsten Könige durch und durch.   Ach der
königlichen Krönung! bey welcher die Freuden- und Lobge-
sänger anders nichts seyn, als gotteslästerische Reden, der
Zepter ein hohles Rohr die Krone ein Dornstrauch, das
Kleid ein zerrissener Purpur, das Oel zu der Salbung die
stinkende Speichel, die Ehrerbietung Schläge, der Thron
ein ungestalter Stock, die Trabanten die Henkersknechte,
die Hofbediente die gottlose Synagoge, der König aber der
eingebohrne Sohn GOttes Christus JEsus, in dessen
Erscheinung wir die unverwelkliche Krone der Herrlichkeit empfangen werden, 1. *Pet.* 5.   Denn er in jenem
Tage den übrigen von seinem Volke eine Ehrenkrone
und ein Freudenkranz seyn wird *Isa.* 28.

     Die kleine Vögelein, auf daß sie ihre Eyer sicher aus-
brüten, auch die Jungen behutsamer vor den Raubvögeln
verwahren, und beschützen mögen, machen ihre Nestlein zu
dem liebsten in dem Dorngestäude; Also auch wir Menschen,

schen, wenn wir begehren unsere Seelen vor dem höllischen
Raubfalk sicher zu halten, ist das rathsamste, daß wir uns
hinwenden zu dem göttlichen aber verwundeten Haupt Christi unter die dörnerne Krone; sintemalen allda die wahreste
Sicherheit, die sicherste Freyheit und freyeste Zuflucht ist, wo
der Mensch keinen Schaden, noch Gefahr erleiden wird,
ohne seine selbst eigene Schuld. Aber leider! Wir sind zu
Zeiten, wie jenes Baurenmensch, in welche sich ein Reiter
verliebt, diese abzuhohlen bestimmte er eine gewisse Zeit, zu
welcher sie auch versprochen zu Hause zu verbleiben. Nun
da die Stunde vorhanden, verfügte sich diese Baurenmagd
in ein Faß, versteckte sich, und gedachte ihre Jungfrauschaft zu erhalten. Indessen kommt der Reiter vor das
Haus, klopfet an, suchet sie, und weil er sie nicht konnte
finden noch vornen, noch hinten, noch unten, noch oben,
als fängt er an zu toben, vermeynet betrogen zu seyn, steigt
auf das Pferd, willens davon zu reiten, aber solches erse-
hend die Magd, rufet sie durch das Spundloch heraus
dreymal, guck, guck, und verräth sich selbsten. Also geht
es auch oft mit uns Menschen, die wir nach schlechten Widerstand der Sünde einwilligen. Sonsten leget der Guggug seine Eyer in andere Vögelnester, solche auszubrüten;
gleicher Weise machet es der leidige Teufel, welcher seine
Versuchungen in unsere Herzen wirft, damit wir solche durch
die Verwilligung in das Werk ausbrüten. Darum ist gar
gut, wenn wir unsre Herzen verbergen unter die dörnerne
Krone Christi JEsu, allwo keinen Zutritt hat der höllische,
bellische, stinkende, blinkende, Guggug der Satan.

Was für Schmerzen ein in dem Fleische empfangener
Dorn verursache, geben so gar zu erkennen die wilden Thie-
re. Denn als jener einem Löwen aus seinem Fuße einen
Dorn gezogen, welcher Löwe, nachdem er gefangen, und

derjenige, der solche Gutthat ihm erzeigt, in Verhaft ge=
nommen, auch den wilden Thieren vorgeworfen worden;
erkennete dieses der grausame Löwe, welcher ihn zu zerreißen
losgelassen war, indem er ihm nicht allein keinen Schaden
zugefügt, sondern er leckete ihm so gar die Füße.

Wenn die Gutthat in Erlinderung dieses Schmerzen,
so ihm ein einiger Dorn zugefüget, mit solchen Dank bezah=
let hat ein unvernünftiges Thier, was würde nicht der mil=
deste GOtt, so die Güte selber ist, für Gnaden aus seiner
unerschöpflichen Schatzkammer mittheilen, wenn wir solche
Pein mit bedaurigen Gemüth würden beherzigen und erwä=
gen. Wollte GOtt! daß wir es recht erkenneten, o wür=
den wir uns mehr bearbeiten, damit das innerliche Verko=
sten nicht, durch äusserliche Dinge angereizet, betrogen wür=
de, sondern bemüheten uns mit Gebuld und Dankbarkeit
alle Schmerzen, zu ertragen, und verlangten unter denje=
nigen zu seyn, die sich erfreuen um Christi willen zu leiden,
und Widerwärtigkeiten zu empfangen. Ich aber indessen
habe Ursache genug über meinen also mit Dornen gekrön=
ten JEsum ein Trauergesang anzustimmen.

I.

Ach Schmerzen! wo sind dann
   All Freuden hin verschwunden,
Welche ich hab gefunden
JEsum zu sehen an?
So schön war seine Stirn,
Wenn man es thut beherzen,
Gleiches kann nichts verscherzen,
Phöbus an dem Gestirn.

II.

So schön nicht Davids Sohns
Gewesen, die Haarlocken,
Goldstralend Krausenflocken,
Des schönen Absolons:
Ach jenes man nicht kann
Mit diesem es vergleichen,
Von weiten es muß weichen,
In Goldgelb angethan.

Ach

III.

Ach Liebste! ich weis klar,
Daß sein Gesicht gewesen,
So schön und auserlesen,
Viel mehrer als die Haar:
Denn ich vergwisset bin
Daß nichts so schön ist kommen,
(Er selber ausgenommen,)
In eines Menschen Sinn.

IV.

Die Augen waren schön,
Gleichsam wie jener Tauben,
Und völlig wie die Trauben,
Die da zu Engad stehn:
Die Wangen waren roth,
Zugleich mit Weiß vermenget,
Und Myrrhenöl besprenget,
Jetzt leider voller Koth.
Cant. 1. v. 5.

V.

Den auserwählten Glanz,
Thut man ach! nicht mehr sehen,
Noch jene Farb thut stehen
Auf der erhebten Schanz:
Die Stirn als schönen Zelt,
Wo die Scham hat geschlagen
Ihr Lager und thut wagen
Sie in das offne Feld.

VI.

So viel der Schmerzen ach,
Es haben eingenommen,
Das mir all Freud benommen,
Der ich gestellet nach:
Denn dieses schöne Feld
Mit Dörnern jetzt besetzet,
Das sonsten hat ergötzet,
Das Stern gesetzte Zelt.

VII.

Und was ich klage mehr,
Ist auch, weil er alldorten
Mit Schand und Lästerworten
Wird angefüllet sehr:
Er leider muß allein
An seiner Gstalt verkehret,
Mit Schlägen hart beschweret,
Unschuldig, schuldig seyn.

VIII.

Denn sein so zartes Haupt
Hat eine Kron umgeben,
Aus scharfen Dorngeweben,
Und alles Trosts beraubt:
Die größten Schmerzen leidt,
Durch deren scharfe Spitzen,
Darunter er muß sitzen,
In größter Bitterkeit.

IX.

Ist das der Ehrenlohn,
So JEsus sollte haben
Für seine Lieb und Gaben?
O dörnerreiche Kron!
Ist das der schöne Brauch
Die König so zu krönen,
Und schändlich zu verhönen,
Mit einem Dörnerstrauch?

O wil-

X.

O wilder Dörnerstrauch?
Warum thut man nicht sehen,
Dich durch das Feur vergehen
Elend in einen Rauch:
Denn du durch solche Pein
Ursach genug hast geben,
In größter Flamm zu schweben,
Und ihr Ernährer seyn.

XI.

In größter Schmerzenlast,
Thust du mein JEsum bringen,
Da du durch hartes Zwingen,
Ihne verletzet hast:
Fürwahr ist solcher Schmerz,
Der so gespitzten Waffen,
All unser Sünd zu strafen.
Zu hart so zartem Herz.

XII.

Man schlägt ihn mit dem Rohr,
Die Kron auch grausam zwinget,
Bis sie das Haupt durchdringet,
Und kommt das Blut hervor:
Kaum die Augbraunen dann
Ein wenig sich bewegen,
Wer wird ohn Herzensregen,
Ihn können sehen an.

XIII.

O! unerhörter Schmerz!
O! unerhörte Plagen!
O! Jammer jener Tagen!
O! hartgeplagtes Herz!

Ach! Ach ich billig klag,
Ueber die Unglücksflammen,
Die sich ganz voll zusammen,
Entzünden auf ein Tag.

XIV.

Ach thät doch solches Haupt,
Für diese Dorn und Hecken,
Umgeben und bedecken,
Ein Lorber frisch belaubt!
Oder für solchen Baum,
Von mir darzu gebethen,
Soll seine Stell vertreten,
Ein linder Federpflaum.

XV.

Ach scharfes Dorngeflecht!
Ach scharfe Spitz der Hecken!
Die dieses Haupt bedecken
Ach scharfes Staudgeschlecht;
Ist dann bekannt nicht dir,
Daß ich aus ihrem Magen,
Die schwangre Erd thu tragen,
Zu einem Fluch herfür.
Genes. 3.

XVI.

Wer aber muß der seyn,
Der dich so eingerichtet,
Zu einer Kron geschlichtet,
Und so geflochten ein?
Die Lieb muß warlich seyn
Die allzeit vorgegangen,
Und JEsu jetzt gefangen,
Verursacht solche Pein.

Denn

XVII.

Denn dieses that die Lieb,
Daß sie ganz unbescheiden,
Ihn von des Himmelsheiden,
In dieses Elend trieb:
Und daß so zartes Gut,
Mit unerhörten Plagen,
Auf seinem Haupt mußt tragen,
Von Dorn gemachten Hut.

XVIII.

Wie kannst du aber auch,
Mein JEsu, doch gedulden,
Der du bist ohne Schulden,
So harten Dörnerstrauch?
Ach, an des Sünders statt,
Der solches sollt ausstehen,
Und zu der Straf hergehen,
Dein Herz groß Kummer hat.

XIX.

O wundersüsses Herz!
Dir giebt sehr viel zu schaffen,
Zu tragen unsre Strafen,

Nicht anders ist dein Schmerz:

Als jenen, dessen Sünd,
Dein Zorn zu gerechten Waffen,
Die Laster abzustrafen,
So frech hat angezündt.

XX.

Verleih mir JEsu ach!
Daß ich für solche Schmerzen,
Dich liebe doch von Herzen,
Und bitten dörf ein Sach:
So wird mein Bitten seyn,
Daß ich mich könnt verstecken,
In solche Dorn und Hecken,
Ja gar verschließen ein.

XXI.

Denn du weißt es vorhin,
Daß du an mir hast einen
Der Ursach deiner Peinen,
Und der Kron schuldig bin:
Drum laß mir seyn erlaubt,
Die Sünden hier zu büßen,
Werfend mich zu den Füßen,
JEsu! gekröntes Haupt.

Es schreibet der gottselige Thomas à Kempis in seinem ersten Buch von der Nachfolge Christi c. 3. daß so lang wir in dieser Welt leben, können wir ohne Trübsal und Versuchungen nicht seyn. Darum ist bey dem Job geschrieben: Das Leben des Menschen ist ein Streit auf Erden, *Job.* 7. und solches erhellet aus den hohen Liedern Salomonis, da der Heil. Geist hiervon spricht: Wie die Lilien unter den Dornen, also ist meine Freundinn unter den Töchtern, *Cant.* 2. Welche Worte der Heil. Bernhardus also aus-

ausleget: So lange die Seele in dem Fleische ist, befindet
sie sich unter den Dörnern, und kann anders nicht seyn,
denn daß sie von den Versuchungen und Trübsalen, beunruhiget werde.   Denn GOtt pfleget aus zweyen Ursachen
so scharfe Dorn der Trübsalen zuzuschicken, die eine, damit
er uns durch solche übe, und die andere, damit wir keine
größere ausstehen, oder daß uns nicht unsre Tugenden
durch unterschiedliche Begierden benommen werden.   Denn
gleichwie man die gute Frucht bringende Bäume zu Zeiten
mit Dörnern umwindet, auf daß derer Früchte nicht so
bald geraubet werden; Also auch JEsus, damit uns der
Verdienst durch das eigene Wohlgefallen nicht entfremdet
werde, umgiebt er uns mit einem solchen Dorngesträude.
Wer diese mit Geduld überträgt, der wird sich nicht beschweren über die Widerwärtigkeiten, besonders wenn er gedenket, daß die Rosen unter den Dörnern zum schönsten
blühen, ohne daß es uns auch der größte Spott wäre,
unter einem mit Dörnern gekrönten Haupte zarte
Glieder zu seyn.

Das

Das zwanzigſte Capitel.

Wer ſelbſten ſich erkennt,
Der wird reich gnug genennt.

Nichts beweget den Menſchen mehr zu einem Mitleiden,
als diejenige ſchmerzhafte und mitleidensvolle Geſtalt,
mit welcher einer behaftet: Darum diejenige an den
Straſſen liegende, Verwundte, Lahme oder Krumme jederzeit den Vorübergehenden hervor zeigen ihre beſchädigte
Glieder, ſolche zu vermögen, damit ihnen ehender ein Almoſen gegeben werde. Niemand wird ſeyn, der nicht ein
herzliches Mitleiden erzeige, in Anſehung ſolcher Preſthaf-
tigkeiten, wenn anders ſein Gemüth nicht wilder iſt, als
einer Tiegerfräulein. Gewiß muß ein Herz, welches ein

Mit-

Mitleiden da verweigert, härter ſein als Stein, indem viel derſelben gewiſſen Uebertragungen der Luft und des Wetters ſich milder erzeigen: ſintemalen oft man ſie ſiehet aus verborgener Eigenſchaft mitleidend die Zäher vergießen. Denn wer wird ohne Erbarmniß anhören können, was ſolche bedrängte Leute für klägliche Worte, ihre Schmerzen zu erklären, ausgießen, und dem Gemüthe mehrer als den Augen vorbilden. Welche die aus der Tiefe ihrer Seelen, gleich als Zeugen ſolcher Betrübniß, herzbende Seufzer begleiten. Jenes geduldig fromme Herz Job, deſſen Geiſt geweſen ein immerwährendes Werk der Geduld, deſſen ganzer Leib angefüllet war mit lauter Schmerzen, alſo daß von dem Haupte bis zu der Fußſolen nichts geſundes an ihm geweſen, iſt ein genugſames Exempel. Obwohl er auch GOtt dem allerhöchſten ſo angenehm, daß ſeines gleichen keiner zu finden auf Erden, der ſeinen Willen in unveränderlicher Aufrichtigkeit gegen GOtt erhalten. Hat dennoch der Zungen ſo viel verſtattet, damit ſie ſein ſo großes Elend beklagte, die Freunde und Verwandte dadurch zu einem Mitleiden anzureizen, ſintemalen er alſo der Gewalt des leidigen Teufels unterworfen, daß er an ihm alles vermochte, was er verlangte, allein ſeinen Gefallen dorfte er nicht vollziehen an ſeiner Seele; Ecce in manu tua eſt, verum tamen animam illius ſerva, *Job. 2. v. 6.*

Chriſtus JEſus war auch übergeben dem Willen und der Gewalt, nicht zwar des Teufels, aber gleichwohl ſeinen Gliedern, alle ihre Bosheit an ihm zu verüben, welche ſie denn alſo grauſam an ihm vollzogen, daß nichts Geſundes an ſeinem ganzen Leibe zu ſehen, und zwar ſo entſetzlich, daß auch der heydniſche Landpfleger Pilatus zu einem Mitleiden gebracht iſt worden, auch ihn von größerer Pein und Schmerzen zu befreyen, oder das wütende Volk zu beſänftigen

tigen, hat er ihn mit diesen Worten vorgestellet. Ecce
Homo: Siehe ein Mensch! O des traurigen Anblicks! O
des erbärmlichen Augenscheins! der jämmerlichen Zerfleis
schung: Ecce Homo:

> E in Mensch seht an treue Herzen,
> C hristum JEsum wahren GOtt;
> C hristus ein Mann voll der Schmerzen,
> E y was leidt er nicht für Spott?
> H elfet tragen ihm die Schmerzen,
> O ihr all, die dieses hört,
> M acht herbey euch, O ihr Herzen,
> O hn Verzug und ihn verehrt.

Wo seyd ihr alle mitleidende Gemüther? Wo seyd
ihr JEsum liebende Herzen? machet euch herbey ach werthe
ste Herzen! zu JEsu, voll der größesten Schmerzen! Ach
JEsu! ach durch das theure Blut JEsu Christi erkaufte
Seelen; ach grausamste Juden! wohin soll ich nun meiner
Feder den Lauf lassen? oder was für eine Herzensregung
soll ich in einer christliebenden Seele erwecken? wollen wir
mit herzlichen Mitleiden bedauren den holdseligsten unter den
Menschenkindern, nunmehr aber gleich einem Aussätzigen?
und die noch nicht vergossene Thränen mit seinem unschuldi
gen vergossenen Blute vereinigen und vermischen? Aber ach!
diese entsetzliche Gestalt wird durch die Feuchtigkeit der sil
berfarben Wasserquellen sich nicht lassen beschönigen! Soll
ich mit rechtmäßigen Zorn und wohlbefugten Unwillen über
der gottlosen Juden unmenschliche Grausamkeit hervorbre
chen? oder melden, ihre Väter seyn gewesen die grausamste
Löwen? ihre Mütter die erschreckliche Tiegerfräulein? Ihre
Wohnungen das wilde Asiatische Gebirg, und nicht das
heilige Land der Gegend Jerusalem? aber was will ich mich
mit einem vergeblichen Zorne beunruhigen! oder soll ich mich

Z z 3 zu

zu euch mitleidende Herzen hinwenden? Ja zu euch will ich
mich kehren, und zugleich beysetzen die klägliche Gestalt
JEsu! Ecce Homo!

> E r ein Lämmlein, das da traget
> C reuz und Leiden, Schmerz und Pein,
> C hristus sich zum Leiden waget,
> E r will nicht ohn Leiden seyn.
> H änd und Füß sind voller Wunden,
> O hne Haut das Fleisch ist bloß,
> M an ihn gleichsam hat geschunden,
> O der Schmerzen gar zu groß.

Mich gedünket, ich höre von vielen, bey denen gleichsam die liebliche Ungestümigkeit, der wegen Mitleiden ver-
ursachten Schmerzen sich zu viel ausgieße, in welchen als
in so viel prausenden Wellen ihr Herz einen Schiffbruch leide. Mich gedünket schon, ich vermerke, viele bey denen die
schön gekrauste Haarlocken durch der ausraufenden Hände
ungutes Verfahren müssen verlassen ihren gewöhnlichen Ort:
Ja wohl recht, wenn diese ausgerissene Flocken, so wohl
als das Haar der heiligen Büsserinn *Luc. 7. v. 38.* könnten
abwaschen das auf den Wunden erstockte Blut, und zugleich hinweg nehmen allen Schmerzen. Mich gedünket,
ich sehe viel, welche ihre zarte Brüste darbieten den ungü-
tigen Fäuststreichen mit dem Heil. Hieronymo, bis zu Un-
terlaufung des Bluts, ja nicht uneben, wenn dardurch dem
holdseligsten und liebreichesten JEsu seine schöne Gestalt wieder gebracht würde werden, als wie sie ihm durch die grausame Schläge ist entfremdet worden. Mich gedünket ich
vernehme viel, von welchen für lauter Schmerzen und
Traurigkeit nichts anders gehöret werde, als neben einem
leisfallenden Zäherregen, die ein wenig mehr, als die
Thränen tumper lautende Seufzer, ja nicht unbillig, wenn
durch

durch solches stumme Reden, die mehr als Marmor, und
Kieselsteine harte Herzen der wütenden Juden zur Nachlassung ihres Toben könnten beredet werden. Aber ach!
durch deren Wind wird nur mehr angeflammet das Feuer
ihrer unmenschlichen Tyranney, und zwar also, daß sie aus
dem einmal gefaßten Neid nunmehr ausbrechen in den Zorn,
von dem Zorn in die Grimmigkeit, von der Grimmigkeit in
eine Ungestüm, von der Ungestüm in ein Wüten und Toben: Sintemalen man nichts anders höret, als kreuzige,
kreuzige ihn, *Joannis* 19. *v.* 6.

E in gepurptes Kleid ihn kleidet,
C armesinroth er da steht:
C hristus große Pein erleidet,
E r für uns zum Tod hingeht:
H art thut ihn all Leid umgeben,
O hn End er nimmt Schmerzen ein;
M ithin sinkt sein schwaches Leben
O hne Kraft, vor großer Pein.

Ecce Homo: Siehe einen Menschen! ach des Menschen! der für die sterbliche Menschen, als er der unsterbliche GOtt war, ist geworden zu einem Menschen, hat sich
selbst erniedriget, die Gestalt eines Knechtes angenommen,
und ist andern Menschen gleich geworden, *Phil.* 2. jetzund
aber die Gestalt eines Menschen gleichsam verlohren. Ach
kommet her ihr wertheste Herzen! und sehet mit den Augen
eures Gemüths einen Menschen, in welchem keine menschliche Gestalt! sehet wie seine liebreiche Farbe durch die erschrecklichste und grausamste Zerreißung ganz entwichen! sehet sein so übel zugerichtes Angesicht! sehet seine in dem
Blute vertrunkene Augen! ach! ach sehet es an! und vertränket euere Augen in dem Meere der Zäher. Ja nicht
allein vertränket euch, sondern verwandelt euch gar mit des
Nerei

Nerei und Socidis Töchtern in einen Zäherbach; oder aber
verkehret euch mit jenem Hirtenknaben, dem wohlgestalte-
ten Acis in einen Bronnen der Thränen, damit jedermann
in euch, als in einem klaren Spiegel des Mitleidens sehe
durch eure so heiße Zäher die große Schmerzen des liebreich-
sten Liebhabers eurer Seelen, welcher mehr euch geliebet,
und annoch liebet, als eure getreueste Freunde.   Denn
wenn ihr aussätzig gewesen oder gesunden würdet, so würden eure beste Freunde kein Blutbad machen aus ihrem eigenen Blute, auf daß ihr möchtet gereiniget und gesund
gemacht werden: JEsus aber der holdselige Heiland ist um
eurer Sünden willen aus Liebe gegen euch auf die Welt
gekommen, hat um eurer Liebe willen sterben wollen, und
hat euch mit seinem Blute gewaschen.   Auch damit er euer
niemalen würde vergessen, hat er euch aus lauter Liebe in
alle seine Glieder schreiben lassen, das Papier war seine
zarteste Haut.   Die Dinte sein allerkostbarlichstes Blut.
Die Federn, Geißel, Dorn, Nägel und Speer: Die Buchstaben die Wunden, die Schreiber die Juden, welche ihm
vermehret seine Wunden nach der Zahl unsrer Sünden, die
zu empfangen ihn die Liebe auf die Welt getrieben.

> E y, seht, wie ihm doch die Liebe
> C reuz und Pein geladen auf;
> C reuz, man sieht, ihm nur beliebe,
> E r aus Lieb ihm selbst lädt auf:
> H at getragen es mit Freuden,
> O der großen Liebesbrunst!
> M acht ihm drum aus allem Leiden
> O pfer nach der Liebeskunst.

Ecce Homo: Sehet einen Menschen! ach des kläglichen und traurigen Ansehens! ein Sehen würdig, nach
welchem die Augen keine andere Verrichtung mehr haben,
als

als daß sie unaufhörlich hervorquelle, die weiße Perle der
Thränen. Ach laßt uns mit dem Propheten aufschreyen:
Wer wird meinem Haupt Wasser genug geben, und
meinen Augen einen Bronnen der Zäher, daß ich Tag
und Nacht weine, Jerem. 9. Ach ergiesset euch ihr Flüs-
se: Kommet ihr Nymphen, erscheine Neptune mit all deinen,
Gespanen und beschenket mit einem Wasser unsere Herzen, auf
daß wir unsern JEsum also verwundten, also ungestalten,
also zerfleischten, genugsam beweinen. Ach wenn jetzund
der Medusen Haupt uns verkehrte, nicht in einen Stein,
sondern in einen lebendigen Wasserfelsen, damit durch alle
unsere Blutadern sich ergöße die reichste Quellader der Zähren! Ach wer giebt uns nicht nur gewünschten Bronnquellen der Augen, sondern aller Glieder, nicht Wasser, sondern Blutstropfen, zu beweinen mit blutigen Thränen den
mit eignem Blute über und über begossenen JEsum! O glor-
würdigste Märtyrer, erlaubet, ach erlaubet uns doch all
euer Blut! durch die Marter ausgepresset in unsere Herzen,
als in einen Schwamm einzudrücken, damit wir es mit allem Wasser vermischet zu hellen Perlen, und rothen Rubinen in dem Herzen gebähren, und JEsu für sein für uns
vergossenes Blut aufopfern mögen. Darum

E ilet her getreue Herzen,
C hristum JEsum sehet an;
C hristum JEsum, voll der Schmerzen,
E y seh ihn, wer sehen kann:
H altet offen nicht verschlossen,
O ffen halt das Zäherhaus,
M acht, daß werd ein Bronn entsprossen;
O der gar ein Fluß daraus.

Ecce Homo: Siehe ein Mensch! dessen Leiden schon
in dem Bethlehemitischen Stalle angefangen. Er wurde
von den gemeinen Herbergen ausgeschlossen; Er war auf

Wintergrün.   A a a   das

das Heu in die Krippe gelegt, er hat Kälte und andere Ungelegenheiten ausgestanden; von welchem der Heil. Basilius
bezeuget, daß, als wie er seinen Aeltern willig untergeben
gewesen, also auch mit ihnen alles Elend und Mühseligkeit
erduldet habe: Und wie seine Aeltern arm und bedürftig
waren, er als ein HErr Himmels und der Erden habe mit
ihnen um die leibliche Nothdurft zu haben, arbeiten, und
das Brod mit seiner Hülfe gewinnen wollen, weil er für
uns von dem Himmel herabgestiegen, auf daß wir selig
würden.   Er hat seine Armseligkeit nicht aus Noth, sondern
aus Liebe für uns auf sich genommen, auf daß wir sollten
die Geduld lernen, und das zeitliche Elend ohne Unwillen
übertragen.   Denn er hat niemal gesündiget, dennoch hat
er all unsere Sünde auf seinen Achseln getragen: er hat seine Hoheit und Majestät hindan gesetzet, und hat unser Fleisch
angenommen, *ad Phil. 2.*   Er ist unschuldiger Weise verwundet worden, damit er unsere Schuld auslöschen, und
uns selig machen könnte.   Er als der HErr hat seine Knechte mit Wasser abgewaschen, und damit er dieselbige erlösete, hat er sich nicht gescheuet mit seinem eigenen Blute über-
gossen zu werden.   Vierzig Tage hat er gefastet, *Matth. 4.*
auf daß er die Hungrige und Durstige mit der geistlichen
Speise und Trank der göttlichen Gnade erquickete.

> E ilet her dann abzuklauben
> C orallrothen Traubensaft;
> C hristus ein fruchtbarer Trauben,
> E in Traub von heilsamer Kraft:
> H äufig gießet, wie ein Reben,
> O ben an den Aeuglein zart;
> M anchen Zäher er thut geben,
> O wohl nicht ein Tröpflein spart!

Ecce Homo: Seht einen Menschen! aber was für
einen Menschen? Höret an den königlichen Harfenschläger,
näm-

nämlich denjenigen, von welchem er in seinen Psalmen
sagt, *Psal. 8.* Was ist der Mensch, daß du seiner gedenkest? du hast ihn ein wenig geringer als die Engel
gemacht; mit Ehre und Schmuck hast du ihn gekrönet, alles hast du unter seine Füße gethan: Nunmehr
aber ist er geringer als die Menschen, und der mit allen Ehren gekrönet war, ist umgeben mit einem zerrissenen Purpur, tragend auf seinem Haupte eine bis an das Hirn ein-
gedrückte Dörnenkrone, wie auch in seinen Händen für einen Zepter ein hohles Rohr.

E r von ihm läßt laufen einen
C orallrothen Blutgetrank,
C ron von Dorn bey ihm erscheinen,
E r sie trägt, doch ohne Dank!
H at ein Rohr in seinen Händen,
O hne Trost allda er steht;
M ensch! thu dich zu ihme wenden,
O was Trost von ihme geht!

Bey den Theologen wird diese Frage gehalten: Ob
die Erkenntniß edler sey, oder die Liebe? zu Erläuterung
dessen lasse ich Verständige darvon an ihrem Orte disputi-
ren. Jedoch ist eines vonnöthen, wie Christus selbsten sagte, *Luc.* 10. was aber für eines? Die Erkenntniß, daß
nämlich wir erkennen, daß die Nichtigkeit unser eigen sey.
Wer sich bearbeitet solches zu erlangen, der hat mit
Maria den besten Theil, ja das allerbeste erwählet, *S.
Ambr. Comment. in Luc.* 10. Gar schön sagt der Heil. Bernhardus: Gedenke woher du kommest, und schäme dich:
Gedenke wo du bist, und seufze: Gedenke wo du ge-
hest hin, und erschrecke: An einem andern Orte aber
spricht er also: Es sind viel Wissenschaften der Menschen, allein keine ist besser, als dieselbige, durch welche der Mensch sich lernet selbst erkennen, *de inter do-*

mestic. cap. 28. Darum werthestes Gemüth, so oft dich die
Hofart kützelt, so oft sollest du ohne einigen Verzug in deine
selbst eigene Erkenntniß und Nichtigkeit dich versenken, denn
sieh dich selbsten an, was du seyst, was du vermögest, und
woher du deinen Ursprung habest, nämlichen von einer unreinen und unflätigen Materie, welche nicht allein in ihr selber, sondern auch in allen Menschen abscheulich ist. Nun
aber was bist du worden? Ein gleiches unreines Geschirr
voll böses Gestankes. Es kömmt keine so reine und köstliche
Speise oder Trank in dich, welche nicht in und von dir einen unerträglichen Gestank an sich ziehe. Was überhebest
du dich, du Erde und Asche dann *Eccl.* 10. Ach gedenke wie dir seyn wird, wann bey Auslaufung der Zeit deines
Lebens von demjenigen, welcher die, so stolz daher treten,
demüthigen kann, anhören mußt: Hauet den Baum um,
schneidet seine Zweige ab, und streifet ihm das Laub
ab, verstreuet seine Frucht, daß alle Thiere unter
ihm hinweg laufen, und Vögel von seinen Zweigen
fliehen, nämlich da der grimmige Tod seine Sichel in die
Hand nimmet, damit den Faden deines ohne das schnell-
laufenden Lebens abzuschneiden. Erkenne also dich, und
beherzige,

> Wie dir werd dann geschehen,
> Wenn du nun sterben mußt,
> Die Welt nicht mehr ansehen;
> Bey der du so viel Lust,
> Gehabt! O edle Zeit
> O weh der Bitterkeit!
> Die da durch deine Sünden,
> Bey dir wird seyn zu finden.

Ach! Ach hüte dich, o durch den Tod JEsu von dem
Teufel erlößte Seele, die du, wiederum in dem Koth der
Sünden versenket, erstickest, und darinnen verfaulest. Halte
es

es vor gewiß, wenn du dein Leben nicht besserst, und des
unbändigen Muthwillens zu sündigen kein Ende machest,
so wird das verfluchte Gewebe der Laster mit dem Leben abgeschnitten werden, und das Ende deines lasterhaften Lebens ein Anfang des ewigen Todes seyn, und in Beherzigung dessen schäme dich, du elende und zergängliche Creatur, daß du einmal auf zeitliche Ehre und Hoffart gedacht
hast: Neige deinen Hals unter die dörnerne Krone der Widerwärtigkeit, nimm in die Hand das Rohr deiner Nichtigkeit und selbst eigener Erkenntniß.   Denn es wird der
Tag anbrechen, an welchem GOtt strenge Rechenschaft von
den Gaben erfodert, die er jetzunder so reichlich unter die
Menschen ausgießet, deren sie sich doch so schläferig gebrauchen ohne einige Furcht, er aber indessen alles beständig leidet bis in den Tod, damit in ihm das vollkommene Leiden
geendiget würde.   Darum spricht der Heil. Paulus *ad Heb.*
cap. 12. So gedenket an denjenigen, der ein solches
Widersprechen von den Sündern erduldet hat, daß
ihr nicht müde werdet, noch ablasset in eurem Gemüthe, sondern steif und mannlich alle Widerwärtigkeit übertraget.   Darum

.   E r erwartet euch mit Schmerzen,
       C hristliebende Seelen all,
       C hristus schenken euren Herzen,
       E twas will von seiner Quaal,
       H eil und Trost ihr werdet erlangen,
       O efters zum beglückten Tod,
       M acht all Tröpflein aufzufangen,
       O b dem Marmor liegend roth.

Ecce Homo: Siehe ein Mensch! der will ein Schau-
spiel seyn dem Himmel und Erden, wiewohl er allein bis-
anhero eine Verwerfung gewesen ist, 1. *Corint.* 4. Er
hat keine Gestalt, wir haben ihn begehret den verach-
testen

testen und verworfensten Mann, *Isai.* 53.   Welcher zu
diesem Ziele und Ende kommen, auf daß er uns in den
Schwemmteich seines Bluts versenke, und uns also von allen Krankheiten der Seelen erledige, und in Beherzigung
dessen betrachte dich selber, sagend mit dem Job zu der Fäu-
le, du bist mein Vater, meine Schwester, und meine Mutter die Würme, *Job.* 17.   Besonders wenn dein
Leib wird niederfallen, wird man unter dir die Schaben streichen, und dein Oberbett werden seyn die
Würme, *Isai.* 14.   Ja noch in deiner letzten Krankheit
wirst du also verachtet und verworfen seyn, daß du billig
könntest, wenn die Schmerzen dir so viel gestatten, mit dem
bey dem Bethsaidischen Schwemmteich liegenden Kranken
aufschreyen: **Ich habe keinen Menschen**, *Joan.* 5. *v.* 7.
Da die Stirn stehen wird, voller kalten und trüben Tropfen
des Todes und Angstschweißes: Die Augen voller Todten-
zähren: Und die Nasen voller stinkender Materie, daß man
dich gleichsam nicht mehr erkennen kann für einen Menschen *Isai.* 10. und wenn du dann stirbest, so ererbest Schlangen, Thiere und Würme, jetzund aber dich so übermüthig
erzeigest? Ach wertheste Seele

E y siehe an vielmehr du schnöde
C hristum der Jungfrauen Sohn,
C hristum ach nicht völlig tödte,
E r schier todt da lieget schon,
H eiße Brönnlein durch die Ruthen,
O der durch der Geißel Quaal,
M achen JEsum häufig bluten,
O der Schmerzen ohne Zahl.

Wo seyd ihr hochadeliches Frauenzimmer? stellet euch
vor diesen Spiegel, und betrachtet darinnen ein wenig, ob
ihr so viel Zeit in Beherzigung dessen großen Schmerzen zubringet, und euch bemühet, eure Seele in seiner Nachfolge

zu unterrichten, als wie ihr in einem gemachten Spiegel er-
lernet mit warmen Eisen zu krausen euere Haare.   Setzet
ein kleines auf euer Haupt seine dörnerne Krone, und erwäget, wie theuer und sauer sie ihm gewesen.   Ihr wollet haben, daß ihr glänzet von Gold und Edelgestein, hier findet
ihr einen ganzen Ueberfluß der schönsten Rubinen seiner
Wunden; diese nehmet und bezieret darmit eure Seele, ihr
verlanget daher zu prangen in Sammet und Seiden, hier
findet ihr ein schönes Purpurkleid, eure mehr als halb ent-
blößte Brüste zu bedecken.   Ihr begehret, daß eure Wangen beröselt erscheinen mit einer von Meerschnecken verpur-
purten Röthe: Hier findet ihr genug in dem Angesichte Christi des rosinfarben Blutes, eure durch die Sünden in den
Tod erbleichte Seele anzustreichen : Wordurch ihr werdet
erlangen die Schöne ; welcher nichts abgehet, sondern vielmehr von ihrem Bräutigam anhören wir d: Du bist ganz
schön meine Freundinn; und ist keine Mackel an dir,
Cant. 4.   Denn die Schöne der Seele ist die allerschönste
Schönheit.   Eine schändliche Sache aber, sagt der heilige Clemens 1. *Pæd. cap. 2.* ist es, daß diejenige, welche
erschaffen zur Gleichniß GOttes eine äußerliche Zierde
anstreichen wollen, und die böse menschliche Kunst
dem Werke GOttes vorziehen.   Viel besser wäre es,
wenn wir uns beflissen, die Seele zu schmücken als den Leib,
wie uns denn ermahnet die göttliche Schrift, da sie sagt:
Nun du verderbte; Lieber, was willst du thun? ob
du schon Purpur anlegest, und dich mit güldenem Ge-
schmeide aufmutzest, und dein Angesicht anstreichest,
so schmückest du dich umsonst *Jerem. 4.*   Ja so du dich
schon mit Wascherde und viel Seifen waschest, so bist
du doch unrein in deiner Bosheit vor GOtt, *cap. 2.*
Wasche derowegen ab dein Herz von Bosheit *cap. 4.*
Betrachte, ach betrachte werthestes Gemüth, wie mit viel
Pfeilen

Pfeilen getroffen, wie mit viel Wunden zerriffen, wie mit
viel tödtlichen Stichen verletzet fey deine unglückselige Seele!
wehe und abermal wehe, wann wird kommen der Tag
des Zorns, der Tag des Gerichts, der Tag der
Mühefeligkeit und des Elends! der Tag des Wütens
und der Tag des Schreckens, wann werden eröffnet werden die Bücher der Gewiffen, da wird gefagt werden: Ecce Homo, fiehe den Menfchen und feine Werke.　Allda
wird den Königen nicht verhülflich feyn ihre Krone und
Zepter: wann der HErr wird zerfchlagen die Könige an dem
Tage feines Zorns.　Kein Kriegsheld wird fich verfechten
mit feinem Gewehr.　Es wird nichts helfen einer gottge-
weiheten Perfon ihr geiftliches Kleid, fo fie ohne geiftliche
Werke getragen: Einem Theologo fein kluger Verftand von
GOtt zum difputiren, welchen er gar fchlecht verehret: Einem Weltweifen und Philofopho zu wiffen ob etwas leeres
feyn könnte oder gegeben werde, da er ganz leer und arm
an Tugenden erfcheinet.　Nichts wird verfangen des Gale-
ni Arzneykunft den Aerzten und Medicis, da Himmel und
Erden an ihrer Seelenkrankheit verzweifelt: noch den Juri-
ften ihr übellautendes Sprichwort; Si fecifti nega: Wenn
du es gethan haft, fo läugne es: Sintemal allda wird wahr
werden, nichts ift fo klein gefponnen, es kommet an die
Sonne.　Da hilft nichts, fondern was der ftrenge Richter
und das Recht geben wird, alfo wird es in einem Augenblicke vollzogen werden. „Wie einen der HErr findet wenn
„er rufet, alfo wird er ihn auch richten. „　Es wird alles
an Tag kommen. Obwohlen viel der Venuskinder ihr Spiel
getrieben bey der Nacht, fo werden fie doch viel klarer ge-
fehen werden, von der ganzen Welt, als bey dem helleften
Sonnenfcheine.　Daher fprach der Prophet Nathan zum
David: Du haft es heimlich gethan, ich aber will es thun
an der Sonne, 2. Reg. 12. v. 12.　Da wird nichts frommen
den

den Wucherern ihr Gold, den Geizigen ihr Silber, den Be-
triegern ihre List und Ränke, noch den Kaufleuten ihre kurze Ellenmaaß, davon sie werden gar zu kurz kommen. Sün-
dige derowegen ein jeder so oft er will, fliehe ein jeder das
Licht und die Zeugen, so oft es ihm beliebt, so wird doch
sein Leben an Tag kommen. Denn also sagt der Prophet:
Ich will dir deine Schaam unter dein Angesicht aufdecken,
und die Völker deine Blöße, und die Königreiche deine
Schande sehen lassen, *Nahum* 3. Als der unschaambare
Cham die Schaam seines trunkenen Vaters Noe, entblößet, und ihn zugleich verspottet hatte, erwachte Noe, und
ihn verfluchend sprach er: Verflucht sey das Kind Canaan,
und sey ein Knecht aller Knechte unter seinen Brüdern *Gen.* 6.
Ach ihr undankbare Kinder und verstockte Sünder! jetzund
schlafet zwar Christus in dem Bette der Barmherzigkeit auf
den blauen Auen in der Liebe gegen euch getrunken; aber
ach, ihr entblößet ihn durch eure Sünden, verspottet ihn
durch allerhand Laster. Allein an jenem Tage des Gerichts
wird er erwachen wie ein Starker, der von dem Weine getrunken gewesen ist *Pfal.* 77. und wird seinen Fluch wider
euch ausstoßen, und euch seiner Gesellschaft berauben ewiglich. Ite maledicti in ignem æternum: Gehet hin ihr Verfluchte in das ewige Feuer. O erschrecklicher Donnerknall
dieser Worte! besonders da das Feuer vor ihm hergehet,
und verbrennet umher alle seine Feinde, *Pfal.* 96. Weil
die Königinn von Saba, vor der mehr als königlichen Majestät Salomonis erstummet, und ihr der Geist gleichsam
entflohen, 3. *Reg.* 10. Weil die Königinn Esther sich vor
dem Angesichte des großen Asveri fürchtete, und nicht zu
ihm gehen dörfte, *Esther.* 4. Weil Daniel vor dem Anschauen
des Engels verschmachtet und unkräftig zur Erde niederfiel,
Dan. 10. Weilen eine hochverständige Person einer Gemeinde sich also entsetzet vor der Majestät Leopoldi primi,

Wintergrün.   B b b   daß

daß ſie kein einiges Wort hat vorbringen können, wie wird
es dir geſchehen, O Sünder und Sünderinn! wann du
mußt erſcheinen vor GOtt ſelbſten und dem Richter aller
Menſchen? vor welchem werden verſammelt werden alle
Menſchen, *Matth.* 25. Weil jene Kriegsſchaar und Soldaten der Jüden, welche Chriſtum JEſum fangen wollten,
wegen des einigen Worts: Ego ſum, Ich bins, vermaßen
mit Schrecken angefüllet worden, daß ſie zurück niederfielen,
Joh. 18. *v.* 6. Ach wie wirds dir geſchehen! wenn du wirſt
ſehen, wie der allergerechteſte Richter auf den Flügeln der
Winden getragen, und mit höchſter Majeſtät in ſeinem
Throne ſitzen wird, dem gegeben iſt alle Gewalt im Himmel und auf Erden, *Matth.* 28. Weil die Brüder Joſephs
ihren Bruder herrſchen geſehen über ganz Aegypten, und
zugleich beherzigten, was ſie vor Zeiten wider ihn begangen,
wurden ſie mit ſolcher Furcht überſchüttet bey jenen Worten,
da er ſagte: Ich bin Joſeph euer Bruder, den ihr in Aegypten verkauft habt: *Geneſ.* 45. daß ſie kein einiges Wort
reden konnten. Was werdet ihr thun, wann ihr denjenigen, welchen ihr mit euren Sünden ſo oft zu dem Zorn be-
wegt habet, werdet ſehen zu Gerichte ſitzen? Wenn er mit
einer erſchrecklichen Stimme zu euch ſprechen wird: Ich bin
GOtt, welchen ihr ſo oft beleidiget, und ſo vielmal zu dem
Zorne gezwungen, ſo ſpöttlich geläſtert und geſchmäht habt:
Was werdet ihr hierzu ſagen? ach kein einiges Wörtlein,
ſondern ihr werdet wollen gehen in die Felſen, und euch verbergen in eine Höhle unter die Erde vor der Furcht des
HErrn, und vor ſeiner herrlichen Majeſtät, *Iſaiæ.* 2. *v.* 19.

Erkenne ſich alſo ein jeder, und erforſche ſein Gewiſſen, wie er von allen ſeinen Gedanken, die bey der Welt
zollfrey geweſen, könne Rechenſchaft geben: Wie er wird
beſtehen mit all ſeinen unzüchtigen, übel nachlautenden, ver-
kleine-

kleinerlichen, lästerlichen, schmählichen, und allen sündlichen Worten, mit den äußerlichen fünf Sinnen, wie er sich derselben in Sehen, Riechen, Hören, Kosten und Tasten gebrauchet, oder misbraucht habe? Wie wird er sich verantworten wegen aller Gnaden und Gaben, des Leibs, der Seele, und äußerlichen Güter? Ein Jahr hat acht tausend sieben hundert und sechzig Stunden, wo sind sie hingekommen? Wie hat ein jeder ihm solche gemacht zu Nutzen? Erforsche ein jeder sein Thun und Lassen, so wird er ersehen, was er für ein Mensch, welcher für ein kleines Bethen, stets will die Gassen treten, und liebet mehr den Tanz als den Rosenkranz; mehr das Wirthshaus als Gotteshaus; mehr eine gute Compagnie als heilige Communion; mehr das Rauben als Glauben; mehr das Beuten als Beichten; mehrer das Springen als Singen; ungeacht er auch öfters mit einem wilden Ju=Ju=Geschrey ganze Gassen und Straßen angefüllet, und wie ein anderer Waldesel daher brüllet. Das wirket der Wein, wenn man voll und rauschig ist.

Einen wunderlichen Rausch muß gehabt haben Vincentius Ferrerius, da er durch sein Ju, Ju, die ganze Welt erschrecket. Freylich wohl war er voll, aber nur der göttlichen Liebe, und eines ungemeinen Seeleneifers, es brennete sein Angesicht nicht von einem Muscat oder Malvasier, sondern es war entzündet von dem innerlichen Feuer des Seelenheils. Es waren ihm zwar seine Augen aufgeschwollen und aufgelaufen, aber nur von dem vielfältigen Weinen über die Sünde der Menschen. Er rief, schrie und füllete an alle Gassen mit einem dem Menschen unangenehmen Ju, Ju, Ju, aber solches war nichts anders als das erschrecklichste Ju, Ju, Judicium, Gericht GOttes, dieses Gericht verkündigte er jederzeit den Sünder zu bewegen zu einer wahren Buße, damit er Gnade erlange, wenn er vor solchem scharfen Gerichte erscheinen, und Rechenschaft seines Lebens, auch von dem geringsten Gedanken geben muß. Vor welchem sich der Heil. Augustinus zwar keiner Sünde bewußt höchstens gefürchtet und um Gnade aufgeschrien: Ach mein JEsu! erbarme dich mein, damit ich nicht verzage, und ob ich schon verdient habe, daß du mich verdammen kannst, so wirst du doch mich Verlohrnen selig machen. Sey eingedenk deiner Güte gegen deiner unwürdigen Creatur, nicht aber deiner Gerechtigkeit gegen mir Sünder. Laß mich zuvor verkosten den Trank deines Kelchs, damit ich würdig, mich dir zu versöhnen werde.

> Ey hast du für mich empfangen
> Christe! so viel Pein und Spott;
> Christe dich ich, mein Verlangen,
> Ehr und preise als mein GOtt:
> Halte mich bey deinen Heerden,
> O mein liebster Bräutigam!
> Mach, daß ich genennt mög werden,
> O getreuer Hirt! dein Lamm.

Ein jeder Mensch sollte sich befleissen, durch die Abtödtung seiner Sinnen zu einem tugendreichen Wandel zu gelangen. Seinen Leib soll zerfleischen und durchstechen die Liebe GOttes und dessen Furcht; Der Purpur soll seyn die Mortification der äußerlichen Begierlichkeiten; das Rohr die Erkenntniß seiner selbst eigenen Schwachheit; die dörnerne Krone ein Dorngesträuch der fruchtbringenden Tugendrosen; die Stricke und Bande die Uebergebung seines eigenen Willens, durch welchen er verstrickt wird mit dem göttlichen; die Bloßheit die Verachtung alles Ueberflüßigen: Damit von ihm die Wahrheit gesagt werde, Ecce Homo: Siehe ein Mensch.

Das

Das ein und zwanzigſte Capitel.

Was man ſchwerſtes je gefunden,
Hat die Liebe überwunden.

Als Iſaak von ſeinem Vater Abraham zu einem Schlachtopfer ſollte aufgeopfert werden, mußte er ſelbſten das
Holz, ſo darzu vonnöthen war, auf ſeinen Schultern
herbey tragen. Chriſtus JEſus, welcher von ſeinem himmliſchen Vater in dieſe Welt geſandt war, für unſere Sünden genug zu thun, und ein Verſöhnungsopfer aufzuopfern,
welches er ſelbſten ſeyn ſollte, trägt nicht weniger das Holz
des Kreuzes auf ſeinen Achſeln. Denn weilen er genug zu
thun verlangte für unſere Sünden, als mußte er auch tra-

Bbb 3   gen

gen die Strafe. Die Strafe aber, dadurch für unſere Sün=
den ſollte gnug gethan werden, war das Kreuz, darum er
ſolches trug auf ſeinen Achſeln, weil er darzu gebohren, daß
er ſolches, als ein Kennzeichen ſeines Reiches und Herrſchaft
führete, nach jenen Worten: „Ein kleines Kind iſt uns ge=
„geben, und ſeine Herrſchaft iſt auf ſeiner Achſel, *Iſaiæ* 9. „
Was iſt aber ſeine Herrſchaft? Nichts anders als ſein Kreuz,
durch welches der Teufel überwunden, und die ganze Welt
von ſeiner Dienſtbarkeit in die Erkenntniß Chriſti, und ſei=
nen Gnadenſchutz berufen worden.

„Als Samſon gen Gaza gekommen, da umgaben ihn
„ſeine Feinde, die Philiſter, und ſetzten Wächter an die
„Thore der Stadt, und warteten allda die ganze Nacht in
„der Stille, daß ſie ihn an dem Morgen erwürgten, wann
„er heraus gieng. Samſon aber ſchlief bis zur Mitternacht,
„darnach ſtund er auf, nahm beyde Thüren des Thors mit
„ihren Pfoſten, und mit dem Schloß, und legte ſie auf ſei=
„ne Achſeln, und trug ſie oben auf den Berg, der gegen
„Hebron liegt. „ *Apprehendit ambas portæ fores cum poſti-*
bus ſuis & ſera, impoſitasque humeris ſuis portavit ad verti-
cem montis, qui reſpicit Hebron, *Judic.* 16. *v.* 3.

Der eingebohrne Sohn GOttes, als der ſtärkeſte Sam=
ſon, war auch mit vielen Feinden umgeben, ungeachtet aber
deſſen, nahm er die Thüren des Thors, ich will ſagen die
zwey Hölzer des Kreuzes, ſo die rechte Pforten ſind zu dem
himmliſchen Pallaſt, und trug ſie gegen den Berg, der ge=
nennet wird Calvaria, *Matth.* 27. *& Joan.* 19.

Es ſchreyet auf der Heil. Auguſtinus, in Betrach=
tung der ſchmerzlichen Kreuztragung, *Meditat. cap.* 39. Sie=
he, O HErr! meine Miſſethaten ſind über mein Haupt
ge=

gegangen, wie eine schwere Last sind sie mir zu schwer
worden, und so du nicht, dessen Eigenschaft ist allezeit sich zu erbarmen und verschonen, die Hand deiner Majestät unterlegest, so werde ich gedrungen, erbärmlich niedergedrückt zu werden. O mein JEsu!
freylich gehen wir zu Grund, wenn du nicht hilfst, aber deine
Barmherzigkeit läßt solches nicht zu, sondern hat dir schon
vor längsten aufgetragen zu erretten uns, und die Hand zu
unterlegen: Ja nicht allein hast du unterlegt deine Hand,
sondern dargebothen den ganzen Leib. Wer wollte sich
denn nicht mit ganzen Herzen bequemen zu einem geringen
Kreuz, wenn er sich dardurch dir ganz und gar vereiniget?

Der selige Amandus oder Henricus Suso *Dialog. cap.*
2. lehret: Welchem GOtt also in dem Herzen, oder
mit welchem er also innerlich vereiniget ist, daß das
Kreuz ihm leicht zu tragen vorkommet, der hat keine
Ursache sich zu beklagen. Niemand empfängt aus
ihm mehrere ungewöhnliche Süßigkeit, als nur derjenige, welcher mit dessen unannehmlichsten Bitterkeit
ersättiget ist. Denn derjenige beklaget sich zu dem
mehresten über die Bitterkeit der Schalen, dem die
Süßigkeit des Kerns verborgen ist, und den Geschmack
noch nicht empfunden.

Es reden zwar viele ganz leicht in dem Wohlstande
von dem Kreuze, aber die wirkliche Gegenwart desselben
schmerzet, ja die angefochtene Menschen gerathen zu Zeiten
vor Angst so weit, daß sie vermeynen, GOtt habe ihrer
ganz vergessen, und sie tragen alles Kreuz allein, aber ach
wertheste Gemüther, betrachtet euren Heiland, und erhebet
eure Augen gegen euren unter dem Kreuze gebognen JE-
sum, und beherziget, ob ihr ein gleichmäßiges Elend, Leiden

den und Erniedrigung euer ſelbſten ausgeſtanden. Erwäget, ob ein Schmerz ſey, als wie derjenige, den er leidet, *Thren.* 1. *verſu.* 12. und in Betrachtung deſſen, welcher ihn alſo mit der Laſt des Kreuzes beſchweret in ſeinem Herzen und Gemüthe anſieht, kann ſich nicht beklagen, ſondern wird ſich viel mehrer unter alle ihm begegnende Widerwärtigkeiten mit freudigen Gemüthe hinwerfen, und ſolche mit geringen Schmerzen übertragen. Es vermeynet zwar ein jeder, ſein Kreuz ſey das härteſte, ſchwereſte und unerträglichſte; aber halte er ſolches nur gegen jenem, welches der geliebteſte JEſus auf ſeinen zarteſten Schultern getragen, ſo wird er erfahren, daß es ſey annoch gar ſüß.

Vielleicht wirfſt du ein, und ſageſt, wenn ſolches Kreuz dir Schuldigen wäre auferlegt worden, ſo wolteſt du es gern tragen.

Aber höre: Biſt du unſchuldiger, als der unſchuldigſte JEſus? du verlangeſt zu wiſſen, was für ein Verbrechen, Sünde oder Laſter dich habe durch eine Krankheit in das Bett geworfen? ſage was für eine Mißhandlung hat JEſum gedrücket unter der Laſt des Kreuzes? biſt du vielleicht mehrer ohne Sünden als er? welcher iſt das unſchuldigſte Lamm, 1. *Petri* 1. Du beklageſt dich gar zu hoch der Unehre, mit welcher man dein gut Gerücht befleket. Iſt nicht Chriſtus ein **Verführer des Volks**, und ein Schwarzkünſtler zu ſeyn angeklagt worden? Du haſt vielleicht keinen Troſt von der Erden? trage es mit Geduld, und ſolchen Abgang wird erſtatten der Himmel. Denn ein ſolcher: Eſt diſcipulus ille, quem diligebat JEſus, *Joan.* 21. iſt der Jünger, welchen JEſus lieb hat.

Es hat einer ſein Weib wegen ihrer übergroßen Faulheit geſchlagen; die ſchrie und ſprach: Was ſchlägſt du mich, thue ich doch nichts. Der Mann antwortete, eben darum
schlage

schlage ich dich, du faules Rabenvieh, weilen du nichts thust.
Also macht es der gütigste GOtt mit uns Menschen! Er
schlägt und plagt uns zu Zeiten mit allerhand Kreuz und
Leiden, mit Prügel, mit Bengel, mit Stecken, mit Sten-
gel, mit Geißel, mit Ruthen, zu den Gluthen, da wir
doch vermeynen, als ob wir schön scheinen von Tugenden,
als wie das Angesicht Moses, *Exod.* 34. und rufen oft
aus Kleinmüthigkeit: Ach warum schlägt mich der gerech-
ste GOtt mit diesem oder jenem Kreuz? mit dieser oder jener
Trübsal? mit dieser oder jener Kümmerniß? wohl eine harte Nuß! und wollen gleich mit dem Blinden an dem Wege
darvon los seyn, und schreyen allerseits JEsu! du Sohn
David, erbarm dich meiner, *Luc.* 18. Ach werthestes
Gemüth! weißt du nicht, wen der HErr liebet, daß er
solchen züchtiget, *Hebr.* 12. damit ihm kein größeres Uebel begegne? Wie dann solches mit sondern Freuden bezeuget der königliche Prophet, da er singet: Der HErr hat
mich gezüchtiget, und dem Tode nicht übergeben,
welchen er wohl verdienet hat, *Psal.* 117. Ich lasse zwar
zu, daß du viel gutes verrichtest, und übest, aber beherzige, wie viel Zeit verfliesset, die du mit Müßiggang, Fau-
lenzen und Schlenzen verzehrest. Darum spornt dich der
mildreicheste Heiland mit dergleichen Widerwärtigkeit an,
fleißiger zu seyn, und mehrer Tugenden zu sammeln ein,
ungeacht solcher Ungelegenheit öfters eine Ursache ist die
Sünde.

Als Joab die Stadt Abel belagerte, wegen des Re-
bellen Seba, und nunmehr sich rüstete dieselbige zu stürmen,
da rief eine weise Frau aus der Stadt: Warum willst du
die Stadt umkehren, und die Mutter in Israel verderben?
warum willst du das Erbtheil des HErrn umstürzen? Joab
antwortete, und sprach, das sey fern, das sey fern von
mir, daß ich umstürzen und verderben sollte. Die Sache

Wintergrün.	C c c	stehet

stehet nicht also, sondern ein Mann vom Gebirge Ephraim,
mit Namen Seba, der Sohn Bichri, hat sich empöret wider den König David, gebet denselben her, so wollen wir
von der Stadt abziehen, 2. Reg. 20.

Solchergestalten machet es auch der gerechteste GOtt,
wenn die Sünde in den Menschen hinein schleichet als der
ärgste Feind GOttes, so belagert er solchen mit unterschiedlichen Kreuz und Leiden: Er wirft auf unterschiedliche Voll-
werke und Batterien der Geschwulsten: Er setzet solches
Ort in das Wasser allerley innerlichen Feuchtigkeiten und
Wassersucht: Er machet unterschiedliche Laufgräben und
Minen, durch den fressenden Krebs: Er beschließt solchen
mit mancherley Kunstfeuer des warmen und kalten Brands:
Er wirft die Mauren seines Fleisches darnieder durch die
Schwächungen der Glieder.   Aber warum ist der allergütigste Heiland so scharf gegen den Menschen, welcher doch
nicht will den Tod des Sünders, sondern vielmehr daß
er sich bekehre und lebe, *Ezech.* 33. Die Ursache ist alleinig, ach wertheftes Herz! weil du der Sünde einen Unterschleif verstattest! Gieb die heraus über den Wall deiner Lefzen, durch eine reuvolle Beicht, so wirst du von allem solchem Elend erlediget.

Eine betrübte und sehr angefochtene Seele stellete vor
auf eine Zeit ihr Kreuz dem mit dem Kreuz beladenen JE-
su, in herzlicher Betrachtung dessen so schweren Kreuzes,
und ihren Unkräften, oder Schwachheit.   Da hörete sie
gleichsam eine Stimme in dem innersten ihres Herzens: Trage solches mit Liebe, meine Tochter, denn ich will, daß du
die Bitterkeit meines Kreuzes versuchest, damit du mir allein
mit Liebe verstricket bleibest. Ich will, daß du die Bitterkeit meines Kreuzes versuchest, damit du alsdann auch die
Süße meiner Freuden mehrer erkennest. Ich will daß du
ver-

veracht seyst, und gedrückt mit Kreuz oder Leiden, damit
du meine Freundinn seyst in den ewigen Freuden. Wenn ein
Schiff mit höchster Gefahr des Untergangs und Verderbens
auf der See von den Winden herum getrieben wird, aber
siehet, daß ein anders Schiff das Land oder den Port erreichet, so wird es in Hoffnung gestärket, auch gleicher Weise das Ufer sicherlich zu erreichen; wie auch ein Soldat,
wenn er vermerket, daß ein Hauptmann mit fliegenden Fahnen des Feindes Mauer erstiegen, ein Herz fasset, und sich
bearbeitet ihm zu folgen, und die Stadt zu erobern. Also
ist die Welt eine ungestüme See, in welchem wir täglich
vielen Gefahren und Mühseligkeiten unterworfen, weil wir
aber wissen, daß so viele Auserwählte den Port des Heils
erreichet, und mit fliegenden Fahnen in Tragung des Kreuzes über alle Schanzen und Basteyen des Himmels steigen,
sollen wir ein Herz fassen, auch dahin zu gelangen, und die
Waffen des Kreuzes ritterlich zu führen; denn das Him-
melreich leidet Gewalt, und die Gewalt thun, die reißen
es zu ihnen, *Matth.* 12.

In den Büchern der Könige ist zu lesen, da die Kinder Israel zur Zeit Elisäi Holz haueten bey dem Flusse
Jordan, trug es sich zu, daß einer ein Holz abhieb,
und das Eisen in das Wasser fiel. Elisäus aber schnitt
ein Holz ab, und warf dasselbige dahin, und das Eisen schwamm 4. *Reg. cap.* 6. Zu unserm Vorhaben, redet
gar schön der Heil. Hieronymus, da er sagt: Hier ist Elisäus mit dem Holze zu suchen das Beil, das in das
Wasser versenkt, und dem Holze nach geschwommen
ist. Denn das menschliche Geschlecht, so von dem
verbothenen Holze bis in die Tiefe der Hölle gefallen,
ist wieder durch das Holz des Kreuzes Christi, und
die Taufe des Wassers in das Paradies eingeschwum-
men.

men.   Darum weil die Welt nichts ist als ein ungestümes
Meer, auf welchem der Mensch als ein unerfahrner Schiff=
man herumfähret, schreyet der Heil. Augustinus *Soliloq. c.*
35. auf: O Christe JEsu! des menschlichen Geschlechts
einige Hoffnung, dessen Licht von fern unter den di=
cken und finstern Nebeln auf dem ungestümmen Mee=
re hervor scheinet, erleuchte unsre Augen; als wie der
Glanz des Meersterns, auf daß wir zu dir, als ei=
nem sichern Gestade geleitet werden, regiere und leite
unser Schiff mit deiner Hand, und mit dem Steuer=
ruder deines Kreuzes, damit wir nicht untergehen in
den Wellen, daß uns die Ungestüme des Wassers
nicht unterdrücke, und die Tiefe uns nicht verschlinge,
sondern mit dem Hacken des Kreuzes ziehe uns heraus
aus diesem Meere zur dir unserm einigen Trost, den
wir mehr glänzenden als den Thurn Pharos in
Aegypten, von fern auf uns wartenden, an dem Ge=
stade des himmlischen Vaterlands kaum mit weinen=
den Augen anschauen.

Dieses Holz des Kreuzes, von dem der Heil. Augu=
stinus redet, und Christus auf seinen Achseln trägt, ist das=
jenige Ehrenzeichen, in welchem sich der Lehrer der Heyden
gerühmet sprechend: Es sey weit von mir, daß ich mich
rühme, als in dem Kreuze unsers HErrn JEsu Chri=
sti, durch welchen mir die Welt gekreuziget ist, und
ich der Welt, *ad Gal. 6.*   Aus welchem man abnehmen
kann, die wahre Nachfolgung, durch die der Mensch sei=
nem liebhabenden JEsu nachzufolgen verlanget.   Denn nie=
mand ein Nachfolger Christi zu seyn erscheinet, als jener
allein, welcher das ihm zugeschickte Kreuz geduldig trägt.
Darum Christus auch saget, Wer sein Kreuz nicht trä=
get, und mir nachfolget, der kann mein Jünger nicht
                                                    seyn,

ſeyn, *Luc.* 14. Ungeachtet derjenige, welcher vermeynet,
und ſich bemühet, das Kreuz und die Beſchwerniß Chriſto
nachzufolgen zu vermeiden, der fället unter viel andere
Kreuz, die ihm viel bitterer ſeyn werden. Denn weilen er
das ſüſſe Joch Chriſti *Matth.* 11. nicht tragen will, wird
er aus Verhängniß göttlicher Gerechtigkeit mit vielen und
ſchweren Bürden beladen werden, unter welchen er ermü=
det unterlieget. Ein jedes von JEſu zugeſchicktes Kreuz iſt
ein zu dem Herzen abgefertigter Liebesboth, und alle Wi=
derwärtigkeiten ſeyn köſtliche Gnadenzeichen ſeiner hönigflie=
ßenden Liebe. Wie aber dieſenige ihre Gnadenpfenning mit
größten Freuden herum tragen, und auf das fleiſſigſte ver=
wahren, alſo ſollen wir alle Trübſal, Angſt und Noth mit
Geduld übertragen, und in unſern Herzen als köſtliche Klei=
nodien verſchließen, damit ſie nicht durch eine Ungeduld uns
entraubet werden. Denn nichts ſchöners, ſchätzbarlichers,
liebreichers und gewünſchter kann ſeyn einer verliebten See=
le, als das Kreuz tragen und Widerwärtigkeiten ausſtehen.
Sintemalen wofern in dieſer Welt ein Ding würde vorhan=
den geweſen ſeyn, welches edler, köſtlicher, und dem Men=
ſchen nützlicher geweſen als die Trübſal, ſo hätte es GOtt
ſeinem eingebohrnen Sohn gegeben: Aber weilen nichts ed=
lers und koſtbarlichers vorhanden war, ſo hat GOtt ha=
ben wollen, daß er mehr hat leiden und ausſtehen
müſſen als alle Menſchen, denn des Lei=
dens Lohn iſt eine dreyfache Kron.
Darum iſt

Selig,

I.

Selig, ja selig, wer sich selbst beweget,
Leiden zu tragen, Kreuz, Schmerzen und Streit;
Welches nach dieser Zergänglichkeit pfleget,
Mit sich zu führen die ewige Freud:
Selig wer alles geduldig erduldet,
Welches im Himmel wird dreyfach verschuldet,
Jeder zum Leiden nun seye bereit.

II.

Zeitliches Leiden und Streiten zu leiden
Scheinet gar vielen unmöglich zu seyn;
Aber das Leiden bringt ewige Freuden,
Ewige Freuden für ewige Pein:
Zeitliches Leiden nimmt Ende behende,
Himmlische Freuden beharren ohn Ende,
Welcher Mensch wollte ohn Leiden denn seyn?

III.

Zeitliches Leiden noch schmerzet gelinde,
Zeitliches Leiden vergehet wie Schnee;
Schwindet geschwinde wie schwindende Winde,
Zeitliche Wollust bringt ewiges Weh:
Schmerzen der Hölle beharren ohn Ende,
Zeitliche Schmerzen vergehen behende,
Jeder mit Freuden zum Leiden dann geh.

IV.

Dieser Zeit Plagen sind leichtlich geschlagen,
Gegen der ewigen höllischen Quaal;
Zeitliche Klagen und Plagen uns jagen
Hin zu den Freuden, in himmlischen Saal:
Zeitliche Schmerzen entzünden die Herzen,
Wie miteinander zwey liebende scherzen,
Je höher die Ehren, je tiefer der Fall.

V.

Praufende Wellen den Felsen anbellen,
Schlagen und Wüten gar saufend nach ihm;
Aber der Felsen der bellenden Wellen
Achtet nicht, weder ihr wütenden Grimm:
Weilen ihr praufend- und schlagendes Krachen
Selben nur schöner und sauber thut machen,
Zu JEsu das Kreuz ist ein rufende Stimm.

VI.

Wann treffliche Früchte soll tragen die Erden,
Muß sie geackert und wohl gebaut seyn;
Gepflüget, geeget, muß fleissig sie werden,
Sonst man von ihr nicht viel gutes bringt ein:
Mit dem Pflugeisen man thut sie zerreißen,
Wacker und aber man muß sich befleißen,
Also Frucht bringet das Leiden und Pein.

VII.

Wie ämsig dem Garten thut täglich abwarten
Der Gärtner, mit Pußen und Stußen gar harb;
Bis er der Blumen vorbringet viel Arten,
Welche schön riechen, und zierlich an Farb:
Also der Mensch, der nichts anders als Erden,
Muß umkehrt, pußet und stußet auch werden,
Bis er erhaltet fruchtreichliche Garb.

VIII.

Daß ein ungstalter Stock werde formieret
Zu einem schön- und gestalteten Bild;
Welcher sein Stamm von der Grobheit herführet
Von Aesten und Rinden ganz schändlich und wild:
Muß solcher zum Hammer und Schlag sich bequemen,
Ihme die Grobheit und Wilde zu nehmen,
Bald daraus kommet ein zierlicher Schild.

Die

IX.

Die Erden geſtoßen, gewirket, gekneten
Vom Hafner zu brauchen gar fleißig auch wird
Genetzet, getrocknet, mit Füßen getreten,
Sie auf der Scheiben vielmalen umführt:
Alſo GOtt auf der Welt rundigen Scheiben,
Thut den Menſch in dem Kreuz tapfer umtreiben,
Bis er gewinnt ihm ein gefällige Zierd.

X.

Auf daß das Waizenkorn werde zerrieben
Zu einem ſchön weißen und ſauberen Meel;
Wird es durch Steiner und Beutel getrieben,
Alſo auch jede chriſtliebende Seel:
Chriſtus ſie, ſein Getreid weiſſer zu mahlen,
Treiben thut durch die Kreuzſteine, und Quaalen,
Daß ihr nicht gehe das Himmliſche fehl.

XI.

Die Ballen das Schlagen in Höhe thut jagen,
Dem Silber der Hammer bringt einige Zierd;
Die Bäume und Pflanzen mehr Früchte thun tragen,
Wenn ihnen beſchnitten das Schädliche wird:
Das Stutzen und Putzen dem Weinſtock bringt Nutzen,
Behänget mit Trauben kann andere trutzen,
Bis er zur Tafel gen Hof wird geführt.

XII.

Empfangen ein Wunden, iſt noch nicht geſchunden,
Gefochten, geſtritten, gelitten muß ſeyn;
Keiner das Beuten ohn Streiten gefunden,
Streiten und leiden das Beuten bringt ein:
Welcher verlanget bereichert zu werden,
Muß zuvor leiden unzahlbar Beſchwerden,
Preſſen der Trauben, macht endlichen Wein.

Ein

XIII.

Ein Ballon je ſtärker geſchlagen auf Erden
Je mehrer und ſtärker er über ſich ſpringt;
Je tiefer ein Bäumlein wird eingeſetzt werden,
Je höher ein ſolches ſich über ſich ſchwingt:
Je tiefer die Wellen in Abgrund thun fallen,
Je ſtärker und höher ſie über ſich wallen,
Mit Schlagung der Saiten ein Tänzel erklingt.

XIV.

Dieſer Zeit Schmerzen im Herzen verſcherzen,
Stehet all liebenden Chriſten wohl an;
Welche im Herzen ſind brennende Kerzen,
Und uns erleuchten die himmliſche Bahn:
Keiner ſoll wider das Leiden was ſchelten,
Weilen im Himmel es gar viel thut gelten,
Leide nur jeder was leiden er kann.

XV.

Dieſer Zeit Leiden iſt wie nichts zu achten
Gegen dem ewigen hölliſchen Leid;
Beſonders wenn man thut beharrlich betrachten,
Die darauf folgende himmliſche Freud:
Einem in JEſum verliebenden Herzen,
Iſt nichts angenehmer als dieſer Zeit Schmerzen,
Liebeſt du JEſum; das Leiden nicht meid.

XVI.

Zeitliche Schmerzen ſind herziges Scherzen,
Welche erlangen den zierlichſten Kranz;
Die auch beſchützen von Sünden die Herzen
Wie ein wohltrefflich geordnete Schanz:
Wann ſich zu Abend die Sonn hat verborgen,
Iſt ſie dem Menſch den zukünftigen Morgen,
Schöner und lieber in ſtralenden Glanz.

XVII.

Wann sich der Tag hat bekleidet in Dunkel,
Und sich bedecket in traurigen Flor;
Scheinet mir heller der edle Carfunkel,
Werfend von sich seine Stralen hervor:
Also ein Seel, die mit Schmerzen gefüllet,
Und mit Kreuz, leiden, ist dunkel verhüllet,
Scheinet nur klärer im himmlischen Chor.

XVIII.

Je stärker die Winde mit Prausen thun wehen
Auf der grünkraußen gewässerten Straß;
Je geschwinder mit Segeln ein Schifflein thut gehen,
Zertheilend desselben zerbrechliches Glas:
Also das Kreuz, Pein auch Schmerzen und leiden,
Wann wir von dieser Welt müssen hinscheiden,
Machen zum Himmel eröffneten Paß.

XIX.

Heiliges leiden, wer sollt dich dann meiden?
Dich meiden ist scheiden und weichen von GOtt,
Niemand soll meiden so kostbares leiden,
Wer nicht will werden im Himmel zu Spott:
leiden in Freuden sich leichtlich verkehret,
Weilen das leiden ein kleines nur währet,
Auf leiden Freud bringet der eilende Tod.

XX.

Wer liebet das leiden stets lebet in Freuden,
Weil das, so man liebet, das Herze erquickt;
Darumen das leiden nicht einer soll meiden,
Wann er im Freyen will stets seyn beglückt:
lustiges Scherzen sind Schmerzen dem Herzen,
Entzünden die Herzen wie brennende Kerzen,
leide ein jeder was ihme GOtt schickt:

Nun

Nun vielleicht möchte einer einwerfen, wenn das Kreuz und Leiden ſo nützlich, erſprießlich und hochgeachtet wird: Warum iſt es denn ſo beſchwerlich und mühſam zu tragen?

Ich vermerke dreyerley Urſachen. Erſtlich, von wegen der ſchlechten Liebe, die wir zu Chriſto unſerm Erlöſer haben; zu dem andern, weilen wir ſo wenig gedenken an die große Nutzbarkeit, welche aus den Trübſalen entſtehet; drittens, weil wir ſo wenig beherzigen, das heilige Leiden und die Schmerzen, welche Chriſtus unſer Heiland erlitten wegen uns elenden Menſchen, dahero ſpricht der Heil. Gregorius, wofern das Leiden Chriſti unſers HErrn würde zu Gemüth geführet, ſo würde kein Ding ſo hart, rauh und bitter ſeyn, welches wir nicht mit einem geduldigen und mitleidenvollem Herzen übertragen. Keine ſchlechte Gnade und Ehre erzeiget GOtt demjenigen, welcher in dieſer Welt mit Trübſäligkeit angefochten wird. Denn er machet ihm denſelbigen ſelbſt gleich, und theilet mit ihm ſeine ausgeſtandene Angſt, Mühe, Trübſal und Verfolgung. Es iſt zwar nicht ohne, ſolche Uebertragung der Widerwärtigkeiten verurſachen Schmerzen, denn dadurch wird ſein Name vertheidiget, doch bringet das Kreuz nur eine kurze und kleine Pein, aber eine ewige Freude. Jenem allein iſt es auch nur beſchwerlich und verdrießlich, dem es zuwider, welcher es aber mit Liebe trägt, demjenigen iſt es ganz angenehm, der Welt zwar verächtlich, aber bey GOtt in großen Ehren. Weilen das Kreuz den Zorn GOttes viel ehender auslöſchet, als ein ganzes Zähermeer. Dem Menſchen bringet es die göttliche Gnadenflüſſe und Freundſchaft, machet aus einem irdiſchen einen himmliſchen Einwohner. Das Kreuz zieret den Menſchen mit Tugenden, ziehet von der Welt, und führet ihn zu der göttlichen ewigen Gemeinſchaft; denn das Kreuz der ſicher-

ſte

ste und kürzeste Weg dahin. Das Kreuz hält verborgen einen solchen Nutzen, daß, welcher es recht erkennete, der würde es nicht anderst als ein unschätzbarliches Geschenk von der Hand GOttes annehmen; ja den mildreichesten GOtt Tag und Nacht unaufhörlich bitten, um die Gnade, ein Kreuz zu empfangen. Kurz abzubrechen, so ist das Kreuz dasjenige Tausend Guldenkraut, welches den Menschen erhält von gefährlichen Fall, und die Seele behält in der Demuth: Bringet sein selbst Erkenntniß, lehret die Weisheit, beschützet die Keuschheit, und bringet die Krone der ewigen Seligkeit. Denn wie viel sind, welche gleichsam gefährlicher und näher waren ihrem Verderben, als einer zwischen Scyll und Charybd dem Versinken, und sind durch das Kreuz errettet worden? Wie viel sind, welche gleichsam als wilde Thiere unvernünftig gelebet, und in dem Koth der Sünden schändlicher Weise sich herum gewälzet, aber durch das Kreuz auf den rechten Weg gebracht worden? Wie viel sind, welche an der Lieblichkeit ihrer Seelen ganz verwelkt erschienen, und durch das Kreuz als eine liebliche Rose von dem Thaue des grünen Mayen befeuchtet worden? Was hat den Nabuchodonosor nach seinem sündigen Leben wieder zu der Buße getrieben, als allein das Kreuz, *Dan.* 4. Was hat Manassen, da er die Abgötter verehret, und ihnen geopfert, wieder zu dem wahren Weg gebracht, als das Kreuz? Dann nachdem ihn seine Feinde gefangen hingeführet, von der Reue über seine Sünde gerührt, ist er in sich selbst gegangen, und hat sein Leben gebessert, 2. *Paral. cap.* 33. Was hat dem Schächer an dem Kreuze diese gute Worte zuwegen gebracht: Heute wirst du mit mir seyn in dem Paradiese, da er an demselbigen JEsum gebethen, seiner zu gedenken, wann er in sein Reich kommen werde, als allein das Kreuz, *Luc.* 23. Sintemalen das Kreuz machet aus einem von

Schlenz-

Schlenzburg einen Freyherrn von Debetmann, wordurch man muß und gezwungen wird zu dem Guten. Iſt alſo das Kreuz derjenige Magnet, welcher den Menſchen zu GOtt ziehet, er wolle oder wolle nicht. Das Kreuz iſt ein ſüſſer Balſamgeruch vor dem Angeſichte der göttlichen Majeſtät, darüber ſich das ganze himmliſche Jeruſalem verwundert. Das Kreuz bekleidet die Seele mit einem über die maßen ſchönen Kleide, bekrönet dieſelbige mit den wohlriechenden Roſen, und begabet ſie mit einem ſehr ſchönen Zepter, von dem grüneſten Palmenbaum. Was hat die Märtyrer an= gefriſchet zu leiden ſo viel Peinen, als ſolche Eigenſchaft des Kreuzes? Was hat gemacht, daß ſie mit freudigem Gemüthe ſich allen Tormenten unterworfen, als ſolche Ei= genſchaften des Kreuzes?

Es meldet ein Doctor bey Johann Gerſon, *L. de trib. Conc. 4ta.* daß obſchon ein Menſch dermaßen gerecht und heilig ſeyn könnte, daß er ganz rein und unbefleckt von allen Sünden wäre, auch daß er würdig gemacht würde mit den Engeln zu reden, inmaſſen der heiligen Büſſerinn geſchehen, ſo würde doch derſelbige nicht ſo viel verdienen, als derjenige, welcher nur eine einige kleine Trübſal mit wahrer Geduld er= trüge in dieſer Welt von wegen Chriſti, ihm in wahrer Liebe nachzufolgen.

Wer giebt mir denn das Kreuz Chriſti, damit ich es trage, und ihm nachfolge. Ach ſüſſeſter JEſu! verſchaf= fe, daß ich dich liebe, und aus Begierde deiner able= ge die Laſt aller fleiſchlichen Neigungen, oder die aller= ſchwereſte Bürden der irdiſchen Wollüſten, welche widerſtreiten, und beſchweren meine arme Seele, la= de auf dafür mir ein Kreuz, damit ich dir nachfolge, und ich möge mit deinem Apoſtel rühmen zu ſeyn ein Nachfol= ger deines Lebens. Solle denn beſſer ſeyn ein unvernünfti=

ger

ger Esel, welchem die Natur ein Kreuz auf seinen Rücken gebildet, als ich, der ich zu einem Ebenbild GOttes und Nachfolger seines Sohns erschaffen? Nein, nein, sondern, o mein GOtt! drücke mir auch ein die Abbildung des Kreuzes, die Last zwar meinem Leibe, die Süssigkeit aber meiner Seele. Doch bitte ich zugleich auch um Geduld, daß ich dir nachfolge, o mein JEsu! in dem Geruche deiner Salben. Indessen will ich einladen zur Nachfolge alle Herzen, mit welchen du hast deine Freude, damit wann ich schlafe, mein Herz dennoch wache, und mit ihnen dich zugleich begehre unter die Kreuzeslast zu begleiten.

I.

Kommt ihr Liebste, euch bereitet,
Euch ergießt in Zäher reich;
Meinen JEsum ach begleitet!
Laufet her, ach kommet gleich!
Euch herfügt und nicht mehr stehet,
Denn mein JEsus allhier gehet
Mit dem Kreuz beladen schwer,
Kommet ach! ach kommet her.

II.

Wie viel Schläg muß er ertragen,
Von der schweren Last gedruckt;
Niemand kann genugsam klagen
Mit Bedauren, wie gedruckt:
Er geduldig seinen Rücken
Unter dieser Last thu bücken;
Und die schwere Kreuzeslast
Mit beyd Händ und Arm umfaßt.

III.

Hercules hat wohl mit nichten
Ein so starken Unterstab;

(Wie von ihme man thut dichten,
Er die Himmel tragen hab,)
Da gebraucht, darauf den seinen
Müden Leib, daß er könnt leinen;
Wann vielleicht ermüden wird
Er von solcher schweren Bürd.

IV.

Da den Goliath erschlagen
David, als ein Hirtenknab;
Hat er nur bey sich getragen
Einen schwachen Hirtenstab:
Aber da geschlagen werden,
Muß der Feind Himmels und Erden:
Braucht man einen großen Trab,
Nicht nur einen Hirtenstab.

V.

Samson beyde Thür der Pforten
Traget leicht und unverzagt;
Aber JEsus jener Orten
Schwer an diesen Pfosten tragt:
Schwerer war da nichts zu finden

Als

Als alleinig unſre Sünden,
Deren aber ganz allein
JEſus will ein Träger ſeyn.

VI.

Wenn ein wenig ich betrachte,
Wie dich, o mein höchſter GOtt!
Meine Freud und Wolluſt machte
Vor der ganzen Welt zu Spott:
So weis ich nicht wie ich können
Doch werd mich glückſelig nennen;
Ohne, wenn ich nicht werd ſeyn
Härter als ein Kieſelſtein.

VII.

Wenn ich führ zu Gmüth und Herzen
Dein ſo große Quaal und Pein;
Iſt gleichſam vor großen Schmerzen
Ganz erſtarrt das Herze mein:
Es vor Schmerz zu Boden ſinket,
Da dein Lieb mein Kreuz austrinket;
Und verwundet allerſeits,
Treibt dich annoch zu dem Kreuz.

VIII.

Darum wie wollt es ſich ſchicken,
Wenn ich ſtets ohn Kreuz ſoll ſeyn?
Wenn du wollteſt mich erquicken
Und hinnehmen alle Pein?
Nein, nein dieß ſoll nicht geſchehen,
Weil du thuſt hinaus auch gehen;
Tragend ſelbſten das Kreuz dir,
Es vielmehr gebühret mir.

IX.

Weil du denn das Kreuz thuſt tragen
Für mich, und ſo ſchwere Pein;
Ich mich nicht des Kreuz entſchlagen

Kann, und ohne Peinen ſeyn:
Denn wenn ich dich recht will lieben,
Ich nicht kann das Kreuz hinſchieben;
Und genieſſen höchſter Freud,
Du hingegen höchſtes Leid.

X.

Weil du biſt die wahre Liebe,
Die allzeit das Kreuz begleit;
Alſo dich von mir hinſchiebe,
Wenn zum Kreuz ich nicht bereit:
Mehr die Dorn ich will als Roſen,
Dir mein Liebſter zu liebkoſen;
Daß mir nach der Dörnerſtrauch
Werd zu Theil die Roſen auch.

XI.

Denn ich kann das Kreuz nicht ſchel-
ten,
Weiſen es bey deinem Thron;
Unausſprechlich viel thut gelten,
Und bringt ein erwünſchten Lohn:
Haſt du nicht auch viel gelitten,
Und bis auf das Blut geſtritten?
Warum wollt ich denn allein
Ohne Kreuz und Leiden ſeyn?

XII.

Darum will ich auf mich nehmen,
Was mir ſchickt der Liebe GOtt;
Will zum Kreuz mich ſtets bequemen,
Zu den Peinen, Schmerz und Spott:
Will mit Freuden es umfaſſen,
Und niemalen mehr verlaſſen;
Sondern JEſu folgen nach,
Der für mich trägt Kreuz und Schmach.

Wenn

XIII.

Wenn ich meine Arm verwandeln
Könnte doch in Fesselband;
Oder Seiler könnt einhandeln
Für die ein und andre Hand:
Ach wie wollt ich nicht hinlaufen:
Solche Band geschwind zu kaufen,
Zu verstricken mir das Kreuz,
Daß ich es hätt allerseits.

XIV.

Ach wie wollt ich es umfangen
Wie ein Gspons sein Braut umfangt;
Denn nach ihm steht mein Verlangen,
Und mein Herz nach ihm verlangt;
Nichts ich lieber wollt erkennen,
Nichts ohn JEsu ich wollt nennen
Liebers, als o süßes Kreuz!
Dich zu haben allerseits.

XV.

Denn du bist die güldne Schüßel,
Darinn liegt verborgner Weis
Der erwünschte Himmelsschlüßel
Zum beglückten Paradeiß:
Mir auch alle Ehrenzeichen
Müssen ohn allein dir weichen;
Du bist mir die liebste Gab,
O du schöner Kreuzestrab.

XVI.

Ich ein Liebesboth dich nenne,
Denn du mir das liebste bist;
Wodurch ich allzeit erkenne
Was mir sonst verborgen ist:
Wenn du mir mein Herz getroffen,
Hab mein JEsu dich zu hoffen;
Darum ich dich allerseits
Liebe, o du werthes Kreuz.

XVII.

Weil du thust die Seel bekleiden
Mit ein schönen Hochzeitkleid;
Wodurch man nach kurzem Leiden
Gniesset einer steten Freud:
Wie der Magnet Eisen ziehet,
Dir die Himmelsfreud nachfliehet;
Darum mir die liebste Gab
Bist, o süßster Kreuzestrab,

XVIII.

Du die Seel auch schön bekrönest,
Zierest sie mit güldner Kron;
Und den Sündenmensch versöhnest,
Dein erzürnten GOttes Sohn:
Auch auslöschest du die Sünden,
Und den Mensch thust GOtt verbinden;
Darum mir die liebste Gab
Bist, o süßster Kreuzestrab.

XIX.

O du seligsts Ungewitter!
Das du mit erwünschtem Zwang
Vielen durch die Unglücksgitter
Hast geleitet ihren Gang:
Von dem eiteln Weltgetümmel
Auf den rechten Weg des Himmel;
Darum ich dich jederseits
Liebe, o du werthes Kreuz.

XX.

Ey so komm denn Pein und Quaalen,
Mehrers nichts verlange ich;
Doch mit deinen Gnadenstralen
JEsu! auch bestrale mich:

Damit mich nach Kreuz und leiden
Nichts von dir mehr möge scheiden;
Sondern nach dem Kreuz und leid
Ewig sey mit dir in Freud.

Freylich wohl, wenn wir erkenneten die verborgene
Süssigkeit, welche begriffen ist in den Widerwärtigkeiten,
würden wir die Segel unserer Begierden viel mehrer aus-
spannen gegen derselben prausenden Winden, als gegen
den liebkosenden Lüften der göttlichen Tröstungen; indem
wir uns mit einem sehr großen Schatz bereichern können von
den Trübsalen; hingegen haben wir große Verantwortung
wegen der Tröstungen. Ach! wo wären jetzunder viel, als
sie richteten die Schiffahrt ihres Lebens nach dem Nordstern ihrer Neigungen, wenn ihnen GOtt nicht wäre in dem
Weg gestanden durch das zugeschickte Kreuz? unfehlbar wären sie schon getragen worden, durch die Winde der Ueppig-
keiten in die öde Wüsteney der Eitelkeit. Also ist das Kreuz
ein glückseliges Ungewitter, welches viele laufenden Begierden gewendet, daß sie gezwungen worden, Port zu fassen in
dem sichern Haven der göttlichen Liebe und Furcht, und
da sie sonsten gestorben wären auf jenem Bette, wo die
Diebe ihr Leben endigen ohne Krankheit; und nicht unfüglich, denn für solche Buhler gehöret eine solche unehrliche
Ruhestatt. Es ist ein erwünschter Zwang, welcher viel
mehrer nöthiget zu dem Guten, als das Zuchthaus zu Am-
sterdam! und nicht unrecht, denn auf solche Buben gehöret
gleiche Züchtigung, und für solche Vögel ein nicht unglei-
cher Kesicht: Es ist eine süsse Gewaltthätigkeit, welche viel
mehrer getrieben ohne ihr Anmaßen zu der Tugend, als die
Ruthen des Herculis! und nicht unbillig, denn zu solchem
Stockfischklopfen gehöret ein solcher Hammer, und zu einem

Wintergrün.　　　　Eee　　　　　　　sol-

solchem Tanz gebühret ein gleicher Hackbretschläger. Es ist eine glückvolle Noth, welche dem Menschen zueignet einen unschätzbaren Schatz der himmlischen Verdiensten; und nicht uneben, denn auf solche Armen gehöret ein solches Almosen, aus welchem, der es empfänget, erkennen kann die Liebe und Wohlgewogenheit desjenigen, so es schenket.

„Es ist zwar nicht ohne, alle Züchtigung, so lang „sie währet, gedünket sie uns nicht frölich, sondern ein „traurig Ding zu seyn; aber hernach wird sie geben eine „friedsame Frucht der Gerechtigkeit, denen, die dadurch „geübet werden. Denn welchen der HErr liebt, den züch= „tiget er. Er geißelt einen jeglichen Sohn, den er aufnimmt, „*ad Heb.* 12. *v.* 6. & 11. Wenn aber GOtt den Sohn gei= „ßelt, spricht der Heil. Augustinus *in Psal.* 9. *v.* 14. so versorgt „und heilet er ihn unter der Hand des Vaters, der ihn „geißelt, das Erbtheil anzunehmen, unterrichtet er ihn von „der Erbschaft, und schließet ihn nicht von derselben aus, „indem er ihn strafet, sondern darum züchtiget er ihn, da= „mit er sie empfange. „ Denn gleichwie das Gold und Silber in dem Feuer, also werden die Menschen, so GOtt gefallen, in dem Ofen der Trübsal bewähret, *Eccl.* 2. *v.* 5. darum sollen wir uns rühmen in den Trübsalen: weil wir wissen, daß Trübsal Geduld bringet, Geduld aber bringt Bewährung, die Bewährung Hoffnung, die Hoffnung aber läßt nicht zu Schanden werden, *ad Rom.* 5. *v.* 3. inson= derheit da wir darzu beruffen sind; sintemal auch Christus gelitten hat für uns, und uns ein Vorbild gelassen, daß wir sollen nachfolgen seinen Fußstapfen, 1. *Petri* 2. *v.* 21. Wie wir aber denselbigen sollen nachfolgen, lehret gar schön der Heil. Ambrosius , da er *in Psal.* 37. sagt: „Der Gerechte „verlanget sein Leben anzustellen nach Form und Gleichheit „seines Geliebten; schweiget zu der Anklage und Beleidi=

gung

„ gung, läßt die Schuld nach; achtet nicht die Verſpottung,
„ damit er demſelbigen nachfolge, welcher als ein Lamm zu
„ der Schlachtbank geführet, nicht aufgethan hat ſeinen
„ Mund, denn er weis gar wohl, daß der Herr nahe bey
„ denen iſt, die eines betrübten Herzens ſind, und hilft de=
„ nen, die demüthig ſind von Herzen *Pſal.* 33.   Weſſentwe=
„ gen David voiler Zuverſicht geſungen: Wenn ich ſchon
„ wandeln werde mitten in dem Schatten des Todes, fürch=
„ te ich doch kein Unglück, denn du biſt bey mir *Pſal.* 22. „
Wie wir aber vermerken, daß GOtt bey uns in der Trüb=
ſal; ſolches beantwortet der Heil. Bernhardus, da er ihm
auf angeregte Frage antwortet: „ Weil wir mit Trübſal be=
„ haftet ſeyn, denn wer würde die kleineſte Widerwärtigkeit
„ ohne ihn können ausſtehen? „ Ohne ſeine Gegenwart wür=
den wir ſeyn in den Trübſalen, als wie ein ruderloſes Schiff
bey prauſenden Winden unter den ungeſtümen Wellen.

Als David erzählte, was für köſtliche Sachen in der
Schatzkammer der göttlichen Majeſtät gefunden werden,
benennet er vornämlich die Winde und Ungeſtümigkeiten
der Trübſalen.   Qui producit ventos de theſauris ſuis, *Pſal.*
134.   Er bringt die Winde aus ſeinen Schätzen hervor.
Alle Väter verſtehen dieſen Ort von den Widerwärtigkei=
ten.   Darum, als jene Braut ihrem Geliebten in allem zu
gefallen verlangte, und auch ihn zu ihrer Liebe anzureizen
begehrte, bereitete ſie ihm ein Gärtlein, pflanzte allerhand
Bäume darein, erquickte und erfriſchte ſolches mit luſtigen
Brunnquellen, und erfüllte es mit den ſchönſten Blüm=
lein, mit Einladung der ungeſtümeſten Winde:
„ Surge Aquilo & veni Auſter, *Cant.* 4.   Stehe auf Nord=
„ wind, und komme Sudwind, und wehe durch meinen
„ Garten, damit ſeine Gewürze triefen. „ Die Seelen der
Auserwählten ſind die Bräute GOttes und Luſtgärten, in

Eee 2

wel=

welchem die Bäume der Tugenden, die Bronnquellen der
Gnaden, die Blümlein der guten und heilſamen Begierden,
und die Früchte der Verdienſten gepflanzet ſind, alles dieſes aber kann nicht wachſen, noch in die Höhe ſich erheben,
wofern nicht die Trübſäligkeiten des Nord- und Sudwinds
ſich erheben, und ſolches durchwehen.   Bey Durchwehung
aber dieſer Winde kann eine ſolche Seele ſprechen: „ Wie
„ ein Palmbaum bin ich erhöhet worden, *Eccl.* 7.   Denn je
mehrer der Palmbaum gedrückt und beſchweret wird, je
mehrer er über ſich ſteigt: alſo auch eine Seele, je mehrer
ſie durch die Trübſalen angefochten wird, je mehrer
wird ſie dem Himmel näher.

Das

Das zwey und zwanzigste Capitel.

Wer ſtreitet auf den letzten Mann,
Sich billig dann erfriſchen kann.

Als Iſaak Jakob befohlen ſein Vaterland zu beurlauben,
und in Meſopotamien ſich zu begeben, in das Haus
Pathuel des Vaters ſeiner Mutter, und ſich zu verehe-
lichen mit einer der Töchter Laban ſeiner Mutter Bruder,
folgte er dem Befehl ſeines Vaters, und reiſete aus von
Berſabea. Aber nachdem er zu einem Ort gekommen, da
er nach Untergang der Sonne ruhen und ſchlafen wollte,
nahm er einen von den Steinen, die da lagen, und legte
ihn unter ſein Haupt, und ſchlief an demſelbigen Orte. In
Eee 3

dem

dem Schlafe aber sah er eine Leiter, die stund auf der Erde,
und rührete mit den Spitzen an die Himmel; auch sah er
die Engel GOttes auf derselbigen auf- und abgehen, und
den HErrn auf die Leiter sich leinen, *Gen.* 28.

Eine nicht viel ungleichere Leiter, erstreckend sich von
der Erde bis zu den Himmeln, wird unserm Gemüthe zu
betrachten allhier vorgestellet, nämlich das heilige Kreuz;
an welchem sich nicht nur allein anleinet der gütigste Heiland,
sondern ist so gar an dasselbige angeheftet, damit er nicht
weichend stets vor den Augen unsers Gemüths gegenwärtig
verbleibe, gleich als ein wahrer Nordstern, nach welchem
unser Herz sich mit richtiger Wendung ohne einigen Irrgang
solle neigen. Denn wenn die Welt anders nichts ist, als
ein großes weites Meer, auf welchem der arme Mensch von
den Wellen der Widerwärtigkeiten herum getrieben wird,
so ist das heilige Kreuz ein an dem Gestade fest eingewurzel-
ter Baum, an dessen Stamme wir das Schifflein unsers
Gemüths, welches von unterschiedlichen Bewegungen hin
und wieder geworfen wird, befestigen können. Wenn die
Welt anders nichts ist, als jener Irrgarten Dädali, in
welchem der höllische Minotaurus dem Menschen nach der
Seele stellet, so ist das heilige Kreuz jener hülfliche Faden
Ariadne, durch welchen ihm wird herausgeholfen. Wenn
die Welt anders nichts ist, als eine wie die ägyptische von
den Sünden gleichsam begreifliche Finsterniß: So ist das
heilige Kreuz jener glänzende Thurn Pharos, an welchem
ausgestecket zu sehen ist das hellstralende Licht Christus JE-
sus. Wenn die Welt anders nichts ist, als ein frembdes
Land, durch welches die Nachkömmlige, Adams nach dem
wahren Vaterlande reisen müssen: So ist das heilge Kreuz
ihnen bey großer Hitze der lasterhaftigen Liebesflammen ein
erwünschter Schatten bringender Baum, unter welchem sich
kann

kann erfriſchen der Menſch, darum, wenn ich ſolches an-
ſchaue, ſo bedünket mich, ich ſehe den Baum des Lebens,
der mitten in das Paradies gepflanzet war *Gen. 2,* oder den
Stab Moſis, der die Schlangen unſers Aegyptenlands ver-
ſchlungen, und die Waſſer Mará ſüß gemacht, *Exodi 7. &*
15. Wenn ich meine Augen gegen ihm hinrichte, ſo bedünket mich, ich ſehe den Thron Salomons, der auf den Löwen ſteht *3. Reg. 10.* den Tabernacul des Bunds, der mit
Flügeln der Cherubinen bedecket iſt, *Exodi 25.* oder aber
den Schlüſſel Davids, der die ewige Thüre aufſperret; den
Stab Jakobs, mit welchem wir durch den Jordan dieſer
Welt gehen; die Schlingen David, mit deren wir die hölliſche Rieſen erlegen; und die Leiter Jakobs, auf deren wir
gen Himmel ſteigen. Es ſagt der geliebteſte Heiland von
ihm ſelber: *Ego ſum Paſtor bonus, Joan. 10.* Ich bin ein
guter Hirt: Nun aber, wenn ein guter Hirt ſiehet, daß
ſeine Schafe hin und wieder zerſtreuet ſind, ſo pflegt er etwann auf einen Bühel oder hohes Ort zu ſteigen, damit
ſeine Stimme von den Schafen mehrer gehöret, und er auch
ſelbſten möge geſehen werden. Chriſtus JEſus der wahre Hirt, als er in dieſe Welt gekommen, und wahrgenommen, daß die Schaar des menſchlichen Geſchlechts hin und
wieder in Sünden und dem Verderben zerſtreuet ſey: Als
iſt er auf den Berg Calvariá, ja ſo gar auf den Gipfel des
Kreuzes geſtiegen, und hat ſiebenmal mit ſo ſtarker Stimme ſeinen verlohrnen Schafen zugerufen, daß er letztlich
heiſer wurde, *& clamans voce magna expiravit, Luc. 23.*
v. 46. und ihm die Stimme ſammt der Seele entflogen iſt.

　　In der Philippiniſchen Inſel Manilla wird ein wun-
derſeltſamer Baum gefunden, welcher den Einwohnern, ſo
wohl als der Waſſerbaum in Canarien für einen lebendigen Bronnen dienet, und eine große Gemeine mit überflüſſigen

sigen Wasser versieht, doch nicht auf gleiche Weise; sintemalen dieser gemeiniglich stehet mit einer Wolken oder Ne-
bel bedecket, und läßt sein Wasser von den Blättern herab
tropfen: Jener aber wächset an einem dürren Orte, von
welchem, wenn er an dem Stamme oder Aesten in etwas
zerrissen wird, ein lieblich süsses Wasser hervorspritzet. Ein
hohes und rauhes Ort ist der Berg Calvariä, auf welchem
zu sehen ein solcher Baum kräftiger Labung, das heilige
Kreuz, welches nicht weniger an seinen Aesten und an seinem Stamme die daran ausgestreckten Füße, Hände und
Herzen JEsu verwundet, einen mehr als lieblich süssen
Trank uns dargiebt, und sich ausbreitet zu einem angenehmen Schatten, darunter sänftiglich zu ruhen. Denn nichts
annehmlicher kann seyn bey dem entzündten Sonnenschein,
als der Schatten. Derowegen jener aufgewachsene Kürbis
Jonam sehr erfreuete, da er ihm einen Schatten verursache-
te, *Joan.* 4. Nathanael erquickte sich auch unter dem
Schatten eines Feigenbaums, *Joan.* 1. Gleichwie auch
nicht weniger den Schatten verlangte jener, welcher sprach:
Er hoffe unter dem Schatten der Flügel des HErrn zu ruhen, *Psal.* 56. Darum sagt nicht unfüglich Origenes *Homil.*
3. *in Cant.* Diejenige so mit Liebe verwunden, suchen ihren
Trost unter den Bäumen: Wessentwegen die verliebte Braut
sich erfreuend aufschreyet: Ich bin gesessen unter dem Schatten, dessen ich begehre, nämlich die verliebte Braut oder
vermählte Seele unter dem Schatten Christi JEsu. Weilen er hat seine Hände ausgestrecket, auf daß er die ganze
Welt überschattete. Denn wie der Heil. Ambrosius spricht:
Sind wir nicht an dem Schatten, die durch Bedeckung seines Kreuzes beschirmet werden? darauf er sich gelehnet,
damit er unsere Sünden auf sich nehme, da wir durch die
Hitze unsrer Laster abgemattet sind. Darum, o werthestes
Herz! schwinge auch über sich deine Augen, zu beschauen
den-

denjenigen, welcher daran hängt. Siehe an seine unschuldige Gestalt; siehe seine lilienweiße Brust, welche allenthalben verwundet und mit Blut besprenget ist. Betrachte, wie das Crystall seiner Augen sich verdunkle in dem Schatten des Todes, und das Corall seiner Lippen verbleiche! Führe zu Gemüth, wie seine allerzarteste und ausgedehnte Glieder verdorren! Beherzige, wie aus seiner eröffneten Seite, durchlöcherten Füßen und Händen hervorquellen die annehmlichste Bächlein seines allerheiligsten Bluts! Erwäge, wie sein königliches Angesicht bemackelt durch die Speichel, Schläge und dörnere Krone verfalle! Seine ausgespannte Arme erstarren, und sein sonst mit aller Schönheit blühender Leib nicht anderst bedecket sey, als mit den Purpurfarben Wunden! Wo er sich hinwendet, so wird er mit bittern Aengsten umgeben, denn er allein die Kelter getreten, *Isaiæ* 63. *v.* 3. und den bittern Kelch für alle Menschen verkosten und trinken müssen. Ja also entsetzlich war seine Marter, daß viel ehender die Wohlredenheit aller Redner erstummen würde, und Flüße aller ihrer Worte austrocknen, wenn sie sich erkühnen wollten, solches klägliche Trauerspiel mit gleich kläglichen Farben hervorzustellen. Denn wer kann genugsame Klagworte finden, zu beschreiben die gar zu große Schmerzen, die todkägliche Seufzer, die Flüße und Güße der Thränen, die mit dem Blute vermischet über den ganzen Leib walleten; also daß es schien, und wie es auch war, ob seyn alle Schmerzen zusammen, und in dem gekreuzigten JEsu angelangt. Welches Gemüth wird sich können enthalten von Ergießung bitterer Zäher, in Erwägung, was der geliebte JEsus an dem Kreuz ausgestanden? Wahrlich es müßte einer haben eines Tauben und unempfindlichen Meerfelsens Herz, das in Beherzigung der Peinen sich nicht bewegen ließ. Die Liebe gegen dem gekreuzigten JEsu muß gar kalt seyn, welche nicht kann auspressen

Wintergrün. Fff etwel-

etwelche Zäher gegen dem, der für uns hat ausgegossen all
sein Blut.   Ach alle! die ihr eines reinen Herzen seyd, ach!
werdet beweget durch das purpurfarbe Blut, so aus seinen
Wunden hervor quillet.   Alle, die ihr einige Herzenstrübsal
erleidet, merket auf und sehet, wie kein Schmerz seinem zu
vergleichen, der alle unsere Schmerzen träget, *Isaiæ* 53.
Zu verwundern wäre es nicht, wenn in Erwägung dessen
sich unsere Herzen zerspalteten, und wir vor großem Mitleiden ohne Kräfte dahin sänken, indem in seinem Leiden auch
die Felsen zersprungen, die Erde erzittert, die Sonne mit
verhülltem Angesicht sich in ein schwarzes Trauerkleid der
Finsterniß bekleidet, und ihre Stralen eingezogen, damit sie
ihrem Erschaffer ein Mitleiden erzeigete, *Luc.* 23.   Wenn
solches unempfindliche Creaturen gethan, wie viel billiger
steht solches uns an? Weil Agar, als sie ihren Sohn Ismael in der Wüste verlassen, und großen Durst leiden sah,
zurück gegangen, auch ihn nicht länger anzuschauen vermöchte, sondern sagte aus betrübten Herzen: Non videbo mo-
rientem puerum, *Gen.* 21. *v.* 16.   Ich kann nicht sehen den
Knaben sterben, wie viel mehrer sollen wir Mitleiden tragen mit Christo JEsu, welcher aus lauter Durst gegen unsern Seelen stirbet? Ach werthestes Herz! wie ist es möglich, daß du nicht auch sterbest, wenn du hörest, daß dein
GOtt in Tod verblichen? Ganz Judenland beklagte den
Tod des tapfern Kriegsmanns Judä Machabäi, und be-
weinte ihn mit diesen Worten: Quomodo cedet potens, qui
salvum faciebat populum Israel, 1. *Mach* 9. *v.* 21.   Wie ist der
Starckmächtige gefallen, der Israel so oft erlöset hat? Warum wolltest du denn auch nicht also thun, weilen du siehest
und hörest, daß Christus JEsus zu erlösen deine Seele in
dem Streit und in der Schlacht umgekommen? David als
er vernommen den Tod seines Sohns Absolon, schrie er auf:
Absolon mein Sohn! mein Sohn Absolon! Wer giebt mir,
                                                    daß

daß ich für dich sterbe, 2. Reg. 19. v. 5. Ach mein JEsu!
wer giebt mir, daß ich für dich sterbe! welcher du den Tod
aus lauter Liebe für mich ausstehest, gleicher Weise aus
Gegenliebe gegen dir auch sterbe? Keine Marter und Pein
sollte nicht zu finden seyn, welche mich verhindern würde
mit einer Bürde dir nachzufolgen durch vielerley Pein und
Spott bis in den Tod, so mir die größte Schmerzen verursachet, weil ich ohne Verlangen des Lebens dennoch lebe,
und nicht viel mehrer mit dir sterbe. Denn das Leben ist
mir ein Tod, und mein rechtes Leben wäre, wenn ich stür-
be aus Liebe gegen dir, weil ich sonsten nicht vermag zu
sterben. Weilen

I.

Süß entzündt mein Herz zu lieben
   Hat der göttlich Liebesbrand;
Das alleine sich zu üben
Seufzet in dem Liebesstand:
Ach! ich leb, und doch nicht lebe,
Weil ich nur in Hoffnung schwebe;
Die allein dahin sich richt,
Daß ich sterb, weil ich sterb nicht.

II.

Süsse Hoffnung süsses Leiden,
Hoffnung volles Kreuz und Pein!
Meine Tröstung in den Freuden,
In dem Leid die Süsse mein!
Ich in Furcht und Hoffnung schwebe
Als lang ich auf Erden lebe;
Und allein mich das anficht,
Daß ich sterb, weil ich sterb nicht.

III.

Wie lang zwey Herz sind gescheiden
Von einander in die Fern;
So lang sie sind in dem Leiden,
Und scheint kein Freud voller Stern:
Also auch wenn ich muß leiden,
Seyn von JEsu hier gescheiden;
An dem Kreuz das Herz zerbricht,
Bis ich sterb, weil ich sterb nicht.

IV.

JEsum an dem Kreuz gefangen
Hält der süsse Liebesbrand;
Wodurch mein Herz thut gelangen
In erwünschten Freyheitsstand:
Aber ach! ich schier zergehe,
Weil am Kreuz ich hangen sehe
JEsum; das so göttlich Licht,
Das da stirbt, weil ich sterb nicht.

Ach!

V.

Ach! wie iſt es ſo verdrüſſig
In dem Elend ſeyn ſo lang;
Da man aller Liebe müſſig
Lebet doch in Liebeszwang:
O du Kerker meiner Glieder!
Wie biſt du mir doch zuwider;
Wo iſt der, der dich zerbricht?
Daß ich ſterb, weil ich ſterb nicht.

VI.

Abſolon, als er beraubet
Wurd des Davids Angeſicht;
Hat er bey ſich ſelbſt geglaubet
Daß er ſterb, weil er ſterb nicht:
2. Reg. 14. v. 32.
Wie werd ich dann länger leben
Und verbannet herein ſchweben
Von des Schönſten Angeſicht?
Ach ich ſterb! weil ich ſterb nicht.

VII.

Sich ſo weit mein Elend ſtrecket
Daß all Glied es nimmet ein!
Darinn mein Gemüth jetzt ſtecket
Und erträget ſolche Pein:
Ach! mein Herz dieß Wachen bricht,
Und mit Schmerz daſſelb durchſticht;
Weil ſo lang es GOtt nicht ſicht,
Ach ich ſterb! weil ich ſterb nicht.

VIII.

Wo GOtt iſt nicht zu genieſſen?
Iſt das Leben wie ein Gall;
Ja das warten macht verdrieſſen

Wenn ſchon ſüß die Liebesquaal:
Ach mein JEſu! thu bequemen
Zu dir meine Seel zu nehmen;
An das Kreuzholz aufgericht,
Daß ich ſterb, weil ich ſterb nicht.

IX.

Daß ich werd vom Tod getroffen,
Leb ich nur in Hoffnung hoch;
Und mir ſicher macht mein Hoffen,
Daß ich ſterb und lebe doch:
Ach! wie lang wirſt du ausbleiben,
Bitterſüß mich zu entleiben;
O Tod! du mein Zuverſicht,
Daß ich ſterb, weil ich ſterb nicht,

X.

Nichts ſoll mich von JEſu ſcheiden,
Keine Trübſal, Angſt und Spott;
Keine Schmerzen, Kreuz und Leiden,
Ja auch ſelbſten nicht der Tod:
Weilen iſt mein größt Verlangen,
Mit ihm an dem Kreuz zu hangen;
Bis man in der Wahrheit ſicht,
Daß ich ſterb, weil ich ſterb nicht.

XI.

Von dem Bogen ſchnell geflogen
Toderfahrner Bogenſchütz;
Mir verwundt mein Herz gewogen
Mit dem ſcharfen Pfeilerblitz:
Ich erwart dich mit Verlangen:
Ach! wenn kommſt du doch gegangen,
Schieſſend auf mich hingericht,
Daß ich ſterb, weil ich ſterb nicht.

Leben!

XII.

Leben! ich thu mich nicht irren
Stark ach ist der Lieb Gewalt!
Leben! dich muß ich verlieren,
Will ich, daß ich dich erhalt:
Leben! dich ich gern verlasse,
Dich, o Tod! mit Freud umfasse;
Deine Pfeil stracks auf mich richt,
Daß ich sterb, weil ich sterb nicht.

XIII.

Süß ich sterbe, und erwerben,
Was man wünscht so oftermal;
Du mein Leben! mein Verderben,
Ach Verderben, süsse Quaal:
Leben! woraus bist entsprossen,
Daß du hältst so lang verschlossen
Jenes, so mich schnell zerbricht
Daß ich sterb, weil ich sterb nicht.

XIV.

Ach mein GOtt! der in mir lebet
Was wird ihm mein Schankung seyn;
Als daß ich zu ihm erhebet,
Nur verlier das Leben mein?
Tod! darum dein Bogen schlichte,
Und zu meinem GOtt mich richte;
Mich allein sein Lieb ansicht,
Daß ich sterb, weil ich sterb nicht.

XV.

Wenn ich muß ach seyn gescheiden
Von mein allersüßsten GOtt!
Ja so lang ich ihn muß meiden,
Ist mein Leben nur ein Tod:

Ach! daß ich nicht kann erwerben,
Mit dir an dem Kreuz zu sterben!
JEsu! o du göttlichs Licht!
Daß ich sterb, weil ich sterb nicht.

XVI.

Ich in größtem Elend schwebe
So mich allenthalb ansicht;
Sterbend ich vor Schmerz doch lebe,
Weil ich sterb, und doch sterb nicht:
Mir das Herz vor Schmerz zerfliesset,
Da zu seyn es nicht geniesset;
An dem Kreuz auch aufgericht,
Daß ich sterb, weil ich sterb nicht.

XVII.

Wo bist du, o Tod zu finden
Mit dem Bogen, Sensen, Pfeil;
Mich des Lebens zu entbinden
Brauchest gar langsame Eil:
Ach langsamer mich verwunde,
Und bis auf das Herz zerschrunde;
Mich beraub des Lebenslicht,
Daß ich sterb, weil ich sterb nicht.

XVIII.

Wenn ich seh mein GOtt verborgen
Unter weißen Florgezelt;
Sich die Hoffnung häuft mit Sorgen,
Jedes meine Seel sehr quält:
Mir die Hoffnung macht Versüssung,
Weil ich aber der Geniessung
Bin beraubt, das Herz zerbricht,
Ach ich sterb! weil ich sterb nicht.

XIX.

Wenn in Hoffnung ihn zu sehen
Mein Verlangen ziehet mich;
Wie es pfleget zu geschehen,
Furcht und Schmerzen doppeln sich:
Ein Verlust ich fürcht möcht gschehen,
Weil am Kreuz ich nicht kann sehen
Mich mit JEsu aufgericht,
Ach ich sterb! weil ich sterb nicht.

XX.

Ich beweinen will mein Leben,
Will bedauren meinen Tod;
Weil ich meiner Sünden wegen
Sterbe nicht vor meinem GOtt:
JEsu! ach laß mich erwerben
An dem Kreuz mit dir zu sterben;
Daß mein Mund mit Wahrheit spricht:
HErr ich sterb, weil ich sterb nicht.

Absolon, als er an einem Eichbaum hangen geblieben, wurde von Joab mit dreyen Lanzen durchstochen, 2. *Regum cap.* 18. Der Sohn jenes Königs Himmel und Erden, Christus JEsus, durch die Stricke der Liebe ist hangen geblieben an dem Baume des Kreuzes, und wird nicht weniger mit dreyen Nägeln durchbohret, an beyden Händen und Füßen angeheftet, an das Holz des Kreuzes; zu Vollziehung jener Figur, welche Moses vorgestellt, da er die ährene Schlange erhöhet in der Wüste, und sie gesetzet für ein Zeichen, damit diejenige, so von den feurigen Schlangen gebissen, gesund würden, wenn sie solche ansahen, *Num.* 11. also und gleicher Gestalt muß des Menschen Sohn erhöhet werden, sondern das ewige Leben haben, *Joan.* 3. Denn dieses heilige Kreuz ist ein Schlüssel, welcher unsern Tugenden wird eröffnen den Himmel; O köstliches Kreuz! herrlicher und schöner Baum! O Cederbaum des Bergs Calvariä! O allezeit grünender Lorberbaum! welcher uns vor dem feurigen Blitz des Zorns GOttes beschützet! o himmlischer Oelbaum! durch welchen bedeutet wird die Barmherzigkeit; o edles mit Wunderwerken erfülltes Kreuz! Dich fürchten die Teufel, dich ehren die Engel, und dich bethen an die Menschen. Du bist der hohe Therebinth, an dessen Wurzel unser Jakob, Christus, die Götzenbilder Labans,

bans, das ist die Sünden der ganzen Welt eingegraben, *Gen.*
35. Du bist der starke Kelter, darinnen die große Wein-
traube der Menschheit Christi JEsu ausgepreßt ist worden,
durch das Kreuz ist erfolgt die Glorie des Himmels, der
Schrecken der Höllen, die Hoffnung der Welt, die Verzeihung der Sünden, die Vermehrung der Gnaden, und
der Trost aller Betrübten, sintemal das Kreuz ist jener Bethsaidischer Teich mit den fünf Schöpfen der Wunden, *Joan.*
5. daraus das heilsame Wasser fliesset, welches unsere Seelen reiniget und gesund machet. Dieses Kreuz ist ein Schild,
welcher vor unsern Füßen wird niederfallen machen alle
Pfeile der Widerwärtigkeiten. Es ist ein Zeichen, durch
welches wir unsere Feinde alle überwinden; denn es strecket
Christus JEsus aus seine mildreicheste Arme, alle unsere
Seelen zu beschützen, wie solchem der Heil. Augustinus *Libro*
13. *confeß. c.* 8. wohl beystimmet, da er meldet: Hoc tantum scio, quia male mihi est præter te, non solum extra me,
sed etiam in me ipso, & omnis copia, quæ Deus meus non
est, egestas mihi est: Dieses erkenne ich allein, daß mir sehr
verdrießlich ist ohne dich, nicht allein ausser mir, sondern
auch in mir selbsten? ja aller Ueberfluß, welcher mein GOtt
nicht ist, ist mir eine Armuth und Mangel, dieses Kreuz ist
mir ein lustiger Springbronnen, von welchem fünf der annehmlichsten Quellen herabspritzen, zu Trost aller derjenigen, die mit absonderlichen Verlangen begehren zu dem frischen lebendigen Wasser als ein Hirsch, quemadmodum de-
siderat cervus ad fontes aquarum, *Pf.* 41. *v.* 1. Gleichwie
aber ein Hirsch, wenn er gar zu durstig, nicht nachlässet,
bis er den Bronnen erlanget: Also laßt uns diese Gnaden-
quelle auch suchen, damit wir ihn finden.

Allein schreyet auf Origenes *Hom.* 10. *in diverf.* Wer
wird mir anzeigen den meine Seele liebet? wehe mir, wo
will ich ihn finden? Die Bronnen sind gemeiniglich auf
den

den Märkten und Plätzen der Stadt, darum will ich aufstehen, in der Stadt herum gehen auf allen Gassen, und
suchen den meine Seele liebet, *Cant.* 3. Aber dieses verbietet der Heil. Hieronymus, *Epist.* 22. *ad Eusto.* da er meldet: Ich will nicht, daß du den Bräutigam suchen sollest
auf den Gassen: ich will nicht, daß du herum schliefen
sollest in den Winkeln der Stadt, oder auf dem Markt,
zu erfragen denjenigen, welchen deine Seele liebet. Warum aber dieses? solches beantwortet der Heil. Ambrosius,
Lib. 3. *de virgin.* indem er spricht: Christus an dem Kreuz
hangend als ein lebendiger Bronnen, wird nicht gefunden
auf dem Markt, noch auf den Gassen. Denn Christus ist
der Frieden, auf dem Markt ist Zank; Christus die Gerechtigkeit, auf dem Markt ist Ungerechtigkeit: Christus ist
arbeitsam, auf dem Markt ist der eitle Müssiggang; Christus ist die Liebe, auf dem Markt ist Haß und Neid; Christus ist der Glaub, auf dem Markt ist Betrug und Meyn-
eid. Wie werden wir ihn denn finden? Quæritis me & invenietis, cum quæsieritis me in tote corde vestro, *Jeremiæ*
29. *v.* 13. Ihr werdet mich suchen und auch finden, wenn
ihr mich suchen werdet aus ganzen eurem Herzen: Wo aber
und an welchem Ort? In den hohen Liedern Salomonis
cap. 7. spricht der Geliebte selbsten: Ich will auf den Palmbaum steigen, und seine Frucht ergreifen. Ueber welche
Worte der Heil. Bernhardus *Serm.* 61. *in Cant.* sagt: Durch
den Palmbaum wird verstanden das heilige Kreuz, welches
das Kennzeichen ist seines Streits, und Erlösung aller unser von der Gefangenschaft des Königs der Finsternisse, allwo ihm seine Hände und Füße durchgraben, und seine Seiten mit einem Speer-durchlöchert; durch dieselbe Runzen
ist uns erlaubt das Hönig aus dem Stein, und das Oel
aus dem härtesten Felsen hervor zu saugen, auch zu verkosten und zu sehen, daß der HErr sey süß. Die durchdrin-
gende

gende Nägel der Hände und Füße sind drey Liebeszeichen, die uns als drey auffsperrende Schlüssel eröffnen seinen zartesten Leib, aus solchem zu versuchen die Süffigkeit seines bittern Leidens, welche den Heil. Paulum also eingenommen, daß er nicht zweifelte zu sagen, 1. Corinth. 2. Ich habe mich erachtet nichts zu wissen unter euch, als nur allein JEsum Christum, und denselben gekreuziget, Darum sagt gar schön der Heil. Augustinus, in Psal. 104. Est sine fine quærendus, quia sine fine amandus.

O selig und überselig ist derjenige, welcher solchen an dem Kreuz hangenden JEsum allezeit vor Augen hat, denn hierinnen ist die Völle der Gerechtigkeit gesetzet, die Vollkommenheit der Wissenschaft, der Reichthum des Heils, und der Ueberfluß der Verdiensten eingeschlossen, hierinnen schaft zu Zeiten eine mitleidende Seele einen Trunk heilsamer Bitterkeit, und eine süsse Salbung des Trosts.

Als der Heil. Gregorius von der Buße Mariä Magdalenä reden wollte, sprach er, Hom. 33. in Evang. Wann ich an die Buße Mariä Magdalenä gedenke, so wollte ich lieber weinen als reden; welches wir viel billiger von dem Leiden und Sterben Christi JEsu bekennen mögen, besonders, wenn uns der Spruch Jeremiä zu Gemüth kommet: Ach wer wird meinem Haupt Wasser genug geben, und meinen Augen einen Bronnen der Thränen, daß ich Tag und Nacht weine Jerem. 9.

Da David vernommen hatte, daß sein Kriegsobrister Abner durch den Joab war umgebracht worden, zerrisse er seine Kleider, seufzete und weinete er nicht allein vor seine Person, sondern er begehrte und ermahnte auch andere dergleichen zu thun, und sprach: Zerreisset eure Kleider,

und gürtet Säcke um euch, und traget Leid vor der Leiche
des Abners, 2. *Reg.* 3. Wie viel mehrer stehet uns Christen solches an, wegen dem Tod JEsu? Denn mit eben diesen Worten kann ich euch wertheste Herzen! erinnern, weil
wir haben allhier viel eine kläglichere Traurigkeit. Indem
uns vor Augen stehet die Leiche Christi JEsu, welchen die
Juden schmählich gekreuziget! zerreisset und zerschneidet derowegen nicht eure Kleider, sondern euere Herzen, *Joelis*
c. 2. und weinet sammt mir bey der Leiche unsers gekreuzigten
Heilandes.

So bald der alte Patriarch Jakob den blutigen Rock
seines Sohns Joseph gesehen, entsetzte er sich dermassen darob, daß er seine Kleider zerrissen, er fiel auf den Boden,
erfüllte die Himmel und Erden mit seinem Weinen und Seufzen, und wollte durchaus keinen Trost annehmen: Denn also sagt die Schrift, *Gen.* 37. Er zerriß seine Kleider, legte
einen härenen Sack an, und trug Leid um seinen Sohn lange
Zeit. Aber ein noch viel kläglicheres Trauerspiel wird uns
an dem Stammen des heiligen Kreuzes vor Augen gestellt,
nämlich der blutige Rock der Menschheit Christi, und dessen
schmählicher Tod. Wer wollte dann nicht immerdar
weinen?

Als die Freunde des Jobs gesehen, daß er auf einem
Misthaufen voller Geschwüre und Wunden ganz erbärmlich
saß, darbey sich erinnerend, daß er zuvor ihr reicher, mächtiger und ansehnlicher Herr gewesen, hatten sie ein großes
Mitleiden gegen ihm, und konnten durch 7. Tage kein einiges Wort mit ihm reden, *Job.* 2. Wer ist aber unter euch
durch das theure Blut Christi JEsu erkaufte Seelen, welcher, wenn er beherziget, was Gestalt der Sohn GOttes
an das Kreuz geheftet, mit Dörnern gekrönet, mit Geißeln
zerhauen, mit Nägeln durchbohret, mit der Lanzen durchstochen, sein heiliges Angesicht voller Blut, und daß derjenige

jenige so gar bemackelt und zerschrunden, welcher zuvor ein
Fürst der Engel, ein Kaiser der ganzen Welt, und ein
Haupt aller Creaturen, sich hierüber nicht verwundern, entsetzen, zittern, und die ganze Zeit seines Lebens erstummen
würde?

Es meldet der Heil. Chrysostomus *Homilia in Psal.* 41.
Die rechte Liebhaber haben diesen Brauch, daß sie die Liebe
nicht verbergen können, sondern solche heraus lassen gegen
den Freunden, und sprechen: Sie haben diese oder jene
Person recht lieb.   Denn es ist ein inbrünstiges Ding um
die Liebe, und kann es die Seele nicht ertragen, daß sie solches in der Stille behalte. Also auch der verliebte Bräutigam Christus JEsus, der gleichsam in der Liebe brennet,
kann es nicht gestatten, daß er solches nicht zu erkennen gebe, wie inbrünstig er liebe das menschliche Geschlecht; sondern verlanget, daß jedermann solches ersehe, an dem Stammen
des heiligen Kreuzes; Dann gleichwie niemand ein Licht anzün-
det, und setzet es unter einen Scheffel, sondern auf einen Leuchter,
damit es denen allen leuchte, so in dem Haus sind: *Matth.* 5.
Also wollte auch das göttliche Licht, welches einen jeden
Menschen erleuchtet, so in diese Welt kommet, *Joan.* 1. seine Liebesflammen nicht verborgen halten, sondern wollte
gesetzet seyn auf den Leuchter des Kreuzes, damit solches einen jeden bestralete und erleuchte.   Wie können wir denn
etwas anders ansehen, als dieses hellstralende Licht? Was
beweget uns doch etwas anders anzuschauen? Warum ist
uns nicht alles ungeschmack, und wird alles von uns verachtet, *S. Bonav. 2. p. Stimul. cap. octavo.*

Die Königinn Esther verließ sich auf ihre Schönheit,
und gieng zum König Assuerus in sein Zimmer: So bald
aber sie seine große Majestät, Hoheit und Glanz und Herrlichkeit sahe, erschrack sie dermassen, daß sie vor ihm in
Ohnkraft gesunken, *Esther.* 5.   Was sollen wir dann thun,

wer-

wertheſte Herzen! wenn wir in das Zimmer unſers Königs
Aſſueri und Erlöſers Chriſti JEſu gehen, den Berg Calvariä mit andächtigen Betrachtungen beſuchen, ſeine Demuth, Armuth, Schmach und Pein anſchauen? Vermeynet ihr nicht, daß wir nur zuviel Urſache haben, darüber
uns zu entſetzen, und vor lauter Verwunderung verzuckt zu
werden? da an dem Kreuz GOtt leidet und ſtirbet; der
Erſchaffer von ſeinen eigenen Geſchöpfen gekreuziget wird?
Wer hat geglaubt, das wir gehört haben, Iſaiæ 53. Wer
wird ihm einbilden können, daß GOtt, der unſterblich,
habe ſterben können? Darum ſpricht der Heil. Paulus, wir
predigen den gekreuzigten Chriſtum, den Juden eine Aer-
gerniß, und den Griechen eine Thorheit, 1. Cor. 1. Und
dannoch iſt es nicht anders, GOtt iſt gekreuziget, der
Erſchaffer aller Dingen an dem Stammen des Kreuzes angeheftet, und alle ſeine Gebeine haben ſich zertrennet, Pſal.
21. O unerhörte Liebe Chriſti JEſu! Nichts derowegen
ſoll uns hinfüro lieber ſeyn, als der an dem Kreuz hangende JEſus. Ermangelt uns etwas an nothwendiger Unter-
haltung der Natur? ſo laßt uns erheben das Gemüth,
und anſchauen den ärmeſten JEſum, welcher ſich nicht ge-
ſcheuet die angenommene menſchliche Natur mit erbettelten
Trank und Speis zu erhalten, und in Erwägung deſſen,
laſſet uns verſenken in die tiefeſte Armuth unſers gekreuzigten
Heilands. Werden wir unterdrückt, gedemüthiget, oder
gar nicht geachtet, ſo laßt uns beherzigen, wie der allerhöchſte
GOtt bey ſeinem Eintritt in dieſe Welt ſich gedemütyiget
bis unter den allerverächtlichſten Menſchen: Der von Ewigkeit der allerhöchſte war, hat in der Zeit wollen werden der unterſte: Ja der Unbegreifliche begriffen, der
Unermeßliche klein, und die unerſchaffene ewige Weisheit
ein unmündiges Kind hat wollen ſeyn. Werden wir angefochten von Uebermuth und Hoffart, ſo laßt uns betrachten,

ten, wie Christus JEsus sich erniedriget auf die allerver-
worfenste Weise, in dem er, den schmählichsten Tod des
Kreuzes mit höchster Schand und Spott erlitten, und in Beherzigung dessen, sollen wir uns in unsern geliebten Heiland
ganz vertiefen, und in dem Weg der Demuth nach Vermögen ihm gleichförmig werden, tragend die Wunden und
Leiden Christi in unsern Herzen. Auch damit ein jeder auf
seine Weise der göttlichen Gütigkeit seines Erlösers dankbar
sich erzeige, so solle er selbsten sich und seinen eignen Willen,
ja alles das seinige seinem allergütigsten Erlöser mit frölichem
Herzen aufopfern, und nicht mehr zurück fordern; also wird
er mit Christo seiner Kleider entblöset. Die umschweifende
Augen, vorwitzige Gespräche, neubegierige Ohren, alle Belustigung der Sinnen solle er abtödten, und sich befleissen
solche zu vertreiben, oder zu drücken unter die dörnene Krone
der Mortification. Auch damit er Christo JEsu an dem
Stammen des heiligen Kreuzes gleichförmiger, und mit ihme an solchen Kreuzesbaum angeheftet werde, so muß er
nichts überflüßiges, nichts unnöthiges, noch ungebührliches
angreiffen, so werden ihm angenagelt seine Hände, auch
durch Beständigkeit der guten Werke, und Einhaltung der
ausschweifenden Gemüthsregungen werden an das Kreuz
angeschlagen seine Füße. Und wenn er niemalen die Kräften der Seelen durch das Fleisch wird lassen in eine Lauig-
keit gerathen, sondern in dem angefangenen verharrlich
seyn, alsdenn werden seine Arme mit den Armen JEsu an
dem Kreuz ausgespannt verbleiben, oder aber mit der beglückten Sünderin sitzen zu den Füßen JEsu, mit dem unglaubigen Apostel berühren seine Hände, mit dem glückvol-
len Mörder hangen unter seinen Armen, und mit dem Jünger, welchen er liebet, liegen auf seinem Schooße: Wodurch
er wird erlangen, daß er sterbe mit ihm an dem Kreuz, und
nach dem Kreuz lebe allerseits in Ewigkeit. Indessen aber

Ggg 3 will

will ich an den Schatten, so ich begehre, die Zeit vertreiben
mit nachfolgenden Versen, und nach meinem Liebsten dur-
stigen Herzen.

I.

Wie alles lauft, ganz überhauft
  Vor Hitz sich abzukühlen;
Dem Schatten nach, vor Ungemach
Kraftloß ein Kraft zu fühlen:
Also auch ich verhoffe mich
Bey dem Schatt zu erquicken;
Eh ich vor Hitz bey dürren Sitz
Müßt auf dem Feld ersticken.

II.

Ein junges Schaf wird seinen Schlaf
Bey heissem Sommer nehmen;
In einem Schatt, ganz müd und matt
Sich zu der Ruh bequemen:
Oft wird auch das sich von dem Gras
Und von der Waid erheben;
Nur dieß darum, zu sehen um,
Wo werd ein Schatt gegeben.

III.

Ein Hirsch wird auch zu seinem Brauch
Sich in das Gsträud verstecken;
Nach schnellem Lauf sich bald darauf
Mit kühlen Schatt bedecken:
Wenn er gehetzt, und fortgesetzt
Schnell über eine Haiden;
In Sicherheit, von Feinden weit
Den Tod da zu vermeiden.

IV.

Ein Wandersmann gleich fängt bald an
Den Schatten aufzusuchen;
Sein Ruh benennt, mit Hitz berennt
Bey schattenreichen Buchen:
Wann heisse Strahl, von seinem Saal
Phöbus herab thut werfen;
Und ihme schnell, ohn Baumgestell
Auf seinen Rücken treffen;

V.

Er auch zugleich ein klares Teich
Verlangt, und frische Quellen;
Bey solcher hellen Wasserquell
Sein heissen Durst zu stellen:
Er oft wünscht auch bey Waldgesträuch
Und kühler Felsen Ritzen;
Daß ihm ein kleines Brönnelein
Von einem Baum thät spritzen.

VI.

Ich mir auch such schattreiche Buch,
Mich unter sie zu stecken;
Die frisch belaubt könnt meinem Haupt
Zu einem Schatt erflecken:
Wenn mir nur bald von einem Wald
Ein solche wird geschicket;
So wird mein Herz nach solchem
        Schmerz,
Dann auf das neu erquicket.

Wer

VII.

Wer wird denn mir, ach Todten schier!
Doch ein Erquickung geben;
Die solcher Kraft und Eigenschaft,
Mich aus der Gfahr zu heben?
Wo ist ein Baum, daß ich find Raum,
Mich unter ihn zu geben?
Ach nur wer kann ihn zeigen kann,
Will mich nach ihm erheben.

VIII.

Nur der allein wird jener seyn,
Der mich wird können laben;
Der häufig fließt, und von sich gießt
Ein Schatt sammt Enggads Gaben:
Wer wird der seyn, wahrlich sonst kein,
Als der da ist gepflanzet
Von jenem Geist, der alles weißt,
Und mehr als die Sonn glanzet.

IX.

Dieß ist der Baum, der nicht nur
　　　Schaum
Des süssen Tranks ausgiesset:
Ein köstlich Trank, der Seelen krank,
Ohn Unterlaß er fliesset:
Die Frucht die ist zu jeder Frist
JEsus Glanz süß an Kräften;
Der vor den Pflaum, sich an ein Baum
Liesse für uns anheften.

X.

Hier will ich stehn, nicht weiter gehn,
Hier ist mein höchst Verlangen;
Ach! daß für ihn ich könnt mithin
An diesem Kreuzbaum hangen:

Auch will ich seyn, wo JEsus mein
Sich hat nun hin begeben;
Denn ohne ihn, ich sonst mithin
Aufgeben werd mein Leben.

XI.

Seht, wie ist er von einem Speer
In seiner Seit verletzet;
Die Liebe hat auf dieser Statt
Ihm diese Wund versetzet:
Seht, wie so hell ein Lebensquell
Aus dieser Wund thut fliessen;
Aus Händ und Füß fünf Bronnen
　　　süß
Zugleich auch heraus schiessen.

XII.

Dieß ist der Saft und Nahrungs-
　　　Kraft,
Der mein Seel wird erquicken;
Wenn ihn zu Trost als süßen Most
JEsus ihr wird zuschicken:
Ein Tröpflein klein wird mehrer seyn
Als alle Schätz der Erden;
Ach könnt mir doch! vor dem End noch,
Ein solches Tröpflein werden.

XIII.

Bey diesem Stamm und Liebesflamm
Sich ganz hat ausgegossen;
Der beste Theil zu unserm Heil.
Daraus ist uns ersprossen:
Ach sehet an! den Pelican,
Der seine Junge speiset;
Mit eignem Blut, O höchstes Gut!
Das uns die Gnad erweiset.

Da-

XIV.

Darum alldort, an jenem Ort,
Will ich mein Lager schlagen;
An dem Kreuz mich, für JEsu dich
Die Nägel sollen tragen:
Ich sags ohn Schen, es bleibt dabey,
Wenn du es wirst gestatten;
Damit ich hab von dir die Gab
Mich da zu überschatten.

XV.

Längst ich mich hab entsetzt darab
Es dir zu hinterbringen;
Wie ich so sehr nach dir begehr,
Dein Schatt auf mich zu bringen:
Ich wünschte mir, daß ich bey dir
Beständig könnt verbleiben;
Und solche Quaal der heissen Strahl
Bey dir ganz süß vertreiben.

XVI.

Ach daß doch ich! was jetzt ich sprich,
Von dir könnt bald erlangen;
So wollt in Eil, ich dir mein Heil
Verlangend süß umfangen:
Ich streck zu dir beyd Händ von mir,
Mein Schatz dich zu umschranken;
Denn in dem Werk dich lieb, mein
        Stärk,
Und nicht nur in Gedanken.

XVII.

Darum von hier, niemal ich mir
Gedenken werd zu fliehen;
Weil du mich wirst, o Schattenfürst!
Wie ein Magnet anziehen:
O Schattenthron! o Freudenwohn!
Nach dem steht mein Verlangen;
Dieß ist die Sach, der ich stell nach,
Sie nach Wunsch zu erlangen.

XVIII.

Mir du gehst ab, o Schattengab!
Mein Herzbrand zu vertreiben;
Darum weil ich nun finde dich,
Verhoff bey dir zu bleiben:
Denn oft hab ich, mein JEsu! dich
Ersucht, mir zu gestatten;
Daß mit der Schatt mich müd und matt,
Doch wolltest überschatten.

XIX.

JEsu mein Schatz! sey mein Ruhplatz
Dein Kreuz, und du der Schatten;
Vor linden Pflaum, mir den Kreuz-
        baum
Thu mir zur Ruh gestatten:
Damit ich ruh, und schlafe zu,
Bis alles wird vollendet;
Und meine Zeit in Bitterkeit
Zum Vatterland geendet.

Bequem

XX.

Bequem
dein Kunst
ist, meine
Brunst und
schweren Brand zu hemmen; auch
sonst nicht hat ein ander Schatt,
den Scherzen mein zu dämmen:
drum schönster Baum, gestatt mir
Raum, bey
dir doch ein=
zukehren; so
will zum
Beschluß,
mit einem
Kuß, ich
deine Frucht
vereh=
ren.

Wenn wir nun also unsere Ruhe nehmen unter dem lieb=reichesten Schattenbaum des heiligen Kreuzes, so sollen wir solchen recht vor Augen stellen, und den holdseligsten JE=sum also ansehen, daß sein heiliger Leichnam uns gleichsam sey ein eröffnetes Buch, als wie der Heil. Joannes gesehen: Librum scriptum intus & foris signatum sigillis septem, *Apoc.* 5. Ein Buch geschrieben inwendig und auswendig, ver=siegelt mit sieben Siegeln: Welches der Apostel dergestalt durchlesen, daß er bekennt, er habe alle Erkenntniß daraus geschöpfet, und wüßte ganz und gar nichts, als allein JE=sum den gekreuzigten: Non enim judicari me scire aliquid inter vos, nisi JEsum Christum, & hunc crucifixum, 1. *Cor.* 2. *v.* 2. Ich gab mich nicht aus unter euch daß ich etwas wüß=te, ohn allein JEsum Christum und den Gekreuzigten, in wel=

Wintergrün.　　　　Hhh　　　　wel=

welchem wir nachfolgende Unterweisungen zu lernen uns bemühen sollen.

Die erste ist die freywillige Armuth, welche wir in diesem Buch zu lesen haben, da der süsseste JEsus ganz bloß
an dem Kreuz angeheftet ist, damit wir aus rechter Gegenliebe auch gern arm seyn wollen und sollen, indem er wegen
unser also arm worden ist, daß obwohlen ihm alle Reichthumen zu eigen sind; er doch nicht so viel vor sich hat behalten wollen, daß sein bloßer Leib an dem Stammen des heiligen Kreuzes könnte bedecket werden.   Darum er selbsten
gesagt: Beati pauperes spiritu, *Matth.* 5.   Selig sind die
Armen im Geist.   Denn die Armuth ist eine Mutter der
Zucht und Ehrbarkeit, eine Stifterinn der Andacht, eine
Erhalterinn der Demuth, eine Anweiserinn zur Gottesfurcht,
eine Ermahnerinn der Heiligkeit, eine Pflanzerinn aller
Tugenden, und eine Erbarmerinn der Himmel.

Die Armuth aber ist zweyerley; äusserliche und innerliche.   Die erste bestehet in Uebergebung und Verachtung aller zeitlichen Dingen um GOttes willen, und ist ein evan-
gelischer Rath, daran nicht jedermann verbunden ist, sondern allein, welche GOtt durch innerliche Einsprechungen
ermahnet alles zu verlassen, die Leibsnahrung zu sammeln,
auf daß sie der äusserlichen Menschheit Christi JEsu in dem
höchsten Staffel nachfolgen, wie Dominicus mit seinen Gesellen, und viele andere Heilige gethan.   Zu dieser äusserlichen Armuth gehöret auch die innerliche, des Geistes und
rechter Demuth des Herzens.   Gleichwie aber die äusserliche Armuth verursachet allen zeitlichen Trost, also lehret die
innerliche zu verlassen alle innerliche Erquikungen, welche wir
aus den Tugenden, empfindlicher Andacht, und innerlichen Freuden empfangen mögen.

Die

Die andere Unterweisung ist der vollkommene Gehorsam, welchen Christus erzeiget, da er gehorsamet, oder
gehorsam ist worden bis zum Tode des Kreuzes, *ad Phil.*
2. v. 8. Solchem Gehorsam sollen und müssen wir oft beherzigen, damit wir auch zu gleichem angezündet, und darinn gestärket mögen werden: Denn wer nicht in der letzten
Stunde in der Tugend des Gehorsams erfunden wird, der
hat von dem Gehorsam des gehorsamsten JEsu keinen Theil
zu geniessen.

Die dritte ist die Reinigkeit und Schamhaftigkeit,
welche Christus uns gelehret, da er also bloß an dem Kreuz
vor der ganzen Welt ist angesehen worden. Diese Bloßheit
nach etlicher Meynung, soll ihm größern innerlichen
Schmerzen verursacht haben, als die Annaglung an Händen und Füßen. Wodurch wir lernen solchen, uns jederzeit
zu befleissen, die Reinigkeit des Leibs und der Seelen zu beobachten, damit an uns nichts gesehen werde, welches ein
keusches Auge oder Herz ärgern und beschämen könnte.

Die vierte ist die Ehrerbietung gegen den Aeltern,
welche er erzeiget, da, obwohlen er in großen Schmerzen
an dem Kreuz angeheftet war, gleichwohl seine schmerzen-
volle Marter nicht ohne Trost hat wollen seyn lassen, sondern selbige seinem lieben Jünger Johannes befohlen, *Joan.*
19. uns zu unterweisen, daß wir unsere Aeltern verehren
sollen, wie es dann das erste Geboth, welches eine Ver-
heissung hat.

Die fünfte Unterweisung ist die unbewegliche Standhaftigkeit, so er hierinnen bewiesen, da er seine Füße hat an-
schlagen lassen an das Kreuz; anzuzeigen, daß er unbeweglich an dem Kreuz zu verharren, und in dem Gehorsam beständig wollte seyn bis in den Tod: Uns dadurch zu lehren,
daß wenn wir etwas Gutes vorgenommen, das ersprießlich

Hhh 2　　　　　　　　zu

zu einem löblichen und ihm wohgefälligen Leben, beſtändig
darinn verbleiben, und das Bußkreuz bis in den Tod tragen müſſen.   Ja wir ſollen an das Kreuz eines tugendvollen Lebens alſo angeheftet ſeyn, daß uns nichts mehr darvon
abwendig mache, damit wir verharrend bis zu dem Ende
ſelig werden, *Marc.* 13.

Das ſechſte iſt das ſtetige Gebeth. Indem er ſchier
die ganze Zeit, ſo er an dem Kreuz gehangen, zu ſeinem
himmliſchen Vater ausgegoſſen, denn es ſchreiben etwelche,
daß er von dem ein und zwanzigſten Pſalm fortgebethen
bis auf jene Worte des dreyßigſten Pſalmen: In deine
Hände befehl ich meinen Geiſt: Uns dadurch zu unter-
weiſen, daß wir in allen unſern Trübſalen nicht ſollen verzagen, ſondern unſer Vertrauen, in und durch das Gebeth
auf GOtt ſetzen, ihn um Hülfe anruffen, damit wir nicht
unterliegen.   Denn alſo ermahnet uns der Heil. Apoſtel Jacobus: Iſt jemand traurig, der bethe, *Jacobi* 5.   Als
wollte er ſagen: Ueberziehet jemand der Krieg; ergreifet jemand der Hunger; beſtürzet jemand der Schmerzen einiger
Krankheit; der bethe.   Wird jemand angefochten mit Verſuchungen, überhäufet mit Trübſalen; entfernet mit Trö-
ſtungen; der bethe.   Iſt jemand behaftet mit Leibesſchwach-
heiten; drücket jemand ſein Gewiſſen; beſchweret jemand ſeine Sünden; der bethe.   Denn das Gebeth löſchet aus die
Sünden nach jenen Worten: Dieweil du mich batheſt, habe
ich dir all Schuld nachgelaſſen.   Sintemal das ſtetige Gebeth eines Gerechten vermag viel: Derowegen
laßt uns bethen, und GOtt allezeit ein Lobopfer opfern, das iſt die Frucht der Lefzen, die
preiſen ſeinen Namen.

 E N D E.

Regiſter

Register.

Register.

Bercel

Register.

Christen,

Register.

Creuzigung

Register.

Wintergrün.   Jii   Dorn

Register.

Feinde,

Register.

Frey-

Register.

Glück

Register.

Hafner

Register.

Holz

Register.

wann

Regiſter.

begrüssen

Oel,

Register.

Rede,

Register.

Saul,

Register.

Schwarz

Register.

Sum-

Register.

die

Register.

Register.

Regiſter.

Register.

Wöfle,

Regifter.

Register.

E N D E.